Das Buch

Der vorliegende Band ist ein Lehrbuch: für Menschen, die wissen wollen, warum und auf welche Weise West-Juristen gegen Ost-Juristen vorgingen; für Historiker, für Politiker, und nicht zuletzt für Juristen selbst. Auf der Basis konkreter Fälle, an denen er beteiligt war, dokumentiert der Autor überzeugend das, was mancher als »Siegerjustiz« bezeichnet. Aufgrund seiner Beobachtungen kam er zu dem Schluß, daß in der BRD mehrheitlich die Bereitschaft fehlte, »der DDR überhaupt Maßnahmen zum Selbstschutz zuzugestehen«. Diese Haltung führte zu vielen Verfahren auch gegen Juristen. Die DDR wurde nach ihrem Untergang durch die bundesdeutsche Justiz bewertet. »Es war ein Blick auf die Justiz der DDR durch die Brille der Bundesrepublik. Die daraus resultierende Rechtsprechung hatte mit der Rechtswirklichkeit der DDR nicht mehr das Geringste zu tun. Wer auf dieser Grundlage zu dem Ergebnis kommt, die bundesrepublikanische Justiz habe kein Recht gehabt, über die DDR-Justiz zu richten, der vertritt zumindest einen nachvollziehbaren Standpunkt«, faßt der Autor seine Dokumentation zusammen.

Der Autor

Endrik Wilhelm, Jahrgang 1961. Nach Austauschjahr in den USA Abitur in Wuppertal 1980. Studium der Philosophie, dann Jura in München und Münster bis 1987. Nach Tätigkeit als Anwalt in Gelsenkirchen Übersiedlung nach Dresden im September 1991. Seither Mitglied einer Kanzlei mit elf Anwälten. Promotion 1992. Veröffentlichungen in Fachzeitschriften.
In den 90er Jahren hatte er in Verfahren gegen DDR-Juristen deren Verteidigung übernommen. Dr. Endrik Wilhelm ist mit einer Dresdnerin verheiratet und hat zwei Kinder.

Eingang am: 22.12.08
Eigentümer: Dieter Reiter

Endrik Wilhelm

Rechtsbeugung in der DDR

Die Sicht der Verteidigung

Mit einem Vorwort von Friedrich Wolff

edition ost

Nach westdeutschem Verständnis, das natürlich auch mich geprägt hatte, war die DDR kein Rechtsstaat, sondern eine Diktatur, die ohne den Bau der Mauer vermutlich längst ohne Einwohner gewesen wäre. Da war es gar nicht anders denkbar, als daß alle diejenigen, die diesen Staat getragen hatten, noch dazu als Richter in der politischen Strafjustiz, einem großen Unterdrückungsapparat gedient hatten, fernab jeder Gesetzlichkeitskontrolle und gebunden allein an das Diktat der Partei. Schon die Vorstellung, daß es in der DDR überhaupt so etwas wie ein geordnetes Strafverfahren gegeben haben könnte, überstieg die Grenzen westdeutscher Phantasie. Es überwog die Annahme, in den Gerichten der DDR sei es wie im Volksgerichtshof unter Roland Freisler zugegangen, gerade in »politischen« Strafverfahren.

Wenn es so etwas wie Siegerjustiz gab, dann kam sie in der oftmals offenkundigen inneren Einstellung der bundesdeutschen Juristen zur DDR und deren Justiz zum Ausdruck. Der Untergang der DDR und der sozialistischen Systeme war danach eine zwingende historische Entwicklung. Eine Existenzberechtigung hatte die DDR von Anfang an nicht, und es erschien bereits verwerflich, für die Existenz dieser DDR eingetreten zu sein.

Dr. Endrik Wilhelm

Inhalt

Friedrich Wolff: Die dritte Welle 6

Vorbemerkung 17

Die Zeugen Jehovas – der Fall Georg Hartlieb
*Einleitun*g 19
1. Kapitel: Der Gegenstand des Verfahrens 24
2. Kapitel: Anklage und Verteidigung 41
3. Kapitel: Vor Gericht 77

Der Stellvertreterprozeß – der Fall Klaus Braune
1. Kapitel: Gegenstand des Verfahrens 91
2. Kapitel: Die Grundlagen der Verteidigung 128
3. Kapitel: Die Hauptverhandlung 141
4. Kapitel: Das Revisionsverfahren 244
5. Kapitel: Zurück zum Landgericht 273

Nachwort 283

Die dritte Welle

Von Friedrich Wolff

Die beiden Rechtsbeugungsprozesse, die Endrik Wilhelm in diesem Buch darstellt, sind Teil der »Aufarbeitung« der Geschichte der DDR, die nach 1990 stattfand und noch stattfindet. Ein wesentlicher Bestandteil dieser »Aufarbeitung« – wenn nicht ihr wesentlichster – ist die juristische »Vergangenheitsbewältigung«. Ich setze diese und verwandte Termini nur hier am Anfang in Anführungszeichen, weil ich meine, daß es eine Aufarbeitung oder eine Bewältigung der Geschichte nicht gibt. In der Folge lasse ich das sein, weil es mir sinnlos erscheint, dagegen anzukämpfen.

Der ehemalige Chef des Bundesnachrichtendienstes, der damalige Justiz- und spätere Außenminister der BRD, Klaus Kinkel, hat die erhellendste Auskunft über Sinn und Zweck der juristischen Aufarbeitung des DDR-Unrechts erteilt. Endrik Wilhelm hat sie zitiert, und ich nutze sie noch einmal, quasi als Motto. Kinkel sagte den versammelten Richtern und Staatsanwälten der BRD in seiner Begrüßungsansprache vor dem Deutschen Richtertag am 23. September 1991 in Köln: »*Ich baue auf die deutsche Justiz. Es muß gelingen, das SED-System zu delegitimieren, das bis zum bitteren Ende seine Rechtfertigung aus antifaschistischer Gesinnung, angeblich höheren Werten und behaupteter absoluter Humanität hergeleitet hat, während es unter dem Deckmantel des Marxismus-Leninismus einen Staat aufbaute, der in weiten Bereichen genauso unmenschlich und schrecklich war wie das faschistische Deutschland, das man bekämpfte und – zu Recht – nie mehr wieder erstehen lassen wollte.*«

Kinkels Darstellung der DDR ist die amtliche, die offizielle. Man stellt die DDR und das faschistische Deutschland auf eine Stufe, zwar nur partiell, aber eben doch »in weiten Bereichen«. Beide waren Unrechtsstaaten, beide waren Diktaturen.

Wo Unterschiede gemacht werden, reizen sie zur psychologischen Deutung. Die DDR ist – ohne Rücksicht auf sprachliche Logik - immer die »ehemalige«, die »frühere« DDR. Der Nazistaat, das Dritte

Reich, wurde nie als ehemalig deklariert. Im Gegenteil, man ist sein Rechtsnachfolger. Diesen Anspruch erhob die DDR nie.

Von dieser Basis aus startete die BRD die dritte Welle politischer Justiz nach 1945. Die erste Welle galt den NS-Verbrechen, die zweite den Kommunisten in der alten BRD.

So laut und vernehmlich, wie diese juristische Vergangenheitsbewältigung eingeleitet und durchgeführt wurde, so heimlich, still und leise brach sie ab. Kein Justizminister zog Bilanz. Rundfunk, Fernsehen und Presse machten kein Aufhebens, das Thema verschwand peu à peu aus dem Bewußtsein der Öffentlichkeit. Wer rückblickend feststellen will, was die juristische Vergangenheitsbewältigung zum Ergebnis gehabt hat, der hat es schwer. Es gibt kein offizielles Fazit der aufwendigen Veranstaltung.

Das »Offiziellste« ist ein Artikel des ehemaligen Generalstaatsanwalts Christoph Schaefgen in der *Neuen Justiz* 1/2000 mit dem Titel »10 Jahre Aufarbeitung des Staatsunrechts in der DDR«. Schaefgen war in Berlin, dem Zentrum der juristischen Vergangenheitsbewältigung, erst Leiter der Abteilung Regierungskriminalität beim Generalstaatsanwalt beim Kammergericht und später – mit gleicher Aufgabenstellung – Generalstaatsanwalt beim Landgericht Berlin. Seine staatsanwaltliche Karriere endete mit dem praktischen Abschluß der Verfolgung des Staatsunrechts. Die Justiz hatte keine Verwendung mehr für den Generalstaatsanwalt, er schied aus der Staatsanwaltschaft aus, wurde Leiter der »Zentralstelle zur Unterstützung der historischen Aufarbeitung des DDR-Unrechts« in Berlin. Dieses Amt gab er bald auf. Seither verschwand er aus dem Gesichtsfeld der Öffentlichkeit, die Zentralstelle verschwand mit ihm. Man denkt an Fiasko und an Fiesco: »Der Mohr hat seine Schuldigkeit getan, der Mohr kann gehen.«

Das Strafrecht stand bei der Auseinandersetzung mit dem Unrechtsstaat DDR im Zentrum der öffentlichen Aufmerksamkeit. Schaefgen verkündete: »Nach dem Stand von Anfang 1999 sind etwa 62.000 Ermittlungsverfahren bundesweit gegen ungefähr 100.000 Beschuldigte eingeleitet worden.«[1]

Man vergleiche diese Zahlen mit denen der beiden vorangegangenen Kampagnen politischer Prozesse in der BRD. Von der ersten Welle, der Verfolgung faschistischer Verbrechen, heißt es: »Zwischen dem 8. Mai 1945 und dem 31. Dezember 1989 wurden gegen insgesamt 98.042 Personen Ermittlungs- oder Strafverfahren wegen NS-Verbrechen eingeleitet.«[2] Diese Zahl ist offenbar präzise verfügbar.

Schwierig zu ermitteln ist dagegen, was in der zweiten Phase politischer Prozesse in der BRD geschah. Zu der Zahl von Ermittlungsverfahren gegen Kommunisten in der Zeit von 1949 bis 1968 wird von Alexander von Brünneck, der hierzu die umfangreichste Auskunft gab, folgendes gesagt: »Die Gesamtzahl der polizeilichen und staatsanwaltschaftlichen Ermittlungsverfahren gegen Kommunisten läßt sich ... nicht genau feststellen. Posser nahm für die Zeit von 1951 bis 1961 100.000 Verfahren an; Maihofer schätzte ihre Zahl für die Jahre 1954 bis 1964 auf 100.000 bis 150.000. Der zuständige Sachbearbeiter im Bundesjustizministerium soll 1963 anläßlich der Strafrechtslehrer-Tagung die Zahl der politischen Ermittlungsverfahren seit 1951 auf über 150.000 beziffert haben. Ammann rechnete schon im November 1961 mit 150.000 bis 200.000 Ermittlungsverfahren. Diese Angaben wurden offiziell nicht dementiert. Sie wurden erst 1967 von dem damaligen Ministerialrat im Bundesjustizministerium Lüttger in einer wohl offiziösen Form zurückgewiesen, ohne daß er selbst Angaben über die Gesamtzahl der Ermittlungsverfahren machte.«[3]

Von Brünneck selbst nimmt an, »daß von 1951 bis 1968 staatsanwaltschaftliche Ermittlungsverfahren gegen etwa 125.000 Personen anhängig waren. Dabei handelt es sich eher um eine zu niedrige als zu hohe Schätzung. Die Gesamtzahlen der Ermittlungen von Polizei und Verfassungsschutz dürfte weit höher gewesen sein.«[4]

Man kann daher feststellen, daß in neun Jahren Verfolgung des sogenannten DDR-Unrechts genauso viel oder mehr Ermittlungsverfahren eingeleitet worden sind wie in 44 Jahren Verfolgung des beispiellosen NS-Unrechts und kaum weniger als in 17 Jahren Kommunistenverfolgung in der alten BRD.

Der Eifer zu bestrafen war im Falle des DDR-Unrechts erkennbar am größten.

Zu den Ergebnissen sagt Schaefgen, die Strafverfolgung sei »hinter den Erwartungen zurückgeblieben«[5].

Festzustellen ist zunächst dies: Schaefgen kann von keinem einzigen Ermittlungsverfahren wegen Folter, wegen Einlieferung in die Psychiatrie aus politischen Gründen oder wegen Zwangsadoptionen berichten. Dieses Ergebnis der Vergangenheitsbewältigung wird jedoch von der Öffentlichkeit nicht zur Kenntnis genommen.

Schaefgen bilanziert lediglich für Berlin (Zahlen für die gesamte BRD nennt er in diesem Zusammenhang nicht): Auf 21.553 »Eingänge« kamen 419 Anklagen, die zur rechtskräftigen Verurteilung von

171 Personen führten[6]. Marxen und Werle stellten 1999 für die gesamte BRD fest: »Derzeit sind etwa 300 Personen wegen DDR-Unrechts rechtskräftig verurteilt worden. Die bei den Gerichten noch anhängigen Verfahren lassen nicht erwarten, daß die Zahl von 500 rechtskräftig Verurteilten überschritten wird. Das bedeutet, daß eine Verurteilung lediglich etwa 0,5 Prozent aller Beschuldigten trifft.«[7]

Die etwa 98.000 Verfahren gegen NS-Verbrecher haben zu 6.486 Verurteilungen geführt[8], das sind 6,6 Prozent.

Bei der Verfolgung der Kommunisten kamen zwischen 1951 und 1968 auf die geschätzten 125.000 Personen, gegen die ermittelt wurde, schätzungsweise 6.000 bis 7.000 Verurteilte[9]. Die Quote der Verurteilten lag folglich zwischen 4,8 und 5,6 Prozent.

Man war auf Schätzungen angewiesen, denn: »Für die Jahre 1959 und später wurden die Verurteilungen wegen politischer Delikte im Statistischen Jahrbuch nicht ausgewiesen.«[10]

Also damals wie heute null Transparenz.

»Der Spiegel« schrieb im Anschluß an die Kommunistenverfolgung 1966: »Zwanzigmal verdächtigen oder beschuldigen sie Unschuldige, ehe sie einen Kommunisten fangen, der dann auch verurteilt wird.«[11] Zur jüngsten Welle politischer Prozesse stellt »Der Spiegel« derartige Betrachtungen nicht an.

Alexander von Brünneck hält das Mißverhältnis zwischen der Zahl der Ermittlungen, der Anklagen und der Verurteilungen für »ein spezifisches Merkmal der Politischen Justiz gegen Kommunisten«.[12] Zum Vergleich gibt er an: »Im allgemeinen machten die Verurteilungen z. B. von 1961 bis 1964 16,8 Prozent bis 18,8 Prozent der staatsanwaltschaftlichen Ermittlungsverfahren aus.«[13]

Und: »Bei den politischen Delikten erreichten die Verurteilungen zwischen 1960 und 1966 nur 2,8 bis 4,3 Prozent der staatsanwaltschaftlichen Ermittlungsverfahren … Die Intensität der Ermittlungen war damit, bezogen auf die Zahl der späteren Verurteilungen, bei politischen Delikten etwa fünfmal so hoch wie im Durchschnitt aller Delikte.«[14] Das gilt heute wie damals.

Jutta Limbach resümierte unter Berufung auf Alexander von Brünneck, »daß sich das gesamte politische Strafrecht jener Zeit in einer einzigen Formel zusammenfassen ließ: ›Wer sich als Kommunist betätigte, konnte bestraft werden.‹« Sie fügte allerdings hinzu, das sei »grob vereinfachend«.[15] Zum vollen Verständnis ist zu ergänzen, daß unter »Betätigung als Kommunist« bereits das Tragen einer Mai-Nelke aus Ost-Berlin[16], eine Trauerrede[17] oder die Organisation von Kinderferien für bundesdeutsche Kinder in der DDR[18] verstanden wurde.

Frau Limbach hat in ihrem bereits zitierten Aufsatz diese 28 Jahre eine »wenig rühmliche Epoche«[19] genannt und die in jener Zeit gegen Kommunisten gefällten Urteile als »strafrechtliche Exzesse«[20] gewertet. 1964 qualifizierte der Rechtswissenschaftler und spätere Bundesminister Werner Maihofer diese Rechtspraxis mit den Worten, daß sie »einem ausgewachsenen Polizeistaat alle Ehre machten«[21].

Für die dritte Periode fehlen solche Feststellungen durch Persönlichkeiten von offiziellem Rang noch.

»Rechtsbeugung in der DDR« ist nicht nur der Titel dieses Buches von Endrik Wilhelm, sondern war auch nach den Mauerschützenprozessen der häufigste Verfahrensgegenstand der Strafprozesse wegen DDR-Unrechts. Richter und Staatsanwälte saßen, wie Endrik Wilhelm treffend feststellt, »stellvertretend für ein System auf der Anklagebank«. Das System heißt Sozialismus. Von den DDR-Richtern und -Staatsanwälten wurden allein in Berlin nach Schaefgen 223 angeklagt – von den NS-Juristen hingegen nur ein einziger, der aber nicht verurteilt wurde.

Die Zahl der von NS-Richtern ausgesprochenen Todesurteile wird auf 32.000 bis 80.000 geschätzt. In der DDR wurden nach Angaben in der Ausstellung »Im Namen des Volkes?« des Bundesministeriums der Justiz 170 Todesurteile ausgesprochen und vollstreckt, darunter befinden sich alle Verurteilungen von Nazi- und Kriegsverbrechern und alle Todesstrafen gegen kriminelle Mörder. Wieviel Todesurteile als Unrecht angesehen werden, äußerte man nicht.

Die Lateiner sagten *iudex non calculat*, der Richter rechnet nicht. Doch Politiker und die Öffentlichkeit müßten in Zeiten äußerst knapper finanzieller und personeller Ressourcen eigentlich fragen: Wer soll das bezahlen? Aber kein Politiker und kein Journalist, mochte er auch noch so investigativ sein, stellte die Frage nach den Kosten des Unternehmens »strafrechtliche Vergangenheitsbewältigung«. Zwar berichteten die Medien über Haftentlassungen von Mördern, denen die Gerichte aus Personalmangel nicht innerhalb von sechs Monaten den Prozeß machen konnten, doch für die Verfahren wegen des DDR-Unrechts fehlte es nicht an Polizisten, Staatsanwälten und Richtern. Schaefgen stellte lapidar fest: »Die Strafverfolgung ist auch unter diesem Aspekt *(gemeint ist das Versagen bei der Verfolgung der NS-Verbrechen – F. W.)*, auch wenn sie hinter den Erwartungen zurückgeblieben ist, kein Luxus – keine Ressourcenverschwendung –, sondern eine notwendige Investition in die Zukunft«.[22]

Was eine solche Investition personell bedeutet, hat Alexander von Brünneck im Zusammenhang mit der Kommunistenverfolgung zu ermitteln versucht. »Im Jahre 1960 waren ungefähr 4.000 Personen mit der Aufklärung von politischen Straftaten beschäftigt. In diesem Jahr ergingen aber nur 449 entsprechende Verurteilungen; d. h. auf eine Verurteilung entfiel die einjährige Tätigkeit von etwa neun Ermittlungsbeamten.«[23]

Heute dürfte das Verhältnis noch ungünstiger sein. Schaefgen sollte es kennen, behält es allerdings für sich.

An dieser »Aufräumarbeit«, wie Jutta Limbach diese politische Arbeit der Justiz nach 1990 nannte[24], schieden sich die juristischen Geister der BRD. Es gab gravierende Einwände. Das Rückwirkungsverbot der Verfassung und der Europäischen Menschenrechtskonvention, das Problem der Verjährung und des Nachweises der Schuld standen im Weg. Bundesgerichtshof und Bundesverfassungsgericht überwanden diese Hindernisse weitgehend. Amtierende Staatsanwälte und Richter folgten in allen Verfahren der Vergangenheitsbewältigung ausnahmslos und uneingeschränkt ihren juristischen Vorgaben. Allerdings taten es nicht alle gern und willig. Manche suchten Auswege.

Die Rechtssätze des BGH wurden eingehalten, Schuld (Rechtsbeugungsvorsatz) wurde unterstellt, Verjährung galt nicht, das Rückwirkungsverbot traf bei DDR-Untaten nicht zu. Auch die Richter des Europäischen Gerichtshofs für Menschenrechte (einschließlich derjenigen aus Rußland und anderen ehemals sozialistischen Ländern) gaben dazu ihren Segen.

Zwei Freiräume blieben den deutschen Richtern in der ersten Instanz dennoch, um ihren Bedenken Rechnung zu tragen: die Tatsachenfeststellung und das Strafmaß. Rechtsanwalt Wilhelm hat das erfahren, und er hat die Richter, die diese Spielräume nutzten, mit Recht gelobt.

Anders als die Gerichte urteilten viele Richter a. D. und Professoren. Jutta Limbach referierte 1993: »Nur grob über den Daumen gepeilt kann man sagen, daß bei den Strafrechtswissenschaftlern der Zweifel am staatlichen Strafanspruch leicht überwiegt, während bei den Staatsrechtswissenschaftlern ein gewisses Übergewicht zugunsten der Meinung besteht, daß das Strafrecht hier eine Aufgabe zu erfüllen hat.«[25]

Tatsächlich haben Rechtswissenschaftler aller Disziplinen – soweit sie sich zu der Thematik geäußert haben – überwiegend diese »Aufräumarbeit« abgelehnt. Man muß das hervorheben, weil die breite Öffentlichkeit, die keine juristische Literatur liest, davon keine Kenntnis hat. Die Medien berichten seit mehr als zehn Jahren nur von Ermittlungsverfahren, von Anklagen und Verurteilungen – über die rechtliche Fragwürdigkeit der gesamten juristischen Kampagne zur Delegitimierung der DDR erfährt der mündige Bürger nichts. Auch die Politiker bis hin zur PDS wissen davon nichts oder wollen nichts davon wissen. Das gab es aber noch nie, daß praktisch die gesamte deutsche Rechtswissenschaft gegen die politische Rechtsprechung der Gerichte auftrat.

Joachim Bohnert erklärte beispielsweise: »Insgesamt betrachtet ist die Strafverfolgung von DDR-Taten, die vor dem 7.10.1987 begangen worden sind, weitgehend unzulässig.« (In: »Deutsch-deutsche Rechts-Zeitschrift 1993, S, 173). Gerald Grünwald äußerte sich ebenso in einem Diskussionsbeitrag, der 1993 in Köln in einem Sammelband veröffentlicht wurde: »Der Satz ›nullum crimen sine lege‹ verbietet die Ahndung solcher Taten, die zum Zeitpunkt der Tat nicht mit Strafe bedroht waren. Dieser Rechtssatz ist im Grundgesetz ohne Ausnahme statuiert.« (In: »Die Verfolgung von Regierungskriminalität nach der Wiedervereinigung«, S. 50)

»Die Taten waren am Tatort nicht strafbar«, meinte Jakobs. Und: »Der Grund der Taten läßt sich besser als falsche Politik denn als Kriminalität verstehen, und es fand schon eine hinreichende kognitive Lagebereinigung statt.« (»Zur Leistungsfähigkeit des Strafrechts nach einem politischen Umbruch«, in: Josef Isensee [Hrsg.]: »Vergangenheitsbewältigung durch Recht«, Berlin 1992, S. 58)

Die mögliche Folge beschrieb Isensee an anderer Stelle in diesem Band: »Die Gefahr liegt nahe, daß die Westdeutschen Ahnungslosigkeit, Selbstgerechtigkeit und Pharisäismus einbringen und daß die demokratisch minorisierten Ostdeutschen ein neues Besatzungstrauma erleben.« (S. 100). Und, die Resultate der »Vergangenheitsbewältigung« vorwegnehmend: »Es wird sich kein Grund ergeben für die Deutschen, die im sicheren Port des Westens gelebt haben, sich zum Zensor der ostdeutschen Vergangenheit aufzuwerfen.« (S. 109)

Bernhard Schlink meinte 1994: »Die Stunde der revolutionären Gerechtigkeit ist vorbei. Die rechtsstaatliche Normalität schließt das Rückwirkungsverbot ein und die strafrechtliche Bewältigung der kommunistischen Vergangenheit, wie sie derzeit stattfindet, aus.« (In: »Rechtsstaat und revolutionäre Gerechtigkeit«, Neue Justiz 1994, S. 437) Man kann es aber auch so direkt formulieren wie Altbundeskanzler Helmut Schmidt: »Ich finde, Entschuldigung, die westdeutsche Überheblichkeit zum Kotzen. Und ich finde auch die kollektive Abqualifizierung aller Kommunisten zum Kotzen.«[26]

Natürlich gab es auch andere Auffassungen, nicht so viele, aber ebenso engagierte. So schrieb Eckhard Jesse: »Auch wenn die ›Vergangenheitsbewältigung durch Strafverfahren‹ nicht im Vordergrund stehen kann, muß gleichwohl die politische Führung zur Verantwortung gezogen werden – unabhängig davon, ob ihre Handlungen den DDR-Gesetzen entsprachen oder auch nicht. Wer sich – im rechtspositivistischen Sinne – an den damaligen Gesetzen zu orientieren wünscht, schreibt faktisch das Unrecht noch nachträglich fest und rückt indirekt die Leistungen der ersten deutschen Vergangenheitsbewältigung ins Zwielicht.«[27] Jesse argumentiert im Gegensatz zu seinen Opponenten politisch und nicht juristisch.

Während man im Rückblick auf die strafrechtliche Verfolgung von Kommunisten in der BRD wohl keinen Zweifel hat, daß es sich dabei um politische Prozesse gehandelt hat, wird das in bezug auf das, was erst »Regierungskriminalität«, später »Vergangenheitsbewältigung« und noch später »Aufarbeitung« des Staatsunrechts in der DDR hieß, weitgehend geleugnet. So erklärte Frau Limbach 1993 in einem Diskussionsbeitrag auf einem wissenschaftlichen Kolloquium zur Regierungskriminalität laut Protokoll: »Klarzustellen sei, daß es hier um keinen politischen Prozeß geht.«[28]

Ein Jahr später hat sie in einem Artikel »Politische Justiz im Kalten Krieg«[29] zwar bekannt: »Ob im Kaiserreich, in der Weimarer Republik, im NS-Regime, in der Bundesrepublik oder in der DDR, unter jeder Staatsform hat es Fälle und Phasen politischer Justiz gegeben.« Und noch ein Jahr später, 1995, meinte sie, »daß es keine unpolitische, weltanschaulich neutrale, ethisch wertfreie Jurisprudenz gibt.«[30] Und sie hat an gleicher Stelle weiter gesagt, »daß es einen unpolitischen oder apolitischen Richter nicht geben kann«.

Das sollte man berücksichtigen, wenn man liest, was Endrik Wilhelm über seine Verteidigererlebnisse berichtet. Der klaren Beantwortung der naheliegenden Frage, ob die »Aufräumarbeit« auch politische Justiz war, ist Jutta Limbach allerdings ausgewichen. Ihre Artikel lassen vermuten, daß sie diese Frage für sich bejaht.

Vielleicht wird sie sich offenbaren, wenn die Vergangenheitsbewältigung Geschichte geworden ist, der Zeitgeist sich anderen Themen zugewandt hat und sie selbst pensioniert ist.

Die Zitate aus drei aufeinander folgenden Jahren lassen vermuten, daß ihre Autorin in dieser Zeit neue Erkenntnisse gewonnen hat. Das wäre kein Einzelfall. Das »Vorverständnis«, von dem Wilhelm wiederholt spricht – man könnte es auch das Vorurteil über die DDR nennen –, wurde im Zuge der strafrechtlichen Auseinandersetzung mit dem Staatsunrecht relativiert, wenn auch nicht beseitigt.

Heute wird weniger geglaubt, was damals »herrschende Meinung« war. Im April 1992 erklärte z. B. Prof. Lüderssen, ein durchaus kritischer Beobachter der Prozesse wegen Regierungskriminalität: »Wenn Wolff behauptet, noch von keinem Fall von Folter gehört zu haben, so bin ich sprachlos.«[31] Folter in der DDR war also selbst für liberale Juristen aus der BRD eine feststehende Tatsache.

Das gleiche gilt für Zwangsadoptionen, in denen Bottke einen von sieben Bereichen »bei der Verfolgung staatlichen Unrechts« in der DDR sah.[32] Selbst Tötungen von Kindern unmittelbar nach der Geburt wurde von Rechtsprofessoren mit besonderer Kompetenz auf dem Gebiet des Ostrechts als feststehende Tatsache berichtet[33], ebenso Einweisungen in die Psychiatrie aus politischen Gründen.

Ein falsches »Vorverständnis« gab es bei den Juristen nicht nur gegenüber dem Unrechtsstaat, sondern auch gegenüber dem Rechtsstaat. So glaubte z. B. Lampe: »Da insgesamt die Rechtsbeugung in der DDR nur als Beugung des Rechts in der DDR begriffen werden könne, sei eine Verurteilung wegen Rechtsbeugung unter Zugrundelegung westlicher Rechtsauffassung nicht zu rechtfertigen.«[34]

Auch der Staatsrechtslehrer Starck führte zum Problem der Rechtsbeugung durch DDR-Richter aus: »Danach ist direkter Vorsatz erforderlich, der nur selten wird nachgewiesen werden können, wenn man die ideologische Ausrichtung der Richter in Betracht zieht. Auf jeden Fall dürfte der Nachweis des direkten Vorsatzes der Rechtsbeugung ebenso schwer zu erbringen sein wie gegenüber Richtern aus der nationalsozialistischen Zeit. Deshalb werden Richter nur selten strafrechtlich zur Verantwortung gezogen werden können.«[35]

Die Professoren hatten nicht nur über die DDR, sondern auch über den Rechtsstaat BRD ein falsches »Vorverständnis«.

Kinkel baute bei seiner Rede auf dem Deutschen Richtertag auf »die deutsche Justiz«. Das sind nicht nur Staatsanwälte und Strafrichter. In das Werk der Delegitimierung der DDR wurde von ihm die ganze Justiz einbezogen.

Die juristische Vergangenheitsbewältigung beschränkte sich keineswegs nur auf die Strafverfahren. Die Sozialgerichte berichteten z. B. von 27.000 Verfahren von Ostrentnern, die bis zur erwarteten Entscheidung des Bundesverfassungsgerichts ausgesetzt worden waren, und die Sozialversicherungsträger nannten die Zahl von jährlich 180.000 bis 200.000 Widersprüchen aus den neuen Bundesländern.[36] Bei den Landesämtern für offene Vermögensfragen und den Verwaltungsgerichten liefen Ansprüche auf Rückübertragung von 2.152.744 Immobilien.[37] Die Zahl der Arbeitsgerichtsverfahren, in denen wegen »Systemnähe« oder »Stasi-Verbindung« gekündigte Lehrer, Ärzte, Polizisten, Kindergärtnerinnen, Professoren und Küchenfrauen versucht hatten, gerichtlichen Schutz zu erhalten, ist unbekannt.

Die Probleme der Wiedervereinigung bzw. der Vergangenheitsbewältigung in Deutschland erregten auch internationales Aufsehen. Der Ausschuß für wirtschaftliche, soziale und kulturelle Rechte der Vereinten Nationen fand 1998 »Anlaß zur Besorgnis« und »bemerkte mit Bestürzung«, daß »nur 12 Prozent der öffentlich Beschäftigten auf dem Gebiet von Wissenschaft und Technik der ehemaligen DDR einschließlich Lehrern, Wissenschaftlern und anderen Fachleuten weiter beschäftigt worden sind, und daß die übrigen ohne Beschäftigung oder eine adäquate Entschädigung oder eine befriedigende Rentenregelung bleiben.« 2001 »ermutigte« er Deutschland, »die Maßnahmen fortzusetzen, um zu sichern, daß die Unterschiede zwischen den alten und den neuen Ländern hinsichtlich Lebensstandard und Gehältern für Angestellte des öffentlichen Dienstes vermindert werden.«

Vor diesem zeitgeschichtlichen Hintergrund zeichnet Endrik Wilhelm das Schicksal von zwei Menschen, die er verteidigte. Die Detailschilderung enthüllt, was die Statistik, die Gesamtbetrachtung nicht zeigt: die jahrelange psychische und materielle Belastung der Beschuldigten, die eine milde Strafe oder auch ein Freispruch nicht wieder gutmachen. Sie zeigt einfühlsam die Psychologie der beteiligten Richter, Staatsanwälte, Rechtsanwälte und auch der Zeugen und Sachverständigen.

Man sieht, es ist nicht alles schwarz, was eine schwarze Robe trägt und nicht alles weiß, was weiß sein möchte.

Wilhelm zeigt auch, was in der DDR strafbar war. Schmerzhaft heute zu lesen. Er zeigt, was der Rechtsstaat für strafbar hielt. Gleichfalls schmerzhaft. Er zeigt dies aus der Sicht und in der Sprache eines Juristen, der in der BRD aufgewachsen und ausgebildet worden ist. Das Strafrecht der DDR ist für ihn »grausam« und »perfide«. Wenn er dennoch aus der »Sicht der Verteidigung« das Bild einer verfehlten juristischen Beurteilung des »DDR-Unrechts« zeichnet, so ist das glaubwürdiger, authentischer, als es je aus der Sicht eines DDR-Autors sein könnte.

Anmerkungen
1 Neue Justiz 1/2000.
2 Henke in Henke/Woller, Politische Säuberung in Europa, München 1991, S. 82, Anm. 175.
3 Alexander v. Brünneck, Politische Justiz gegen Kommunisten in der Bundesrepublik Deutschland von 1949 bis 1968, Frankfurt 1978, S. 241.
4 ebenda S. 242.
5 Schaefgen, a. a. O., S. 5.
6 Schaefgen, a. a. O., S. 1 .
7 Marxen/Werle, Die strafrechtliche Aufarbeitung von DDR-Unrecht. Eine Bilanz. Berlin-New York, 1999, S. 234
8 Henke/Woller a. a. O., S. 82.
9 Alexander v. Brünneck, a. a. O., S. 276.
10 a. a. O., S. 275.
11 Der Spiegel, 38/1966, S. 55.
12 a. a. O., S. 279.
13 a. a. O., S. 243.
14 a. a. O., S. 243.
15 Jutta Limbach, Politische Justiz im Kalten Krieg, Neue Justiz 1994, S. 50.
16 Alexander von Brünneck, a. a. O., S. 179.
17 Alexander von Brünneck, a. a. O., S. 179.
18 Diether Posser, Anwalt im kalten Krieg, München 1991, S. 259 ff.
19 a. a. O., S. 51.
20 a. a. O., S. 50.
21 Alexander von Brünneck, a. a. O., S. 243 unter Verweis auf die Panorama-Sendung (ARD) vom 4.1.1965.
22 Schaefgen, a. a. O., S. 5.
23 Alexander von Brünneck, a. a. O., S.246, unter Verweis auf Bundesinnenminister Schröder, Protokoll des Parteitages der CDU vom 24. bis 27. April 1961, S. 105.
24 Jutta Limbach, Politische Justiz im Kalten Krieg, Neue Justiz 1994, S. 52.
25 Jutta Limbach, Vergangenheitsbewältigung durch die Justiz, Deutsch-Deutsche Rechts-Zeitschrift 1993, S. 68.
26 Helmut Schmidt, Altbundeskanzler, in: Welt am Sonntag, 29. August 1999, S. 35.
27 Eckhard Jesse, »Entnazifizierung« und »Entstasifizierung« als politisches Problem. Die doppelte Vergangenheitsbewältigung, in: Josef Isensee (Hrsg.), Vergangenheitsbewältigung durch Recht, S. 35.
28 Lampe (Hrsg.), Die Verfolgung von Regierungskriminalität nach der Wiedervereinigung. Köln 1993, S. 80.
29 Neue Justiz 1994, S. 49 ff.
30 Jutta Limbach, Die richterliche Unabhängigkeit – ihre Bedeutung für den Rechtsstaat, Neue Justiz 1995, S. 283.
31 Lampe (Hrsg.), Die Verfolgung von Regierungskriminalität der DDR nach der Wiedervereinigung, S. 79.
32 Bottke in: Lampe (Hrsg.), Die Verfolgung von Regierungskriminalität der DDR nach der Wiedervereinigung, S. 217.
33 Friedrich-Christian Schroeder, Die strafrechtliche Verfolgung von Unrechtstaten des SED-Regimes in: Brunner (Hrsg.), Juristische Bewältigung des kommunistischen Unrechts in Osteuropa und Deutschland, S. 211.
34 Lampe, a. a. O., S. 127.
35 Christian Starck, Der Rechtsstaat und die Aufarbeitung der vor-rechtsstaatlichen Vergangenheit, in: Veröffentlichungen der Vereinigung der Deutschen Strafrechtslehrer, Heft 51, S. 28.
36 Rösel/Funke, Die Überführung des Renten- und Versorgungssystems der DDR in das Rentenrecht der BRD. in: Weißbuch Nr. 6 (»Unfrieden in Deutschland«), herausgegeben von der Gesellschaft zum Schutz von Bürgerrecht und Menschenwürde e. V. (GBM), Berlin 1999, S. 372.
37 Wolfgang Richter, ebenda, S. 12.

Vorbemerkung

Mehr als zehn Jahre sind seit dem Beitritt der auf dem Staatsgebiet der DDR 1990 gebildeten fünf Länder zur Bundesrepublik Deutschland vergangen. Zehn Jahre haben Staatsanwaltschaften und Gerichte Urteile der DDR-Justiz auf Rechtsbeugung untersucht. Seit dem 3. Oktober 2000 ist eine Verfolgung wegen Verjährungseintritts nicht mehr möglich. Die Aufarbeitung der DDR-Justiz ist damit – abgesehen von wenigen noch anhängigen Verfahren – selbst Geschichte.

An einigen der durchgeführten Verfahren in Dresden war ich als Verteidiger beteiligt. Die Verfahren wie auch die Verfolgung des SED-Unrechts insgesamt wurden begleitet von politischen Diskussionen über Sinn und Unsinn der Prozesse, vom Vorwurf der Siegerjustiz und der Debatte um die vermeintliche oder tatsächliche Unmöglichkeit, die Justiz der DDR durch die Gerichte der Bundesrepublik angemessen beurteilen zu können. Zu all diesen Themen gibt es zahlreiche Argumente für beide Seiten. Die rechtsgeschichtliche Forschung wird sich dieser Aspekte mit Sicherheit auch noch ausführlich annehmen, soweit dies nicht bereits geschehen ist.

Ich will mit diesem Buch keinen Beitrag zu dieser rechtswissenschaftlichen Aufgabe leisten. Mir geht es darum, über die Prozesse möglichst differenzierend zu berichten und die Sicht der Verteidigung in den Verfahren auch für denjenigen nachvollziehbar zu machen, der zur pauschalen Verurteilung der Strafjustiz der DDR und deren Angehörigen neigt. Objektivität kann und will ich dabei nicht beanspruchen.

Ich habe mich bemüht, durch die Schilderung zweier Prozesse verschiedene Teilbereiche der DDR-Strafjustiz sowohl in ihrer zeitlichen Abfolge als auch in sachlicher Hinsicht zu erfassen. Die Darstellung beginnt mit der Aufarbeitung einiger Prozesse aus den 50er Jahren, und zwar der strafrechtlichen Verfolgung der Zeugen Jehovas in der DDR.

Im Anschluß daran berichte ich über die strafrechtliche Behandlung Ausreisewilliger, die nach dem Verständnis der DDR-Justiz bei ihren Bemühungen um Ausreise gegen Vorschriften des Strafgesetzbuches der DDR verstoßen hatten.

Es ist für mich von besonderer Bedeutung, die persönlichen Schicksale meiner Mandanten – deren Namen ich in einem Fall geändert habe – und der vielen Betroffenen der DDR-Strafjustiz mitzuteilen, soweit sie mir bekannt wurden. Die Erlebnisse und Erfahrungen aller Verfahrensbeteiligten gingen mir persönlich nicht selten nahe. Es war aus heutiger Sicht bisweilen kaum zu fassen, welche Entbehrungen und Leiden sich aus einer Konfrontation mit dem Staat in der DDR ergeben konnten.

Vor allem aber möchte ich einen Beitrag zum gegenseitigen Verständnis leisten. Die in der öffentlichen Diskussion vorherrschende Vorstellung, staatsbejahende DDR-Bürger seien verblendete und ausschließlich auf den eigenen Vorteil bedachte rücksichtslose Charaktere gewesen, wird der Wirklichkeit der DDR nach meiner Überzeugung nicht gerecht.

Große Teile der ostdeutschen Bevölkerung haben auch ein anderes Bild ihrer Vergangenheit, ohne sich nach der DDR zu sehnen. Das kommt zwar nur selten in hinreichender Deutlichkeit zum Ausdruck. Denen, die mit offenen Augen und Ohren auf dem Gebiet der ehemaligen DDR leben, kann das aber nicht verborgen bleiben. Meine Ausführungen dienen deshalb nicht zuletzt dem Ziel, das gegenseitige Verständnis zumindest in dem Maße zu fördern, wie das mit einem derartigen Beitrag möglich ist.

Meiner Unzulänglichkeit, als aus den alten Bundesländern stammend allenfalls eingeschränkt aussagefähig zu sein, bin ich mir natürlich bewußt. Vielleicht stützt meine Herkunft aber auch meine Glaubwürdigkeit.

Bei der Erarbeitung des Manuskriptes halfen mir Dr. Susann Heidecke und Kai Ernst Becker, denen ich dafür danke. Den größten Dank aber schulde ich meiner Frau Antje, die es klaglos ertragen hat, daß ich in den letzten drei Jahren mich mehr um dieses Buch als um meine Familie gekümmert habe.

Dr. Endrik Wilhelm
Dresden, im Frühjahr 2003

Die Zeugen Jehovas – der Fall Georg Hartlieb

Einleitung

Georg Hartlieb, inzwischen 70 Jahre alt, erhielt 1995 eine Vorladung zu einer Vernehmung durch das Landeskriminalamt Sachsen. Dort wurde ihm mitgeteilt, man ermittle gegen ihn wegen des Verdachts der Rechtsbeugung und Freiheitsberaubung. Konkret gehe es um drei Prozesse aus den Jahren 1954 und 1955, als Hartlieb Staatsanwalt in der Abteilung 1 des Bezirksstaatsanwalts Dresden gewesen sei. Er habe, so der Vorwurf, vor vierzig Jahren an der Verurteilung mehrerer Zeugen Jehovas zu mehrjährigen Haftstrafen mitgewirkt.

Das sei mit dem damals geltenden Recht nicht vereinbar gewesen, weshalb gegen die noch lebenden Beteiligten Ermittlungsverfahren wegen Rechtsbeugung und Freiheitsberaubung eingeleitet worden seien.

Wer war dieser Mann mit dieser nunmehr kriminellen Vergangenheit?

Georg Hartlieb stammte aus einfachen Verhältnissen. Er wurde als eines von neun Kindern des Ehepaares Albert und Agnes Hartlieb 1925 geboren. Sechs seiner Geschwister starben bei oder kurz nach der Geburt. Gemeinsam mit einem Bruder und seiner Schwester wuchs er in Oberschlesien auf.

Es waren harte Zeiten für die Familie Hartlieb in den von der Rezession beherrschten späten 20er Jahre. Vater Albert Hartlieb konnte seinen erlernten Beruf als Koch nicht mehr nachgehen, weil er die Hitze nicht vertrug. Immerhin war es ihm aber gelungen, eine Anstellung in einer Bank zu finden, bis er wie so viele in jener Zeit Opfer der Arbeitslosigkeit wurde. Für die Familie war dies eine große Belastung. Fleisch, Butter und höherwertige Lebensmittel jedweder Art waren unerschwinglich. Das änderte sich auch nicht, als der Vater 1935, nach zehn Jahren Erwerbslosigkeit, wieder Arbeit fand.

Seit zwei Jahren herrschten in Deutschland die Nazis. Daraus ergaben sich Schwierigkeiten, denn Agnes Hartlieb war Jüdin. Ihre Mutter wurde 1938 interniert und in Theresienstadt von den Nazis ermordet. Albert Hartlieb wurde mehr als einmal nahegelegt, sich von seiner Frau Agnes zu trennen. Die Weigerung bedeutete für ihn, als schlecht bezahlte Hilfskraft in einem Schuhgeschäft arbeiten zu müssen.

Wegen seiner guten schulische Leistungen durfte Georg Hartlieb immerhin die Mittelschule besuchen. Finanziell war dies möglich, weil ihm ein Freiplatz ohne Schulgeldverpflichtung zugesprochen worden war. Er schloß die Schule 1941 erfolgreich ab. Ein Jahr später wäre dies schon nicht mehr möglich gewesen, weil es »Mischlingen« ab 1942 verboten war, höhere Schulen zu besuchen. Georg Hartlieb litt gleichwohl unter den verschärften Gesetzen. Eine Lehrstelle blieb ihm trotz hinreichender Qualifikation versagt. Statt dessen mußte er eine Tätigkeit als Speditionsarbeiter aufnehmen, die er bis 1943 ausübte. Anläßlich der »Aktion Haase« wurde auch er dann als »Rassenmischling« interniert.

Für Georg Hartlieb begann damit ein leidvoller Lebensabschnitt. Die Nazis schafften ihn zunächst nach Breslau, um ihn von dort mit einem Sammeltransport unter SS-Bewachung nach Paris zu bringen. Dort wurde er zur Zwangsarbeit eingeteilt. Das bedeutete jeden Morgen um 4.00 Uhr Aufbruch zu einem zwölf Kilometer langen Marsch zu einem Bergwerksstollen, um dort bis in den frühen Abend zu arbeiten. Zwischen 17 Uhr und 18 Uhr ging es zu Fuß zurück ins Lager. Viele überstanden diese Strapazen nicht, zumal die Ernährung vollkommen unzureichend war. Morgens erhielten die Gefangenen eine Tasse Malzkaffee und ein Brot mit Marmelade, mittags einen Teller Suppe und abends eine Scheibe Brot mit Wurst. Die Wachmannschaften der SS bestraften jede Kleinigkeit, bisweilen auch aus purer Lust, mit Prügel und Essensentzug. Georg Hartlieb blieb bis nach der Invasion 1944 im Lager nahe Paris, bis die deutsche Besatzung nach und nach aus Frankreich zurückgedrängt wurde. Für ihn hatte das die Verlegung in ein Lager in der Nähe von Saarbrücken zur Folge.

Im Januar 1945 gelang Hartlieb die Flucht. In Güterwagen versuchte er, sich nach Oberschlesien durchzuschlagen, wurde jedoch auf der Fahrt von Frankfurt am Main nach Leipzig von der Feldgendarmerie gefaßt. In Leipzig sollte er als Deserteur vor Gericht gestellt werden. Dort hätte ihn die Todesstrafe erwartet. Ein Bahnhofspolizist in Leipzig eröffnete ihm jedoch eine Fluchtmöglichkeit, die Georg Hartlieb dankbar nutzte. Es gelang ihm, sich nach Oberschlesien durchzuschlagen. Dort war der Krieg nach dem Einmarsch der Russen im Januar 1945 bereits zu Ende. Georg Hartlieb traf seine Eltern wieder, einige Zeit später auch seinen Bruder und seine Schwester, die seit 1943 auf der Flucht vor den Nazis war.

Für die deutsche Familie Hartlieb rissen die Probleme freilich auch nach dem Ende der Naziherrschaft nicht ab. Eine Verfolgung jüdischer oder »gemischter« Familien gab es zwar nicht mehr. Aber: Gemäß der Absprachen der Alliierten wurde Oberschlesien Polen zugeschlagen. Polnisch war zur Landessprache geworden. Georg Hartlieb, seine Eltern und Geschwister beherrschten diese Sprache nicht. Und als Deutsche – deren Armeen 1939 ins Land eingefallen waren und Hunderttausende Polen auf dem Gewissen hatten – waren sie fortan Repressalien ausgesetzt. Das ging bis zur Plünderung der Wohnung. Dank des russischen Kommandanten, der Jude war, wurde eine Übersiedlung nach Deutschland organisiert. Im Oktober 1945 verließ die Familie Hartlieb ohne jede Habe ihre Heimat und reiste zunächst nach Görlitz und von dort aus weiter nach Dresden.

Die Stadt an der Elbe war am 13./14. Februar 1945 vollkommen zerstört worden. Die Familie Hartlieb war deshalb froh, in ein 18 Quadratmeter großes Zimmer einziehen zu können. Die Wohnung gehörte einem Direktor der Dresdner Bank, einem ehemaligen Parteigänger der NSDAP, dessen Ehefrau Weihnachten 1945 die alljährliche Ansprache von Josef Goebbels vermißte, wie sie zu verstehen gab. Hartliebs bezogen im Frühjahr 1946 eine neue Wohnung.

Georg Hartlieb war zu jenem Zeitpunkt 20 Jahre alt. Bis dahin hatte er außer Armut und Verfolgung nicht viel erlebt.

Die neue Zeit nach 1945 barg auch für ihn Chancen. Er nahm eine Tätigkeit als Hilfssachbearbeiter bei der Landesregierung Sachsen auf. Ein Jahr später wurde ihm die Teilnahme an einem Lehrgang in der Verwaltungsfachschule in Frankenberg ermöglicht. Das eröffnete ihm den Zugang zu einer Anstellung als Sachbearbeiter, die er bis 1950 ausübte. Im Alter von 25 Jahren begann der seit 1948 Verheiratete ein Jurastudium in Potsdam-Babelsberg, das war ein zweijähriger Lehrgang mit anschließendem vierjährigen Fernstudium bei paralleler juristischer Tätigkeit. Georg Hartlieb absolvierte zunächst den zweijährigen Lehrgang, um im Anschluß daran für ein Jahr als Assistent an der Universität zu arbeiten. In jener Zeit, am 7. Oktober 1949, wurde die DDR gegründet. 1952 wurden die Länder aufgelöst: Sachsen existierte nicht mehr – es gab die Bezirke Dresden, Leipzig und Chemnitz (ab 1953 Karl-Marx-Stadt). 1953 kehrte Hartlieb zurück nach Dresden, wo er Staatsanwalt wurde. Er arbeitete in der Abteilung 1, die zuständig war für die Bekämpfung von Agenten- und Spionagetätigkeit.

1955 wurde er von der SED-Bezirksleitung zunächst für ein Jahr zum Justizinstrukteur berufen.

Für den inzwischen zweifachen Vater hatte das vor allem finanzielle Konsequenzen, und zwar negative. Als Staatsanwalt hatte er 1.500 Mark monatlich verdient, in der neuen Funktion bekam er 1.100. Nach Ablauf des vereinbarten Jahres wollte er deshalb die Stellung aufgeben, was ihm, dem Genossen, nicht gestattet wurde. Der Parteiauftrag wurde um ein weiteres Jahr verlängert.

Erst 1957 kehrte er zur Staatsanwaltschaft zurück. Er wurde Leiter der Abteilung 2, zuständig für allgemeine und Wirtschaftskriminalität.

1958 schloß Hartlieb sein Studium ab.

Georg Hartlieb blieb nicht lange Staatsanwalt. Drei Jahre nach seiner Rückkehr von der SED-Bezirksleitung wurde er entlassen. Sein nur widerwillig erklärtes Einverständnis zur Fortsetzung seiner Arbeit als Justizinstrukteur und sein unverhohlener Drang zurück zur Staatsanwaltschaft hatten nicht zur Hebung seines Ansehens innerhalb der Dresdner SED-Führung beigetragen. Hinzu kam, daß ein Onkel seiner Frau Heidrun Ende der 40er Jahre nach Frankfurt am Main übergesiedelt war. Dieser Onkel war als Mitglied des Zentralvorstandes der SPD von 1933 bis 1945 von den Nazis verfolgt worden. Nach 1945 war er Geschäftsführer der in Dresden erscheinenden »Volksstimme« gewesen. Seine Übersiedlung in den Westen war deshalb politisch brisant, weitere Kontakte zu ihm waren unerwünscht. Gleichwohl unterhielt seine Frau Heidrun weiterhin Briefverkehr zu ihrem Onkel. Das trug Georg Hartlieb ein Parteiverfahren ein.

Ob das der wahre Grund für den Rauswurf war, ist Georg Hartlieb nie bekannt geworden. Am 20. August 1960 bekam er exakt zwanzig Minuten, um seinen Schreibtisch zu räumen und die Dienststelle zu verlassen.

Damit endete die Karriere des Staatsanwalts Georg Hartlieb.

In der DDR war es nach einem derartigen Vorfall üblich, daß die Betroffenen wieder ganz unten anfingen, und zwar unabhängig von ihrer Qualifikation. Für Georg Hartlieb hieß das, als Hilfsarbeiter in einer Glüherei arbeiten zu müssen. Erst nach einem Jahr wurde er wieder als Jurist eingesetzt, bis er 1978 invalidisiert wurde. 53jährig war er arbeitsunfähig geworden. Er hatte bis dahin zwei Nervenzusammenbrüche erlitten, seit 1960 war er gallenkrank.

Der Rentner Georg Hartlieb verlor seine Frau Heidrun 1995 nach einem Krebsleiden – zwei Jahre vor der Goldenen Hochzeit. Der 70jährige litt zudem an einer schweren Herzerkrankung.

Nur wenige Monate vor dem Tod seiner Frau wurde Georg Hartlieb 17 Jahre nach seiner Invalidisierung erneut Gegenstand staatlichen Interesses. Er erhielt eine Vorladung des Landeskriminalamtes Sachsen, weil er angeblich vor vierzig Jahren gegen damals geltendes Recht verstoßen habe, indem er an der Verurteilung zahlreicher Zeugen Jehovas wegen Boykott- und Kriegshetze mitgewirkt hatte.

1. Kapitel: Der Gegenstand des Verfahrens

Ausgangspunkt für die von der Staatsanwaltschaft Dresden geführten Verfahren waren nicht etwa Strafanzeigen der 1954 und 1955 verurteilten Zeugen Jehovas. Soweit diese noch lebten, hatten sie vielmehr erklärt, keinerlei Interesse an einer nochmaligen Auseinandersetzung mit den damaligen Geschehnissen zu haben. Teilweise hatten sie sich sogar geweigert, Zeugenaussagen zu machen. Sie wollten aus Sorge um ihre Gesundheit nicht noch einmal mit dieser bitteren Erfahrung konfrontiert werden. Erst auf die Androhung von Ordnungsgeld und Ordnungshaft konnten sie bewegt werden, sich gegenüber den Ermittlungsbehörden zur Sache zu erklären. Nicht nur im Hinblick auf das sehr hohe Alter der Zeugen – alle Betroffenen waren zwischen 70 und 80 Jahre alt – hatte das etwas Pikantes.

Politisch gab dies der Sache den unangenehmen Beigeschmack, Strafverfolgung *gegen* die Interessen der Opfer zu betreiben. Die Staatsanwaltschaft Dresden durfte das nach den Buchstaben der Strafprozeßordnung jedoch nicht kümmern. Ihr war von der Zentralen Erfassungsstelle in Salzgitter ein aus dem Jahr 1969 stammender Vorgang übermittelt worden. In diesem Amt wurden während der Zeit der deutschen Teilung sämtliche Erkenntnisse u. a. über Ausreisen aus der DDR gesammelt, die in irgendeiner Form nachrichtendienstlich von Interesse waren. Zur Ausreise einiger Zeugen Jehovas und deren Hintergründen hatte die Zentrale Erfassungsstelle Vorgänge angelegt. Seit 1990 wurden die gesammelten Erkenntnisse der Zentralen Erfassungsstelle aus der Zeit des Kalten Krieges daraufhin untersucht, ob sich aus ihnen Anhaltspunkte für die Durchführung von Strafverfahren ergäben. Dabei stieß man auch auf Georg Hartlieb. Er war einer von zwei noch lebenden Verfahrensbeteiligten der Jahre 1954/55 auf der Seite der Strafverfolgungsbehörde. 1994 wurde das Ermittlungsverfahren durch die Staatsanwaltschaft Dresden eröffnet.

Tatsächlich hatte der von 1953 bis 1955 in der heute so genannten politischen Abteilung des Bezirksstaatsanwalts Dresden tätige Georg Hartlieb an drei Verfahren mitgewirkt, die die Anklage mehrerer Zeugen Jehovas zum Gegenstand hatten. Insgesamt hatte er 19 Anhänger der Glaubensgemeinschaft wegen Boykott- und Kriegshetze angeklagt. Sie waren im Ergebnis der Hauptverhandlungen, an denen er ebenfalls mitgewirkt hatte, zu Freiheitsstrafen zwischen 5 Jahren,

6 Monaten und 10 Jahren verurteilt worden. Die Zeugen Jehovas waren ins Fadenkreuz der jungen DDR-Justiz geraten, weil ihre Religionsausübung einige Eigenarten mit sich bringt, die aus Sicht der DDR geradezu staatszersetzenden Charakter hatten und zu allem Überfluß Parallelen zu einer Agententätigkeit aufwiesen. Das vermittelte den Eindruck, es handele sich bei den Zeugen Jehovas um eine aus den USA gesteuerte Spionageorganisation, deren Ziel nicht die Verbreitung des Glaubens, sondern die Zersetzung der DDR sei. Das mag für all diejenigen, die die Zeugen Jehovas als friedfertige und um die Bekehrung ihrer Mitmenschen zum christlichen Glauben bemühte Mitbürger kennengelernt haben, heute absurd klingen; es ist mir auch bis heute nicht klar geworden, ob sich hinter dem Feldzug der DDR-Justiz gegen die Zeugen Jehovas nicht ein rein politisch motivierter Versuch zur Bekämpfung mißliebiger Religionen verbarg. Fakt ist aber auch, daß die Aktivitäten der Zeugen Jehovas sehr wohl den Eindruck erwecken konnten, ihrerseits politisch und nicht religiös motiviert zu sein. Und bei dieser Betrachtungsweise ergaben sich Anhaltspunkte, die eine strafrechtliche Verfolgung zumindest nachvollziehbar erscheinen ließen.

Die Generalstaatsanwaltschaft und das Oberste Gericht hatten sich im Jahre 1950 mit den Zeugen Jehovas befaßt. Am 4. Oktober 1950 hatte der 1. Strafsenat des Obersten Gerichts der DDR in einem Urteil Feststellungen getroffen, die fortan die Grundlage zur strafrechtlichen Verfolgung der Zeugen Jehovas bildeten. In diesem Urteil schilderte das Oberste Gericht – in der Sache durchaus zutreffend – zunächst den Aufbau der Organisation, die ihren Hauptsitz in Brooklyn, einem Stadtteil von New York City in den USA, hatte. Die einzelnen Länder waren flächendeckend in Kreise aufgeteilt, denen jeweils ein hauptamtlicher Kreisdiener vorstand. Auf diese Weise war nach Auffassung des Obersten Gerichts eine »zentralistisch nach unten sich vollkommen verzweigende Organisationsform« entstanden, die mit Hilfe des extrem Sendungsbewußtseins ihrer Anhänger massiven Einfluß im Sinne der »Leitung in Brooklyn« ausübe. Von dort würde Literatur eingeschleust, »die in politischer Hinsicht jene üblen Quellen aufweist, die im RIAS-Sender und den schlimmsten gegen die Sowjetunion, die Volksdemokratien und die Deutsche Demokratische Republik gerichteten Hetzblättern ihren Niederschlag finden.«

Die auf dieser ideologischen Grundlage betriebene Spionage äußerte sich nach – in der Tätigkeitsbeschreibung erneut durchaus zutreffender – Darlegung des Obersten Gerichts darin, daß die Mitglieder der Gemeinschaft »Gebietskarten« fertigten. In diesen Karten, die den Zeugen Jehovas als Orientierung im Rahmen ihrer werbenden Tätigkeit dienten, wurden Betriebe, Post, Feuerwehr, Polizeigebäude, sowjetische Kommandanturen, Brücken, Eisenbahnüberführungen, Flugplätze und Flugbetriebe, Fabriken und Werke eingezeichnet. Daneben wurden »Haus-zu-Haus-Zettel« angefertigt, welche die »Interessierten« und die »Gegner« verzeichneten. Adressen führender Persönlichkeiten, z. B. von Bürgermeistern, Polizeipräsidenten, Landgerichts- und Amtsgerichtspräsidenten, Richtern, Staatsanwälten und Kreispolizeiangestellten wurden ebenfalls erfaßt. Das Material wurde in die Zentrale nach Brooklyn geschickt, ebenso wie Berichte über besondere Vorkommnisse wie politische Aufstände, Wahlen, religiöse Störungen oder Verwirrungen, Auseinandersetzungen, Revolutionen, Katastrophen, Flugzeuge und Fliegerei, Verfolgungen, Oppositionen etc. Gegenstand der Berichterstattung waren auch innerbetriebliche Schulungen sowie zeichnerische Darstellungen des ehemaligen Flugplatzes Quedlinburg-Quarmbeck und einer volkseigenen Werft.

Daneben warf das Oberste Gericht den Zeugen Jehovas vor, die Bevölkerung der DDR gegen den »Stockholmer Appell«, ein die Atomwaffen ächtendes Dokument, aufzuwiegeln. Im Zusammenhang mit ihrer Weltuntergangslehre hatten die Zeugen Jehovas auf einen weiteren Krieg gewartet, den sie als von Jehova gewollt ansahen. Dieser »gerechte« Krieg sollte sintflutartig über die Menschheit kommen, um sie zu reinigen. Das hatte mit der Atombombe eine realistische Dimension erhalten, weshalb es nach Auffassung der Zeugen Jehovas falsch war, die Verwendung der Atombombe zu verteufeln.

Weiterhin wurde den Zeugen Jehovas zum Verhängnis, daß sie sich gegen politische Wahlen jeder Art wandten. Ausgehend davon, daß allein Gott die menschliche Ordnung bestimmen könne, waren politische Wahlen kein akzeptables Instrument für die Zeugen Jehovas. Sie traten deshalb gegen die Wahlen zur Volkskammer vom 15. Oktober 1950 ein und verbreiteten diese Ansicht bei ihren Haus-zu-Haus-Besuchen. Das Oberste Gericht verstand dies als Agitation gegen die Wahlen und die Nationale Front. Das war, ebenso wie die Sammlung und Weiterleitung verschiedener Informationen sowie die Unterwanderung des »Stockholmer Appells«, in höchstem Maße staatsfeindlich.

Gesetzliche Grundlagen

Das Strafgesetzbuch der DDR enthielt Anfang der 50er Jahre noch kein fein gegliedertes und teilweise perfide anmutendes Instrumentarium zur Eindämmung und Bestrafung derartiger Aktivitäten, wie es später eingeführt wurde. Die Rechtsanwender griffen stattdessen auf eine Vorschrift aus der Verfassung der DDR zurück. Deren Art. 6, Abs. 2 eröffnete gemeinsam mit der Kontrollratsdirektive Nr. 38 jedenfalls nach dem Verständnis der Richter des Obersten Gerichts eine entsprechende Möglichkeit. Die Vorschriften lauteten:

»Artikel 6 Abs. 2 der Verfassung der DDR vom 7. Oktober 1949 (GVBl I S. 5):
(1) […]
(2) Boykotthetze gegen demokratische Einrichtungen und Organisationen, Mordhetze gegen demokratische Politiker, Bekundung von Glaubens-, Rassen-, Völkerhaß, militaristische Propaganda sowie Kriegshetze und alle sonstigen Handlungen, die sich gegen die Gleichberechtigung richten, sind Verbrechen im Sinne des Strafgesetzbuches. Ausübung demokratischer Rechte im Sinne der Verfassung ist keine Boykotthetze.
(3) […]

Kontrollratsdirektive Nr. 38 (auszugsweise):
[…] Der Kontrollrat erläßt folgende Direktive:
1. Zweck
Der Zweck dieser Direktive ist es, für ganz Deutschland gemeinsame Richtlinien zu schaffen betreffend
a) die Bestrafung von Kriegsverbrechern, Nationalsozialisten, Militaristen und Industriellen, welche das nationalsozialistische Regime gefördert und gestützt haben;
b) die vollständige und endgültige Vernichtung des Nationalsozialismus und Militarismus durch Gefangensetzung oder Tätigkeitsbeschränkung von bedeutenden Teilnehmern und Anhängern dieser Lehren;
c) die Internierung von Deutschen, welche, ohne bestimmter Verbrechen schuldig zu sein, als für die Ziele der Alliierten gefährlich zu betrachten sind, sowie die Kontrolle und Überwachung von Deutschen, die möglicherweise gefährlich werden können. […]

Artikel III
Belastete
A. Aktivisten
I. [...]
II. [...]
III. Aktivist ist auch, wer nach dem 08. Mai 1945 durch Propaganda für den Nationalsozialismus oder Militarismus oder durch Erfindung und Verbreitung tendenziöser Gerüchte den Frieden des deutschen Volkes oder den Frieden der Welt gefährdet hat oder möglicherweise noch gefährdet. [...]
Artikel IX
Sühnemaßnahmen gegen Belastete
1. Sie können auf die Dauer bis zu 10 Jahren in einem Gefängnis oder in einem Lager interniert werden, um Wiedergutmachungs- und Wiederaufbauarbeiten zu verrichten. Internierung aus politischen Gründen nach dem 8. Mai 1945 kann angerechnet werden.
2. Ihr Vermögen kann als Beitrag zur Wiedergutmachung ganz oder teilweise eingezogen werden. Bei teilweiser Einziehung des Vermögens sind insbesondere die Sachwerte einzuziehen. Die notwendigen Gebrauchsgegenstände sind ihnen zu belassen. [...]«

Diese Vorschriften bildeten die Grundlage für die Bestrafung der Zeugen Jehovas.

Eine saubere dogmatische Lösung stellte die Anwendung dieser Vorschriften als Strafgesetz nicht dar. Denn Art. 6, Abs. 2 der Verfassung der DDR enthielt nicht einmal eine Strafdrohung und war auch kaum als anzuwendendes Strafgesetz geschaffen worden. Demgegenüber hatte die Kontrollratsdirektive Nr. 38 einen erkennbar anderen Hintergrund, nämlich die Bewältigung der NS-Vergangenheit, mit der die Zeugen Jehovas nun gewiß nichts zu tun hatten. Im Gegenteil: Die Nazis hatten die Zeugen Jehovas ebenfalls verfolgt.

Juristen sind aber überaus flexibel und einfallsreich, wenn es um die Bestrafung eines als strafwürdig erkannten Verhaltens geht. Das ist bzw. war, wie später noch zu schildern sein wird, keine Eigenart der DDR-Justiz, sondern ist auch fester Bestandteil der Rechtsprechung in der Bundesrepublik. Die Richter des Obersten Gerichts der DDR hatten jedenfalls keine Mühe, die erkennbaren Hürden zu überspringen, die sich bei einer Anwendung des Art. 6, Abs. 2 der Verfassung der DDR bzw. der Kontrollratsdirektive Nr. 38 ergaben.

Die fehlende Strafdrohung in Art. 6, Abs. 2 der Verfassung der DDR wurde durch die allgemeine Qualifikation von Verstößen gegen die Vorschrift als »Verbrechen im Sinne des Strafgesetzbuches« für entbehrlich gehalten. Art. 6, Abs. 2 der Verfassung der DDR eröffnete damit den für Verbrechen möglichen Strafrahmen, der von zeitiger Zuchthausstrafe bis hin zur Todesstrafe reichte. Und die Kontrollratsdirektive Nr. 38 ließ sich durch das Verbot jedweder friedensgefährdender Aktivitäten auch nach dem 8. Mai 1945 relativ problemlos instrumentalisieren.

Unter Zugrundelegung der zitierten Vorschriften wertete das Oberste Gericht der DDR in seiner Grundsatzentscheidung vom 4. Oktober 1950 die Aktivitäten der Zeugen Jehovas als Boykotthetze. Die Sammlung und Weiterleitung der zahlreichen Daten und Informationen sah das Oberste Gericht als Spionage an.

Der Begriff »Spionage« findet sich zwar weder in Art. 6, Abs. 2 der Verfassung der DDR noch in der Kontrollratsdirektive Nr. 38. Das Oberste Gericht sah in der Spionage jedoch eine Handlung zur Kriegsvorbereitung, was den Weg zu Art. 6, Abs. 2 der Verfassung der DDR eröffnete. Kriegshetze sah das Oberste Gericht in der Haltung zum »Stockholmer Appell«, während der Widerstand gegen die Wahlen zur Volkskammer sowie einige weitere Aktivitäten als Boykotthetze klassifiziert wurden. Und soweit sich die Zeugen Jehovas auf das auch in der Verfassung der DDR verankerte Recht auf freie Religionsausübung beriefen, hielt das Oberste Gericht dem entgegen, die Erstellung von Gebietskarten und friedensgefährdende Bemühungen hätten mit Religionsausübung nichts mehr zu tun.

Das Oberste Gericht verurteilte die in Berlin vor Gericht stehenden Zeugen Jehovas deshalb zu erheblichen Freiheitsstrafen. Gegen zwei der neun Angeklagten wurden lebenslängliche Zuchthausstrafen verhängt, gegen die übrigen sieben Zeugen Jehovas Zuchthausstrafen zwischen 8 und 15 Jahren. Die veröffentlichten Leitsätze lauteten:

»1. Die Tätigkeit der Funktionäre der Organisationen der Zeugen Jehovas ist Kriegs- und Boykotthetze im Sinne des Artikels 6 der Verfassung und verstößt außerdem gegen Abschnitt II, Art. III A III der KRD Nr. 38.
2. Artikel 6 der Verfassung der Deutschen Demokratischen Republik ist ein unmittelbar anzuwendendes Strafgesetz. Die in ihm aufgezähl-

ten Handlungen stellen keine einzelnen Tatbestände, sondern Begehungsformen eines Tatbestandes dar.«

Die Entscheidung des Obersten Gerichts vom 4. Oktober 1950 wurde gemeinhin als Verbot der Organisation der Zeugen Jehovas verstanden. Einen formellen oder gar mit Rechtsmitteln anfechtbaren Ausspruch eines Verbots gab es zwar nicht. Das änderte jedoch nichts daran, daß das Urteil von der Justiz und den Zeugen Jehovas – wie die damals Verurteilten im späteren Rechtsbeugungsprozeß durchweg bestätigten – als Verbot aufgefaßt wurde. Die Entscheidung des Obersten Gerichts zur Strafbarkeit der Zugehörigkeit zu der Glaubensgemeinschaft war auch allgemein bekannt. Die Verfahren gegen Zeugen Jehovas waren Gegenstand der Berichterstattung in der Presse. Die Verurteilten wurden dort unter – zutreffender – Schilderung ihrer Aktivitäten als Staatsfeinde beschrieben, die völlig zu Recht zu hohen Haftstrafen verurteilt worden seien. Die Offenheit der Berichterstattung war aus heutiger Sicht bemerkenswert.

Die ungeheure Festigkeit der Zeugen Jehovas in ihrem Glauben und eine daraus resultierende Gleichgültigkeit gegenüber jedweder staatlichen Autorität führten dazu, daß die Anhänger der Glaubensgemeinschaft ihre Aktivitäten alles andere als einstellten. Die Zeugen Jehovas setzten ihre Aktivitäten unbeeindruckt fort. Die Dienerschaft für Jehova konnte die Strafjustiz der DDR nicht verhindern.

Der konspirative Charakter der Aktivitäten und die Leidenschaftlichkeit der Gläubigen waren durchaus beeindruckend. Heute harmlos anmutende Zeitschriften wie der »Wachtturm« wurden am Körper versteckt oder in eigens dafür genähten Manteltaschen in die DDR eingeschmuggelt und unter Beachtung größter Vorsichtsmaßnahmen weitergegeben. Gefängnisstrafen wurden als gottgegebene Erfahrung hingenommen, und jede Entbehrung war nach dem Verständnis der Zeugen Jehovas eine Prüfung Gottes.

Es hat mich, offen gesagt, tief beeindruckt, von dieser durch und durch gelebten Einstellung durch die Vernehmung der damals Angeklagten in dem Rechtsbeugungsprozeß zu erfahren. Wer Einzelheiten zu Haftbedingungen gleich in welchem Land kennt, der kann ermessen, welche Entbehrungen Freiheitsstrafen von 5 bis 15 Jahren mit sich bringen. Die Inkaufnahme dieser Konsequenzen zeugt deshalb von einer Glaubensfestigkeit, die vermutlich nur wenige Menschen für sich in Anspruch nehmen können.

Die Zeugen Jehovas und die BRD

Ähnliche – wenn auch gewiß nicht vergleichbare – Erfahrungen mußte übrigens auch die Justiz der Bundesrepublik machen, die sich mit den Zeugen Jehovas und deren »Totalverweigerung« gegenüber Wehr- und Ersatzdienst zu befassen hatte. Denn nach dem Recht der Bundesrepublik müssen auch die Zeugen Jehovas Dienst in welcher Form auch immer leisten. Weigerung hat zum einen Bestrafung und zum anderen eine Nachdienpflicht zur Folge. Und wer der Nachdienpflicht nicht genügt, muß mit weiterer Strafe rechnen, ohne daß sich etwas an der Nachdienpflicht ändert. Auf diese Weise entsteht eine nicht enden wollende Bestrafungsspirale, die zu mehrfacher Gefängnisstrafe führen kann, bis der Dienst geleistet wird. Normalerweise suchen die Totalverweigerer irgendwann den Weg aus dieser Spirale, indem sie ihren Dienst doch leisten. Die Zeugen Jehovas brachen indes nicht mit ihrer Überzeugung. So landeten viele im Gefängnis

Erst in den späten 60er Jahren setzte sich in der Bundesrepublik die Einsicht durch, daß diese Bestrafungsspirale ein Ende haben mußte. Also wurden unterschiedliche Kunstgriffe erdacht, um einen juristischen Ausweg aus dieser Eigendynamik zu finden. Im Ergebnis wurde eine Lösung für die Zeugen Jehovas gefunden (BVerfGE 23, S. 191, Beschluß vom 7. März 1968 sowie Beschluß vom 30. Juni 1988, Strafverteidiger 1990, S. 442), indem aus dem einheitlichen Entschluß zur Verweigerung des Dienstes darauf geschlossen wurde, es handele sich insgesamt um eine einzige Tat, die auch nur einmal bestraft werden könne. Das geschah, nachdem nicht wenige totalverweigernde Zeugen Jehovas mehrere Haftstrafen hatten verbüßen müssen.

Es soll zu immerhin 155 Zweitverurteilungen, 140 weiteren Zweitverfahren und zwei Drittverfahren gekommen sein (so Peters, Festschrift für Engisch, S. 472). Dogmatisch angreifbar ist die heute praktizierte Lösung zwar allemal. Aber weil das Ergebnis politisch gewollt ist, stört sich daran kaum jemand. Das ist gut so, und es bleibt zu hoffen, daß die heutigen Rechtsanwender dafür nicht einmal zur Verantwortung gezogen werden, wenn sich die Zeiten ändern sollten.

Staatsanwalt Georg Hartlieb

Die konsequente Fortsetzung der Tätigkeit der Zeugen Jehovas in der gesamten DDR konnte der DDR-Justiz auf Dauer natürlich nicht verborgen bleiben. Im März 1954 landete deshalb ein entsprechender Vorgang auf dem Tisch des für den Bezirksstaatsanwalt tätigen Staatsanwalts Georg Hartlieb. Georg Hartlieb war 29 Jahre alt und seit ein paar Monaten Staatsanwalt.

Mit den Aktivitäten der Zeugen Jehovas hatte er sich bis dahin nicht auseinandergesetzt. Er hatte die Zeugen Jehovas nicht einmal bewußt wahrgenommen. Die Bezirksstaatsanwaltschaften hatten damals auch kaum Möglichkeiten, die Hintergründe der Tätigkeiten staatsfeindlicher Organisationen zu beleuchten. Insbesondere standen keine Instrumente zur Verfügung, um eigene Ermittlungen zu den Zielen vermeintlicher oder tatsächlicher Spionageorganisationen anzustellen.

Es gab dazu auch keinen kritischen oder recherchierenden Journalismus, so daß die vor Ort tätigen Staatsanwaltschaften sich darauf verließen, was die Generalstaatsanwaltschaft in Berlin ermittelt und gegebenenfalls beim Obersten Gericht angeklagt hatte. Die in den Prozessen beim Obersten Gericht erzielten Ergebnisse wurden alsdann für weitere Verfahren in den Bezirken übernommen, so daß die Verfahren im wesentlichen nur noch Einzelaktivitäten für eine vom Obersten Gericht bereits als staatsfeindlich eingestufte Organisation zum Gegenstand hatten.

Dabei handelte es sich übrigens nicht um eine unübliche oder DDR-typische Art der Sachbehandlung. Auch in der Bundesrepublik wurde bisweilen so verfahren.

Beispielsweise entschied der Bundesgerichtshof im Jahre 1960 mit faktischem Verbindlichkeitscharakter für die Instanzgerichte, bei der SED und den von ihr abhängigen Organisationen handele es sich um *eine verfassungsfeindliche Vereinigung* im Sinne des § 90 a StGB und zugleich um eine Ersatzorganisation der aufgelösten KPD (BGHSt 15, S. 167, Urteil vom 4. Oktober 1960). Das wurde ohne jede weitere Prüfung von den Instanzgerichten übernommen.

Der Staatsanwalt Georg Hartlieb hatte es in dem größten Verfahren, das später wesentlicher Teil des gegen ihn gerichteten Strafverfahrens werden sollte, mit insgesamt zehn Beschuldigten zu tun. Ihnen wurde – wie den Beschuldigten in den anderen beiden Verfahren auch – vorgeworfen, zur Verteilung bestimmte Literatur »zersetzenden Inhalts« der Zeugen Jehovas illegal in das Gebiet der DDR eingeführt und im Rahmen von »Bibelstudien« illegale Schulungen durchgeführt zu haben. Auch wurde ihnen zur Last gelegt, Berichte geschrieben und weitergeleitet zu haben.

Georg Hartlieb verfaßte – ausgehend von dem ihm zugetragenen Ermittlungsergebnis – eine Anklageschrift, ausweislich derer den Angeklagten konkret Folgendes vorgeworfen wurde:

»*Die Beschuldigten, die fanatische Anhänger der Sekte ›Zeugen Jehovas‹ sind und in dieser verbotenen Organisation leitende Funktionen hatten, haben sich im einzelnen wie folgt betätigt:*
1) Der Beschuldigte W. ist seit 1948 Anhänger der ›Zeugen Jehovas‹ und hat sich bis Oktober 1953, also auch nach dem Verbot als sogenannter ›Verkündiger‹ betätigt. Er wurde dann als ›Gruppendiener‹ der Gruppe Dresden-Striesen eingesetzt. In dieser Eigenschaft hat er illegale Schulungen, sogenannte ›Bibelstudien‹ organisiert und geleitet. Bei diesen illegalen Schulungen wurde das in seinem Auftrag von den ›Kurieren‹ L. und H. eingeschleuste Hetzmaterial verwendet und er gab den Teilnehmern Anleitung für ihre Zersetzungstätigkeit unter der Bevölkerung.
Diese illegalen Schulungen führte er wöchentlich durch und organisierte auch monatlich eine Zusammenkunft des sogenannten ›Drei-Brüder-Komitee‹. Außerdem kam er wiederholt mit dem ›Kreisdiener‹ zusammen, von dem er weitere Aufträge und Anleitung erhielt. Der Beschuldigte hat auch die Berichte der einzelnen ›Studiengruppendiener‹ eingesammelt und an die Zentrale nach Westberlin abgefertigt. Außerdem war er selbst noch als ›Verkünder‹ im sogenannten ›Haus-zu-Haus-Dienst‹ tätig.
[…]
4) Der Beschuldigte U. schloß sich bereits 1935 der Sekte ›Zeugen Jehovas‹ an und war schon vor dem Verbot infolge seiner Aktivität auf diesem Gebiet Gruppendiener. Nach dem Verbot erhielt er den Auftrag, die Gruppe neu zu organisieren und die Arbeit illegal fortzusetzen. Zur Erledigung dieses Auftrages organisierte er eine Zusammenkunft der aktivsten Anhänger der Sekte in der Dresden Heide und legte den Organisationsplan der neuen illegalen Gruppe Dresden-Neustadt-West fest und setzte auch die einzelnen Funktionäre ein. Die ›Studiendiener‹ kontrollierte er regelmäßig in ihrer Tätigkeit und gab ihnen Anleitung. Mit dem ›Kreisdiener‹ hatte er wiederholt Besprechungen, an welchen er auch den Bericht erstattete. Als ›Gruppendiener‹ sorgte er dafür, daß das Hetzmaterial illegal eingeschleust wurde und nahm die Verteilung desselben vor. Der Beschuldigte benutzte seine Gastwirtschaft dazu, um mit Mitgliedern der Sekte

*und Besuchern über die Lehren der ›Zeugen Jehovas‹ zu sprechen und weitere Interessenten zu gewinnen.
[...]
IV.
Die Beschuldigten sind fanatische Anhänger der verbotenen Sekte ›Zeugen Jehovas‹ und haben trotz Kenntnis des Verbotes von ihrer Tätigkeit nicht abgelassen. Im Gegenteil, sie haben diese verstärkt fortgesetzt und jede Gelegenheit wahrgenommen, um die aus dem Hetzmaterial bezogenen Lügen und Verleumdungen gegen die Deutsche Demokratische Republik in ausgiebigem Maße unter der Bevölkerung zu verbreiten.
Damit haben sie aber eine üble Boykotthetze betrieben, die gleichzeitig eine Kriegshetze ist, da die Diffamierung des Staates der Arbeiter und Bauern ein Schritt auf dem Wege der westlichen Kriegstreiber ist und deren Aggressionszielen dienen. Die Werktätigen lassen es aber nicht zu, daß sie in ihrer friedlichen Aufbauarbeit durch negative Elemente gestört und beeinflußt werden und verlangen, daß sie vor einer solchen zersetzenden Tätigkeit bewahrt werden und diejenigen, die diese Tätigkeit betreiben, von der Gesellschaft isoliert werden.
[...]«*

Diese Anklageschrift des Staatsanwalts Georg Hartlieb bildete die Grundlage für einen Prozeß vor dem Bezirksgericht Dresden. In der Hauptverhandlung bestätigte sich der in der Anklage beschriebene Sachverhalt. Sämtliche Angeklagten waren geständig, teilweise sogar über die angeklagten Taten hinaus, leugneten jedoch jedwede politische Absicht. Angesichts der diesbezüglichen Rechtsprechung des Obersten Gerichts nutzte ihnen das selbstverständlich nichts.

Alle zehn Angeklagten wurden wegen Verstoßes gegen Art. 6, Abs. 2 der Verfassung der DDR und gegen die Kontrollratsdirektive Nr. 38 verurteilt. Allerdings geschah dies nicht pauschal und ohne Differenzierung zwischen den einzelnen Tatbeiträgen, sondern gestaffelt nach dem jeweiligen Anteil des einzelnen Angeklagten.

Georg Hartlieb beantragte in zwei Fällen 10 Jahre, in einem Fall 9 Jahre, in zwei Fällen 8 Jahre, in drei Fällen 7 Jahre, in einem Fall 6 Jahre und 6 Monate und in einem Fall 6 Jahre Zuchthaus.

Außerdem beantragte er, den Angeklagten die Sühnemaßnahmen gemäß der Kontrollratsdirektive Nr. 38, Art. IX, Ziff. 39, aufzuerlegen, bei dem Angeklagten U. daneben die Einziehung des Vermögens, weil dieser in seiner Gastwirtschaft Veranstaltungen durchgeführt habe und die Gaststätte der wesentlichste Vermögenswert war.

Sämtliche Anträge hatte Hartlieb zuvor mit seinem Abteilungsleiter besprochen, wie das in der DDR insbesondere bei Verfahren vor dem Bezirksgericht üblich war. Die Verteidiger baten im wesentlichen um milde Strafen, Freispruch beantragte keiner.

Das Bezirksgericht Dresden urteilte antragsgemäß im Sinne der Staatsanwaltschaft.

Neben den einzelnen Beteiligungen der Angeklagten an den in der Anklageschrift beschriebenen Aktivitäten machte das Gericht u. a. folgende Ausführungen:

»Die bereits stattgefundenen Verhandlungen haben bewiesen, daß die Zeugen Jehova in den als Bibel und Wachtturmstudien getarnten Schulungen zu fanatischen Mitgliedern erzogen werden und dann willfährige Werkzeuge in der Hand der Organisation darstellen. Aufgrund ihrer fanatischen Unterwürfigkeit in ihrem Glauben sind sie jeder Zeit bereit, die verbrecherischen Aufträge der Gegner der DDR unter dem Deckmantel der Glaubenstätigkeit auszuführen. Bereits vor Bekanntgabe des Verbotes hatten die einzelnen Gruppen dieser sogenannten Glaubensgemeinschaft ihre Richtlinien für die illegale Arbeit erhalten. In der Befolgung dieser Anweisung wurde in der weiteren Folge des Verbotes in den meisten Gruppen ein illegaler Kurierdienst eingerichtet, um die Hetzschriften, wie ›Wachtturm‹ und andere von Westberlin zu holen. Es wurden kleine illegale Studiengruppen gebildet und die illegale Arbeit begann damit zu laufen. Im Auftrage der Zentrale in Westberlin unter Anleitung sogenannter Kreisdiener wurden nach dem Verbot die zerfallenen Gruppen wieder aufgebaut. […] Obwohl die Angeklagten sich dahingehend versuchen zu verteidigen, daß sie mit der Verbreitung der ›Wachttürme‹ keine Kriegshetze betrieben haben, erkennt man bereits aus dem von dem Angeklagten P. zitierten Artikel aus dem ›Wachtturm‹, daß dieser Artikel, der, abgedruckt aus einer englischen Zeitung, über angebliche Lager in der DDR, wo Zeugen Jehovas hineinkommen, berichtet, eben doch eine Hetze unter dem Deckmantel der Religion darstellt. Denn jedem vernünftigen Menschen ist es klar, daß es in der DDR keine derartigen Lager gibt, daß dieser Artikel eine Verunglimpfung unserer Verhältnisse darstellt. Dieser Artikel fällt aber bei den willfährig gemachten Anhängern dieser Organisation sowie auch bei anderen wankelmüti-

gen Elementen auf fruchtbaren Boden und bringt Beunruhigung unter die Bevölkerung, sowie er auch ein Mißtrauen gegen unseren Staat erregt. Wenn man bedenkt, daß diese Zeitschriften in der gesamten Welt verbreitet werden, so erkennt man die Gefährlichkeit dieser Organisation überhaupt. Somit wird verständlich werden, daß diese illegale Tätigkeit dieser Organisation eine hohe Gesellschaftsgefährlichkeit in sich trägt und die für diese Organisation Tätiggewordenen einer strengen Bestrafung zugeführt werden müssen. Entsprechend nun ihrer unterschiedlichen Betätigung und der unterschiedlichen Zeitdauer ihrer Tätigkeit sowie den konkreten Handlungen während dieser Zeit waren die Strafen bei den Angeklagten zu bemessen.«

Keiner der Angeklagten legte gegen dieses Urteil Rechtsmittel ein. Vermutlich angesichts der offenkundigen Aussichtslosigkeit der Lage verzichteten sämtliche Verurteilten darauf noch in der Hauptverhandlung. Die Urteile wurden damit sämtlich rechtskräftig, die Angeklagten verbrachten zwischen vier und acht Jahren im Zuchthaus.

Die beiden letzten wurden am 24.1.1962 aus der Haft entlassen.

Vierzig Jahre danach

Mit diesem sowie zwei weiteren Verfahren nahezu gleichen Gegenstandes wurde Georg Hartlieb im Jahre 1995 konfrontiert. Ihm wurde offenbart, daß man gegen ihn wegen des Verdachts mehrerer Rechtsbeugungen und Freiheitsberaubungen ermittele. Dabei war der Vorwurf einer Freiheitsberaubung logische Folge der vermuteten Rechtsbeugung. Die Untersuchung konzentrierte sich deshalb auf den Rechtsbeugungsvorwurf, der in Paragraph 244 des Strafgesetzbuches der DDR (StGB/DDR) seine Grundlage hatte. Im Jahre 1954 gab es diese Vorschrift zwar noch nicht, damals galt in der DDR noch das Reichsstrafgesetzbuch (RStGB), das die Rechtsbeugung in § 336 regelte. § 244 StGB/DDR war jedoch das mildere Gesetz, das gemäß § 2 Abs. 3 StGB anzuwenden war. § 244 StGB/DDR hatte folgenden Inhalt:

»Wer wissentlich bei der Durchführung eines gerichtlichen Verfahrens oder eines Ermittlungsverfahrens als Richter, Staatsanwalt oder Mitarbeiter eines Untersuchungsorgans gesetzwidrig zugunsten oder zuungunsten einen Beteiligten entscheidet, wird mit Freiheitsstrafe bis zu fünf Jahren bestraft.«

Die Anwendung des Strafgesetzes der DDR dokumentierte, daß es nach dem Willen der Strafverfolgungsbehörden der Bundesrepublik nicht darum gehen sollte, das Recht der BRD auf zu DDR-Zeiten begangene Taten anzuwenden. Im Gegenteil: Strafbar sollte nur das sein, was schon zu DDR-Zeiten als Straftat hätte geahndet werden müssen und nur aus politischen Gründen nicht verfolgt worden war.

Diese Konstruktion, die die Annahme organisierter Rechtsbeugung durch die DDR-Justiz zur Konsequenz hatte, wurde zur Aufarbeitung der Justiz der DDR gewählt, weil sich sonst erhebliche Probleme mit in der Verfassung der Bundesrepublik verankerten Rechtssätzen, namentlich dem Rückwirkungsverbot des Art. 103, Abs. 2 des Grundgesetzes (GG), ergeben hätten. Denn danach kann strafrechtlich nur verfolgt werden, was *zur Tatzeit* strafbar war. Und das kann sich nur aus den zum Zeitpunkt der Tat am Tatort geltenden Gesetzen ergeben. Folglich konnten Justizangehörige der DDR nur bestraft werden, wenn sie die Gesetze der DDR falsch angewandt hatten. Diesen Nachweis galt es für die Strafverfolgungsbehörden der Bundesrepublik zu führen.

Gelingen konnte das selbstverständlich nur durch eine andere Interpretation der Gesetze, als sie in der DDR vorgenommen worden war. Denn die Gesetzesanwendung in der DDR hatte ja zu den nunmehr auf den Prüfstand gestellten Ergebnissen geführt. Faktisch bedeutete das, daß den Gesetzen der DDR abweichend von den zur Tatzeit vorgenommenen Interpretationen andere Inhalte beigemessen werden mußten, um gleichwohl eine Strafbarkeit zu begründen.

Den naheliegenden Einwand, daß dies nichts anderes sei als eine rückwirkende Gesetzesänderung, mußte die deutsche Justiz nicht fürchten. Die Verfassung der BRD untersagt nach der insoweit maßgeblichen Auffassung des Bundesverfassungsgerichts nur die rückwirkende Änderung von Gesetzestexten, nicht aber rückwirkende Neuinterpretationen. Das ist dogmatisch gewiß angreifbar, war und ist politisch aber so akzeptiert. Deshalb entwickelte sich auch kein Widerstand gegen die auf diese Weise ermöglichte Überprüfung der Justiz der DDR. Und vielleicht ist das auch gut so, wenngleich es sicher ehrlicher gewesen wäre, gesetzliche Tatbestände unter Ausschaltung des Rückwirkungsverbotes zu schaffen, wie es die Alliierten in den Nürnberger Prozessen praktiziert hatten.

Solch ein Instrumentarium hätte es auch ermöglicht, Verantwortungsträger wie Erich Mielke zur Rechenschaft zu ziehen, ohne eine Verurteilung auf 60 Jahre zurückliegende Ereignisse stützen zu müssen. Das aber wäre mit dem Einigungsvertrag nur schwer in Einklang zu bringen gewesen und hätte zudem gewiß den Eindruck einer »Siegerjustiz« verfestigt, der wohl wegen der friedlichen und konsensualen Art und Weise der Wiedervereinigung unbedingt vermieden werden sollte. Wie dem aber auch sei, jedenfalls gab der Bundesgerichtshof auf dieser Grundlage die maßgeblichen Leitlinien vor, an denen die Urteile der DDR-Justiz künftig gemessen werden sollten.

Ausgangspunkt der diesbezüglichen Rechtsprechung des Bundesgerichtshofs war dabei das Urteil des damals in Berlin beheimateten 5. Senats vom 13. Dezember 1993 (5 StR 76/93). Darin entwickelte der Bundesgerichtshof drei Kriterien, mit deren Hilfe die zu DDR-Zeiten durchgeführten Strafverfahren auf ihre Vereinbarkeit mit dem Recht überprüft werden sollten. Strafrechtlich relevant sollten danach Urteile sein, in denen Straftatbestände unter Überschreitung des Gesetzeswortlauts oder unter Ausnutzung ihrer Unbestimmtheit bei der Anwendung derart überdehnt worden seien, daß eine Bestrafung, zumal mit Freiheitsstrafe, als offensichtliches Unrecht anzusehen sei (Tatbestandsüberdehnung).

Weiterhin sollten Verurteilungen bestraft werden, wenn die verhängte Strafe in einem unerträglichen Mißverhältnis zu der abgeurteilten Handlung gestanden habe, so daß die Strafe auch im Widerspruch zu den Vorschriften des DDR-Strafrechts als grob ungerecht und als schwerer Verstoß gegen die Menschenrechte erscheinen müsse (Strafmaßexzeß).

Und schließlich sollten Richter und Staatsanwälte bestraft werden, wenn durch die Art und Weise der Durchführung der Verfahren Menschenrechtsverletzungen begangen worden seien, namentlich dann, wenn Strafverfolgung und Bestrafung überhaupt nicht der Verwirklichung der Gerechtigkeit im Sinne des Art. 86 der DDR-Verfassung, sondern der Ausschaltung des politischen Gegners oder einer bestimmten sozialen Gruppe gedient hätten.

Die zuletzt genannte Fallgruppe vermag ich – im Gegensatz zu den Gruppen der Tatbestandsüberdehnung und des Strafmaßexzesses – schlagwortartig nicht zu bezeichnen. Anklagen, die diesen Vorwurf erhoben, sind in meiner Praxis auch nicht vorgekommen. Mir sind auch sonst keine Fälle bekannt. Vielleicht liegt das daran, daß diese dritte Fallgruppe wohl eine Art Auffangtatbestand bilden sollte für nicht als Tatbestandsüberdehnung oder Strafmaßexzess zu qualifizierende Fälle.

Nachdem sich nicht der Gerechtigkeit dienende Strafverfahren regelmäßig dadurch auszeichnen, daß entweder der Tatbestand überdehnt oder exzessiv bestraft werden muß, um das erstrebte Ziel zu erreichen, wundert es mich auch nicht, daß der Auffangtatbestand keine Bedeutung erlangte. Übrig blieben also die zur Tatbestandsüberdehnung und zum Strafmaßexzeß entwickelten Leitsätze. Daran waren die Urteile zu messen, so auch die in den Jahren 1954 und 1955 ergangenen Urteile in den Verfahren gegen die Zeugen Jehovas, in denen Georg Hartlieb die Anklage vertreten hatte.

Erste Reaktionen

Als Georg Hartlieb am 7. April 1995 in den Räumen des Landeskriminalamtes Sachsen mit dem Vorwurf konfrontiert wurde, er habe das Recht gebeugt, konnte er es kaum fassen.

Wie wie meisten der von mir vertretenen Justizangehörigen der DDR ließ sich Georg Hartlieb gegenüber der Ermittlungsbehörde ohne anwaltlichen Beistand sofort umfassend zur Sache ein. Das zeugte von einer bemerkenswerten Naivität oder – so seltsam das bei einem ehemaligen Staatsanwalt klingen mag – Unprofessionalität. Denn gerade bei einem Tatvorwurf, der sich auf 40 Jahre zurückliegende Geschehnisse bezieht, fragt sich der geübte Jurist zunächst, inwieweit die verfahrensgegenständlichen Vorwürfe überhaupt noch rekonstruierbar sind. Niemand konnte schließlich wissen, ob – vollkommen unabhängig von jeder rechtlichen Würdigung – ein möglicherweise strafrechtlich relevanter Sachverhalt überhaupt noch würde nachvollzogen werden können. Am allerwenigsten Georg Hartlieb selbst konnte Kenntnis davon haben, ob noch sämtliche Akten vollständig vorhanden waren und welche Zeugen noch lebten.

Auch hätte es sich angesichts seines fortgeschrittenen Alters und des Gesundheitszustandes angeboten, auf Zeit zu spielen und jede Mitarbeit zu verweigern, um die Sache über eine irgendwann einsetzende Verhandlungsunfähigkeit oder Verjährung zu erledigen.

All das schien in den Erwägungen des ehemaligen Staatsanwaltes Georg Hartlieb indes keine Rolle zu spielen. Er konsultierte weder einen Anwalt noch ersann er eine eigene Strategie zu seiner Verteidigung. Stattdessen beantwortete er die an ihn gerichteten Fragen. Viel konnte er zur Sachverhaltsaufklärung freilich nicht beitragen, denn er hatte an die Sache kaum noch eine Erinnerung.

Auch die damals angeklagten Zeugen Jehovas wollten und konnten kaum etwas über die Verfahren berichten. Soweit sie noch lebten, hatten sie sich ohnehin nur widerwillig und unter dem Druck der Androhung staatlicher Zwangsmittel zu Aussagen bereitgefunden. Vorhanden waren – akribisch geführt und archiviert – jedoch noch die vollständigen Verfahrensakten aus den Jahren 1954 und 1955. Das versetzte die Ermittlungsbehörden in die Lage, die damaligen Verfahren vollständig zu rekonstruieren. Niemand hatte sich zu DDR-Zeiten irgendwann einmal Gedanken darüber gemacht, diese Akten zu vernichten. Auch zu Wendezeiten 1989/90 gab es keine derartigen Bemühungen. Die Strafverfolgungsbehörden der Bundesrepublik konnten deshalb ohne großen Aufwand die damaligen Verfahren nachvollziehen.

Das galt übrigens in sämtlichen Fällen, mit denen ich zu tun hatte. Die Akten konnten stets im besten Zustand beigezogen werden, ganz gleich, aus welcher Zeit sie stammten.

Zu dem von den Strafverfolgungsbehörden der Bundesrepublik erhobenen Vorwurf, die DDR-Justiz habe *organisierte Rechtsbeugung* betrieben, hat das für mich nie so recht gepaßt. Straftäter archivieren sie belastende Beweismittel nicht.

Leider habe ich aber auch noch kein Urteil gelesen, indem man sich mit diesem Faktum auseinandersetzte.

2. Kapitel: Anklage und Verteidigung

Ergebnis der Ermittlungen der Staatsanwaltschaft Dresden war eine unter dem 25. Mai 1998 erhobene Anklage gegen Georg Hartlieb. Der zehn Seiten lange Anklagesatz schilderte im einzelnen, was sich 1954 und 1955 in den drei anklagegegenständlichen Verfahren zugetragen hatte. Die ebenfalls zum Anklagesatz gehörenden Ausführungen, welche juristischen Schlußfolgerungen zu dem gegen Hartlieb erhobenen Vorwurf einer Beihilfe zur Rechtsbeugung des damaligen Richters führten, beschränkte sich demgegenüber auf wenige Zeilen. Es hieß dazu lediglich: »Der Angeschuldigte und das Gericht wußten in allen Fällen, daß die gegen die Geschädigten verhängten Zuchthausstrafen in einem willkürlichen und unerträglichen Mißverhältnis zu den Handlungen der Geschädigten standen.«

Ausgehend von der skizzierten Rechtsprechung des Bundesgerichtshofs wurde Georg Hartlieb also ein Strafmaßexzeß zur Last gelegt. Nicht in Frage gestellt wurde, daß auf das Verhalten der Zeugen Jehovas Art. 6, Abs. 2 der Verfassung der DDR und die Kontrollratsdirektive Nr. 38 angewandt werden konnten. Grundsätzlich stand die Strafbarkeit des Tuns der Zeugen Jehovas damit nicht zur Debatte. Die verhängten Strafen hätten aber in einem willkürlichen und unerträglichen Mißverhältnis zu den Handlungen der Geschädigten gestanden.

Das war ein in Anbetracht der hohen Zuchthausstrafen gewiß naheliegender Vorwurf. Für einen Juristen ergeben sich aus dem Vorwurf freilich eine ganze Reihe von Fragen, die die Anklage unbeantwortet ließ. Denn immerhin wurde zugestanden, daß die Zeugen Jehovas Boykott- und Kriegshetze begangen hätten. Sie hatten folglich schwere Verbrechen begangen. Boykott- und Kriegshetze waren Anfang der 50er Jahre neben den im damaligen Strafgesetzbuch geregelten Kapitalverbrechen die schwersten denkbaren Gesetzesverstöße. Es hätte also nahegelegen, Hartlieb auch mitzuteilen, *wie* diese Verbrechen denn sonst hätten geahndet werden sollen, wenn nicht mit langjährigen Zuchthausstrafen, so überzogen diese Strafen heute auch erscheinen mögen.

Und dabei wäre sicher auch hilfreich gewesen, Handlung und Strafe – ausgehend von dem vorhandenen Strafrahmen – generell ins Verhältnis zu setzen, um ein erträgliches und nicht willkürlich erscheinendes Strafmaß zu ermitteln.

Diese und weitere Fragen beantwortete die Anklage leider nicht. Und so blieb der Eindruck, daß es eigentlich nicht darum ging, Georg Hartlieb habe ein als Boykott- und Kriegshetze akzeptiertes Tun mit einer zu hohen Strafe belegt, sondern darum, ein im Grunde gar nicht strafwürdiges Verhalten mit einer mehrjährigen Zuchthausstrafe geahndet zu haben.

Genau das hatte die Staatsanwaltschaft Dresden Georg Hartlieb aber nicht vorgeworfen. Im Gegenteil: In der Anklageschrift hieß es ausdrücklich, eine Tatbestandsüberdehnung werde ihm nicht zur Last gelegt.

Die Mandatierung

Nach Erhalt der Anklageschrift wurde ich von Georg Hartlieb mandatiert. Seine Lebensgeschichte beeindruckte mich ebenso wie die nicht minder tragischen Schicksale der in der DDR verfolgten Zeugen Jehovas. Auch Georg Hartlieb war inzwischen davon überzeugt, daß es sich bei den Zeugen Jehovas nicht um Staatsfeinde, sondern um sehr eigenwillige Sektierer gehandelt habe, die ihr Glaube in die Mühlen der Justiz geführt hatte. Er sah aber nicht ein, aus diesem Grunde heute strafrechtlicher Verfolgung ausgesetzt zu werden. Er fühlte sich durch und durch unschuldig und noch dazu zum dritten Male zu Unrecht verfolgt.

Der inzwischen 73 Jahre alte Georg Hartlieb war ein erkennbar kranker Mann. Seine Gesichtsfarbe war ungesund und nicht einmal einheitlich. Er erzählte mir auch von seiner Herzerkrankung, was mich verleitete, ihn auf seine Verhandlungsfähigkeit anzusprechen. Davon wollte Georg Hartlieb aber nichts hören. Das Thema war deshalb beendet, bevor wir überhaupt angefangen hatten, uns darüber detailliert zu unterhalten. Später sollte sich zwar noch einmal zeigen, daß das Verfahren durchaus geeignet war, seine Herzerkrankung nachhaltig zu verschlimmern. Anläßlich unserer ersten Gespräche war das jedoch kein Thema mehr.

Nachdem ich mich mit der Verfahrensakte vertraut gemacht hatte, konzentrierte ich mich vielmehr darauf, die Verfahrensvoraussetzungen und die Tatbestandsmäßigkeit des Verhaltens von Georg Hartlieb zu überprüfen. Dabei zeigte sich sehr bald, daß die strafrechtliche Bewältigung des SED-Unrechts anderen Regeln folgte als die gewöhnliche Strafverfolgung.

Verjährung

Der erste Gedanke, den ein Strafverteidiger bei der Verfolgung einer vermeintlichen Straftat aus dem Jahre 1954 faßt, ist selbstverständlich die Frage nach der Verfolgungsverjährung. Nach Ablauf von 40 Jahren sind Straftaten, bei denen keine Menschen getötet wurden, regelmäßig verjährt. Es lag deshalb mehr als nahe, im Falle von Georg Hartlieb die Frage der Verjährung zu überprüfen. Dabei war mir aus sonstiger Tätigkeit im Zusammenhang mit der Aufarbeitung des SED-Unrechts bereits bekannt, daß der Bundestag ein Gesetz erlassen hatte, ausweislich dessen die Verjährung von Taten, die bis zum 3. Oktober 1990 nicht verjährt waren, frühestens im Jahre 1998 einsetzen sollte. Das Gesetz regelte aber nicht die Fälle, in denen bereits Verjährung eingetreten war. Am 3. Oktober 1990 bereits verjährte Straftaten erfaßte das Gesetz also nicht.

Eine Verlängerung der Verjährung oder ein Wiederaufleben der Verfolgbarkeit bereits verjährter Straftaten wäre verfassungsrechtlich auch nicht haltbar gewesen. Verfolgbar war die angebliche Beihilfe zur Rechtsbeugung durch Georg Hartlieb also nur dann, wenn sie nicht vor dem 3. Oktober 1990 bereits verjährt war. Und genau davon ging ich aus. Denn zwischen der angeblichen Tat und der ersten verjährungsunterbrechenden Handlung waren 40 Jahre vergangen. Rechtsbeugungen bzw. Beihilfen dazu verjährten nach dem Strafgesetzbuch der DDR demgegenüber nach acht Jahren. Selbst bei einem Verjährungsbeginn nach Entlassung des letzten Gefangenen aus der Haft im Jahre 1962 mußte also seit 1970 Verjährung eingetreten sein. Die Annahme, daß das Verfahrenshindernis der Verjährung der Verfolgung der angeblichen Straftat im Wege stand, erschien also beinahe zwingend.

Die Staatsanwaltschaft Salzgitter war im Jahre 1969 auch schon zu diesem Schluß gekommen. Jedenfalls fand sich in der Akte ein Vermerk des damals in Salzgitter tätigen Staatsanwalts Petersen, der unter dem 19. August 1969 in der Akte vermerkte, eine Strafverfolgung gegen die beteiligten Justizpersonen könne nicht mehr stattfinden, da Verjährung eingetreten sei, und zwar sowohl hinsichtlich einer Rechtsbeugung als auch hinsichtlich einer Freiheitsberaubung. 1969 hätte das sicher kein Jurist in der Bundesrepublik anders beurteilt.

An und für sich war die Rechtslage damit klar. Verfolgt werden sollte, was nach DDR-Recht strafbar war, und damit war das Recht der DDR insgesamt anzuwenden. Selbstverständlich kannte dieses Recht auch Verjährungsvorschriften. Und deren Anwendung führte zwingend dazu, daß die angeklagten Geschehnisse aus den 50er Jahren nicht mehr Gegenstand eines Strafverfahrens sein konnten.

Diese Konsequenz hätte einer Vielzahl von Verfahren zu Rechtsbeugungen in der DDR den Boden entzogen. Denn gerade in den Anfangsjahren der DDR war es massenhaft zu Prozessen gekommen, deren Aufarbeitung durch die bundesdeutsche Justiz anstand. Die Annahme, das alles sei verjährt, hätte die Untersuchung der Justiz der frühen DDR mit einem Federstrich beendet.

Diese Vorstellung war offenbar geeignet, die juristische Phantasie der bundesdeutschen Strafverfolgungsbehörden anzuregen, um nach einem Weg zur Vermeidung dieser Rechtsfolge zu suchen. Also war das Strafgesetzbuch der DDR nach Vorschriften durchforstet worden, die geeignet erschienen, einen Ausweg aus dem Verjährungsdilemma aufzuzeigen. Dabei stieß man auf § 83 Nr. 2 StGB/DDR (dem entsprachen die zur Tatzeit geltenden §§ 69 StGB/DDR a. F.), der das Ruhen der Verjährung bei besonderen Verfahrenshindernissen vorsah. Die Vorschrift hatte folgenden Wortlaut:

»Die Verjährung der Strafverfolgung ruht, [...] 2. solange ein Strafverfahren wegen schwerer Erkrankung des Täters oder aus einem anderen gesetzlichen Grunde nicht eingeleitet oder fortgesetzt werden kann [...]«

Für den juristischen Laien ist es sicher unverständlich, was diese Vorschrift mit den anklagegegenständlichen Vorwürfen und Georg Hartlieb zu tun haben könnte. Georg Hartlieb war zwar schon lange krank gewesen – von einer strafrechtlichen Verfolgung Georg Hartliebs war zu DDR-Zeiten aber nicht wegen seiner Erkrankung abgesehen worden. Auch gab es kein Gesetz, daß ein »gesetzlicher Grund« für die unterbliebene Einleitung eines Verfahrens hätte sein können.

Bis heute kann auch ich als geübter Rechtsanwender nicht nachvollziehen, wie man mit Hilfe von § 83 Nr. 2 StGB/DDR zu dem Ergebnis kommen konnte, Georg Hartlieb könne noch verfolgt werden, zumal die einzige Erläuterung der Vorschrift in dem selbstverständlich zu DDR-Zeiten verfaßten Kommentar zum StGB/DDR enthalten war. Danach sollte § 83 Nr. 2 StGB/DDR Lücken schließen, die bei Verfahrenshindernissen vorübergehender Natur entstünden. Als Beispiel war etwa der Eintritt einer Geisteskrankheit nach der

Tat genannt, während als gesetzlicher Grund zur unterbliebenen Verfahrenseinleitung die vorrangige Verfolgung anderer Straftaten gemeint war, neben denen die nichtverfolgte Straftat nicht ins Gewicht fiele.

Keine Rede war davon, die Vorschrift für die Verfolgung von Straftaten zu nutzen, bei denen es nicht zu einer Ahndung gekommen war, weil die Strafverfolgungsbehörden das Verhalten nicht für strafbar hielten.

Um die Vorschrift nutzbar zu machen, mußte sie also in einem Sinne uminterpretiert werden, der zu dem gewünschten Ergebnis führte. Das war angesichts des recht eindeutigen Wortlauts der Norm natürlich schwer, zumal der gemäß § 83 Nr. 2 StGB/DDR erforderliche gesetzliche Grund der unterbliebenen Verfolgung dem Strafgesetzbuch der DDR oder anderen Gesetzen beim besten Willen nicht entnommen werden konnte.

Im Ergebnis führte das dazu, daß § 83 Nr. 2 StGB/DDR von der bundesdeutschen Justiz dahin umgedeutet wurde, daß nicht nur gesetzlich ausdrücklich vorgesehene, sondern auch »quasigesetzliche Verfolgungshindernisse« das Ruhen der Verjährung begründen sollten. Mit dem Wortlaut der Vorschrift hatte das zwar nichts mehr zu tun, es eröffnete aber die Möglichkeit der Verfolgung trotz Ablaufs der Verjährungsfrist. Das mußte nur noch dogmatisch abgesichert werden.

Ausgehend von dem Grundgedanken, in der DDR sei Rechtsbeugung staatlicherseits gefördert worden, zog der Bundesgerichtshof die Schlußfolgerung, die Organisation der Rechtsbeugung habe auch zu deren Nichtverfolgung geführt. Diese Nichtverfolgung habe dem Willen des Gesetzgebers entsprochen und sei deshalb »quasigesetzlich« gewesen. Nach den klassischen Auslegungskriterien wäre dieses Ergebnis zwar niemals erzielbar gewesen. Denn weder der Wortlaut ließ eine derartige Interpretation zu, noch ergab sich aus der historischen Entwicklung der Vorschrift ein Anhaltspunkt für diese Auslegung, noch sollten nach dem Willen des historischen Gesetzgebers derartige Fälle erfaßt werden.

Bei ergebnisorientierter Betrachtung ließ sich die Interpretation mit viel gutem Willen indes halten.

Und so erledigte sich der Einwand der Verjährung.

Bis hin zum Bundesverfassungsgericht wurde diese nach meiner Überzeugung mit dem Gesetz *nicht* zu vereinbarende Methodik der

Rechtsprechung abgesegnet. In seinem diesbezüglichen Beschluß vom 12. Mai 1998 in anderer Sache führt das Bundesverfassungsgericht dazu aus (BVerfG, Beschluß vom 12. Mai 1998, 2 BvR 61/96, S. 18):

»*Die Anwendung der §§ 69 StGB a. F. und § 83 Nr. 2 StGB/DDR verbietet sich auch nicht aufgrund der Überlegung, dies hätte den Zielsetzungen des Gesetzgebers der DDR widersprochen (so Heuer/Lilie, DtZ 1993, S. 354, 355 f.). Zwar kann die Auslegung des Rechts der DDR nicht ohne Rücksicht auf die damalige Anschauung und Rechtspraxis erfolgen. Dies bedeutet indes nicht, daß der nunmehr erkennende Richter im Sinne reiner Faktizität in jeder Hinsicht an die Interpretation des Rechts gebunden wäre, die in der damaligen Staatspraxis Ausdruck gefunden hat (vgl. BGHSt 39, 1, 29). Es ist von Verfassungs wegen nicht zu beanstanden, eine entgegenstehende Staatspraxis als unbeachtlich anzusehen, wenn sie ausschließlich oder vorwiegend dem Zweck gedient hat, die strafrechtliche Ahndung staatlich veranlaßten Unrechts zu verhindern. Würde man auch hier die Sicht des Unrechtsstaates für maßgeblich erachten, wäre die Verfolgung solcher Straftaten von vornherein zum Scheitern verurteilt.*«

Diese Argumentation deckt spätestens im letzten Satz ihre Ergebnisorientierung auf. Danach kann nicht sein, was nicht sein darf. Darüber hinaus sind die Schlußfolgerungen auch nicht schlüssig. Das Bundesverfassungsgericht unterstellt, was es belegen will. Denn selbst wenn man davon ausgeht, daß die DDR-Justiz strafrechtlich veranlaßtes Unrecht nicht verfolgte, so heißt das noch lange nicht, daß die Interpretation des § 83 Nr. 2 StGB/DDR durch die DDR-Justiz Ausdruck des Willens zur Nichtverfolgung bestimmter Straftaten war. Kommentierung und Rechtsprechung orientierten sich bei der Anwendung von § 83 Nr. 2 StGB/DDR vielmehr am Wortlaut und an Sinn und Zweck der Vorschrift.

Die vom Bundesgerichtshof entwickelte Auslegung der Norm wurde vor 1990 auch selbst von den Juristen der Bundesrepublik nicht ersonnen, wie das Beispiel der Staatsanwaltschaft Salzgitter zeigt. Hätten sich nicht nach dem Beitritt der neuen Bundesländer die hier in Rede stehenden Verjährungsprobleme ergeben, wäre vermutlich niemals ein Jurist auf die Idee gekommen, § 83 Nr. 2 StGB/DDR den Inhalt zu geben, den der Bundesgerichtshof der Vorschrift beimaß.

Folgerichtig und vor allem ehrlicher wäre es vielmehr gewesen, im

Hinblick auf die angeblich staatliche Organisation des Unrechts in der DDR Verjährungsvorschriften einfach nicht anzuwenden. Das wäre freilich dem Verdikt eines Siegers gleichgekommen. Denn ohne Aufhänger im Recht der DDR hätte es dazu eines Gesetzes mit rückwirkender Kraft bedurft. Das galt es zu vermeiden.

Eine strafrechtliche Verfolgung der Organisatoren der staatlich veranlaßten Nichtverfolgung von Rechtsbeugungen in der DDR hat es übrigens nicht gegeben. Die bundesdeutschen Strafverfolgungsbehörden waren nach eigener Aussage zwar in der Lage, eine staatlicherseits organisierte Rechtsbeugung festzustellen. Verantwortlich machen konnte sie indes niemanden. Es wurde offenbar keiner gefunden, der die entsprechenden Befehle gab, Gesetzesauslegungen über den Wortlaut und übermäßige Strafen, mithin eine Scheinjustiz, zu dulden. Der Bundesgerichtshof stellte in völlig anderem Zusammenhang auch ausdrücklich fest, daß von einer Scheinjustiz in der DDR gerade *nicht* ausgegangen werden könne. (BGH-Urteil vom 22. Oktober 1996 – 5StR 232/96)

Erstaunlich ist in diesem Zusammenhang auch, daß trotz der sich aus der staatlich veranlaßten Nichtverfolgung dieser Straftaten zwingend ergebenden Verstrickung der gesamten Justiz der DDR zahlreiche Richter und Staatsanwälte übernommen wurden. Das gilt umso mehr unter Berücksichtigung des Umstands, daß nahezu jeder Richter in der DDR im Wochenendbereitschaftsdienst Haftbefehle wegen heute als mindestens rehabilitationswürdig eingestufter Vorwürfe erließ.

Jeder Staatsanwalt der ehemaligen DDR müßte sich zu allem Überfluß wegen Strafvereitelung im Amt durch Nichtverfolgung des staatlich veranlaßten Unrechts strafbar gemacht haben.

Angesichts dieser Ausgangslage ist es also mehr als verwunderlich, daß die bundesdeutsche Justiz überhaupt Richter und Staatsanwälte aus der DDR übernahm. Es muß wohl die Personalnot in der Justiz der neuen Bundesländer zu Beginn der 90er Jahre gewesen sein, die vielen Juristen der DDR ihren Arbeitsplatz rettete. Das belegt schon eine gewisse Doppelzüngigkeit im Umgang mit der DDR-Justiz.

Andererseits war die Übernahme vieler DDR-Juristen in vielerlei Hinsicht ein großes Glück. Denn die Juristen der DDR leisteten einen wesentlichen und unersetzbaren Beitrag beim Aufbau der Justiz in den neuen Bundesländern. Ohne vorhandenes Personal wäre die Aufgabe auch mangels vorhandener Kapazitäten ganz wesentlich erschwert worden.

Offen bleibt nur, von welchen Zufällen es bei dem einen oder anderen wohl abhing, daß er als DDR-Jurist in die Justiz der BRD aufgenommen wurde bzw. von der bundesdeutschen Justiz der Rechtsbeugung bezichtigt wurde.

Für Georg Hartlieb zählte selbstverständlich nur das Ergebnis der skizzierten Darlegungen des Bundesgerichtshofs zur Frage der Verjährung. Und das hatte die Fortsetzung des Verfahrens zur Folge, nachdem es – ausgehend von der später vom Bundesverfassungsgericht bestätigten Rechtsprechung des Bundesgerichtshofs – eine Verjährung für die anklagegegenständlichen Vorwürfe nicht gab. Eine weitere Auseinandersetzung mit der Thematik lohnte sich also nicht mehr.

Mein Mandant war darüber sehr verbittert. Er zeigte mir einen Zeitungsausschnitt, der ihm allen Anlaß dazu gab. Nach einer Veröffentlichung in der *Sächsischen Zeitung* vom 2. März 1995 hatte der Bundesgerichtshof ein Verfahren gegen einen früheren Wehrmachtoffizier wegen Verjährung eingestellt, obwohl der Angeklagte 22 Menschenleben auf dem Gewissen hatte. Er hatte am 13. Oktober 1943 im italienischen Caiazzo zunächst die Erschießung von sieben als Partisanen verdächtigten Zivilisten angeordnet und unmittelbar im Anschluß daran den Befehl gegeben, zehn in einem Bauernhaus versteckte Kinder zwischen 4 und 14 Jahren sowie fünf Frauen, eine von ihnen im fünften Monat schwanger, mittels Handgranaten und Schußwaffen umzubringen.

Auch in diesem Verfahren hatte sich die Frage nach der Verjährung gestellt. Nicht anders als bei Georg Hartlieb hing ihre Beantwortung nach der Rechtsprechung des Bundesgerichtshofes davon ab, ob von einer staatlich organisierten Nichtverfolgung ausgegangen werden konnte, dieses Mal allerdings durch die NS-Justiz. Die Morde von Caiazzo waren danach verjährt, weil der Bundesgerichtshof zu dem Schluß gekommen war, die Greueltaten des Angeklagten wären auch unter dem Hitler-Regime geahndet worden.

Das empfand mein Mandant als geradezu grotesk. Ihn, der der NS-Justiz selbst nur mit knapper Not und großem Glück entkommen war, machte sichtlich betroffen, daß er verfolgt werden sollte, während ein 22facher Nazi-Mörder bei gleichartiger Verjährungsproblematik unbehelligt blieb.

Ich konnte ihm die juristischen Hintergründe zwar erklären, mehr aber auch nicht.

Vorbereitung der Hauptverhandlung

Es blieb uns nichts anderes mehr, als den Blick nach vorn zu richten. Erforderlich war eine Auseinandersetzung mit den materiellen Fragen der Anklage. Dabei ging es im wesentlichen noch um zwei Problemkreise, die der intensiven Auseinandersetzung bedurften. So galt es zum einen zu klären, ob – ausgehend von dem Vorwurf der Boykott- und Kriegshetze – eine unverhältnismäßige Strafe beantragt und ausgeurteilt worden war, und – bejahendenfalls – zum anderen, ob Georg Hartlieb mit dem erforderlichen Rechtsbeugungsvorsatz gehandelt hatte.

Beide Voraussetzungen mußten kumulativ vorliegen, um eine Bestrafung meines Mandanten zu ermöglichen.

Ausgangspunkt für die Verhältnismäßigkeitsprüfung konnte nur der vorgegebene Strafrahmen sein. Dieser reichte bei einer Boykott- und Kriegshetze von einem Jahr Zuchthausstrafe bis hin zur Todesstrafe. Art. 6, Abs. 2 der Verfassung der DDR machte zwar keine konkrete Aussage über die möglichen Rechtsfolgen eines Verstoßes, eine Übertretung der Norm war jedoch als Verbrechen klassifiziert. Die mildeste Möglichkeit zur Ahndung eines Verbrechens war die Verhängung einer Zuchthausstrafe von einem Jahr, während die Höchststrafe in der Verurteilung zum Tode bestand. Wenn man den gedanklichen Schritt geht, das Verhalten der Zeugen Jehovas als Boykott- und Kriegshetze zu werten, dann *mußten* die Zeugen Jehovas also zu einer Zuchthausstrafe von mindestens einem Jahr bestraft werden. Nach oben gab es keine zeitliche Begrenzung der zu verhängenden Zuchthausstrafe. Denkbar war danach sogar eine lebenslange Freiheitsstrafe.

Der nächste Schritt bei einer Strafenbildung besteht in der Abwägung strafmildernder und strafschärfender Umstände, und zwar gewöhnlich in Anlehnung an gesetzlich kodifizierte Strafzumessungskriterien. Diese gab es Anfang der 50er Jahre in der DDR jedoch nicht, so daß nur eine Abwägung anhand von Erfahrungskriterien möglich war. Insoweit existierten damals nur die Urteile des Obersten Gerichts, die überaus harte Strafen enthielten.

Soweit aus den Urteilsgründen ersichtlich, hatten die Richter in den Verfahren unter Beteiligung von Georg Hartlieb derartige Abwägungen auch vorgenommen und die Strafaussprüche davon ausgehend begründet. Erwägungen, die auf Willkür hingedeutet hätten, fanden sich in den Urteilen nicht. Und da ansonsten aus unserer Sicht keinerlei Möglichkeiten bestanden, die vorgeworfene Unverhältnismäßigkeit an irgend etwas festzumachen, war es durchaus wahrscheinlich, daß in der Verhängung von Zuchthausstrafen zwischen sechs und zehn Jahren auch heute keine unverhältnismäßigen Bestrafungen gesehen werden würden. Das galt jedenfalls bei »wissenschaftlicher« Betrachtungsweise.

Die absoluten Zahlen der verhängten Strafen verursachten allerdings ein flaues Gefühl in der Magengegend. Ich vermutete, daß es den mit der Anklage gegen Georg Hartlieb befaßten Richtern ähnlich ergehen würde. Es war deshalb klar, daß die Entscheidung vor allem von der personellen Besetzung der erkennenden Kammer abhängen würde. Denn in Ermangelung objektivierbarer Kriterien für ein Mißverhältnis zwischen Tat und Strafe wurde die Beurteilung dieser Frage zu einer höchst subjektiven Angelegenheit. Es sollte also darauf ankommen, wer über Georg Hartlieb zu richten hatte. Daran konnte es angesichts der Sachlage keinen Zweifel geben.

Für Georg Hartlieb ergab sich daraus ein enormes und kaum beeinflußbares Verurteilungsrisiko. Das Ergebnis des Prozesses hing davon ab, ob die über ihn urteilenden Richter willens und in der Lage sein würden, gedankliche Schritte nachzuvollziehen, die aus heutiger Sicht mit dem Erfahrungshintergrund eines in den 60er, 70er oder 80er Jahren sozialisierten Menschen im Grunde gar nicht nachvollziehbar sind.

Nach meinem Verständnis war das eine nicht zu bewältigende Aufgabe. Denn es war ja schon unmöglich, mit dem heutigen Wissen in den Zeugen Jehovas überhaupt gefährliche Staatsfeinde zu sehen und ihr Tun für strafbar zu halten. Wie sollte man da eine »verhältnismäßige« Strafe für ihr damaliges Tun finden?

Gleichermaßen fragte ich mich, wie man den historischen Besonderheiten der im Aufbau befindlichen DDR und den damals mitherrschenden Stimmungen gerecht werden wollte, wenn man diese selbst doch nie erlebt hat?

Und wie wollte man auch nur ansatzweise nachvollziehen, was in Georg Hartlieb vorging, der diesem jungen Staat dienen wollte, nachdem dieser ihm nach einem Leben voller Entbehrung und Verfolgung erstmals eine Lebenschance zu geben schien?

Ich jedenfalls wollte mir nicht anmaßen, über diese 40 Jahre zurückliegenden Vorgänge ein Urteil abzugeben.

Ohnehin war und bin ich der Auffassung, daß eine gerechte Beurteilung dieser lange zurückliegenden Vorgänge spätestens daran scheitern muß, daß die gesellschaftspolitischen Zielsetzungen des damaligen Strafrechts heute nicht mehr erfaßt werden können, sie andererseits aber eine entscheidende Rolle bei der Bewertung spielen müssen. Denn um ein wirklich gerechtes Urteil aus damaliger(!) Sicht zu fällen, müßte man sich auch in die politischen Absichten der jungen DDR hineinversetzen und diese ebenso verinnerlichen wie die Juristen der Bundesrepublik sich an die freiheitlich-demokratische Grundordnung gebunden fühlen. Dazu fehlt aber nicht nur jeder Wille, sondern in Anbetracht der völlig veränderten historischen Bedingungen auch das Vermögen. Verjährungsvorschriften erscheinen auch vor diesem Hintergrund durchaus sinnvoll.

Die mit der Anklage gegen Georg Hartlieb befaßten Richter konnten sich das natürlich nicht so leicht machen. Sie mußten entscheiden. Auf sie wartete eine schwere Aufgabe. Für die Verteidigung ergab sich daraus eine nicht minder schwierige Aufgabe. Denn angesichts des feststehenden Sachverhalts des zur Verurteilung der Zeugen Jehovas führenden Prozeßverlaufs waren die Möglichkeiten zur Einflußnahme auf die anstehende richterliche Überzeugungsbildung begrenzt.

Nicht zuletzt deshalb gewannen wir die Überzeugung, den Schwerpunkt der Verteidigung darauf richten zu müssen, den aus unserer Sicht jedenfalls fehlenden Vorsatz herauszuarbeiten – als negative Tatsache natürlich ein sehr schwieriges Unterfangen, insbesondere im Hinblick auf die sogleich zu schildernde Rechtsprechung des Bundesgerichtshofes zu diesem Thema.

Gemeinhin versteht der Jurist unter *Vorsatz* das Wissen *um die* und den Willen *zur* Tatbestandsverwirklichung. § 244 StGB/DDR hatte den erforderlichen Vorsatz sogar ausdrücklich in den Straftatbestand aufgenommen, indem er eine wissentlich gesetzwidrige Entscheidung verlangte. Erforderlich würde danach der Nachweis sein, daß – die Unverhältnismäßigkeit des Strafausspruchs unterstellt – Georg Hartlieb die Gesetzwidrigkeit der Entscheidung in seinen Vorsatz aufgenommen und von allen tatsächlichen und rechtlichen Voraussetzungen Kenntnis hatte.

Das jedenfalls verlangte die Kommentierung zu § 244 StGB/DDR (Strafrecht der Deutschen Demokratischen Republik, Kommentar zum Strafgesetzbuch, Berlin 1984, § 244, Ziff. 5). Für den heutigen Rechtsanwender stellte das an sich eine hohe Hürde dar. Denn es galt nicht nur, die Unverhältnismäßigkeit einer dem Grunde nach berechtigten Bestrafung herauszuarbeiten; darüber hinaus bedurfte es des Nachweises, daß die damaligen Prozeßbeteiligten diese Unverhältnismäßigkeit erkannt und demgemäß bewußt gesetzwidrig entschieden hatten.

Besonders schwierig erschien das deshalb, weil auf den Vorsatz gewöhnlich aus der Wahrnehmung des Täters geschlossen werden kann. Wer beispielsweise einen anderen mit einer Pistole erschießt, dem ist unschwer nachzuweisen, daß er vorsätzlich handelte. Bereits seine Wahrnehmung der Geschehnisse belegt regelmäßig, daß er um die eintretenden Konsequenzen wußte und diese auch wollte. Demgegenüber muß der Täter einer Rechtsbeugung im Falle eines unverhältnismäßigen Strafausspruchs die sich allein aus rechtlichen Erwägungen ergebende Unverhältnismäßigkeit erkennen und wollen. Das betrifft nicht die Wahrnehmung eines sinnlich erfaßbaren Vorganges, sondern einen rein gedanklichen Prozeß, nämlich die Erkenntnis der Fehlerhaftigkeit einer Rechtsfolge.

Ich hielt es für unmöglich, heute einen diesbezüglichen Nachweis zu führen. Denn wie sollte man nach über 40 Jahren hinreichende Gewißheit darüber gewinnen, welche gedanklichen Prozesse in dem jungen Staatsanwalt Georg Hartlieb abliefen, als er die Anklagen in den Verfahren gegen die Zeugen Jehovas vertrat? Das erschien mir gänzlich ausgeschlossen.

Die Richter beim Bundesgerichtshof hatten sich mit diesem Problem jedoch selbstverständlich längst befaßt und eine Lösung gefunden. Analog zu der Frage der Verjährung war die Feststellung des Vorsatzes ein in vielen Verfahren auftauchendes Problem, das geeignet gewesen wäre, eine Vielzahl von Ermittlungsverfahren unabhängig von weiteren Feststellungen zu erledigen. Insbesondere bei den lange zurückliegenden Verfahren aus den 50er Jahren, von denen es eine große Anzahl gab, wäre es zu erheblichen Schwierigkeiten gekommen. Der Bundesgerichtshof entband die Instanzgerichte deshalb von der Prüfung des Vorsatzes im Einzelfall, indem er zuließ, von der Feststellung der äußeren Umstände auf den Vorsatz zu schließen. Nach der Rechtsprechung des Bundesgerichtshofs bedurfte es mithin keiner Feststellungen mehr zur inneren Tatseite, wenn das damalige Urteil objektiv die vom Bundesgerichtshof entwickelten Kriterien erfüllte (BGHSt 41, 247, 276 f.; 41, 317, 336 ff.). Eine individuelle Prüfung des Vorsatzes mußte danach nicht mehr stattfinden. Nach meinem Verständnis war und ist diese Methodik zwar überaus zweifelhaft, weil es sich letztlich um eine *Unterstellung* des Vorsatzes handelt.

Die Staatsanwaltschaften nahmen das aber natürlich dankbar auf. Das galt auch im Fall Georg Hartlieb. In der Anklageschrift las sich das so: »Auch der subjektive Tatbestand der Rechtsbeugung ist erfüllt. Der Angeschuldigte hat wissentlich, also mit direktem Vorsatz gehandelt. Im Hinblick auf die Schwere des vorliegend angeklagten Rechtsbruches ist kein nachvollziehbarer Raum für die Annahme, daß der Angeschuldigte nicht wissentlich gesetzwidrig entschieden haben könnte (vgl. BGH, NJW 1995, S. 3332). Es ist unter Berücksichtigung der juristischen Ausbildung des Angeschuldigten und seines beruflichen Werdegangs ausgeschlossen, daß ihm die evidente Rechtswidrigkeit seiner Entscheidung verborgen blieb (vgl. BGH, NJW 1996, S. 857, 862).«

Nach dem vom Bundesgerichtshof abgesegneten Willen der Staatsanwaltschaft sollte es in dem Verfahren gegen Georg Hartlieb also allein darauf ankommen, ob die gegen die Zeugen Jehovas ausgeurteilten Strafen unverhältnismäßig hoch waren oder nicht. Sollte das der Fall sein, ergäbe sich bereits daraus, daß Georg Hartlieb auch vorsätzlich gehandelt hatte. Die Verurteilungsvoraussetzungen wären damit erfüllt gewesen, *ohne* daß es noch einer Überprüfung bedurft hätte, inwieweit diese Unverhältnismäßigkeit vom Vorsatz umfaßt war.

Konkret hieß das, daß etwaige in der Person von Georg Hartlieb liegende Umstände bei der Beurteilung des damaligen Tuns keine Berücksichtigung finden würden. Es bedurfte danach keiner Würdigung mehr, daß Georg Hartlieb zum Zeitpunkt der Durchführung der Verfahren ohne abgeschlossene Ausbildung gerade einmal ein Jahr Staatsanwalt war, ein Urteil des Obersten Gerichts die Strafhöhe mehr oder weniger vorgegeben hatte und die in die damaligen Verfahren involvierten Dienstvorgesetzten von Georg Hartlieb die Höhe der zu beantragenden Strafe zumindest mitbestimmt, wenn nicht vorgegeben hatten.

Diese Aussicht führte zurück zu der Frage, auf welche Weise den heutigen Richtern etwas von der Stimmung des Kalten Krieges vermittelt werden könnte? Die aus der damaligen politischen Situation resultierende besondere Sensibilität der DDR-Strafjustiz war schließlich für niemanden mehr so richtig nachempfindbar. Der Kalte Krieg war längst Geschichte und die Wiedervereinigung so selbstverständlich, daß sie fast schon als das natürliche Ergebnis einer geschichtlichen Entwicklung erschien. Die DDR und ihre politischen Ziele waren kaum mehr als eine Fußnote der Geschichte, überschattet von den Auswüchsen, die das MfS genommen hatte, und der heldenhaften »friedlichen Revolution« des Jahres 1989. Kaum jemand konnte oder wollte sich da noch hineinversetzen in die Zeit, als sich zwei politische und militärische Blöcke bis an die Zähne bewaffnet gegenüber standen und voller Angst und Mißtrauen in die jeweils andere Richtung blickten. Wie wollte man da – noch dazu unter dem Regime der Strafprozeßordnung – nachvollziehbar machen, daß die Verfolgung und Bestrafung der Zeugen Jehovas das Ergebnis einer Zeit waren, in der beide Seiten schon den kleinsten Ansatz feindlicher Unterwanderung hypersensibel zu eliminieren versuchten?

Eine Möglichkeit schien darin zu bestehen, Zeitzeugen zu benennen, die Angaben zu der besonderen Situation Anfang der 50er Jahre hätten machen können. Besonders Juristen beider Staaten erschienen dazu geeignet. Der Gedanke einer Einvernahme beispielsweise von Dr. Friedrich Wolff, schon damals Rechtsanwalt in der DDR, oder von Dr. Diether Posser, in den 50er Jahren in zahlreichen politischen Prozessen in der Bundesrepublik als Verteidiger tätig und späterer Innenminister von Nordrhein-Westfalen, lag nahe, zumal keiner der Verfahrensbeteiligten eigene Erinnerungen aus der Zeit hatte. Posser hatte über seine Erfahrungen in politischen Prozessen in der BRD ausführlich berichtet *(Diether Posser: Anwalt im Kalten Krieg, München 1991)* und Wolff sollte es nur kurz nach dem Ende des Prozesses gegen Georg Hartlieb noch tun *(Friedrich Wolff: Verlorene Prozesse 1953-1998, Baden-Baden 1999)*.

Es fragte sich allerdings, welche Tatsachen auf diese Weise in den Prozeß hätten eingeführt werden können? Der Bericht über bloße Stimmungen, über die Zeitzeugen – überdies höchst subjektiv – hätten erzählen können, wären vom Gericht kaum als Beweisthema akzeptiert worden. Auch hätte womöglich der Eindruck entstehen können, in den Prozeß durch Benennung prominenter Zeitzeugen lediglich etwas Spektakuläres einführen zu wollen.

Andererseits ergeben sich aus dem Umgang des Gerichts mit einem Beweisantrag oft hilfreiche Anhaltspunkte für eine weitere Prozeßprognose. Trotz der dagegen sprechenden Aspekte bereitete ich deshalb einen entsprechenden Beweisantrag vor.

Daneben beschloß ich, mich zunächst einmal näher darüber zu informieren, wie denn die Strafjustiz in der Bundesrepublik der 50er Jahre ausgesehen hatte. Ansatzpunkte ergaben sich aus rudimentären Kenntnissen über hysterische Kommunistenverfolgung und unterbliebene Aufarbeitung der Nazi-Justiz. Ich entschloß mich deshalb, zu diesen Themen zu recherchieren, um möglicherweise verwertbare Erkenntnisse zu gewinnen. Vielleicht würde es ja gelingen, politisch geprägte oder gar motivierte Entscheidungen des Bundesgerichtshofes zu finden, um die Besonderheit der damaligen Zeit mit all ihren Konsequenzen zu verdeutlichen.

Mir war dabei klar, daß der Versuch eines Vergleichs der Gerichte der Bundesrepublik mit denen der DDR absurd sein würde; nichtsdestotrotz blieb die Hoffnung, mit Hilfe der Rechtsprechung des Bundesgerichtshofs aufzuzeigen, wie sensibel die Strafjustiz auch in der Bundesrepublik auf tatsächliche oder vermeintliche Aktivitäten des Feindes reagierte. Das sollte den Nachvollzug für die hohen in der DDR ausgesprochenen Strafen zumindest erleichtern.

Und von einer Untersuchung der Rechtsprechung zur Nazi-Justiz erhoffte ich mir, den moralischen Anspruch der bundesrepublikanischen Justiz anzugreifen. Mit Juristerei hatte letzteres zwar nur wenig zu tun, gleichwohl war und bin ich der Meinung, daß sich eine Justiz an ihrer eigenen Geschichte messen lassen muß, wenn sie über andere richtet. Ich wollte nicht darauf verzichten, das in geeigneter Form in den Prozeß einzuführen.

Politisches Strafrecht in der Bundesrepublik Deutschland

Eine Auseinandersetzung mit der Kommunistenverfolgung in der Bundesrepublik in den 50er Jahren ist etwas sehr Interessantes. Vor allem der frühere Justiz- und Finanzminister des Landes Nordrhein-Westfalen, Dr. Diether Posser, beschreibt eindrucksvoll, mit welcher Kraft die Justiz der Bundesrepublik Deutschland dem kommunistischen Feind zu Leibe rückte. Man will bisweilen gar nicht glauben, wie groß offenbar die Angst vor ihm war. Anders ist es jedenfalls nicht zu erklären, mit welcher Akribie und Konsequenz die in ihrer Größe und Aktivität aus heutiger Sicht geradezu lächerlich anmutende Kommunistische Partei Deutschlands beziehungsweise ihre Neben- und Nachfolgeorganisationen vom Gesetzgeber der Bundesrepublik Deutschland und der vollziehenden Justiz insbesondere in den 50er Jahren bekämpft wurde.

Die KPD hatte 1949 einen Stimmenanteil von gerade einmal 5,7 Prozent errungen, der sich 1953 auf lächerliche 2,2 Prozent reduzierte. 1956 war die Partei noch in drei Länderparlamenten vertreten, ihre politische Bedeutung war also minimal. Auch kriminelle Handlungen außerhalb der politischen Aktivitäten gab es so gut wie keine. Politische Morde sind keine registriert, ebenso wenig wurden Attentate oder andere Gewalttaten begangen, Aufstandsversuche unternommen, Waffenlager angelegt oder geheime Liquidationslisten geführt.

Die von der KPD ausgehende Gefahr beschränkte sich also offensichtlich darauf, eine von der UdSSR und der DDR unterstützte Organisation zu sein, die eine andere Gesellschaftsordnung wollte. Und das rechtfertigte es, in der Bundesrepublik Deutschland bis zur Liberalisierung 1968 nach Angaben der »Initiativgruppe für die Rehabilitierung der Opfer des kalten Krieges« etwa 200.000 Menschen zum Gegenstand polizeilicher und gerichtlicher Ermittlungen zu machen und rund 10.000 Männer, Frauen und Jugendliche wegen ihrer politischen Aktivitäten oder ihrer Zugehörigkeit zur KPD bzw. ihrer Neben- oder Nachfolgeorganisationen ins Gefängnis zu schicken.

Es ist inzwischen weitestgehend anerkannt, daß das politische Strafrecht in der Bundesrepublik in den 50er Jahren Ausdruck einer heute kaum noch nachvollziehbaren Hysterie war.

Die spätere Präsidentin des Bundesverfassungsgerichts, Frau Prof. Dr. Jutta Limbach, äußerte sich anläßlich eines am 15. Dezember 1993 gehaltenen Vortrags vor der Juristischen Gesellschaft zu Berlin zum Begriff der politischen Justiz und ihrer Erscheinungsform in der Bundesrepublik zu Beginn der 50er Jahre wie folgt:

»*Gemeint ist der Tatbestand, daß das Räderwerk der Justiz in Gang gesetzt wird, um die politischen Kräfteverhältnisse in irgendeiner Weise zu beeinflussen, sei es um bestehende Machtverhältnisse zu festigen oder diese zu untergraben. [...] Blicken wir zurück: Im Jahr 1951 auf dem Höhepunkt des Kalten Krieges war in dem Bestreben, schon den allerersten Anfängen einer kommunistischen Unterwanderung zu wehren, ein politisches Strafrecht mit weitgefaßten Tatbeständen geschaffen worden. [...] Ziel dieser politischen Justiz war es, jeden Versuch eines politischen Kontakts mit Organen oder Institutionen der DDR im Keim zu ersticken. Bereits das Organisieren von Reisen in die DDR oder die Teilnahme von Bürgern der Bundesrepublik an Veranstaltungen des FDGB in der DDR wurde als strafbar beurteilt.*«

Die damalige Justizsenatorin des Landes Berlin sah sich zu dieser Äußerung offenbar durch befremdende Entscheidungen aus den 50er Jahren veranlaßt. Selbstverständlich in Konformität mit der damaligen Gesetzeslage hatte die Justiz der Bundesrepublik zum Beispiel die Durchführung einer Volksbefragung nach mehr als zweifelhaftem Verbot der damit befaßten Organisation mit drei Jahren Freiheitsstrafe belegt (BGH, Urteil vom 02. August 1954, HuSt I, S. 19, 65 ff.; vgl. dazu BVerwGE 4, S. 188), die Leitung der FDJ in der Bundesrepublik Deutschland mit einer Freiheitsstrafe von fünf Jahren (BGH, Urteil vom 4. Juni 1955, HuSt I, S. 108 ff., 177 ff.) oder »Prozeßbetreuungen« damaliger Angeklagter mit einer Freiheitsstrafe von drei Jahren und 6 Monaten (BGH, Urteil vom 19. Februar 1955, HuSt I, S. 187 ff., 210 ff.).

Für eine Bestrafung reichte es bereits aus, zu einer Organisation zu gehören, die der Bundesgerichtshof als abhängig von der SED ansah. Das hatte der BGH in einem Urteil entschieden, das in der amtlichen Entscheidungssammlung unter der Überschrift »Verfassungsfeindliche Vereinigung § 90a StGB. Sammeln von Nachrichten. SED-gelenkte Wühlarbeit« erschien und auch ansonsten terminologische Ähnlichkeit mit Entscheidungen des Obersten Gerichts der DDR hatte, wenn es im Leitsatz dort heißt (BGHSt 15, 167): »Die SED und die von ihr abhängigen Organisationen bilden, soweit sie ›Westarbeit‹ betreiben, mit ihren in dieser Richtung tätigen Organen und den von diesen geleiteten Agenten, Gruppen, Splittern, Parteigängern und Tarnorganisationen in der Bundesrepublik *eine* verfassungsfeindliche Vereinigung im Sinne des § 90 a StGB. Diese Organisation ist zugleich eine Ersatzorganisation der aufgelösten KPD.«

Es war danach schon überaus gefährlich, mit Organisationen aus der DDR überhaupt in Kontakt zu geraten. Selbst Sportveranstaltungen waren mit größter Vorsicht zu genießen, denn insoweit hatte der BGH unter der Überschrift »Gesamtdeutsche Arbeit‹ des sowjetzonalen DTSB« entschieden, der »Deutsche Turn- und Sportbund« sei eine die Verfassung der Bundesrepublik unterwandernde Organisation. Weiter heißt es dort (BGHSt 16, 15):

»1. Es sind sichere Anhaltspunkte dafür vorhanden, daß der sowjetzonale ›Deutsche Turn und Sportbund‹ eine von der SED gelenkte Massenorganisation ist, die ihre sog. ›gesamtdeutsche Arbeit‹ im Rahmen der SED-Gesamtorganisation für ›Westarbeit‹ (BGHSt 15, 267) betreibt.

2. *Das Vereinbaren von Wettkämpfen zwischen Sportlern der Bundesrepublik und der Sowjetzone ist für sich allein weder verboten noch strafbar. Wenn dadurch aber die staats- und verfassungsfeindlichen Bestrebungen der SED gegen die Bundesrepublik gefördert werden sollen, dann besteht kein rechtlich bedeutsamer Unterschied gegenüber anderen Methoden der kommunistischen Wühlarbeit.«*

Es waren natürlich wieder die Gerichte, die darüber befanden, ob durch die Tätigkeit des DTSB die staats- und verfassungsfeindlichen Bestrebungen der SED gefördert wurden. Bereits eine Kontaktaufnahme war deshalb gefährlich. So erklärt sich auch die Aussage der späteren Präsidentin des Bundesverfassungsgerichts, Ziel der politischen Strafjustiz sei die Verhinderung von Kontakten mit Organisationen der DDR gewesen.

Und selbstverständlich gibt es auch noch so etwas wie den Paradefall unverständlicher Rechtsprechung. Das betraf die »Zentrale Arbeitsgemeinschaft Frohe Ferien für alle Kinder«.

Diese Organisation hatte es sich seit 1954 zum Ziel gesetzt, Kinder in Ferienlagern in der DDR unterzubringen. Auf diese Weise konnten Zehntausende von Kindern des zerstörten Nachkriegsdeutschlands an der Ostsee und andernorts ihre Ferien verbringen. An Kosten entstanden dabei nur Fahrtauslagen, denn die Regierung der DDR hatte kostenlose Ferieneinladungen ausgesprochen. Derartige Aktivitäten gefielen den Behörden in der Bundesrepublik natürlich überhaupt nicht, gleichwohl kam es erst 1961 zu einem Verbot der Organisation, nachdem man zuvor trotz entsprechender Überlegungen auf ein Verbot ausdrücklich verzichtet hatte.

Die Justiz der Bundesrepublik hinderte das fehlende Verbot nicht, die Verantwortlichen der Zentralen Arbeitsgemeinschaft »Frohe Ferien für alle Kinder« wegen ihres Tuns auch während der Duldung der Organisation politischer Straftaten zu bezichtigen, gestützt darauf, es handele sich um eine verfassungsfeindliche Vereinigung. Das Verbot sei von Gesetzes wegen in Artikel 9 Abs. 2 des Grundgesetzes ausgesprochen. Die Zugehörigkeit zu der Organisation und deren Aktivitäten seien deshalb auch ohne ausdrückliches Verbot strafbar. Es interessierte niemanden, daß die juristische Konstruktion zum Verbot der Organisation mehr als angreifbar und die Vermittlung der Ferienplätze immerhin sieben Jahre lang geduldet worden war. Die Verantwortlichen wurden zu Haftstrafen verurteilt, die sie auch abzusitzen hatten.

Die Verurteilungen hatten regelmäßig nicht nur die Verbüßung einer Haftstrafe zur Folge, sondern darüber hinaus auch den Verlust des aktiven und passiven Wahlrechts sowie die Unfähigkeit zur Bekleidung öffentlicher Ämter. Entschädigungsrenten für die Bekämpfung des Faschismus konnten aberkannt werden, bereits bezogene Haftentschädigungen und erhaltene Rentenleistungen waren oftmals zurückzuzahlen. Das geschah nicht selten, denn die Kommunisten in der Bundesrepublik Deutschland waren bereits von der Nazi-Diktatur verfolgt worden, hatten also oftmals Ansprüche auf Zahlung von Entschädigungsrenten.

Die Verfolgung der kleinen Gruppe Kommunisten in der Bundesrepublik führte damit im Ergebnis nicht nur zu hohen Strafen, darüber hinaus wurden damit Menschen getroffen, die sich nur wenige Jahre zuvor bereits für ihre Gesinnung lebensbedrohlicher Verfolgung ausgesetzt gesehen hatten. Kriminelle Energie im strafrechtlichen Sinne konnte man ihnen kaum unterstellen, dagegen einen nicht zu beugenden Willen und eine ebensolche Überzeugung.

Persönliche Schicksale interessieren Juristen freilich allenfalls am Rande. Diese Schicksale sind in der Bundesrepublik Deutschland auch längst vergessen.

Der ebenfalls in einer Vielzahl der beschriebenen Verfahren tätige Rechtsanwalt Heinrich Hannover prangert das zu Recht an, wenn er ausführt (etwa im Vorwort zu dem Buch von Rechtsanwalt Rolf Gössner »Die Vergessenen Justizopfer des Kalten Krieges – Über den unterschiedlichen Umgang mit der deutschen Geschichte in Ost und West):

»Aber wer weiß noch, daß es auch in der alten Bundesrepublik eine Politische Justiz gegeben hat, die den Kalten Krieg im Gerichtssaal geführt und Menschen um ihre Freiheit, ihren Beruf, ihre Renten, mit einem Wort: um ihr Lebensglück gebracht hat, weil ihre politische Gesinnung nicht in die antikommunistisch ausgerichtete formierte Gesellschaft des kalten Krieges paßte? Wer weiß, daß noch Menschen unter uns leben, denen Justizunrecht zugefügt worden ist, ohne daß sich der Gesetzgeber um eine Wiedergutmachungsregelung bemüht? Wer weiß, daß darunter Menschen sind, die sich, wie es im Bundesentschädigungsgesetz hieß, um das deutsche Volk verdient gemacht haben, indem sie Widerstand gegen das Hitler-Regime geleistet hatten, Menschen, denen zweimal in ihrem Leben Justizunrecht zugefügt worden ist, das erste Mal von Hitlers Nazijustiz, und das zweite Mal

von Richtern, die den Eid auf die freiheitlich-demokratische Grundordnung geleistet hatten?«

Die Rechtsprechung des Bundesgerichtshofs aus den 50er Jahren der Bundesrepublik machte danach vor allem eines deutlich. Nicht anders als in der DDR waren auch die Juristen in der Bundesrepublik beseelt gewesen von dem Gedanken, ihrem Staat zu dienen und dem Gesellschaftssystem zum Sieg zu verhelfen, dem sie sich zugehörig fühlten. In der Bundesrepublik war dies selbstverständlicher Bestandteil der in Deutschland stets staatstragenden Justiz, die sich schon in der Zeit der Nazi-Diktatur durch Treue und Ergebenheit ausgezeichnet hatte. Wenn es galt, die bestehende Gesellschaftsordnung zu schützen, war auf die Justiz stets Verlaß gewesen. Das war schon immer so und setzte sich in der jungen Bundesrepublik fort. Mit der Justiz der DDR ließ sich die Rechtsprechung in der Bundesrepublik zwar gewiß nicht vergleichen. Zu drakonisch waren dazu die Bestrafungen durch die DDR-Justiz, auch und insbesondere der Zeugen Jehovas. Die Struktur aber wies zumindest prägnante Parallelen auf. Der Schutz des Staates stand über allem, dafür nahm man auch Bestrafungen in Kauf, die unter umgekehrten Vorzeichen vermutlich als Beugungen des Rechts angesehen würden.

Politik und Strafjustiz in der Deutschen Demokratischen Republik

In der DDR gab es im Unterschied zur Bundesrepublik kein über Jahrhunderte gewachsenes und sich ständig fortentwickelndes Gesellschaftssystem, das sich mit seinem jeweiligen Vorgänger zumindest in seinen personellen Strukturen identifizierte und für das die Justiz eine der tragenden Säulen hätte sein können. Während sich in der Bundesrepublik nach dem Krieg die Gesellschaftsordnung zwar verändert hatte, die Kontinuität zum Deutschen Reich aber immer noch gesucht wurde, ging der politische Anspruch der DDR dahin, an der Gestaltung einer revolutionären Weltordnung mitzuarbeiten.

Die geschichtlich fest verankerten gesellschaftlichen Strukturen sollten aufgebrochen und durch etwas gänzlich Neues ersetzt werden. Das war eine weitaus schwierigere Aufgabe. Denn die »neue Gesellschaftsordnung« war ein überaus sensibles Pflänzchen, gerade erst gesät und keinesfalls stabil. Zu allem Überfluß wurde sie auch noch bekämpft vom politischen Gegner in der Bundesrepublik. Aus Sicht der DDR war die reaktionäre Geschichte Deutschlands mit all ihren Auswirkungen in die Gegenwart noch allzu präsent. Es galt also nicht nur zu verhindern, daß sich die noch vorhandenen reaktionären Kräfte formierten und Einfluß gewannen. Darüber hinaus mußte die erforderliche gesellschaftliche Umwälzung nach dem Staatsverständnis der DDR überhaupt erst noch vollzogen werden. Und das sollte geschehen *gegen* den erbitterten Widerstand eines Teils der eigenen Bevölkerung und der gesamten westlichen Welt, die sich schon nach relativ kurzer Zeit als wirtschaftlich überlegen erweisen sollte.

Die Justiz sollte dazu einen wesentlichen Beitrag leisten. Insbesondere die Strafjustiz, verkörpert durch die Staatsanwaltschaften, spielte dabei eine wesentliche Rolle. Plakativ äußerte sich in diesem Sinne Josef Streit, der damalige Sektorenleiter Justiz in der Abteilung Staat und Recht des Zentralkomitees der SED und spätere Generalstaatsanwalt der DDR in einem 1959 erschienenen Beitrag *(Josef Streit, Die Justizorgane sind wichtige Hebel bei der sozialistischen Umgestaltung, Neue Justiz 1959, S. 789 ff.)*:

»Die Rechtsprechung und auch die Aufsichtstätigkeit der Staatsanwaltschaft eines sozialistischen Staates dienen nicht nur dem Schutz der Gesellschaftsordnung, sondern haben im besonderen als wichtige Hebel für die gesellschaftliche Umwälzung zu wirken.«

Die Geschichte hat gezeigt, daß dieser Versuch der Umwälzung der gesellschaftlichen Verhältnisse keinen Erfolg haben konnte. Das steht außer Frage. Die politische Justiz der DDR in den frühen 50er Jahren einschließlich der Verfahren gegen die Zeugen Jehovas muß nach meiner Überzeugung jedoch nicht nur im Lichte des staatstragenden Charakters der Justiz, sondern auch und gerade unter besonderer Berücksichtigung dieses politischen Anspruchs gesehen werden. Das gilt umso mehr im Hinblick auf die subjektive Situation der angeklagten Juristen.

Überwiegend handelte es sich bei ihnen um überzeugte Kommunisten, die oftmals wegen ihrer politischen Überzeugung von den Nazis verfolgt worden waren oder – wie Georg Hartlieb – um Menschen, die in der jungen DDR zum ersten Mal eine Entwicklungschance erhielten, nachdem sie zuvor nur Entbehrung und Verfolgung kennengelernt hatten. Selbstverständlich begriffen sie die Justiz und sich selbst auch als Teil des Umwälzungsapparats, der der neuen Gesellschaftsordnung zum Sieg über jahrhundertealte Strukturen verhelfen sollte.

Darin unterschieden sie sich von den Juristen in der Bundesrepublik, die *für* den Erhalt genau dieser Strukturen eintraten.

Die bundesdeutsche Justiz hat sich bei der »Aufarbeitung« der DDR-Strafjustiz mit derartigen Überlegungen freilich nicht aufgehalten.

Im Gegenteil. Wenn es so etwas wie Siegerjustiz gab, dann kam sie in der oftmals offenkundigen inneren Einstellung der bundesdeutschen Juristen zur DDR und deren Justiz zum Ausdruck. Der Untergang der DDR und der sozialistischen Systeme war danach ohnehin eine zwingende historische Entwicklung. Eine Existenzberechtigung hatte die DDR von Anfang an nicht und es erschien bereits verwerflich, für die Existenz dieser DDR eingetreten zu sein. Das kam vor allem bei der Behandlung der Strafverfahren gegen Ausreisewillige zum Ausdruck. Schließlich richteten sich diese Verfahren gegen Menschen, deren sehnlichster Wunsch die Übersiedlung zu »uns« war und die dafür bestraft wurden.

Ausreisefreiheit wurde und wird dabei von der bundesdeutschen Justiz als das Selbstverständlichste der Welt und sozusagen als Naturrecht angesehen, obwohl es selbst in der Bundesrepublik bis ins Jahr 1957 dauerte, bis das Bundesverfassungsgericht in dem jedem bundesdeutschen Juristen aus seiner Ausbildung bekannten »Elfes-Urteil« einen diesbezüglichen Anspruch aus dem Grundgesetz konstruierte.

Eine Auseinandersetzung damit, daß je nach Zustand eines Staates Ausreisebewegungen existenzgefährdenden Charakter haben können, fand in keinem der Verfahren, an denen ich beteiligt war, jemals statt.

Vor allem darin kam zum Ausdruck, daß sich – ausgehend von der feindlichen Einstellung der Bundesrepublik zur DDR – die dortigen Juristen im Grunde nur dann korrekt verhalten hätten, wenn sie das System aktiv bekämpft hätten.

Umgekehrt begleitete unausgesprochen sämtliche Verfahren der Vorwurf an die Angeklagten, sich mit diesem System auch noch identifiziert zu haben. Und die Opfer der politischen Justiz der DDR waren selbstverständlich Freunde der Bundesrepublik, die endlich zu ihrem Recht zu kommen schienen.

Ich kann mich gut daran erinnern, wie verächtlich bisweilen die Blicke waren, die den angeklagten DDR-Juristen besonders von der Bank der Staatsanwälte zugeworfen wurden. Sie brachten hinreichend zum Ausdruck, wie sehr sich die Justiz der Bundesrepublik als Sieger fühlte, der dem Besiegten jegliche Legitimation absprechen wollte.

Die Erkenntnisse zur Kommunistenverfolgung waren danach zwar sehr interessant. Es erschien mir dennoch einigermaßen unwahrscheinlich, mit Hilfe eines Rückblicks auf die politische Strafjustiz der Bundesrepublik der 50er Jahre nachhaltig Eindruck zu machen. Das würde jedenfalls dann gelten, wenn die erkennenden Richter eine Bereitschaft zur selbstkritischen Auseinandersetzung nicht schon mitbringen sollten. Und es kam natürlich hinzu, daß es in der Tat nicht gerecht wäre, die politische Strafjustiz der 50er Jahre in Ost und West miteinander zu vergleichen.

Die Hysterie in der Bundesrepublik beim Umgang mit den Kommunisten hatte im Verhältnis zur Behandlung etwa der Zeugen Jehovas in der DDR ganz einfach eine andere Qualität.

Es blieb die Hoffnung, mit Hilfe der gewonnenen Kenntnisse zumindest geneigte Richter für meinen Mandanten einnehmen zu können. Denn die Betrachtung der Rechtsprechung des Bundesgerichtshofs aus jener Zeit hatte deutlich gemacht, daß auch in der Bundesrepublik der Schutz der Gesellschaftsordnung übergeordnetes Interesse der Rechtsprechung war. Hätten KPD etc. eine größere Gefahr für den Bestand der Bundesrepublik dargestellt, wäre die Verfolgung mit großer Sicherheit entsprechend intensiviert worden.

Insgesamt gelangte ich daher zu der Überzeugung, mit der Rechtsprechung des Bundesgerichtshofes in dem Verfahren gegen Georg Hartlieb in Abhängigkeit von der Besetzung der Richterbank arbeiten zu können. Ihre Einbeziehung konnte dazu beitragen, die besondere Sensibilität der DDR-Justiz beim Erkennen vermeintlicher oder tatsächlicher Staatsfeinde auch für einen aus den alten Bundesländern stammenden Juristen nachvollziehbar zu machen. Und zum anderen schien mir eine Darlegung dieser Rechtsprechung dazu geeignet, Gericht und Staatsanwaltschaft davon zu überzeugen, daß politische Strafprozesse stets im besonderen Licht der Zeit gesehen werden müssen, in der sie geführt werden.

Aufarbeitung der NS-Justiz in der alten Bundesrepublik

Ich befaßte mich weiterhin mit der Rechtsprechung des Bundesgerichtshofes zur Nazi-Justiz, die zwischen 1933 und 1945 durch die verschiedenen Gerichte insgesamt 50.000 Menschen zum Tode verurteilt hatte. Sie ist ebenfalls eine eingehende Betrachtung wert. Denn eine Aufarbeitung der NS-Justiz in der Bundesrepublik fand faktisch nicht statt. Das ist nicht etwa eine polemisierende Behauptung, sondern eine allseits akzeptierte Aussage, die beispielsweise auch ein ehemaliger Senatsvorsitzender beim Bundesgerichtshof, Dr. Günter Gribbohm, trifft. In einem überaus differenzierenden Beitrag aus dem Jahre 1988 kommt er nach eingehender Analyse zu dem Schluß *(Gribbohm, Nationalsozialismus und Strafrechtspraxis – Versuch einer Bilanz, NJW 1988, S. 2842, 2849)*: »Das Ansehen der Strafjustiz der Gegenwart wird davon betroffen, daß es ihr nicht gelungen ist, die eigene Vergangenheit strafrechtlich zu ›bewältigen‹.«

Nachhaltige Verfolgung von Unrechtsurteilen der NS-Zeit gab es in der Tat nur in wenigen Fällen, Verurteilungen kamen so gut wie nicht vor, abgesehen von einigen wenigen Verfahren, die Standgerichtsurteile gegen Kriegsende zum Gegenstand hatten. Von vier Prozessen, die in einem Fall einen Landgerichtspräsidenten, in zwei Fällen Richter von Sondergerichten und in einem Fall einen an 231 Todesurteilen beteiligten Berufsrichter am Volksgerichtshof betrafen, hat *keiner* zu einer rechtskräftigen Bestrafung geführt. Nicht selten wird die nachhaltige Verfolgung der DDR-Strafjustiz auch damit begründet, daß ein Versagen bei der Aufarbeitung juristischen Unrechts sich nicht wiederholen dürfe. Die Kritik an der Rechtsprechung des Bundesgerichtshofes zur NS-Justiz war mir in dieser pauschalen Art schon bekannt, bevor ich mich näher damit befaßte. In meinem Studium hatte die Thematik allerdings keine Rolle gespielt. Ich kann mich nicht daran erinnern, daß die kritische Aufarbeitung der Rechtsprechung des Bundesgerichtshofes zur Nazi-Justiz Thema einer Vorlesung oder eines Seminars war. Von Interesse wäre sie wohl auch »nur« für die Rechtsgeschichte gewesen, die sich in den Universitäten allerdings mehr mit strukturellen historischen Analysen befaßt als mit selbstkritischer Aufarbeitung mehr oder weniger aktueller Rechtsprechung. Bahnbrechende Erkenntnisse für die Fortentwicklung der Rechtsprechung wurden anläßlich der Auseinandersetzung mit der NS-Justiz offenbar auch nicht gewonnen, so daß sich daraus kein Lehrstoff ergab, der eine Auseinandersetzung zwingend erforderlich gemacht hätte.

Andererseits gibt es durchaus Veröffentlichungen zu dem Thema und selbstverständlich auch aufschlußreiche Urteile, wie das Beispiel der Behandlung der Morde von Caiazzo zeigt. Als besonders aufschlußreich erweist sich dabei auch die Darstellung zweier Verfahren, auf die man bei einer Beschäftigung mit der »Aufarbeitung« der NS-Justiz durch die bundesdeutsche Justiz zwangsläufig stößt.

Das erste dieser beiden Verfahren betraf einen ehemaligen Richter am Volksgerichtshof, den Kammergerichtsrat Rehse. Er hatte als Beisitzer in Verfahren vor dem Volksgerichtshof überwiegend unter dem Vorsitz des Richters Freisler an insgesamt 231 Todesurteilen mitgewirkt. Das Schwurgericht hatte ihn zunächst wegen Beihilfe zum Mord und zum Mordversuch verurteilt, weil er als berufsrichterlicher Beisitzer des Volksgerichtshofs in sieben Fällen der Todesstrafe zugestimmt hatte, die Freisler als damaliger Vorsitzender des 1. Senats des Volksgerichtshofs jeweils vorgeschlagen hatte. Die übrigen 224 Todesurteile waren weder Gegenstand dieses noch irgend eines anderen Verfahrens.

Staatsanwaltschaft und Verteidigung legten gegen das Urteil Revision ein. Das führte zu einer Verhandlung vor dem 5. Senat des Bundesgerichtshofes. Dieser entschied, daß eine Verurteilung wegen Beihilfe zum Mord nicht in Betracht käme, da der Kammergerichtsrat Rehse als Beisitzer nicht Gehilfe des Vorsitzenden Freisler gewesen sei, sondern allenfalls selber Täter.

Das hörte sich zunächst so an, als hätte dem Bundesgerichtshof die Bestrafung wegen bloßer Beihilfe nicht ausgereicht. Tatsächlich bedeutete es aber eine neue Hürde auf dem Weg zur Bestrafung des Kammergerichtsrates Rehse. Denn täterschaftlicher Mord setzte weiter voraus, daß Rehse selbst nachgewiesen werden mußte, aus niedrigen Beweggründen gehandelt zu haben. Für eine Verurteilung wegen Beihilfe hätte es demgegenüber ausgereicht, auf die niedrigen Beweggründe des Vorsitzenden Freisler Bezug zu nehmen.

Die vermeintlich strengere Behandlung des Beisitzers Rehse erschwerte tatsächlich also seine Verurteilung. Das war dem erkennenden Senat auch bewußt. Im Leitsatz der Entscheidung wies er ausdrücklich auf die entstehende Erschwernis hin, indem er ausführte (BGH NJW 1968, S. 1339):

»*a) Der berufsrichterliche Beisitzer des Volksgerichtshofs war nach dem damals geltenden Recht unabhängig, gleichberechtigt, nur dem Gesetz unterworfen und seinem Gewissen verantwortlich. Stimmte er gegen seine richterliche Überzeugung für ein Todesurteil, so konnte er insoweit nur Täter, nicht Gehilfe eines Tötungsverbrechens sein.*
b) Hinsichtlich der inneren Tatseite folgt daraus, daß eine Bestrafung nur noch möglich ist, wenn er selbst aus niedrigen Beweggründen für die Todesstrafe stimmte.«

Das Schwurgericht kam in der erforderlich gewordenen erneuten Verhandlung zu dem Ergebnis, dem Kammergerichtsrat Rehse keine niedrigen Beweggründe nachweisen zu können. Rehse wurde freigesprochen. Gegen das Urteil legte die Staatsanwaltschaft zwar Revision ein. Zwischen dem freisprechenden Urteil und dem Ende des Nazi-Regimes lagen allerdings nunmehr 23 Jahre. Der inzwischen betagte ehemalige Beisitzer Roland Freislers verstarb, *bevor* über diese Revision verhandelt werden konnte.

Folgen zeitigte das Urteil nicht nur für den Kammergerichtsrat Rehse, sondern für die Behandlung der NS-Juristen insgesamt. Die für die Verfolgung zuständige Staatsanwaltschaft beim Landgericht Berlin stellte alle noch anhängigen Ermittlungsverfahren gegen ehemalige Richter und Staatsanwälte am Volksgerichtshof ein, weil ihr die Durchführung eines weiteren Strafverfahrens im Hinblick auf die Rechtsprechung des Bundesgerichtshofes und aus Beweisgründen aussichtslos erschien. Es wurde lediglich noch ein Verfahren ernsthaft betrieben, und zwar gegen den früheren Kammergerichtsrat und Beisitzer am Volksgerichtshof Dr. Reimers. Am 8. September 1984 wurde Anklage gegen ihn erhoben wegen Mordes und Mordversuches in 97 Fällen. Dr. Reimers entzog sich dem Verfahren jedoch, indem er Selbstmord verübte.

Das zweite Verfahren behandelte die Hinrichtungen des Admirals Canaris, des Generals Oster, des Generalstabsrichters Dr. Sack, des Hauptmanns Gehre und des Pastors Dietrich Bonhoeffer im Konzentrationslager Flossenbürg sowie des Reichsgerichtsrats von Dohnanyi im Konzentrationslager Sachsenhausen bei Oranienburg im April 1945. Die sechs Männer wurden dem im Amt des Admirals Canaris bestehenden Widerstandskreis zugerechnet. Aus diesem Grunde befanden sie sich teils seit 1943 und teils seit 1944 in der Haft der Gestapo. Aktenfunde im September 1944 in einem Panzerschrank des Oberkommandos des Heeres in Zossen sowie im Anschluß daran durchgeführte Ermittlungen belasteten die Inhaftierten schwer. Im April 1945 wurden weitere Akten gefunden, die bei Adolf Hitler einen Wutanfall auslösten. Er befahl dem damaligen Leiter des Reichssicherheitshauptamtes, Kaltenbrunner, die Verschwörer zu töten. Dieser führte den Befehl aus, indem er in beiden Konzentrationslagern die Durchführung von Standgerichtsverfahren anordnete.

Mit der Bildung der Standgerichte beauftragte Kaltenbrunner den Gestapobeamten und späteren Angeklagten Huppenkothen. Dieser fungierte in beiden Verfahren als Ankläger, die Gerichte wurden gebildet aus dem jeweiligen KZ-Kommandanten und jeweils einem SS-Führer als »beisitzendem Richter« sowie einem Vorsitzenden, in Flossenbürg war dies der später ebenfalls angeklagte Dr. Thorbeck. Ein Protokollführer wurde ebensowenig hinzugezogen wie ein Verteidiger für die Angeklagten. Die Anklage lautete auf »Hoch- und Kriegsverrat«.

Das erste Verfahren erfolgte am 6. April 1945 in Sachsenhausen gegen den Reichsgerichtsrat von Dohnanyi. Huppenkothen verlas die Anklage, darauf wurde von Dohnanyi angehört. Er hatte auch das letzte Wort. Nach geheimer Beratung verkündete der SS-Richter das auf die Todesstrafe lautende Urteil, das schriftlich niedergelegt wurde. Alsbald nach dem Verfahren wurde von Dohnanyi im Konzentrationslager getötet. Ob Huppenkothen an der Hinrichtung mitwirkte, und ob vor der Vollstreckung eine – nach den damals einschlägigen Vorschriften bei der Vollstreckung eines Todesurteils erforderliche – Bestätigung des Urteils bei dem Gerichtsherrn des Standgerichts gemäß § 1 Abs. 2 Nr. 4 in Verbindung mit den §§ 77 ff. KStVO eingeholt wurde, konnte nicht geklärt werden.

Am nächsten Tag begab sich Huppenkothen nach Flossenbürg. Kurz nach ihm traf der ebenfalls angeklagte Dr. Thorbeck ein. Er war Chefrichter bei dem SS- und Polizeigericht in München und »Inspektionsrichter Süd«. Ihm war von dem Hauptamt-SS-Gericht in Prien der Auftrag erteilt worden, im Konzentrationslager Flossenbürg ein Standgerichtsverfahren durchzuführen. Diesen Auftrag erfüllte er am 8. April 1945, indem er gemeinsam mit dem Lagerkommandanten und einer unbekannten Person über die von Huppenkothen verlesene Anklage gegen Admiral Canaris, General Oster, Generalstabsrichter Dr. Sack, Hauptmann Gehre und Pastor Bonhoeffer zu Gericht saß. Einen Protokollführer oder einen Verteidiger für einen der Angeklagten gab es auch hier nicht. Die Angeklagten wurden nach den unwiderlegten Angaben von Huppenkothen und Dr. Thorbeck gehört und hatten das letzte Wort. Danach wurden antragsgemäß in geheimer Beratung Todesurteile für alle Angeklagten gefällt und schriftlich niedergelegt. Sie wurden den Angeklagten in ihrer Gegenwart verkündet. Am 9. April 1945 wurden die fünf Verurteilten nackt gehängt, ohne daß die Urteile zuvor bestätigt worden waren.

Das Landgericht München sprach den zunächst allein wegen Beihilfe zum Mord angeklagten Huppenkothen in einem Urteil vom

26. Februar 1951 frei. Dieses Urteil wurde vom Bundesgerichtshof in einer Entscheidung vom 12. Februar 1952 (BGHSt 2, 173) wegen lückenhafter Beweisführung und fehlender Tatsachenfestellungen aufgehoben, die Sache wurde deshalb nochmals vom Landgericht München verhandelt.

Dieser zweite Prozeß richtete sich gegen Huppenkothen und Dr. Thorbeck, die das Landgericht München mit Urteil vom 5. November 1952 freisprach. Wegen neuerlich lückenhafter Beweisführung und fehlender Tatsachenfeststellungen hob der Bundesgerichtshof auch dieses Urteil auf, und zwar am 30. November 1954 (1 StR 350/53). Die Sache wurde zur erneuten Verhandlung an das nunmehr zuständige Landgericht Augsburg verwiesen. Dieses verurteilte Huppenkothen und Dr. Thorbeck wegen je fünf rechtlich zusammentreffender Verbrechen der Beihilfe zum Mord sowie Huppenkothen wegen eines weiteren Verbrechens der Beihilfe zum Mord zu sieben Jahren (Huppenkothen) und 4 Jahren (Dr. Thorbeck) Zuchthaus. Beide Angeklagte legten gegen dieses Urteil Revision ein, die den Gegenstand der letzten in dieser Sache getroffenen Entscheidung des Bundesgerichtshofs bildete.

Der Bundesgerichtshof entschied die Sache mit Urteil vom 19. Juni 1956. Er sprach den ehemaligen Richter Dr. Thorbeck frei. Der ehemalige Gestapo-Beamte Huppenkothen wurde wegen seiner Beteiligung an den Geschehnissen im KZ Sachsenhausen ebenfalls freigesprochen, ansonsten wurde die von Huppenkothen eingelegte Revision zurückgewiesen.

Dr. Thorbeck war damit endgültig von Schuld im strafrechtlichen Sinne freigesprochen, Huppenkothen jedenfalls wegen der Geschehnisse in Sachsenhausen.

Nach Auffassung des Bundesgerichtshofes konnte Dr. Thorbeck kein strafrechtlich relevanter Vorwurf nachgewiesen werden. Es könne nicht davon ausgegangen werden, daß das in Flossenbürg durchgeführte Verfahren nach dem Verständnis von Dr. Thorbeck ein Scheinverfahren gewesen sei. Er sei vielmehr einem ihn bindenden Befehl gefolgt, als er nach Flossenbürg gefahren sei, um dort ein Standgerichtsverfahren durchzuführen. Den Sachverhalt habe er aufgeklärt; angesichts der Geständnisse habe sich ein klarer Tatbestand ergeben, der nach den damaligen Gesetzen die Todesstrafe gerechtfertigt hätte. Er sei im übrigen nicht verpflichtet gewesen, das Vorliegen eines übergesetzlichen Notstandes oder gar Widerstandsrechtes der

Angeklagten gegen das Nazi-Regime zu prüfen, was jeweils das Verhalten der Angeklagten hätte gerechtfertigt erscheinen lassen können. Dazu führte der Bundesgerichtshof vielmehr aus (BGH NStZ 1996, S. 485, 486):

»*Einem Richter, der damals einen Widerstandskämpfer wegen seiner Tätigkeit in der Widerstandsbewegung abzuurteilen hatte und ihn in einem einwandfreien Verfahren für überführt erachtete, kann heute in strafrechtlicher Sicht kein Vorwurf gemacht werden, wenn er angesichts seiner Unterworfenheit unter die damaligen Gesetze nicht der Frage nachging, ob dem Widerstandskämpfer etwa der Rechtfertigungsgrund des übergesetzlichen Notstands unter dem Gesichtspunkt eines höheren, den Strafdrohungen des staatlichen Gesetzes vorausliegenden Widerstandsrechts zur Seite stehe, sondern glaubte, ihn des Hoch- oder Landesverrats bzw. des Kriegsverrats (§ 57 MStGB) schuldig erkennen und deswegen zum Tode verurteilen zu müssen.*«

Es fiel mir schwer, eine solche Argumentation in Anbetracht der Anklage gegen meinen Mandanten zu begreifen.

Einem SS-Chefrichter konnte demnach nicht zugemutet werden, sich einen Monat vor Kriegsende Gedanken darüber zu machen, daß das in Schutt und Asche liegende Deutschland von einem verbrecherischen Regime dorthin geführt worden war und diejenigen, die sich gegen den staatlich organisierten Mord und die Terrorherrschaft der Nazis zur Wehr setzten, das Recht auf ihrer Seite hatten.

Das war schon eine bemerkenswerte Begründung für den Freispruch.

Von dem jungen Staatsanwalt Georg Hartlieb erwartete man da wesentlich mehr. Ausgehend von den Anforderungen, die der Bundesgerichtshof an die DDR-Justiz stellt, wäre es wohl sicher nicht fernliegend, die Urteile zu den NS-Verbrechen einmal darauf zu untersuchen, ob der Tatbestand der Rechtsbeugung erfüllt wurde. An der Verjährung dürfte es an sich nicht scheitern. Das gilt jedenfalls dann, wenn man die zur DDR-Justiz entwickelten Grundsätze der staatlich organisierten Nichtverfolgung auf die unterbliebene Verfolgung der Nazi-Justiz überträgt.

Den ehemaligen Gestapo-Beamten Huppenkothen verurteilte der Bundesgerichtshof im Unterschied zu dem früheren Richter Dr. Thorbeck. Ihm wurde zum Verhängnis, daß es in dem Verfahren in Flossenbürg unterlassen worden war, das Urteil bestätigen zu lassen. Die Bestätigung hätte spätestens unmittelbar vor der Hinrichtung eingeholt werden müssen, während derer Huppenkothen – im Gegensatz zu Dr. Thorbeck – noch zugegen war. Daß es sich um einen rein formalen Akt gehandelt hätte, der notfalls telefonisch hätte erledigt werden können, hielt den Bundesgerichtshof nicht von einer unterschiedlichen Bewertung des Verhaltens von Huppenkothen im Vergleich zu dem Beitrag Dr. Thorbecks ab. Der ehemalige Gestapo-Mann Huppenkothen wurde vom Bundesgerichtshof also verurteilt, während der ehemalige Chefrichter bei dem SS- und Polizeigericht Dr. Thorbeck ungeschoren davonkam.

Der Freispruch von Dr. Thorbeck – auch das ist inzwischen allseits anerkannt – war mit dem geltenden Recht nicht zu vereinbaren. Auch hätte es keines Rückgriffs auf die fehlende Bestätigung vor Vollstreckung der Todesstrafen bedurft, um Huppenkothen zu verurteilen. Denn nach dem zur Tatzeit geltenden Recht waren die Hinrichtungen widerrechtlich. Bereits die Einberufung des Standgerichts unter SS-Hoheit hatte aufgrund der fehlenden Zugehörigkeit sämtlicher Angeklagter zur SS oder Polizei keine rechtliche Grundlage.

Für die Wehrmachtangehörigen unter den Angeklagten ergab sich darüber hinaus eine ausschließliche Zuständigkeit des Reichskriegsgerichts. Weiterhin wurde keinem Angeklagten ein Verteidiger beigeordnet, obwohl dies nach den damals geltenden Vorschriften angesichts der drohenden Todesstrafe zwingend erforderlich gewesen wäre. Es bedarf deshalb nicht einmal einer Erörterung, ob Dr. Thorbeck und Huppenkothen die Angeklagten wegen ihres Widerstandsrechts gegen das Nazi-Regime nicht wegen der anklagegegenständlichen Vorwürfe hätten verfolgen dürfen. Allein die vollkommen ignorierten Formalien für die Durchführung eines Prozesses begründen die Annahme, daß Admiral Canaris, General Oster, Generalstabsrichter Dr. Sack, Hauptmann Gehre, Pastor Bonhoeffer und Reichsgerichtsrat Dr. von Dohnanyi ermordet wurden.

Das Landgericht Augsburg als verurteilende Vorinstanz hatte in seiner Entscheidung auch ausgeführt, es habe sich ohne Frage um ein Scheinverfahren gehandelt, das lediglich dem Zweck gedient habe, unbequem gewordene Häftlinge loszuwerden. Es hatte argumentiert, bereits die Einsetzung eines Standgerichts sei nicht nachvollziehbar, weil es keine militärischen Gründe gegeben habe. Die Bestimmung der Lagerkommandanten, denen »ein menschliches Leben, insbesondere aber, wenn sie hierin einen Gegner des Regimes vermuteten, weniger als ein Nichts bedeutete«, zu Beisitzern deute ebenso auf den Scheincharakter hin wie die Durchführung der Verfahren in den als Hinrichtungsstätten vorgesehenen Konzentrationslagern.

Diese Einschätzung ist auch das Ergebnis einer Untersuchung des bereits zitierten ehemaligen Vorsitzenden Richters am Bundesgerichtshof Dr. Günter Gribbohm, der dazu ausführte (Gribbohm, Anmerkung zu BGH, Urteil vom 19.6.1956 – 1 StR 50/56, NStZ 1996, S. 485, 490):

»Nach den Erkenntnissen der zeitgeschichtlichen Forschung sind Admiral Canaris, Generalmajor Oster, Generalstabsrichter Dr. Sack, Hauptmann Gehre, Pastor Dietrich Bonhoeffer und RGRat Dr. von Dohnanyi (dieser als Sonderführer der Wehrmacht im Majorsrang) ermordet worden. [...] Danach befahl Hitler gleich nach einem zweiten Zossener Aktenfund, bei dem die Tagebücher Canaris' entdeckt worden waren, am 5. 4. 1945 in einem Wutanfall, die Verschwörer sofort ›zu vernichten‹. Kaltenbrunner, nach Heydrich Chef des RSHA, ließ den Befehl umgehend ausführen, indem er ein ›Standgericht‹ anordnete, das die Beschuldigten am 6. und 8. 4. 1945 zum Tode verurteilte. Bei diesem Sachverhalt liegt es nahe, daß der Inhalt des Befehls zugleich der Grund dafür war, weshalb man die ›Urteile‹ vor den Hinrichtungen in Flossenbürg mit Sicherheit, in Sachsenhausen-Oranienburg möglicherweise nicht bestätigen ließ. In dieses Bild des Geschehens fügt sich ein, daß in dem Verfahren jeweils ein KZ-Kommandant als Beisitzer und ein Gestapo-Beamter (der Angekl. Huppenkothen) als Anklagevertreter fungierten, ferner, daß keinem der Widerstandskämpfer ein Verteidiger bestellt wurde, obwohl ihnen in der Verhandlung die Todesstrafe drohte (BGHSt 2, 173, 179 f.).«

So also sah die Aufarbeitung der NS-Justiz durch die bundesdeutsche Rechtsprechung aus. Die Morde von Caiazzo blieben ungesühnt, der Komplize Roland Freislers wurde nie rechtskräftig verurteilt, und der Prozeß wegen der Ermordung von Widerstandskämpfern hatte für den Richter mit einem Freispruch geendet.

Das übertraf meine Erwartungen an die Auseinandersetzung mit der Thematik bei weitem.

An die Erkenntnisse schloß sich natürlich die Frage an, wie sie in das Verfahren gegen Georg Hartlieb eingeführt werden könnten. Die

Antwort war enttäuschend. Das Ziel, den moralischen Anspruch der Justiz der Bundesrepublik Deutschland anzugreifen, über die Juristen der Nachkriegs-DDR zu richten, ließ sich mit Darlegungen zum Umgang der bundesdeutschen Justiz mit den NS-Juristen gewiß erreichen. Fraglich blieb aber natürlich, ob es etwas nützen würde. Ich sah nach wie vor keine Möglichkeit, das in der Beweisaufnahme zu thematisieren. Denn ein unmittelbarer Zusammenhang zwischen dem Verfahren gegen Georg Hartlieb und dem Umgang der bundesdeutschen Justiz mit den NS-Juristen ließ sich nun einmal nicht herstellen, so sehr ich – und vor allem mein Mandant – die von der Staatsanwaltschaft beabsichtigte ungleiche Behandlung auch verurteilte. Das bundesdeutsche Recht kennt – zu Recht – keinen Anspruch auf Fehlerwiederholung.

Dennoch wollte ich mich nicht daran hindern lassen, der Justiz gewissermaßen den Spiegel vorzuhalten. Ich beschloß, dies im Rahmen des Schlußvortrages zu tun.

Nur noch wenig Zeit

Die Hauptverhandlung war von der 3. Strafkammer des Landgerichts Dresden auf den 22. September 1998 mit zwei Fortsetzungsterminen am 24. und 25. September 1998 anberaumt worden. Unbeschadet der notwendigen Vorbereitung auf die Hauptverhandlung machte ich mir über meinen inzwischen 73jährigen Mandanten zunehmend auch wegen dessen nachlassender Gesundheit Gedanken. Seine Krankheit war ihm ohne medizinische Kenntnisse anzusehen. Ich hatte Sorge, daß die mit einer Hauptverhandlung einhergehende Aufregung ernste Gefahren mit sich bringen könnte. Von der Möglichkeit, seine Verhandlungsfähigkeit anzuzweifeln, wollte Georg Hartlieb allerdings immer noch nichts wissen. Immerhin erklärte er aber sein Einverständnis, daß ich seine gesundheitliche Situation mit dem Vorsitzenden der Kammer bespreche. Ergebnis war die dankenswerte Bereitschaft des Gerichts, zur Hauptverhandlung einen Arzt hinzuzuziehen. Das reichte Georg Hartlieb.

Das Verhältnis zu der erkennenden Kammer sollte auch im weiteren Verlauf des Verfahrens angenehm bleiben. Die 3. Strafkammer des Landgerichts Dresden arbeitete unter dem aus Freiburg stammenden Vorsitzenden Richters am Landgericht Rainer Lips. Er war kurz nach 1990 nach Dresden übergesiedelt und gehörte zu den ersten Richtern aus den alten Bundesländern, die ihrer Abordnung einen endgültigen Charakter gaben, indem sie ihre Versetzung beantragten. Neben den sich dadurch verbessernden beruflichen Aussichten in der sächsischen Justiz war sein Versetzungsgesuch offenbar Ergebnis einer ebenso frühzeitig getroffenen privaten Entscheidung, auf Dauer in den neuen Bundesländern leben zu wollen. Das war auch für unseren Prozeß wichtig, denn mit einer solchen Entscheidung ging die Bereitschaft einher, sich auf die hier lebenden Menschen und deren Geschichte auch innerlich einzulassen und die DDR nicht nur durch die Brille des mit einem Anpassungsauftrag aus dem Westen Gekommenen zu betrachten.

Im Laufe der Jahre habe ich dabei die – natürlich sehr subjektive – Erfahrung gemacht, daß die innere Bereitschaft zu einer vorbehaltloseren Auseinandersetzung mit der DDR umso stärker war, je intensiver die privaten Kontakte mit Ostdeutschen waren. Das lag daran, daß es in den neuen Bundesländern nach meinen Erfahrungen eine große Anzahl von Menschen gibt, die sich zwar nicht unbedingt mit ihrem früheren Staat identifizierten, dafür aber umso mehr Wert legen auf die Achtung ihrer in der DDR gelebten Existenz. So gab es nach meinen Erfahrungen auch in der DDR so etwas wie ein Bildungsbürgertum, das sich zwar nicht als staatstragend verstand, sich aber hier eingerichtet hatte und für die der Westen nicht das gelobte Land war. Diese Menschen waren in keiner Weise bereit, sich an der allgemeinen Verteufelung der DDR zu beteiligen, nicht zuletzt deshalb, weil sie in dieser DDR ein Stück von sich selbst sahen.

Derartige Kräfte, die in allen gesellschaftlichen Schichten anzutreffen waren, artikulierten sich unmittelbar nach der Wende nicht öffentlich. Ihre Gedanken konnten demjenigen, der den Kontakt zu ihnen suchte, aber nicht verborgen bleiben. Sie relativierten das Bild des in die neuen Bundesländer übergesiedelten Bundesbürgers von der DDR als Horrorstaat, der von der Bevölkerung nahezu vollständig abgelehnt und die mit Hilfe der Strafjustiz unterdrückt worden war. Das Bild verwandelte sich in eine Vorstellung von einer Gesellschaft, die zwar nur wenige zurücksehnten, mit der man sich aber offenbar durchaus arrangieren konnte, wenn man ihr nicht feindselig gegenüber trat.

Auch der Vorsitzende der für Georg Hartlieb zuständigen 3. Kammer war offenbar in dieser oder ähnlicher Weise beeinflußt worden. Jedenfalls war ihm deutlich anzumerken, daß er nicht die Absicht hatte, in den Chor derjenigen einzufallen, die die DDR als das Reich des Bösen begriffen und endlich Gelegenheit sahen, über Jahre organisiertes Unrecht zu ahnden. Zu Beginn der 90er Jahre hatte sich Rainer Lips damit in der Anwaltschaft bereits den Ruf erworben, die DDR-Justiz ausgesprochen differenziert zu beurteilen – übrigens weitaus differenzierter als mancher Verteidiger aus den alten Bundesländern. Das hatte sich spätestens nach den unter seinem Vorsitz durchgeführten Verfahren gegen Hans Modrow herumgesprochen.

Modrow hatte zunächst wegen seiner Beteiligung an der Fälschung der Kommunalwahlen im März 1989 in der ehemaligen DDR vor Gericht gestanden, später nochmals wegen einer angeblichen Falschaussage. Insbesondere der erste Prozeß wegen der Beteiligung an der Wahlfälschung hatte für reichlich Furore gesorgt, weil lediglich eine Verwarnung mit Strafvorbehalt gemäß § 59 StGB ausgeurteilt worden war. Das bedeutete, daß ein Schuldspruch erfolgt war, der im Grunde sanktionslos blieb. Zum Ausspruch einer derart milden Rechtsfolge kommt es vor deutschen Gerichten nur sehr selten. Ich habe es in mehr als zehn Jahren nur ein Mal erlebt. Ausgerechnet Hans Modrow in den Genuß dieser Rechtsfolge kommen zu lassen, war natürlich politisch überaus brisant. Anfang der 90er Jahre war das eine sehr couragierte Entscheidung.

Trotz eingehender Begründung des Urteils, mit der sich sein damaliger Beisitzender Richter Christian Avenarius große Mühe gegeben hatte, wurde es vom Bundesgerichtshof aufgehoben, der zu allem Überfluß in der Revisionsentscheidung nachhaltige Urteilsschelte wegen der nach Auffassung des Bundesgerichtshofes völlig unangemessenen Milde des Richterspruchs betrieb. Die in der Folgezeit unter seinem Vorsitz verhandelten Verfahren bewiesen zum Glück, daß sich Rainer Lips von dieser Schelte nicht hatte beeindrucken lassen. Er folgte weiter seiner Überzeugung, die oftmals in unüberbrückbarem Widerspruch zu der der Staatsanwaltschaft Dresden stand.

Das artikulierte sich freilich zumeist dadurch, daß bei der 3. Strafkammer des Landgerichts anhängige Anklagen oftmals erst gar nicht zugelassen wurden. Diesen Weg hatte die Kammer in unserer Sache leider nicht beschritten. Die Anklage gegen Georg Hartlieb war vielmehr zugelassen worden. Das war kein gutes Zeichen. Denn die Zulassung der Anklage bedeutete, daß nicht nur die Staatsanwaltschaft sondern auch das Gericht von einer hinreichenden Verurteilungswahrscheinlichkeit ausgingen. In Anbetracht meiner Erwartung, daß sich der Sachverhalt nach der Hauptverhandlung kaum anders darstellen würde als nach Anklageerhebung, schien uns die bekanntermaßen liberale Einstellung von Rainer Lips und seiner Kammer nicht viel zu nutzen.

Die Staatsanwaltschaft sollte vertreten werden von Frau Staatsanwältin Timaeus. Wie alle übrigen Angehörigen der für die Verfolgung politisch motivierter Straftaten zuständigen Abteilung 8 der Staatsanwaltschaft Dresden stammte sie aus den alten Bundesländern, obwohl ausgerechnet die Staatsanwaltschaften in den neuen Bundesländern sehr viele Juristen aus der DDR übernommen hatten. Offenbar hielt man es aber nicht für opportun, mit der Aufarbeitung der DDR-Strafjustiz Personen zu betrauen, die der DDR-Justiz ebenfalls gedient hatten. Mir wurde überhaupt nur ein Einsatz einer aus der DDR stammenden Staatsanwältin in der Abteilung 8 bekannt. Sie bat nach kurzer Zeit darum, in eine andere Abteilung umgesetzt zu werden. Seither war die Abteilung 8 der Staatsanwaltschaft Dresden ausschließlich mit Personen besetzt, die keinen Bezug zur DDR-Justiz hatten. Daneben brachte es die Altersstruktur der Justiz in den neuen Bundesländer insgesamt mit sich, daß die tätigen Staatsanwälte noch relativ jung waren. Die meisten waren – wie auch ich – als Berufsanfänger nach Sachsen gekommen und verfügten über relativ wenig Erfahrung.

Das war generell von Nachteil, denn in anderen Verfahren hatte ich bereits gelernt, daß neben entstandenen Bindungen zu Ostdeutschen vor allem ein größeres Maß an Erfahrung bei Richtern und Staatsanwälten von Vorteil war. Sie hatten oftmals einen zum Teil aus eigenen Erlebnissen in den 60er Jahren geprägten Blick auf die Vorgänge in der DDR und die sich aus dem Kalten Krieg ergebenden Zwänge und Nöte. Wenn sie sich selbst nicht in der Pflicht zur Erfüllung eines politischen Auftrags sahen – das gab es natürlich auch –, wirkte sich das zusätzliche Maß an Erfahrung zugunsten des angeklagten DDR-Juristen aus. Das galt jedenfalls vor den Instanzgerichten.

Die jungen Juristen in den Staatsanwaltschaften und deren politischen Abteilungen verfügten über diese Erfahrungen nicht. Sie hatten ihre Sozialisation in den 70er und 80er Jahren in der Bundesrepublik erfahren und hatten per se keinerlei Zugang zu den in der DDR herrschenden Ansichten. Hinzu kam, daß die politischen Abteilungen der Staatsanwaltschaften zumindest nach außen einen isolierten Eindruck erweckten und – im Gegensatz zu den in den übrigen

Abteilungen und Gerichten tätigen Juristen aus den alten Bundesländern – offenbar unbeeinflußt blieben vom Erfahrungsaustausch mit den aus der DDR stammenden Juristen.

Diese Isolation war nach meiner Überzeugung auch politisch gewollt. Nicht selten war aus dem Justizministerium zu hören, daß die Ergebnisse der Aufarbeitung der DDR-Strafjustiz unbefriedigend seien. Der Justizminister des Freistaates Sachsen, der Kirchenrechtler Steffen Heitmann, warf den Gerichten sogar Strafvereitelung vor, wenn es zu Freisprüchen kam. Das paßte zur Organisation der Abteilung 8 als einem gegen gegnerische Einflüsse immunen Mikrokosmos innerhalb der Staatsanwaltschaft.

Und wenn dieses Ziel tatsächlich bewußt verfolgt worden sein sollte, dann kann man den Initiatoren nur gratulieren. Ohne das abschließend beurteilen zu können, hatte ich jedenfalls bis auf ganz wenige Ausnahmen bei keinem der aus der Abteilung 8 stammenden Staatsanwälte jemals das Gefühl einer kritischen Auseinandersetzung mit der eigenen Tätigkeit. Es wurde dort einfach vollzogen und selbstverständlich für richtig gehalten, was Dienstherr und Bundesgerichtshof vorgaben.

Insoweit funktionierte die Staatsanwaltschaft Dresden der 90er Jahre nicht anders als zu Georg Hartliebs Zeiten. Das nahm bisweilen groteske Formen an, und es schien mir sicher, daß auch in dem Verfahren gegen Georg Hartlieb keine Abweichung von dieser Linie zu erleben sein würde.

3. Kapitel: Vor Gericht

Die Hauptverhandlung fand statt am 22., 24. und 25. September 1998, also 44 Jahre nach den verfahrensgegenständlichen Ereignissen. Das Verfahren war inzwischen mit einer weiteren Sache gegen eine Staatsanwältin verbunden worden, die ebenfalls in Strafverfahren gegen die Zeugen Jehovas tätig gewesen war.

Mit beiden Angeklagten setzte sich das Gericht zunächst ausführlich auseinander. Dabei war deutlich zu spüren, daß der Lebenslauf von Georg Hartlieb einen nachhaltigen Eindruck hinterließ. Die Vernehmung zur Sache verlief dann völlig unspektakulär. Denn weder Georg Hartlieb noch die Mitangeklagte hatten noch eine konkrete Erinnnerung an das angeklagte Geschehen. Ihr Alter verhinderte auch eine kämpferische Grundhaltung gegenüber dem Anklagevorwurf, so daß die innere Empörung über die Anklage kaum zum Ausdruck kommen konnte. Überraschendes oder gar Prozeßentscheidendes war durch die Vernehmung der Angeklagten also nicht geschehen. Beeindruckt hatte das Gericht allein die Vernehmung von Georg Hartlieb zu seiner Person. Man hört schließlich nicht jeden Tag von einem Halbjuden, der Hitlers Schergen mit knapper Not entronnen war, um als Staatsanwalt in der DDR ebenfalls in Konflikt mit dem Staat zu geraten und im Alter von 73 Jahren als inzwischen schwer herzkranker und verwitweter Invalidenrentner in der Bundesrepublik wegen eines 44 Jahre zurückliegenden Vorganges vor Gericht zu stehen.

Wesentlich interessanter verlief ohne Frage die Beweisaufnahme. Sie bestand aus der Vernehmung zweier damals angeklagter Zeugen Jehovas, die wegen ihres Glaubens einige Jahre im Gefängnis verbracht hatten. Sie waren zum Zeitpunkt ihrer Verurteilung zu 8 bzw. 6 Jahren Zuchthaus 26 bzw. 20 Jahre alt. Verbüßt hatten sie von der verhängten Zuchthausstrafe 4 1/2 bzw. 5 1/2 Jahre.

Sie berichteten ohne jeden Belastungseifer von ihren Verfahren und schilderten eindrucksvoll ihre Erlebnisse. Ihre Glaubensfestigkeit beeindruckte. Auch die Aussicht auf bis zu 10 Jahre Zuchthaus hatte sie in jungen Jahren nicht gehindert, sich zu ihrem Glauben zu bekennen und ihn zu leben. Sie erklärten auch unumwunden, von der Illegalität ihres damaligen Handelns gewußt zu haben. Das als Verbot aufgefaßte Urteil aus dem Jahre 1950 sei ihnen bekannt, für sie aber nicht verbindlich gewesen, weil sie keine staatliche Autorität akzeptiert hätten.

Die Einsicht in die damals geführten Akten bestätigte die Angaben der Zeugen. In ihnen befand sich unter anderem ein Foto eines der Zeugen, das ihn als ertappten Schmuggler von Schriftgut abbildete. Er hatte es in eigens angefertigten Manteltaschen und am Körper versteckt in die DDR einzuführen versucht, wissend um die Illegalität seines Tuns. Ohne Kenntnis vom Inhalt der geschmuggelten Schriften hätte man aufgrund des konspirativen Eindrucks durchaus denken können, einen Spion aus einem Roman von John Le Carré vor sich zu haben. Tatsächlich handelte es sich aber um einen der vernommenen Zeugen, der Ausgaben der Zeitschriften »Wachtturm« und »Erwachet!« in die DDR einführen wollte.

Das Studium der noch vollständig vorhandenen Akten bestätigte ferner, daß die damaligen Angeklagten sich – bezogen auf das äußere Erscheinungsbild ihres Tuns – geständig eingelassen hatten und der in den damaligen Urteilen zugrundegelegte Sachverhalt zutreffend war. Es war weiterhin differenziert nach Tatbeiträgen bestraft worden. Aus »handwerklicher« Sicht eines Juristen war durchaus nachvollziehbar, woraus sich die Abstufungen der einzelnen Strafen ergaben. Alles, was nach der Beweisaufnahme blieb, war – wie schon zu Beginn des Verfahrens – dieses ungute Gefühl, das einen befällt, wenn man heute damit konfrontiert wird, daß ein Zeuge Jehovas wegen der Verbreitung seines Glaubens in der DDR zu bis zu 10 Jahren Zuchthaus bestraft werden konnte und auch wurde.

Die Beweisaufnahme hatte damit das erwartete Ergebnis gebracht. Es lag nun im Ermessen des Gerichts, sich zu der Verhältnismäßigkeit der Strafen ein Urteil zu bilden.

Um dem Gericht eine Entscheidung zu Lasten von Georg Hartlieb so schwer wie möglich zu machen, hatte ich noch den bereits erwähnten Beweisantrag vorbereitet, von dem ich inzwischen immer weniger glaubte, daß das Gericht ihm nachgehen würde. Gleichwohl stellte ich den Antrag, die Rechtsanwälte Dr. Posser und Dr. Wolff sowie – als weiteren geeigneten Zeitzeugen – den früheren Geheimdienstchef der DDR, Markus Wolf, als Zeugen zu hören. Sie sollten bekunden, daß sich die DDR Anfang der 50er Jahre aus damaliger Sicht in einem »Kampf auf Leben und Tod« im Sinne der Rechtsprechung des BGH befunden hätte. Die drei Zeugen hätten nach meiner Einschätzung bei der Beantwortung dieser Frage einen Beitrag leisten können.

Gegen den Beweisantrag sprach zwar, daß das Beweisthema im

Grunde keine Tatsache zum Gegenstand hatte. Schließlich ging es mehr um kaum noch eruierbare politische Einschätzungen und Empfindungen eines Staates, dessen damalige Repräsentanten überwiegend tot waren und der mit einem ebenfalls politisch gefärbten Geschichtsbild der Bundesrepublik bepflastert worden war. Er barg also das Risiko, in Ermangelung eines hinreichend konkretisierten Beweisthemas zurückgewiesen zu werden. Und es bestand die Gefahr, daß statt oder neben der von mir benannten Zeugen andere Personen zu Wort kommen könnten, die *im Sinne* des bundesrepublikanischen DDR-Bildes aussagen würden. Trotz dieser Bedenken stellten wir den Antrag, um zumindest eine weitergehende Sensibilisierung für das Problem zu erreichen.

Der Beweisantrag erlangte allerdings keine sonderlich große Bedeutung. Denn das Gericht und die Staatsanwaltschaft erklärten, die behauptete Tatsache könne als wahr unterstellt werden. Das ist zwar gewöhnlich keine gute Nachricht für die Verteidigung, weil das Gericht damit zum Ausdruck bringt, der Beweis der behaupteten Tatsache nehme keinen Einfluß auf den Prozeßverlauf. Regelmäßig bedeutet das, daß das Gericht meint, unabhängig davon verurteilen zu können.

Andererseits konnten wir jetzt immerhin davon ausgehen, daß das Gericht seiner Entscheidung die von uns behauptete historische Situation zugrundelegen würde.

Die Beweisaufnahme wurde nach Vernehmung der beiden Zeugen und Verlesung bzw. dem gemeinsamen Studium der damaligen Verfahrensakten also geschlossen. Es folgte der Schlußvortrag der Staatsanwältin, die erwartungsgemäß die Auffassung vertrat, die Beweisaufnahme habe die anklagegegenständlichen Vorwürfe in vollem Umfang bestätigt. Das damals angeklagte Tun sei zwar gerade noch tatbestandsmäßig im Sinne einer Boykott- und Kriegshetze gewesen, die ausgeurteilten Strafen stünden jedoch vollkommen außer Verhältnis zum bestraften Tun. Neues im Vergleich zur Anklageschrift habe die Beweisaufnahme nicht erbracht.

Frau Staatsanwältin Timaeus hatte Mühe zu erklären, wo bei einer tatbestandsmäßig erfüllten Boykott- und Kriegshetze die Grenze zwischen »gerade noch verhältnismäßiger« zu »unverhältnismäßiger« Bestrafung verlief. Das war aus ihrer Sicht aber auch nicht erforderlich. Die Argumentation war ebenso simpel wie – für den ihr geneigten Hörer – einleuchtend: Freiheitsstrafen bis zu 10 Jahren gegen Zeugen

Jehovas, die im Grunde nur ihrem Glauben nachgehen wollten? Das war zu viel, da mußte man nicht mehr lange fragen.

Mit der gleichen Selbstverständlichkeit äußerte sie ihre Überzeugung zum Vorsatz meines Mandanten. Nach der Rechtsprechung des Bundesgerichtshofes könne es daran keinen Zweifel geben. Der Bundesgerichtshof habe entschieden, daß angesichts der seltenen und vollkommen offensichtlichen Fälle, in denen der Bundesgerichtshof Rechtsbeugungen annehme, den damals Anklagenden oder Urteilenden unmöglich verborgen geblieben sein konnte, Unrecht zu tun. Also müsse auch Georg Hartlieb vorsätzlich gehandelt haben. Demgemäß beantragte Staatsanwältin Timaeus, Georg Hartlieb wegen Rechtsbeugung in Tateinheit mit Freiheitsberaubung zu einer Freiheitsstrafe von 10 Monaten zu verurteilen, die auf 2 Jahre zur Bewährung ausgesetzt werden sollte.

In meinem Schlußvortrag unternahm ich zunächst den Versuch, das Gericht nochmals für die besondere Situation der jungen DDR zu sensibilisieren. Ich hoffte, daß das Gericht ein Mindestmaß an Bereitschaft haben würde, die DDR der 50er Jahre nicht geprägt von der tiefgreifenden ideologischen Gegnerschaft zur Bundesrepublik zu sehen. Zu Gunsten des Angeklagten sei vielmehr zu unterstellen, daß zumindest er die staatliche Entwicklung als Versuch zur Etablierung einer gerechteren Gesellschaft betrachtet habe.

Ausgehend davon warb ich um Verständnis dafür, daß aus der Sicht des jungen Staatsanwalts Georg Hartlieb ein Staat in der Situation der DDR besonders sensibel auf alles reagieren mußte, das sich auch nur ansatzweise als destabilisierend darstellte. Die in keinem Verhältnis zur tatsächlichen Gefahr stehende Kommunistenverfolgung der 50er Jahre in der Bundesrepublik belege die heute kaum noch nachvollziehbare Hysterie im Umgang mit tatsächlichen oder auch nur vermeintlichen Gefahren durch politische Gegner. Das führte ich anhand der oben beschriebenen Beispiele für die Kommunistenverfolgung in der Bundesrepublik aus.

Darüber hinaus seien die Anfertigung von Gebietskarten, der Boykott der Ächtung von Atomwaffen und der Aufruf zum Wahlboykott bei Ausblendung des religiösen Hintergrundes Handlungen gewesen, die Anfang der 50er Jahre alles andere als lächerlich gewesen seien. Die DDR habe sich zur Abwehr derartiger Aktivitäten eines gesetzlichen Instrumentariums bedient, das wegen seiner uferlosen Weite aus heutiger Sicht zwar nicht mehr denkbar wäre, vom

Bundesgerichtshof aber für die damalige Zeit als verbindlich festgestellt worden sei.

Eine Verurteilung von Georg Hartlieb würde voraussetzen, für das unbestrittenermaßen als Boykott- und Kriegshetze mit einer Mindeststrafe von einem Jahr Zuchthaus zu klassifizierende Verhalten der Zeugen Jehovas eine verhältnismäßige Strafe anhand nachvollziehbarer Kriterien zu bilden, um die angeklagte Unverhältnismäßigkeit der 1953 und 1954 ausgesprochenen Strafen überhaupt feststellen zu können. Das sei bislang nicht geschehen, schon deshalb könne der objektive Tatbestand einer Rechtsbeugung unmöglich behauptet werden.

Erst recht fehle es an den subjektiven Voraussetzungen für ein strafbares Tun. Georg Hartlieb habe auf jeden Fall ohne Vorsatz gehandelt. Ihm habe es aufgrund seiner erst kurzen Zugehörigkeit zur Staatsanwaltschaft an jeder Erfahrung bei der Strafenbildung gefehlt; auch sei er während seiner Ausbildung in keiner Weise darauf vorbereitet worden. Das Grundsatzurteil des Obersten Gerichts habe die Zeugen Jehovas als große Gefahr dargestellt. Dem habe er ebenso vertraut wie den Vorgaben seiner damaligen Dienstvorgesetzten. Überhaupt habe er sich in einem Maße mit der DDR identifiziert, das ihm Gewißheit darüber gegeben habe, im Einklang mit den damals geltenden Gesetzen zu handeln. Die beantragten Strafen seien zwar hart gewesen, zur Verwirklichung der gesellschaftlichen Ziele der DDR sei es damals aber aus Sicht der Strafverfolgungsbehörden erforderlich gewesen, derart hart zu strafen. Schließlich sollten Widerstände gegen die Etablierung der sozialistischen Gesellschaft mit den zur Verfügung stehenden Mitteln gebrochen werden. Das alles sähe Georg Hartlieb heute zwar selbstverständlich auch aus einem anderen Blickwinkel, damals sei es aber seine Überzeugung gewesen. Er habe deshalb weder objektiv das Recht gebeugt noch subjektiv den Willen dazu gehabt.

Weiterhin führte ich aus, daß es der bundesdeutschen Justiz an der moralischen Berechtigung fehle, Justizangehörige der Nachkriegs-DDR wegen derartiger Delikte zu verfolgen. Angesichts des eigenen Versagens der Rechtsprechung bei der Verfolgung von Nazi-Mördern sei es nicht zu rechtfertigen, die DDR-Juristen dieser Zeit zu verfolgen, solange nicht auch die eigene Vergangenheit aufgearbeitet würde. Ich beantragte, meinen Mandanten freizusprechen.

Das Urteil

Das Urteil wurde am 25. September 1998 verkündet. Georg Hartlieb und die Mitangeklagte wurden vom Landgericht Dresden vom Vorwurf der Rechtsbeugung in Tateinheit mit Freiheitsberaubung freigesprochen.

Der Vorsitzende der Kammer führte in einer kurzen mündlichen Begründung aus, daß sich die Angeklagten weder objektiv noch subjektiv wegen Rechtsbeugung strafbar gemacht hätten. Eine ausführliche Begründung enthielt das einige Zeit später zugestellte Urteil, in dem auf insgesamt 190 Seiten ausgeführt wurde, weshalb sich die Angeklagten nicht strafbar gemacht hätten.

Die Ablehnung des objektiven Tatbestandes, also die Verneinung einer objektiv unverhältnismäßigen Strafe, überraschte nicht. In Anbetracht der Rechtsprechung des Bundesgerichtshofs, wonach die Verwirklichung des objektiven Tatbestandes den Vorsatz implizierte, war es zwingend erforderlich, den objektiven Tatbestand zu verneinen, um überhaupt zu einem Freispruch kommen zu können. Dem Urteil war allerdings anzumerken, daß die Kammer lieber wegen fehlenden Vorsatzes freigesprochen hätte, denn sie hatte sichtlich Mühe, sich mit der fehlenden Unverhältnismäßigkeit der damals ausgeurteilten Strafen auseinanderzusetzen.

Auch das Landgericht Dresden unternahm erst gar nicht den Versuch, das damals angeklagte Verhalten in eine Beziehung zum Strafrahmen zu bringen, um davon ausgehend die Grenze für eine verhältnismäßige Strafe zu ziehen. Statt dessen begnügte sich die Kammer damit, ihre Zweifel an der objektiven Tatbestandsmäßigkeit im Hinblick auf eine Rechtsbeugung mit nicht näher konkretisierten Bedenken gegen die Unverhältnismäßigkeit der damals verhängten Strafen zu äußern. Dazu stellte das Gericht fest:

»*Diese Strafen stehen nicht in einem so unerträglichen Mißverhältnis zu den zugrundeliegenden Taten, daß ihre Verhängung als menschenrechtswidriger Willkürakt zu werten wäre. Tätigkeiten der genannten Art (›Spionage‹) – siehe hierzu OGSt, Bd. II, S. 13 (Urteil vom 20.02.1952) – sind auch in Staaten rechtstaatlicher Ordnung mit hohen Strafen bedroht. Insbesondere die Anfertigung der exakten Gebietskarten mit Einzeichnung auch sicherheitsrelevanter Fakten und deren vermeintliche Übersendung in die USA wäre zum damaligen Zeitpunkt unter umgekehrten Vorzeichen auch nach westalliiertem Recht hart bestraft worden.*«

Den Schwerpunkt seiner Argumentation legte das Gericht indes eindeutig auf die subjektiven Voraussetzungen einer Rechtsbeugung. Damit differenzierte die Kammer entgegen der von allen Verfahrensbeteiligten zugrundegelegten Rechtsprechung des BGH zwischen der objektiven und subjektiven Tatseite. Sie sprach offen Bedenken gegen die diesbezügliche Auffassung des Bundesgerichtshofs aus.

Die Sicherheit, mit der die Kammer auf dieser Grundlage ihr Urteil begründete, war ungleich größer. Das Landgericht Dresden führte dazu aus:

»Aber selbst wenn man entgegen der unter 1. dargelegten Auffassung der Kammer die damaligen Verurteilungen hinsichtlich des objektiven Tatbestandes als offensichtlich schwere Menschenrechtsverletzung, mithin als (Beihilfe zur) Rechtsbeugung i. S. d. § 336 RStGB ansehen würde, wären die Angeklagten zur Überzeugung der Kammer aus nachfolgenden Gründen jedenfalls in subjektiver Hinsicht straflos: […]
Die Kammer hegt jedenfalls in Fällen wie den hier zu beurteilenden (in dem es letztlich um Rechtsbeugung durch Verhängung einer exzessiv hohen Strafe innerhalb eines vom Gesetz zur Verfügung gestellten Strafrahmens geht, ohne daß Aspekte einer eventuellen Tatbestandsüberdehnung eine Rolle spielen) Bedenken gegen den in der Rechtsprechung – auch des BGH – entwickelten regelmäßigen Rückschluß vom Vorliegen des objektiven Tatbestandes auf die subjektive Seite. Fraglich erscheint der Kammer – gerade im vorliegenden Fall – in diesem Zusammenhang insbesondere die gängige Begründung unter Hinweis auf die juristische Ausbildung und Erfahrung der DDR-Juristen (vgl. auch Urteil des BGH vom 11. 04. 1997 – 3 StR 576/96 – mit Hinweis auf BGHR StGB § 336 Vorsatz 3). Die Problematik der Menschenrechte im hier verstandenen Sinne, nämlich (auch) von Rechten des Individuums vor Eingriffen seitens des Staates, spielte auch nach den Angaben der Angeklagten insbesondere in den 50er Jahren praktisch keine Rolle. Eine nachhaltige Sensibilisierung der Angeklagten für die nur schwer zu beantwortende Frage, wann eine unvertretbar hohe Strafe die Schwelle zur offensichtlichen schweren Menschenrechtsverletzung überschreitet, kann von einem unter DDR-Bedingungen absolvierten Jurastudium schlechterdings nicht erwartet werden. Ähnliches gilt bezüglich der Berufserfahrung, auf die zur Begründung der Wissentlichkeit gemeinhin abgestellt wird. Abgesehen davon, daß die Angeklagten zum damaligen Entscheidungszeitpunkt praktisch keine Erfahrungen besaßen – beide

schlossen ihr Fernstudium erst 1958 ab –, ist zudem zu berücksichtigen, daß auch das Oberste Gericht in seiner Spruchpraxis eindeutig die Tendenz erkennen ließ, in derartigen Fällen mit großer Härte durchzugreifen.[...]«

Dem war aus Sicht der Verteidigung nichts hinzuzufügen. Die Kammer hatte erneut bewiesen, daß sie die Geschichte der DDR differenzierter betrachtete als von der Staatsanwaltschaft erwartet. Trotz des Eröffnungsbeschlusses war sie zu einem für den Angeklagten günstigen Ergebnis gekommen. Die Sache reihte sich damit ein in die nicht unbedingt bequeme und vom Justizminister des Freistaats Sachsen bisweilen als Strafvereitelung kritisierte Rechtsprechung der Kammer.

Ich habe mich oft gefragt, ob derartige Urteile wohl der Karriere eines Richters schaden können. Bei Rainer Lips war das nicht der Fall. Er wurde später Senatsvorsitzender beim Oberlandesgericht Dresden und Vizepräsident des Landgerichts. Die bundesdeutsche Justiz läßt also offenkundig auch unbequeme Auffassungen ihrer Richter zu.

Es war uns allerdings klar, daß der Prozeß gegen Georg Hartlieb damit nicht beendet sein würde. Die Staatsanwaltschaft legte gegen das Urteil selbstverständlich Revision ein. Das Verfahren sollte also vor dem Bundesgerichtshof seine Fortsetzung finden.

Die Revision der Staatsanwaltschaft

Im bundesdeutschen Strafprozeß bedeutet die Revision gegen das Urteil eines Landgerichts nicht nur eine Ungewißheit über den Bestand des Urteils, sondern auch eine wesentliche zeitliche Ausdehnung des Verfahrens. Es vergehen bereits mehrere Wochen, bis das erstinstanzliche Urteil schriftlich vorliegt, daran schließen sich die Revisionsbegründungs- und -erwiderungsfristen an. Bis zum Spruch des Bundesgerichtshofs vergeht nicht selten ein ganzes Jahr. Gerade für einen freigesprochenen Angeklagten ist das eine große Belastung. Auch Georg Hartlieb wartete bis zum 26. Juli 1999, also zehn Monate, auf die Verhandlung vor dem Bundesgerichtshof.

Die Staatsanwaltschaft begründete ihre Revision nach Zustellung des Urteils Ende Oktober 1998 mit Schriftsatz vom 21.12.1998.

In objektiver Hinsicht behauptete die Revision ohne Begründung, schon das Ausgangsurteil des Obersten Gerichts zu den Zeugen Jehovas habe eine unverhältnismäßige Bestrafung ausgesprochen. Das aber galt es immer noch zu beweisen. Und statt einen entsprechenden argumentativen Ansatz zu suchen, verstieg sich die Staatsanwaltschaft zu der Behauptung, das OG habe später selbst einen Ministerratsbeschluß herbeigeführt, um zu harte Bestrafungen zu überprüfen. Daß die Staatsanwaltschaft damit die absurde Behauptung aufstellte, Georg Hartlieb oder die damals mit der Sache beim Bezirksgericht Dresden befaßten Richter hätten womöglich bewußt gegen Vorgaben des OG oder des Ministerrates verstoßen, wurde dabei entweder nicht bemerkt oder besser nicht geschrieben.

In subjektiver Hinsicht setzte sich die Revision mit den ausführlichen und differenzierenden Darlegungen im Urteil des Landgerichts Dresden erst gar nicht auseinander. Die Verweisung auf einige Urteile des Bundesgerichtshofes machte eine Auseinandersetzung mit Georg Hartlieb für die Staatsanwaltschaft offenbar entbehrlich.

In einem anderen Verfahren habe ich in einem Schlußvortrag einmal gemutmaßt, die Staatsanwaltschaft würde auch die Behauptung, die Erde sei eine Scheibe, ungeprüft übernehmen, wenn sie nur der Bundesgerichtshof aufstellen würde. So war es auch hier.

Die Staatsanwaltschaft Dresden sollte nicht die einzige bleiben, die sich zu ihrer Revision gegen das Urteil des Landgerichts erklärte. Die Strafprozeßordnung und der Behördenaufbau der Staatsanwaltschaften in der Bundesrepublik bringen es vielmehr mit sich, daß sich vor der Revisionsverhandlung neben dem Generalstaatsanwalt des Freistaats Sachsen noch der für das Verfahren vor dem Bundesgerichtshof zuständige Generalbundesanwalt äußert. Der Generalstaatsanwalt des Freistaats Sachsen hatte sich der Revision ohne Begründung angeschlossen.

Der Generalbundesanwalt war da anderer Auffassung. Seine Stellungnahme erreichte mich kurz vor der Revisionsverhandlung Anfang Juli 1999. Aus ihr ergab sich, daß der Generalbundesanwalt das Urteil des Landgericht für richtig hielt. Er wollte die Revision deshalb nicht vertreten und hatte dem sächsischen Generalstaatsanwalt als Dienstvorgesetztem der Dresdener Staatsanwaltschaft die Rücknahme der Revision angeraten. Selbst fehlte ihm dazu – leider – die Befugnis.

Dazu hatte sich der Generalstaatsanwalt des Freistaats Sachsen aber nicht bereit gefunden. Es kam deshalb trotz der die Revision ablehnenden Stellungnahme des Generalbundesanwalts zu einer Verhandlung vor dem 5. Strafsenat in Leipzig.

Es war zwar überaus erfreulich, daß der Generalbundesanwalt die Revision der Staatsanwaltschaft Dresden vor dem Bundesgerichtshof nicht vertreten wollte. Das hatte aber nur bedingte Aussagekraft. Zwar stimmen Generalbundesanwalt und Bundesgerichtshof statistischen Erhebungen zufolge in den meisten Fällen bei der Einschätzung der Rechtslage überein. Das hat seine Ursache darin, daß im Revisionsverfahren nicht mehr um den erstinstanzlich festgestellten Sachverhalt gestritten wird, sondern nur noch darüber, ob das geltende Recht zutreffend darauf angewandt wurde. Das vermag der Generalbundesanwalt in der Regel zutreffend zu beurteilen. Zwingend ist eine übereinstimmende Einschätzung aber keinesfalls.

Verfahrensrechtlich hilft dem Angeklagten eine ihm günstige Stellungnahme des Generalbundesanwalts auch nicht. Denn der Bundesgerichtshof ist an eine dem Angeklagten günstige Sichtweise des Generalbundesanwalts nicht gebunden. Allein die Rücknahme der Revision hätte die Sache zugunsten meines Mandanten vorzeitig entschieden, weil das Verfahren damit beendet worden wäre.

Dazu hatte sich die Staatsanwaltschaft in Sachsen nicht entschließen können. Die Stellungnahme des Generalbundesanwalts war deshalb zwar erfreulich, gab aber keine Sicherheit.

Hauptverhandlung vor dem Bundesgerichtshof

Die Verhandlung vor dem Bundesgerichtshof, an der mein Mandant nicht teilnehmen mußte, verlief zunächst scheinbar konsensual. Nachdem der Vorsitzende Richter am Bundesgerichtshof Laufhütte die Verhandlung eröffnet hatte, erteilte er dem Berichterstatter in der Sache, Richter am BGH Basdorf, das Wort. Dieser führte in den Sach- und Streitstand ein, woraufhin der Vertreter der Generalbundesanwaltschaft erklärte, die Revision der Staatsanwaltschaft nicht zu vertreten.

Von der Staatsanwaltschaft Dresden war kein Vertreter erschienen, ebenso wenig von der Generalstaatsanwaltschaft des Freistaats Sachsen.

Darauf erteilte der Vorsitzende mir das Wort. Ich kam mir reichlich überflüssig vor, denn in der Verhandlung stand kein Angriff gegen das Urteil mehr im Raum, so daß eine Verteidigung überflüssig zu sein schien. Was sollte ich noch sagen? Ich beschränkte mich deshalb darauf, mich den Worten des Vertreters der Bundesanwaltschaft anzuschließen. Damit war aus Sicht der Bundesanwaltschaft und der Verteidigung eigentlich alles gesagt.

Der Berichterstatter des Senats sah das allerdings anders. Er meinte, die Sache sei keineswegs so eindeutig, wie die Verfahrensbeteiligten das offenbar mutmaßten. Der Senat hätte äußerst kontrovers über die Sache diskutiert. Danach bestünden erhebliche Zweifel, ob die ausgeurteilten Strafen die Grenze zur Rechtsbeugung nicht doch überschritten hätten. Es gäbe zwar eine Tendenz, das Urteil nicht aufzuheben, ganz so sicher sei das aber nicht. Daraus entwickelte sich noch ein kurzes Rechtsgespräch, aus dem sich mit letzter Sicherheit aber auch nicht entnehmen ließ, wie der Senat zu entscheiden gedachte.

Darauf unterbrach der Vorsitzende die Verhandlung. Er kündigte an, daß noch am selben Tag ein Urteil gesprochen würde. Ich beschloß, auf die Verkündung zu warten.

Der Bundesgerichtshof hob das Urteil des Landgerichts Dresden im Ergebnis glücklicherweise nicht auf. Die Revision der Staatsanwaltschaft Dresden wurde als unbegründet zurückgewiesen. Die mündliche Urteilsbegründung war sehr kurz, im wesentlichen erklärte der Senat, jedenfalls die Voraussetzungen des subjektiven Rechtsbeugungstatbestandes seien nicht gegeben. In den nur eine Woche später zugestellten schriftlichen Urteilsgründen wurde dies näher ausgeführt.

Der Bundesgerichtshof war zu dem Ergebnis gekommen, daß eine Überdehnung des Tatbestandes nicht gegeben sei. Die damalige Verurteilung der Zeugen Jehovas war also auch nach Auffassung des Bundesgerichtshofs grundsätzlich nicht zu beanstanden. Die sich daraus ergebende Frage, wie hoch denn die Strafe hätte ausfallen dürfen, beantwortete der Bundesgerichtshof allerdings auch nicht. Statt dessen stellte er ohne weitere Begründung fest, daß die ausgeurteilten Strafen in objektiv eine Rechtsbeugung begründendem Maße zu hoch gewesen seien. Offenbar hatte auch die Richter beim Bundesgerichtshof dieses flaue Gefühl in der Magengegend beschlichen, als sie die Höhe der ausgeurteilten Strafen zur Kenntnis nahmen. In Ermangelung nachvollziehbarer Kriterien für die Unverhältnismäßigkeit blieb ihnen dann aber nichts anderes, als diesem Gefühl durch juristisch klingende Worte Ausdruck zu verleihen.

Demgemäß führte der Bundesgerichtshof im Anschluß an die Feststellung, die Bestrafung wegen Boykott- und Kriegshetze sei grundsätzlich nicht zu beanstanden, aus:

»*Durch die von den Angeklagten beantragten Bestrafungen der Verfolgten ist nicht nur – was außer Frage steht – die Grenze einer mit rechts-*

staatlichen Anschauungen noch zu vereinbarenden Bestrafung deutlich überschritten. Vielmehr liegt – noch weitergehend – objektiv bereits eine rechtsbeugerische Bestrafung vor. Zwischen den Strafhöhen und dem damit jeweils geahndeten als schuldhaft erachteten Verhalten bestand ein schlechterdings unerträgliches Mißverhältnis (vgl. BGH GA 1958, 241; NJW 1960, 974, 975).«

Die Darlegungen belegten, daß es auch den Richtern vom BGH nicht möglich war, ein »verhältnismäßiges« Strafmaß für die Zeugen Jehovas zu definieren. Nach der Staatsanwaltschaft und dem Landgericht Dresden war auch der 5. Strafsenat des BGH daran gescheitert. Statt dessen stellte das Gericht dazu fest, die fehlende Verhältnismäßigkeit stünde »außer Frage«; es läge »ein schlechterdings unerträgliches Mißverhältnis« vor.

Die gedanklichen Prozesse, die zu diesen Ergebnissen führten, konnte auch der Bundesgerichtshof ebensowenig mitteilen wie den Punkt, an dem die Grenze zum unerträglichen Mißverhältnis überschritten wurde. Es war eben offensichtlich. Das war auch nicht mehr als der Ausdruck einer emotional sicher so empfundenen Unerträglichkeit, die sogar Georg Hartlieb 40 Jahre danach nachvollziehen konnte.

Zu einer Aufhebung des Freispruchs kam es gleichwohl nicht. Denn der Bundesgerichtshof bejahte zwar die Verhängung einer unverhältnismäßig hohen Strafe. Indes respektierte der Senat überraschenderweise die tatrichterlichen Feststellungen zum fehlenden Vorsatz. Dazu hieß es:

»Im Blick auf die weit zurückliegende, durch den ›Kalten Krieg‹ besonders geprägte Tatzeit, die damaligen Anschauungen der DDR-Justiz, die daraus resultierenden, zudem sehr konkreten Vorgaben, welchen sich die als Staatsanwälte weisungsgebundenen, zudem nur unzureichend vorgebildeten Angeklagten nur schwerlich hätten entziehen können, ferner angesichts immerhin nach ›Tatbeiträgen‹ der Verfolgten differenzierender, vom zeitigen Höchstmaß möglicher Zuchthausstrafen noch abgesetzter Strafanträge, nicht zuletzt auch unter Berücksichtigung des Umstandes, daß die Angeklagten die Verfolgten nicht zusätzlich durch ihr Prozeßverhalten besonders belastet haben (vgl. UA S. 175 f.), nimmt der Senat die Verneinung des nach § 244 StGB/DDR als mildestem Zwischengesetz (§ 2 Abs. 3 StGB) erforderlichen – direkten Rechtsbeugungsvorsatz hin.«

Das war im positiven Sinne bemerkenswert. Der Bundesgerichtshof hatte zwar das Vorliegen einer Rechtsbeugung objektiv bejaht, auf den daraus sonst zwingend gefolgerten Rückschluß auf den Vorsatz aber verzichtet. Unter Bezugnahme auf frühere Urteile des Bundesgerichtshofes ähnlichen Inhalts führte das Gericht dazu aus, unter besonderen Umständen sei es durchaus denkbar, daß trotz Erfüllung der objektiven Kriterien einer Rechtsbeugung der Vorsatz verneint werden könne. Bei der Staatsanwaltschaft Dresden hatten sich diese Entscheidungen zwar bis dahin ebensowenig herumgesprochen wie bei mir oder dem mit der Sache vorbefaßten Landgericht Dresden. Das lag aber offenbar an unserer fehlenden Fortbildung.

Wenn auch der Freispruch ein ausgesprochen befriedigendes Ergebnis war, so hatte sich in bedenklichem Ausmaß eines doch bewahrheitet: Der Ausgang des Verfahrens war nicht Ergebnis eines jederzeit überprüfbaren Entscheidungsprozesses, sondern geprägt von den subjektiven Wertungen und Einschätzungen der mit der Sache befaßten Richter. Wir hatten einfach Glück gehabt, an eine liberale Kammer geraten zu sein. Hätte die 3. Strafkammer in anderer Besetzung Georg Hartlieb verurteilt, hätte der Bundesgerichtshof das gewiß auch »hingenommen«, wie es in den Entscheidungsgründen treffend hieß.

Epilog

Mein Mandant freute sich sehr über den Ausgang des Verfahrens. Er war inzwischen 74 Jahre alt und froh, nach immerhin vierjähriger Verfahrensdauer nicht weiter behelligt zu werden. Zugleich war er verwundert, wußte er doch, daß die DDR-Justiz im umgekehrten Fall ganz anders mit den Richtern und Staatsanwälten der Bundesrepublik umgegangen wäre bei der Verfolgung »staatlichen Unrechts«.
Weitere Verfahren gegen Georg Hartlieb gab es nicht. Auch für mich war das Verfahren damit abgeschlossen, meine Tätigkeit konnte ich nach dem Freispruch gegenüber der Staatskasse abrechnen.
Wegen des erheblichen Umfangs und der grundsätzlichen Bedeutung der Sache hatte ich – ausgehend von dem von der Bundesrechtsanwaltsgebührenordnung (BRAGO) zugestandenen Rahmen für die erstinstanzliche Tätigkeit die Höchstgebühr und für das nach meiner Auffassung durchschnittliche Verfahren vor dem Bundesgerichtshof eine Mittelgebühr beantragt. Das bedeutete für die erste Instanz ein

beantragtes Honorar von DM 3.450,00 und DM 1.219,50 zzgl. DM 194,00 Auslagen für das Revisionsverfahren.

Die Festsetzung der Höchstgebühr für das Verfahren vor dem Landgericht Dresden wurde zunächst versagt, u. a. weil der Angeklagte durch das Verfahren keine wesentlichen Auswirkungen im Hinblick auf sein Ansehen und die soziale Stellung in der Gesellschaft zu fürchten gehabt habe. Diese Begründung war im Hinblick auf das hohe Alter und die Herzerkrankung meines Mandanten sowie die nicht zuletzt auf sein Alter zurückzuführende zentrale Bedeutung des Verfahrens für ihn geradezu provozierend.

Auf meine sofortige Beschwerde hin wurde der Beschluß abgeändert.

Zu Georg Hartlieb hatte ich noch einige Male Kontakt. Zuletzt erhielt ich einen Anruf von einer Berliner Fernsehproduktionsgesellschaft, die die Verfolgung der Zeugen Jehovas in der DDR dokumentarisch aufarbeiten wollte. Auf Wunsch des Anrufers befragte ich Georg Hartlieb, ob er für ein Interview zur Verfügung stünde. Das wollte er aber nicht. Wie er mir erzählte, machte ihm seine Herzerkrankung verstärkt zu schaffen. Er stand unmittelbar vor einer erneuten stationären Behandlung.

Außerdem erzählte er mir, daß ihm seit der Verhandlung jeden Monat ein Exemplar des »Wachtturm« in seinen Briefkasten gelegt würde.

Der Stellvertreterprozeß – der Fall Klaus Braune

1. Kapitel: Der Gegenstand des Verfahrens

Politisches Strafrecht gab es in der DDR bis zu deren Ende. Die in den 50er Jahren in Bezug genommenen Vorschriften des Art. 6 der Verfassung der DDR bzw. die Kontrollratsdirektiven wurden im Zuge der Entwicklung des Rechtssystems allerdings ersetzt durch andere Vorschriften. Diese neuen Vorschriften wurden nach Abschaffung der »Boykott- und Kriegshetze« herangezogen, wenn es galt, den Staat vor vermeintlichen oder tatsächlichen Gegnern zu schützen.

Systematisch unterschied das Strafgesetzbuch der DDR zwei Gruppen von Verbrechen und Vergehen gegen den Staat. Das 2. Kapitel des Besonderen Teils des StGB enthielt die »Verbrechen gegen die Deutsche Demokratische Republik«, während im 8. Kapitel »Straftaten gegen die staatliche Ordnung« geregelt waren. Die Vorschriften waren in ihrer Gesamtheit geeignet, eine strafrechtliche Reaktion auf jedes denkbare staatsfeindliche Handeln folgen zu lassen.

Die Tatbestände des 2. Kapitels sollten ausweislich der amtlichen Gesetzeskommentierung vor allem Staatsverbrechen erfassen, die »von den reaktionären imperialistischen Kräften der NATO-Länder« ausgingen, »deren restaurative Bestrebungen sich vor allem gegen die Deutsche Demokratische Republik – dem an der Trennlinie zum imperialistischen System gelegenen sozialistischen Land – in vielfältiger Weise richten« (Strafrecht der Deutschen Demokratischen Republik, Kommentar zum Strafgesetzbuch, Berlin 1984, Vorbemerkung zu § 96).

Demgemäß enthielt das 2. Kapitel die Vorschriften über Hochverrat, Spionage, Terror, Diversion, Sabotage, Staatsfeindlichen Menschenhandel, Verfassungsfeindliche Zusammenschlüsse und Gefährdung der internationalen Beziehungen.

Die genannten Straftatbestände weisen im Verhältnis zu den entsprechenden Normen des bundesdeutschen Rechts keine erwähnenswerten Besonderheiten auf.

Es gab – jedenfalls in der Zeit von 1980 bis 1989, die ich in diesem Kapitel beschreibe – allerdings auch keine Verfahren in Dresden, die Hochverrat oder ähnliche Verbrechen zum Gegenstand hatten. Soweit es die klassischen Staatsverbrechen anbelangt, hatte das 2. Kapitel des StGB der DDR also – jedenfalls in Dresden – keine praktische Relevanz; auch Verfahren vor 1980 wurden mir nicht bekannt. Mit organisiertem politischem Widerstand mußte sich die Strafverfolgung in Dresden also nicht befassen. Eine wie auch immer geartete Opposition, die das Strafrecht hätte herausfordern können, hatte es nicht gegeben. Folglich gab es auch keine Prozesse, die die Angemessenheit strafrechtlicher Verfolgung oppositioneller Gruppen hätten überprüfen können.

Die DDR hatte sich stattdessen mit einem anderen Phänomen auseinanderzusetzen, und zwar der in den letzten Jahren der Existenz des Staates rapide zunehmenden Zahl ausreisewilliger Bürger, die aus unterschiedlichen Gründen das Land verlassen wollten. Sie waren zumeist unzufrieden mit den Wohn- und sonstigen Lebensverhältnissen, nicht zuletzt der fehlenden Reisefreiheit. Nicht wenige fühlten sich in der DDR auch in ihren persönlichen Entwicklungsmöglichkeiten eingeengt, zu reglementiert erschien ihnen das Leben in der DDR. Und die Bereitschaft der Bundesrepublik, jeden ausreisewilligen DDR-Bürger aufzunehmen – mit den dadurch geweckten Hoffnungen bei den Betroffenen – verstärkten den Wunsch, die DDR um jeden Preis in Richtung Bundesrepublik zu verlassen.

Es gelang der DDR besonders in der letzten Phase ihrer Existenz nicht, des Ausreisedrangs großer Teile ihrer Bevölkerung Herr zu werden. Die Ursachen konnten nicht beseitigt werden. Wohnungsnot und Versorgungsprobleme verstärkten sich eher, während die Gewährung der Ausreisefreiheit vermutlich zu einem rapiden Bevölkerungsschwund geführt hätte. Andere Hintergründe, wie die starke Reglementierung des Lebens, waren systemimmanent.

Es gelang der DDR auch nicht, die benachbarte Bundesrepublik zur Aufgabe des gesamtdeutschen Gedankens zu bewegen, der die Grundlage für die Aufnahmebereitschaft aller ausreisewilligen DDR-Bürger bildete. Als wirksames Gegenmittel hatte man nicht zuletzt eine weitgehende Kriminalisierung im Zusammenhang mit Ausreisebemühungen stehender Aktivitäten erdacht. Parallel dazu kam es zu einer verstärkten Repression gegenüber der Verbreitung staatskritischen Gedankenguts, das nach damaliger Anschauung den Interessen der DDR schaden konnte. Die Bemühungen, die unzufriedene und ausreisewillige Bürger mitunter unternahmen, um ihren Unmut zu artikulieren und das von Ihnen erstrebte Ziel zu erreichen, führten mit Hilfe dieser Vorschriften nicht selten in den Anwendungsbereich einiger Tatbestände des Strafgesetzes.

Zur Anwendung kamen dabei insbesondere die ebenfalls im 2. Kapitel des StGB/DDR angesiedelten Vorschriften über die Landesverräterische Nachrichtenübermittlung und die Landesverräterische Agententätigkeit. Die Tatbestände waren einschlägig, wenn sich ausreisewillige Bürger mit außerhalb der DDR ansässigen Personen oder Einrichtungen in Verbindung setzten, um von dort Hilfe bei ihren Ausreisebemühungen zu erhalten.

Daneben stand der Tatbestand der staatsfeindlichen Hetze zur Verfügung. Er war Grundlage der Bestrafung von Personen, die Schriftgut herstellten oder verbreiteten, das als staatsfeindlich angesehen wurde. Ihre Motivation war überwiegend ebenfalls getragen von einem Ausreisewunsch, in Einzelfällen war es aber auch schiere Verzweiflung über ihre Lebenssituation, die die Kraft entstehen ließ, dem Lebensgefühl in höchst individueller Art und Weise Ausdruck zu verleihen. Auch derartiges Verhalten wurde vom 2. Kapitel des StGB/DDR erfaßt, dessen maßgebliche Vorschriften folgenden Inhalt hatten:

»*§ 99 Landesverräterische Nachrichtenübermittlung*
(1) Wer der Geheimhaltung nicht unterliegende Nachrichten zum Nachteil der Interessen der DDR an die im § 97 genannten Stellen oder Personen übergibt, für diese sammelt oder ihnen zugänglich macht, wird mit Freiheitsstrafe von zwei bis zu zwölf Jahren bestraft.
(2) Vorbereitung und Versuch sind strafbar.
§ 100 Landesverräterische Agententätigkeit
(1) Wer zu den im § 97 genannten Stellen oder Personen Verbindung aufnimmt oder sich zur Mitarbeit anbietet oder diese Stellen oder Personen in sonstiger Weise unterstützt, um die Interessen der Deutschen Demokratischen Republik zu schädigen, wird mit Freiheitsstrafe von einem Jahr bis zu zehn Jahren bestraft.
(2) Vorbereitung und Versuch sind strafbar.
§ 106 Staatsfeindliche Hetze
(1) Wer die verfassungsmäßigen Grundlagen der sozialistischen Staats- und Gesellschaftsordnung der Deutschen Demokratischen Republik angreift oder gegen sie aufwiegelt, indem er,

1. die gesellschaftlichen Verhältnisse, Repräsentanten oder andere Bürger der Deutschen Demokratischen Republik wegen deren staatlicher oder gesellschaftlicher Tätigkeit diskriminiert;
2. Schriften, Gegenstände oder Symbole zur Diskriminierung der gesellschaftlichen Verhältnisse, von Repräsentanten oder anderen Bürgern herstellt, einführt, verbreitet oder anbringt;
3. die Freundschafts- und Bündnisbeziehungen der Deutschen Demokratischen Republik diskriminiert; [...]
wird mit Freiheitsstrafe von einem bis zu acht Jahren bestraft.
(2) Wer zur Durchführung des Verbrechens mit Organisationen, Einrichtungen oder Personen zusammenwirkt, deren Tätigkeit gegen die Deutsche Demokratische Republik gerichtet ist oder das Verbrechen planmäßig durchführt, wird mit Freiheitsstrafe von zwei bis zu zehn Jahren bestraft.
(3) Vorbereitung und Versuch sind strafbar.«

Das 8. Kapitel des StGB/DDR enthielt darüber hinaus Tatbestände zum Schutz der staatlichen Ordnung. Dort waren geregelt u. a. der ungesetzliche Grenzübertritt, die Beeinträchtigung staatlicher oder gesellschaftlicher Tätigkeit, die ungesetzliche Verbindungsaufnahme und die öffentliche Herabwürdigung. Die Vorschriften lauteten:

»§ 213 Ungesetzlicher Grenzübertritt
(1) Wer widerrechtlich die Staatsgrenze der Deutschen Demokratischen Republik passiert oder Bestimmungen des zeitweiligen Aufenthalts in der Deutschen Demokratischen Republik sowie des Transits durch die Deutsche Demokratische Republik verletzt, wird mit Freiheitsstrafe bis zu zwei Jahren oder mit Verurteilung auf Bewährung, Haftstrafe oder mit Geldstrafe bestraft.
(2) Ebenso wird bestraft, wer als Bürger der Deutschen Demokratischen Republik rechtswidrig nicht oder nicht fristgerecht in die Deutsche Demokratische Republik zurückkehrt oder staatliche Festlegungen über seinen Auslandsaufenthalt verletzt. [...]
(4) Vorbereitung und Versuch sind strafbar.
§ 214 Beeinträchtigung staatlicher oder gesellschaftlicher Tätigkeit
(1) Wer die Tätigkeit staatlicher Organe durch Gewalt oder Drohungen beeinträchtigt oder in einer die öffentliche Ordnung gefährdenden Weise eine Mißachtung der Gesetze bekundet oder zur Mißachtung der Gesetze auffordert, wird mit Freiheitsstrafe bis zu drei Jahren oder mit

Verurteilung auf Bewährung, Haftstrafe, Geldstrafe oder mit öffentlichem Tadel bestraft. […]
§ 219 Ungesetzliche Verbindungsaufnahme
(1) Wer zu Organisationen, Einrichtungen oder Personen, die sich eine gegen die staatliche Ordnung der Deutschen Demokratischen Republik gerichtete Tätigkeit zum Ziele setzen, in Kenntnis dieser Ziele oder Tätigkeit in Verbindung tritt, wird mit Freiheitsstrafe bis zu fünf Jahren, Verurteilung auf Bewährung oder mit Geldstrafe bestraft.
(2) Ebenso wird bestraft
1. wer als Bürger der Deutschen Demokratischen Republik Nachrichten, die geeignet sind, den Interessen der Deutschen Demokratischen Republik zu schaden, im Ausland verbreitet oder verbreiten läßt oder zu diesem Zweck Aufzeichnungen herstellt oder herstellen läßt; […]
§ 220 Öffentliche Herabwürdigung
(1) Wer in der Öffentlichkeit die staatliche Ordnung oder staatliche Organe, Einrichtungen oder gesellschaftliche Organisationen oder deren Tätigkeit oder Maßnahmen herabwürdigt, wird mit Freiheitsstrafe bis zu drei Jahren oder mit Verurteilung auf Bewährung, Haftstrafe, Geldstrafe oder mit öffentlichem Tadel bestraft.
(2) Ebenso wird bestraft, wer Schriften, Gegenstände oder Symbole, die geeignet sind, die staatliche oder öffentliche Ordnung zu beeinträchtigen, das sozialistische Zusammenleben zu stören oder die staatliche oder gesellschaftliche Ordnung verächtlich zu machen, verbreitet oder in sonstiger Weise anderen zugänglich macht.«

Verstöße gegen Vorschriften des 8. Kapitels des StGB/DDR wurden von den Staatsanwaltschaften in der DDR bei den Kreisgerichten angeklagt, die für die Aburteilung minder schwerer Kriminalität zuständig waren. Hatte ein Verfahren jedoch die Verletzung eines im 2. Kapitel enthaltenen Tatbestands zum Gegenstand, war das mit der Aburteilung der Schwerkriminalität befaßte Bezirksgericht zuständig. Das galt auch, wenn ein im 2. Kapitel geregeltes Verbrechen gemeinsam mit einem Delikt aus dem 8. Kapitel angeklagt wurde. Zuständig war insoweit der 1. Senat des jeweiligen Bezirksgerichts.

Klaus Helmut Braune

Vorsitzender des 1. Senats beim Bezirksgericht Dresden war von 1980 bis 1989 Klaus Helmut Braune. Er wurde 1933 in Hilbersdorf geboren. Sein Vater war von Beruf Dreher, seine Mutter Hausfrau. Seine Kindheit verlief den damaligen Verhältnissen entsprechend. Er wurde 1940 eingeschult und besuchte ab 1944 die Mittelschule. Nach deren Auflösung wechselte er in eine Förderklasse des Gymnasiums, wo er 1952 nach der 12. Klasse das Abitur ablegte.

Die prägendste Kindheitserinnerung war ein Erlebnis, das sich zutrug, als er 11 Jahre alt war. Kurz vor Kriegsende trieb die SS kranke und geschwächte Menschen durch seinen Heimatort. Es sollte sich um gefährliche Verbrecher handeln. Angesichts ihres Zustandes fiel es Klaus Braune schwer, das zu glauben.

Er war froh, als der Krieg endlich vorüber war und ein neuer Staat entstand. Zu diesem Staat entwickelte er schon früh eine Bindung, denn dieser ermöglichte es ihm, als Arbeiterkind das Abitur zu machen. Als Jugendlicher war er Mitglied der FDJ, während des Studiums trat er dem FDGB bei. 1960 wurde er auch Mitglied der SED. Während seiner späteren Tätigkeit beim Bezirksgericht Dresden war er Mitglied der Parteileitung und zeitweise Parteisekretär. Seine Lieblingsfächer in der Schule waren Geschichte, Deutsch und Literatur gewesen. Darin sah er aber keine berufliche Perspektive. Juristen wurden in der jungen DDR dringend benötigt, so daß er auf Anraten einer Studienberatung im Jahre 1952 das Studium der Rechtswissenschaften an der Karl-Marx-Universität in Leipzig aufnahm. 1956 schloß er das Studium erfolgreich ab.

In der DDR gab es keine freie Wahl des Arbeitsplatzes, erst recht nicht gegen Ende der 50er Jahre. Stattdessen verordnete die staatliche Lenkung, daß Klaus Braune Richter werden sollte. Das war das einzige Angebot, das man ihm unterbreitet hatte. Nach einer kurzen Phase in der Justizverwaltungsstelle in Karl-Marx-Stadt wurde er zum 1. Oktober 1956 Richter am dortigen Kreisgericht. Zwei Jahre später kam er an das Kreisgericht Freiberg, von wo aus er 1962 zum Bezirksgericht in Karl-Marx-Stadt wechselte. Mit Beginn des Jahres 1964 wurde er als wissenschaftlicher Mitarbeiter im Ministerium der Justiz in Berlin eingesetzt. Ende des Jahres 1965 schied er dort aus und wurde Richter am Bezirksgericht Dresden.

Nach einer kurzen Tätigkeit in einem Zivilsenat wurde Klaus Braune 1966 Inspekteur beim Bezirksgericht, der u. a. die Einheitlichkeit der Rechtsprechung innerhalb des Gerichtsbezirks zu überwachen hatte. 1970 erfolgte seine Wahl zum Oberrichter. Er übernahm den Vorsitz in einem Familien- und Zivilsenat. Diese Tätigkeit übte er bis 1975 aus. In jenem Jahr übernahm er die Leitung der Abteilung Rechtsinformation, Analyse und Statistik des Bezirksgerichts Dresden.

Ende des Jahres 1979 stand die Neubesetzung der Stelle des Vorsitzenden des 1. Strafsenates beim Bezirksgericht Dresden an. Das Ministerium für Staatssicherheit besaß bei der Besetzung dieser Stelle ein Mitspracherecht. Klaus Braune wußte das nicht, ebensowenig war ihm damals bekannt, daß er der vierte Vorschlag war, nachdem drei vor ihm benannte Kandidaten vom MfS abgelehnt worden waren. Ihn akzeptierte das MfS, zu dem er ansonsten nie irgendwelche Verbindungen unterhalten hatte.

Klaus Braune hatte seinerseits keinerlei Ambitionen, als Strafrichter tätig zu werden. Dabei störten ihn weniger die Aufgaben des 1. Strafsenates als vielmehr seine fehlenden Erfahrungen als Strafrichter. Es bereitete ihm deshalb Unbehagen, einen Strafsenat zu übernehmen. Der Direktor des Bezirksgerichts war aber offenbar froh, endlich einen vom MfS akzeptierten Kandidaten gefunden zu haben. Er zerstreute die von Klaus Braune vorgetragenen Bedenken, und so wurde er ab 1980 Vorsitzender des 1. Strafsenates des Bezirksgerichts Dresden. Das blieb er bis September 1989; zu jenem Zeitpunkt wurde der Senat aufgelöst, weil keine Verfahren mehr anhängig waren.

Nach Auflösung des 1. Senates erledigte Klaus Braune zunächst Vertretungen für erkrankte Richter, bis er Anfang 1990 wieder die Position des Leiters der Abteilung Rechtsinformation, Analyse und Statistik übernahm. Der Zentrale Runde Tisch in Berlin hatte gefordert, daß bislang in politischen Sachen tätige Richter nicht mehr als solche tätig sein dürften. Braune war fortan in der Bibliothek des Bezirksgerichts tätig, bis er nach dem Beitritt der neuen Länder zur Bundesrepublik Deutschland ganz aus dem Dienst ausschied. Im Februar 1991 schloß er mit dem neuen Direktor des Bezirksgerichts einen Aufhebungsvertrag, um nach einer kurzen Dozententätigkeit an einer Privatschule für Notar-, Rechtsanwalts- und Steuerfachgehilfen in den Vorruhestand zu gehen.

Hintergründe

Im unmittelbaren zeitlichen Zusammenhang mit dem Fall der Mauer im November 1989 gingen die ersten Strafanzeigen bei der Staatsanwaltschaft in Dresden wegen Rechtsbeugung und Freiheitsberaubung ein, die Urteile des 1. Senates des Bezirksgerichts Dresden zum Gegenstand hatten. Zahlreiche verurteilte Bürger, die fast alle von der Bundesrepublik aus der Haft freigekauft worden waren und inzwischen längst in der Bundesrepublik wohnten, suchten nach Rehabilitierung von dem Makel, eine Straftat begangen zu haben. Daneben verlangten sie finanziellen Ausgleich für erlittene Haft und materielle Nachteile, die Folge ihrer Verurteilung gewesen waren. Und schließlich ging es ihnen um eine Bestrafung derer, die sie für ihre Inhaftierung verantwortlich machten.

Das war unter anderem Klaus Braune.

Die Rehabilitierung samt finanziellen Ausgleichszahlungen war schon bald geregelt. Es wurde ein Rehabilitierungsgesetz erlassen, das entsprechende Regelungen enthielt. Verurteilungen, die moderner Rechtsstaatlichkeit im inzwischen auch auf dem Gebiet der DDR verstandenen Sinne widersprachen, wurden auf Antrag aufgehoben. Die Verurteilten galten nach Durchführung eines entsprechenden Verfahrens als rehabilitiert; Haftentschädigung und Ausgleichszahlungen für materielle Nachteile konnten ebenfalls gewährt werden. Die Verfahren wurden – soweit Rehabilitierungsanträge gestellt wurden – schnell abgeschlossen.

Wesentlich länger dauerte die Verfolgung derer, die man für die Inhaftierungen der ausreisewilligen DDR-Bürger verantwortlich machte. Das hatte seine Ursache vor allem darin, daß erhebliche Unsicherheit darüber bestand, inwieweit die damaligen Verurteilungen ihrerseits überhaupt strafrechtlich relevant waren. Es war zwar relativ unproblematisch, die damals betroffenen Ausreisewilligen vom Makel des Straftäters zu befreien. Die strafrechtliche Verfolgung der DDR-Juristen war dagegen wesentlich schwieriger. Bei diesem Unterfangen war mit erheblicher Gegenwehr zu rechnen.

Und eine halbwegs brauchbare Rechtsgrundlage, wie sie später – jedenfalls aus Sicht der bundesdeutschen Justiz – durch den Bundesgerichtshof geschaffen wurde, existierte unmittelbar nach Abschluß und Vollzug des Einigungsvertrags nicht. Erst Ende 1993 entwickelte der Bundesgerichtshof die bereits dargelegten Grundsätze, wonach eine Bestrafung von DDR-Juristen auf Fälle von Tatbestandsüberdehnungen, unverhältnismäßigen Bestrafungen und rein politisch motivierter Verfolgungen beschränkt sein sollte. Bis dahin wurde die Aufarbeitung des SED-Unrechts beherrscht sowohl von großer Unsicherheit als auch von der Entschlossenheit der Staatsanwaltschaften, jedes gegen ausreisewillige Bürger ergangene Strafurteil wegen Rechtsbeugung und Freiheitsberaubung zu ahnden.

Die Ermittlungen gegen Klaus Braune begannen bei der Staatsanwaltschaft Dresden folglich mit einer Sichtung sämtlicher Urteile des 1. Strafsenats beim Bezirksgericht Dresden, deren Vorsitzender Klaus Braune gewesen war. Der Senat hatte von 1980 bis 1989 jeweils in der Besetzung mit Klaus Braune als Vorsitzendem und zwei Schöffen mehr als 200 Verfahren durchgeführt. Nach dem Vorverständnis der Staatsanwaltschaft Dresden, die einige Zeit später in der Anklageschrift gegen Klaus Braune zum Ausdruck kam, hatte Klaus Braune in jedem einzelnen Fall eine Rechtsbeugung und Freiheitsberaubung begangen.

Sämtliche Verfahren des 1. Strafsenats beim Bezirksgericht konnten freilich nicht zum Gegenstand eines Strafverfahrens gegen Klaus Braune gemacht werden. Ein derartiger Prozeß hätte Jahre gedauert. Es wurde deshalb eine – aus Sicht der Staatsanwaltschaft repräsentative – Auswahl getroffen, die aus 28 Verfahren bestand. Diese bildeten den Gegenstand der weiteren Ermittlungen.

Die Auswahl der Verfahren

Unter den von der Staatsanwaltschaft ausgewählten Verfahren befanden sich zunächst vier Fälle staatsfeindlicher Hetze (§ 106 StGB/DDR). Die damals Verurteilten hatten jeweils Schriften verfaßt, die als Diskriminierung der gesellschaftlichen Verhältnisse im Sinne des § 106 Abs. 1 Nr. 1 StGB/DDR aufgefaßt worden waren. Die Verfasser hatten – unter aus westdeutscher Sicht durchaus zutreffender Schilderung der Verhältnisse in der DDR – ein Buch geschrieben oder vorbereitet, Briefe an die gerade gegründete polnische Gewerkschaft Solidarnosc gerichtet oder in der DDR verbotene Schriften wie »Archipel Gulag« von Alexander Solshenyzin, »Die Revolution entläßt ihre Kinder« von Wolfgang Leonhard und ähnliches Schriftgut verbreitet. Wegen dieser Aktivitäten waren sie zu mehrjährigen Haftstrafen verurteilt worden. Die höchste rechtskräftig gewordene Strafe hatte 6 Jahre betragen, von denen der Verurteilte 1 Jahr und 8 Monate abgesessen hatte.

Die übrigen 24 Fälle waren Verurteilungen wegen Verletzungen der §§ 99, 100 StGB/DDR. In einer ganzen Reihe von Fällen gründete sich die Verurteilung zwar noch auf weitere Vorgänge. So waren beispielsweise zwei Angeklagte außerdem wegen ungesetzlichen Grenzübertritts (§ 213 StGB/DDR) verurteilt worden. Alle 24 Fälle waren jedoch nur deshalb vom 1. Senat des Bezirksgerichts verhandelt worden, weil aus Sicht der Strafverfolgungsbehörden der DDR die Voraussetzungen einer landesverräterischen Nachrichtenübermittlung (§ 99 StGB/DDR) bzw. landesverräterischen Agententätigkeit (§ 100 StGB/DDR) vorgelegen hatten.

Die meisten Verurteilten hatten sich entweder an staatliche Stellen der Bundesrepublik Deutschland (das war allerdings nur bis Anfang der 80er Jahre verfolgt worden) oder an die privatrechtlich organisierte »Internationale Gesellschaft für Menschenrechte« («IGfM«), den Verein »Hilferufe von drüben« («HvD«) oder ähnliche Organisationen gewandt und von ihrem Ausreisewunsch oder Ausreisebemühungen nahestehender Personen unter Angabe von Personalien, Beweggründen und bisherigen Bemühungen berichtet. Bei den privatrechtlich organisierten Vereinen handelte sich jeweils um Einrichtungen, die sich zu dem Zweck gegründet hatten, das SED-Regime kämpferisch zu agitieren, wie der Bundesgerichtshof es später – bezogen auf die »IGfM« und den Verein »HvD« – ausdrückte. Teilweise waren die hinter diesen Organisationen stehenden Personen von den Strafverfolgungsbehörden der DDR auch identifiziert worden. Im Raum Dresden war zum Beispiel ein Theo Köning besonders aktiv gewesen, genannt »Onkel Theo«.

Die Strafverfolgungsbehörden in der DDR hatten darin jeweils eine Übermittlung von nicht geheimhaltungsbedürftigen Nachrichten (Personalien, Ausreisewunsch, Beweggründe, bisherige Bemühungen) gesehen, die geeignet waren, den Interessen der DDR zu schaden. Diese Eignung ergab sich nach damaligem Verständnis daraus, daß die Informationen vom politischen Gegner genutzt werden konnten, um gegen die DDR zu agitieren. Für diese Aktivitäten waren durchgängig Freiheitsstrafen von 1 Jahr und 3 Monaten bis zu 4 Jahren ausgesprochen worden. Wurde ein weiterer Straftatbestand verletzt – etwa ein Devisenvergehen –, oder war der Betroffene rückfällig geworden, erhöhte sich das Strafmaß auf bis zu 5 Jahre.

Bereits diese oberflächliche Darstellung dürfte deutlich machen, welche Weite die Tatbestände der §§ 99, 100, 106 StGB/DDR nach der in der DDR herrschenden Rechtsprechung hatten. Kritik an den Verhältnissen in der DDR wurde als »staatsfeindliche Hetze« angesehen, und bereits der bloße Kontakt zu ausländischen Organisationen konnte strafrechtliche Sanktionen der härtesten Art auslösen. Nach dem Verständnis eines in der Bundesrepublik ausgebildeten Juristen ist das zunächst nicht einmal im Ansatz nachvollziehbar. Und noch weniger nachvollziehbar waren die unglaublich harten Strafen, die für diese Handlungen ausgeurteilt worden waren.

Die weit überwiegende Mehrzahl der Verurteilten war zwar nach Verbüßung einer Haftzeit von etwa einem Jahr von der Bundesrepublik freigekauft worden. Dazu mußten die verhängten Reststrafen zur Bewährung ausgesetzt werden, wofür auf entsprechenden Antrag der Staatsanwaltschaft ebenfalls Klaus Braune zuständig war. Verurteilt waren sie jedoch zu Haftstrafen zwischen 1 Jahr und 4 Monaten und 6 Jahren. Die Schlußfolgerung lag nahe, daß das alles nur für jedermann auf den ersten Blick erkennbares grobes Unrecht gewesen sein konnte. So sah es nach dem Ende der DDR auch die Staatsanwaltschaft, zumindest die aus den alten Bundesländern stammenden Staatsanwälte.

Aus damaliger Sicht war das auch für mich als aus den alten Bundesländern stammenden Juristen zunächst nicht einmal abwegig. Nach westdeutschem Verständnis, das natürlich auch mich geprägt hatte, war die DDR kein Rechtsstaat, sondern eine Diktatur, die ohne den Bau der Mauer vermutlich längst ohne Einwohner gewesen wäre. Da war es gar nicht anders denkbar, als daß alle diejenigen, die diesen Staat getragen hatten, noch dazu als Richter in der politischen Strafjustiz, einem großen Unterdrückungsapparat gedient hatten, fernab jeder Gesetzlichkeitskontrolle und gebunden allein an das Diktat der Partei.

Schon die Vorstellung, daß es in der DDR überhaupt so etwas wie ein geordnetes Strafverfahren gegeben haben könnte, überstieg die Grenzen westdeutscher Phantasie. Es überwog die Annahme, in den Gerichten der DDR sei es wie im Volksgerichtshof unter Roland Freisler zugegangen, gerade in »politischen« Strafverfahren. Und die Gesetze, denen die Verurteilungen zugrundelagen, waren derart weit gefaßt, daß sich einem in der Bundesrepublik ausgebildeten Juristen Zweifel aufdrängen mußten, ob diese Vorschriften überhaupt Grundlage einer Haftstrafe hätten sein dürfen.

Es waren diese und ähnliche Assoziationen, die auch ich damals mit dem Strafrecht in der DDR verband. Was sollte da erst ein Staatsanwalt denken, dem die Aufgabe übertragen war, das politische Strafrecht der DDR auf Rechtsbeugungen und Freiheitsberaubungen zu untersuchen?

Die Anklageverfasser

Für das Verfahren zuständig war in der Staatsanwaltschaft Dresden Staatsanwalt Heller. Er war für ein oder zwei Jahre aus den alten Bundesländern abgeordnet worden. Ihm war die Aufgabe übertragen worden, die Verfolgung des SED-Unrechts mit Hilfe des Verfahrens gegen Klaus Braune in Gang zu setzen. Leiter der insoweit zuständigen Abteilung 8 der Staatsanwaltschaft Dresden war damals der ebenfalls aus den alten Bundesländern abgeordnete Staatsanwalt Dr. Meinerzhagen.

Staatsanwalt Heller hatte zu Beginn des Jahres 1992 die Ermittlungen in den 28 Sachen aufgenommen, die er zum Gegenstand einer Anklage machen wollte. Ausweislich der Angaben in der späteren Anklageschrift hatte er die Verfahren ausgewählt nach der Erreichbarkeit von beteiligten Zeugen, der Verfügbarkeit der früheren Strafakten und danach, »möglichst alle für eine rechtliche Überprüfung relevanten Gesetzestatbestände des StGB der DDR [...] zu erfassen, damit die sich aufwerfenden Rechtsfragen möglichst vollständig einer gerichtlichen Klärung zugeführt werden«.

Das Verfahren gegen Klaus Braune sollte nach dem Willen der Staatsanwaltschaft also ein Pilotprozeß sein, der für die weiteren Verfahren die Richtung angeben sollte.

Dabei befaßte sich die Staatsanwaltschaft freilich allenfalls am Rande mit der Frage, inwieweit die Verurteilungen gegen das damals geltende Recht verstoßen haben könnten.

Das schien überhaupt nicht zweifelhaft zu sein. Die damit befaßten Staatsanwälte waren auch ohne diesbezügliche Prüfung davon überzeugt, daß die Justiz der DDR keine Urteile auf gesetzlicher Grundlage gefällt hatte, sondern Handlanger der SED und des Ministeriums für Staatssicherheit bei der Unterdrückung politisch Andersdenkender gewesen war, allenfalls vergleichbar mit dem Volksgerichtshof der NS-Justiz. Das galt es nur noch gerichtlich festzustellen, um den Weg für weitere Verfahren zu bereiten, in denen sämtliche Juristen, die in der DDR an politischen Strafverfahren im weitesten Sinne beteiligt waren, verurteilt werden sollten.

Die Ermittlungen richteten sich demgemäß zwar formal gegen Klaus Braune, tatsächlich bestanden sie jedoch in erster Linie aus einer intensiven Betrachtung der DDR-Strafjustiz im Allgemeinen. Es war für Staatsanwalt Heller offenbar keine Frage gewesen, die DDR-Strafjustiz als Instrument einer Diktatur entlarven zu können, um –

ausgehend davon – Klaus Braune als willfährigen Vollstrecker anzuklagen. Also wurde kistenweise Archivmaterial aus Berlin beigebracht, aus dem sich die rechtswidrige Steuerung der Justiz durch die Politik sowie eine Einflußnahme des MfS auf die Rechtsprechung ergeben sollten. Ermittlungen zur Rolle des Angeklagten in diesem System wurden hingegen so gut wie gar nicht angestellt. Daß Klaus Braune sich als Richter bereitwillig hatte mißbrauchen lassen, dieser Diktatur zu dienen, und sich dabei auch noch strafbar gemacht hatte, stand für die Ermittler der Staatsanwaltschaft Dresden von Anfang an außer Zweifel. Das war jedenfalls mein Zweifel.

Auch die Rechtswidrigkeit der von Klaus Braune angewandten Normen wurde offenbar als derart selbstverständlich empfunden, daß eine eingehende Analyse ausblieb. Eine ausführlichere Untersuchung erfuhr allein § 213 StGB/DDR, die Bestrafungsgrundlage für den unerlaubten Grenzübertritt.

Staatsanwalt Dr. Meinerzhagen fertigte dazu ein 35seitiges Gutachten, wonach die Vorschrift ein nichtiges Gesetz gewesen sei, weil es gegen völkerrechtliche Verpflichtungen der DDR verstoßen habe. Diese völkerrechtlichen Pflichten seien im Verhältnis zu den Gesetzen der DDR höherrangiges Recht gewesen. § 213 StGB/DDR hätte deshalb von den DDR-Richtern nicht angewendet werden dürfen. Und selbst wenn § 213 StGB/DDR und die übrigen Normen gültig gewesen sein sollten, hätten sie nicht als Verurteilungsgrundlage dienen dürfen. Sie hätten vielmehr im Lichte der völkerrechtlichen Verträge und der Menschenrechtskonvention ausgelegt werden müssen. Das hätte eine Verurteilung unmöglich gemacht. Also sei Klaus Braune bereits deshalb der Rechtsbeugung und Freiheitsberaubung überführt.

Für die Staatsanwälte Dr. Meinerzhagen und Heller bildete das eine hinreichende Grundlage für die weiteren Ermittlungen. Also erübrigte es sich, die einzelnen Prozesse und das Verhalten von Klaus Braune während der damaligen Verfahren eingehend zu untersuchen.

Staatsanwalt Heller studierte zwar die Urteile, auf eine persönliche Befragung verfahrensbeteiligter Zeugen verzichtete er jedoch nahezu vollständig. Kein einziger Schöffe oder an den Verfahren beteiligter Rechtsanwalt oder sonstiger Prozeßbeteiligter wurde vor Anklageerhebung von der Staatsanwaltschaft danach befragt, ob Klaus Braune nach ihren Wahrnehmungen und Werturteilen tatsächlich der Terror-Richter gewesen war, für den die Staatsanwaltschaft ihn hielt, und ob er nach ihrem Verständnis die Gesetze falsch angewendet hätte.

Selbst die damals Angeklagten wurden überwiegend nicht mündlich vernommen. Staatsanwalt Heller hatte Briefe an sie verschickt, in denen er um die Beantwortung standardisierter Fragen bat.

Es wurde auch nicht ermittelt, ob sich aus den Verfahrensakten nach Anklageerhebung Anhaltspunkte für willkürliche Maßnahmen des mit der Sache befaßten Richters ergaben, ob die Hauptverhandlungen ordnungsgemäß durchgeführt wurden, oder ob die Rechtsanwendung bei der Einordnung unter die einzelnen Tatbestände oder die Strafenbildung aus Sicht der damaligen Verteidiger oder beisitzenden Schöffen willkürlich erschien.

Nach dem – auch für mich zunächst durchaus nachvollziehbaren – Vorverständnis von Staatsanwalt Heller bedurfte das alles keiner Aufklärung, obwohl es sich um ganz wesentliche Anhaltspunkte für das Vorliegen einer Rechtsbeugung gehandelt hätte, die im weiteren Verlauf des Verfahrens auch eine wesentliche Rolle spielen sollten. Staatsanwalt Heller hatte sich seine Überzeugung auf der Basis seiner Vorurteile über die DDR und im Aktenstudium gebildet.

Das paarte sich mit dem Verfolgungswillen, den die Politik öffentlich erklärt hatte.

Am 23. September 1991 beispielsweise hatte Bundesjustizminister Dr. Klaus Kinkel vor dem 15. Deutschen Richtertag in Köln gefordert:

»Sie, meine Damen und Herren, haben als Richter und Staatsanwälte bei dem, was noch auf uns zukommt, eine ganz besondere Aufgabe [...] Ich baue auf die deutsche Justiz. Es muß gelingen, das SED-System zu delegitimieren, das bis zum bitteren Ende seine Rechtfertigung aus antifaschistischer Gesinnung, angeblich höheren Werten und behaupteter absoluter Humanität abgeleitet hat, während es unter dem Deckmantel des Marxismus-Leninismus einen Staat aufbaute, der in weiten Bereichen so schrecklich war wie das faschistische Deutschland.« (Deutsche Richterzeitung 1/1992, S. 5)

Hinzu kam die in der Hitze nach dem Mauerfall vorherrschende Überzeugung, in der DDR habe es nur oppositionelle Gute oder staatstragende Böse gegeben.

Klaus Braune gehörte nach dieser Vorstellung ganz sicher zu den Bösen, die es nun zu verfolgen galt.

Die Anklage

Ergebnis dieser Ermittlungen war eine unter dem 21. August 1992 verfaßte 167 Seiten starke Anklageschrift. In ihr kam zum Ausdruck, was die Staatsanwaltschaft Dresden von der Tätigkeit des 1. Senates beim Bezirksgericht bis 1989 hielt.

Der Anklagesatz, der als wichtigster Teil einer Anklage die vorgeworfene Tat kurz umreißen soll, beschränkt sich auf die Darstellung, daß unter Anwendung der jeweiligen Norm des StGB/DDR nach Feststellung des Sachverhalts ein Urteil gesprochen worden sei. Der rechtsbeugerische Charakter des Urteils ergäbe sich dabei daraus, die damals Angeklagten ausgehend von den festgestellten Sachverhalten unter Anwendung der §§ 97 ff. bzw. §§ 213 ff. StGB/DDR verurteilt zu haben. So hieß es beispielsweise:

»Am 6. September 1983 wurden in der Strafsache BS 67/83 Elsa Schmidt und Claus Schmidt wegen ›mehrfacher, teilweise gemeinschaftlich begangener landesverräterischer Nachrichtenübermittlung unter den strafverschärfenden Bedingungen bei Rückfallstraftaten‹ zu Freiheitsstrafen von 5 bzw. 4 Jahren verurteilt.
Elsa und Claus Schmidt hatten, teilweise gemeinsam, ihnen bekannten Personen in der Bundesrepublik schriftlich Informationen über eigene Ausreisebemühungen, erfolgte Verurteilungen und vergleichbare Informationen über andere in der DDR lebende Personen zugeleitet. Die Adressaten waren Mitarbeiter der ›Interessengemeinschaft für Mitteldeutschland e.V.‹.
Elsa und Claus Schmidt befanden sich in dieser Sache nach Festnahme am 19.05.1983 in Untersuchungs- und Strafhaft bis 24. 11. 1987 (Elsa Schmidt) bzw. 03.12.1987 (Claus Schmidt).«

Weiterer Darlegung bedurfte es nach Auffassung der Staatsanwaltschaft nicht. Insbesondere hielt es Staatsanwalt Heller nicht für erforderlich, die Nichtbeachtung von prozessualen Rechten der Angeklagten oder rechtsfehlerhafte gedankliche Schritte oder andere Besonderheiten der Urteile aufzuzeigen, aus denen auf einen rechtsbeugerischen Charakter der Verfahren hätte geschlossen werden können. Die bloße Tatsache der Verurteilungen erfüllte für die Staatsanwaltschaft den Tatbestand einer Rechtsbeugung. Das jedenfalls war die Aussage des Anklagesatzes.

Gänzlich unerwähnt blieb auch, daß das Gesetz für Elsa und Claus Schmidt als sogenannte Rückfalltäter eine wesentlich erhöhte Mindestrafe zwingend erforderlich gemacht hatte.

Das in der Anklageschrift ebenfalls enthaltene wesentliche Ergebnis der Ermittlungen, das nach dem Gesetz Aufschluß geben soll über die tatsächlichen und rechtlichen Grundlagen der Anklage, war zwar sehr ausführlich. Eine vertiefende Betrachtung der anklagegegenständlichen Verfahren fand aber auch dort nicht statt. Die Anklageschrift gab seitenlang den Inhalt der damaligen Urteile wieder, auch enthielten die Ausführungen Darlegungen zu den nach Auffassung der Staatsanwaltschaft illegalen Telefonabhörmaßnahmen und Briefkontrollen durch das Ministerium für Staatssicherheit, von denen Klaus Braune nach den eigenen Ermittlungen der Staatsanwaltschaft freilich nichts gewußt hatte.

Weiterhin fanden sich ausführliche Erläuterungen zur Verfassung der DDR, völkerrechtlichen Verträgen (Menschenrechtskonvention, Verträge von Helsinki etc.), verbunden mit der Begründung, warum die staatlich gelenkte Gesetzesanwendung und Auslegung dagegen verstoßen habe.

Besonders breiten Raum nahm dabei die Auseinandersetzung mit der ideologischen Beeinflussung der Justiz ein.

Die Ausführungen waren bisweilen durchaus polemisch. Das war aber nicht einmal das größte Problem. Viel schwerer wog, daß Staatsanwalt Heller den Versuch unternahm, die DDR-Justiz an ihren eigenen Ansprüchen zu messen, wobei er den Inhalt dieser Ansprüche ausgehend von in der Bundesrepublik entwickelten Begrifflichkeiten definierte. Das war einerseits so abstrakt, daß es unmöglich wurde, einen Zusammenhang zum Gegenstand der Anklage oder zum Angeklagten herzustellen. Und andererseits war es nach meiner Auffassung gänzlich unzulässig, bundesrepublikanische Vorstellungen von der Justiz der Beurteilung der Verhältnisse in der DDR zugrundezulegen.

Das betraf zum Beispiel die Frage nach der Unabhängigkeit der Richter in der DDR. Sie war in der Verfassung der DDR garantiert – der Begriff hatte in der DDR jedoch einen gänzlich anderen Inhalt. Dazu hieß es (S. 127 ff. der Anklageschrift):

»b) Ideologische Ausrichtung der Justiz; Verstoß gegen das Gebot der Unabhängigkeit der Gerichte

Es war nach der Verfassung der DDR (Art. 86, 90 Abs. 1, 96 Abs. 1 – Art. 127 und 128 der Verfassung von 1949) geboten, daß der von staatlicher Seite wegen (angeblicher) Straftaten zur Rechenschaft Gezogene unabhängigen, nur Verfassung und Gesetz unterworfenen Richtern begegnete.

In der Rechtswirklichkeit wurde die unabhängige Justiz von der Gründung der DDR an durch eine systematisch im Sinne der Parteiideologie ausgerichtete und ständiger Kontrolle ihrer Willfährigkeit unterworfene Gruppe von Staatsfunktionären ersetzt, die schon mangels innerer Unabhängigkeit und innerer Bereitschaft zur Prüfung von Sachverhalten anhand rein rechtlicher Überlegungen nicht die Gewähr für ein faires Verfahren bot.

Anstatt dies hier im einzelnen darzustellen, kann zunächst auf die Darstellungen von Werkentin (Neue Justiz 1991, Seite 479 ff.) und von Henrich (Deutsche Richterzeitung 1992, Seite 85 ff.) verwiesen werden. Die von Werkentin geleistete Darstellung der Verhältnisse der DDR-Justiz trifft zu. Sie läßt sich anhand der bei der Durchsuchung des Archivs der Arbeiterbewegung (SED-Archiv), Berlin, vorgefundenen Unterlagen nachweisen.

Die Unterlagen des Zentralkomitees der SED, insbesondere deren Abt. Staat und Recht (Vorgängerabteilungen: Sektor Justiz bzw. Abt. Staatliche Verwaltung), belegen, wie die Justiz systematisch durch die SED kontrolliert und angeleitet wurde und durch Informationspflichten und gemeinsame Kontrollen durch vorgesetzte Dienststellen und SED-Funktionäre vor Ort (sogenannte Brigadeeinsätze oder Inspektionen) die Umsetzung der Parteivorstellungen in der Rechtspraxis kontrolliert wurde.

Dies wird etwa deutlich an den Arbeitsplänen und Programmen usw. des Sektors Justiz des ZK der SED aus dem Jahre 1956-1961, denen die Informationen des Ministeriums der Justiz, der Oberstaatsanwaltschaft der DDR, später: Generalstaatsanwaltschaft der DDR, über die ›Kaderarbeit‹ korrespondieren.

Dabei steht die ›politisch-ideologische Orientierung‹ deutlich sichtbar im Vordergrund. Dies reichte, wie von Werkentin beschrieben, in der Tat bis hin zur Genehmigung und Abänderung von Strafvorschlägen durch Ulbricht selbst.

Die ›politisch-ideologische Orientierung‹ stand aber auch in der von Werkentin nicht mehr behandelten Zeit nach dem Mauerbau im Vordergrund.

Hierüber war ebenso zu berichten, wie über die sachliche Tätigkeit selbst.
Es wurde kontrolliert durch Brigadeeinsätze und Inspektionen.
Es wurden insbesondere auch die Richtlinien für die Rechtsanwendung für bestimmte Fallgruppen im unmittelbaren Zusammenwirken zwischen SED und Justiz, hier insbesondere der Generalstaatsanwaltschaft, durch die SED (teilweise durch deren Generalsekretär persönlich) festgelegt.
Bis in die 80er Jahre hinein läßt sich dieses System der Anweisung und Kontrolle ebenso nachweisen wie die Möglichkeit der SED, den Ausgang einzelner Verfahren unmittelbar zu gestalten.«

Das zog sich seitenlang so hin. Die Ausführungen ließen erkennen, daß Staatsanwalt Heller der Meinung war, der Begriff der Unabhängigkeit der Justiz sei nur im Sinne einer darin zum Ausdruck kommenden Gewaltenteilung interpretierbar. Er hatte nicht verstanden, daß die in der DDR vorherrschende Ideologie einen anderen Begriff der richterlichen Unabhängigkeit gebildet hatte und der Richter sich an die sich daraus ergebenden Grenzen ebenso zu halten hatte, wie der bundesdeutsche Richter die Schranken seiner Unabhängigkeit respektieren muß.

Staatsanwalt Heller sah in dem Begriff der Unabhängigkeit vielmehr eine absolute Größe, die in der DDR begriffsnotwendig keinen anderen Inhalt haben konnte als in der Bundesrepublik. Abweichungen davon bezeichnete er als »Blüten« der »Ideologisierung«, die belegten, »daß es den Richtern der DDR, so auch dem Angeschuldigten, von vornherein an der richterlichen Unabhängigkeit fehlte« und darin »im Ansatz der Verstoß gegen das Gebot eines fairen Verfahrens begründet« sei. Auch die sich aufdrängende Schlußfolgerung, aus den engeren Schranken der richterlichen Unabhängigkeit entlastende Umstände für Klaus Braune abzuleiten, zog Staatsanwalt Heller nicht. Ich empfand es jedenfalls naheliegend, aus einer fehlenden Unabhängigkeit auf einen begrenzteren Entscheidungsspielraum zu schließen, was einem wegen Rechtsbeugung angeklagten Richter nur hätte zugute kommen können.

Dieser Schluß drängte sich für Staatsanwalt Heller aber gerade nicht auf. Er folgerte aus der nur scheinbaren Unabhängigkeit – im bundesrepublikanischen Sinne –, daß die Justiz der DDR Teil eines einheitlichen Unterdrückungsapparats gewesen sei, zu dessen willfahrigem Vollstrecker sich Klaus Braune hatte machen lassen. Das machte unübersehbar, daß die Auseinandersetzung mit der ideologischen Ausrichtung der Justiz und dem Verstoß gegen das Gebot der Unabhängigkeit der Gerichte in der Anklage nicht mehr war als eine Aneinanderreihung irgendwo entdeckter Aussagen, die ein bereits vorher feststehendes Ergebnis einer Würdigung bestätigen sollten.

Ausführungen zu einzelnen der angeklagten Verfahren waren demgegenüber kaum zu finden. Staatsanwalt Heller benötigte dafür ganze drei Seiten. Dort wurde in drei Fällen ohne nähere Begründung eine überharte Bestrafung behauptet, in zwei Fällen ebenfalls ohne nähere Darlegung Willkür in Einzelfällen und in vier Fällen die Anwendung des § 106 StGB/DDR (staatsfeindliche Hetze) als sich von selbst verstehende Tatbestandsüberdehnungen. Ansonsten fand sich im wesentlichen Ergebnis der Ermittlungen nichts, was auf einen individuellen Rechtsbeugungsvorwurf in Richtung Klaus Braune hätte hindeuten können.

Spätestens dadurch wurde deutlich, daß die Staatsanwaltschaft *ein System* anklagen wollte, dessen Werkzeug Klaus Braune war, und nicht einen Richter, der das von ihm anzuwendende Recht gebeugt hatte.

Bestellung zum Pflichtverteidiger

Die Anklageschrift ging am 18. September 1992 beim Bezirksgericht Dresden ein. Land- und Amtsgerichte waren auf dem Gebiet der DDR zu jenem Zeitpunkt noch nicht gebildet, es existierten noch die Kreis- und Bezirksgerichte aus DDR-Zeiten. Zuständig für die Sache war der 5. Strafsenat. Dessen Vorsitzender war der 1990 aus Duisburg nach Dresden übergesiedelte und aus dem Fränkischen stammende Vorsitzende Richter am Bezirksgericht, Gerd Halfar.

Gerd Halfar war einer der ersten Richter, die ich nach meinem Umzug nach Dresden im Jahre 1991 kennengelernt hatte. Als Berufsanfänger mit einer gerade eröffneten Kanzlei hatte ich die Vorsitzenden der Strafsenate im Bezirksgericht aufgesucht und um Pflichtverteidigungen gebeten. Ich kann mich noch gut daran erinnern, daß gerade eine Beratung stattfand, als ich mein Ansinnen vortragen wollte. Gerd Halfar saß zusammen mit seiner damaligen Beisitzerin, der späteren Senatsvorsitzenden beim Oberlandesgericht Dresden, Gabriele Hauser, in einem der wenigen schon mit neuem Teppichboden ausgelegten Zimmer im Bezirksgericht.

Ich wurde sehr freundlich empfangen. Es herrschte damals eine gesunde Aufbruchstimmung in den Gerichten, die für ein sehr angenehmes Klima sorgte. Das wurde zusätzlich begünstigt durch den Umstand, daß Anwälte, die sich zur Übernahme von Pflichtverteidigungen bereiterklärten, noch rar waren. Folglich wurde ich gleich in einer Vielzahl von Fällen als Pflichtverteidiger beigeordnet, und zwar sehr bald auch von anderen Senaten.

Das hielt allerdings nicht allzu lange an. Nachdem ich in einer Sache für einen inhaftierten Mandanten durch eine einstweilige Anordnung des Bundesverfassungsgerichts die Aufhebung des gegen ihn gerichteten Haftbefehls erwirkt hatte, erhielt ich vom Bezirksgericht keine Pflichtverteidigungen mehr. In meiner damaligen Naivität war ich wohl etwas zu forsch an die Sache herangegangen. Ich zog daraus die Lehre, daß man als Pflichtverteidiger nicht zu viel Ärger bereiten darf, um auch bei künftigen Fällen berücksichtigt zu werden.

Umso mehr empfand ich es als Ausdruck der Anerkennung, daß ich von Gerd Halfar wenige Tage nach Eingang der Anklageschrift beim Bezirksgericht Dresden gefragt wurde, ob ich die Pflichtverteidigung des früheren Vorsitzenden des »politischen Senats« beim Bezirksgericht Dresden übernehmen würde. Es war klar, daß die Sache umfangreich und schwierig werden würde.

Klaus Braune hatte auf Befragen erklärt, niemanden benennen zu können, den er sich als seinen Verteidiger wünsche. Er hatte sogar darum gebeten, von der Mitwirkung eines Verteidigers gänzlich abzusehen. Der Verzicht war nach den Vorschriften der Strafprozeßordnung allerdings nicht möglich, so daß Gerd Halfar in seiner Eigenschaft als Senatsvorsitzender einen Pflichtverteidiger bestellen mußte.

Ich zögerte nicht, das Mandat anzunehmen.

Die förmliche Verfügung zu meiner Bestellung als Pflichtverteidiger erging am 10. November 1992. Unmittelbar danach bemühte ich mich um einen Kontakt zu meinem Mandanten, den ich natürlich kennenlernen wollte. Daneben bat ich das Gericht um Übersendung der Ermittlungsakten, die ich alsbald erhielt.

Ich hatte einen ersten Blick in die überaus umfangreichen Ermittlungsakten werfen können, bevor ich mit Klaus Braune das erste Mal zusammentraf. Vollständige Kenntnis über den Inhalt der insgesamt mehr als 100 Akten hatte ich natürlich nicht. Das sollte bis zum Ende des Verfahrens auch so bleiben. Allein der Umfang der Sache stellte während des gesamten Verfahrens eine große Schwierigkeit für die

Verteidigung von Klaus Braune dar. Die ungeheure Fülle von Ermittlungsakten, MfS-Unterlagen und den damaligen Strafakten war in der einem Pflichtverteidiger zur Verfügung stehenden Zeit nicht zu bewältigen. Es hätte Wochen und Monate gedauert, sämtliche Akten so zu lesen, daß der Inhalt auch wirklich haften geblieben wäre.

Zur Vorbereitung auf das erste Gespräch mit meinem Mandanten beschränkte ich mich darauf, mich mit den von Klaus Braune verfaßten Urteilen vertraut zu machen. Das Studium der Urteile entsprach dabei nicht meinen Erwartungen.

Ich weiß nicht warum, aber ich hatte vermutet, daß die DDR-Justiz einen wesentlich anderen Urteilsaufbau gewählt hätte und die Urteile sich auch in sonstiger Weise »handwerklich« von den Urteilen der BRD-Justiz unterschieden. Das Gegenteil war richtig. In den Urteilen wurde nach dem Strafausspruch der Werdegang des Verurteilten geschildert, daran schlossen sich die Feststellungen zum Sachverhalt an, gefolgt von der Beweiswürdigung. Den Schluß bildeten die Strafzumessungserwägungen und die Kostenentscheidung – alles war exakt so, wie es auch den Juristen in der Bundesrepublik seit jeher beigebracht wird. Die Diktion unterschied sich in weiten Teilen der Urteile ebenfalls kaum von Strafurteilen der BRD-Justiz, abgesehen natürlich von stereotyp wiederkehrenden agitatorisch klingenden Passagen zu den Notwendigkeiten in der sozialistischen Gesellschaftsentwicklung.

Inhaltlich ergaben sich demgegenüber ganz erhebliche Unterschiede. Die Tatbestände etwa der staatsfeindlichen Hetze oder der landesverräterischen Nachrichtenübermittlung, die den jeweiligen Verurteilungen überwiegend zugrundelagen, waren dem bundesrepublikanischen Recht fremd. Bemerkenswert war gleichwohl auch bei der Anwendung dieser Tatbestände das Bemühen um begriffliche Exaktheit und Sachlichkeit der Darstellung.

Jedenfalls formal unterschieden sich die Anforderungen an Urteile in der DDR also offenbar nicht wesentlich von denen in der BRD.

Einerseits überraschte mich das, andererseits erleichterte es mir die erste Einschätzung der Arbeit meines Mandanten. Das Studium der Urteile führte bei mir insoweit auch zu einer ersten Erkenntnis: Klaus Braune war als Richter ein handwerklich ausgesprochen sauber arbeitender Jurist gewesen.

Und damit war ich zugleich eine erste Sorge los. Die hatte darin bestanden, es womöglich mit einem Roland Freisler der DDR zu tun zu haben, der sich – getragen von politischer Emotion – um die Vernichtung der politischen Gegner des Staates bemüht hatte. Davon – das war den Urteilen deutlich zu entnehmen – war Klaus Braune bei allen politischen Ausführungen in seinen Entscheidungen weit entfernt.

Die Genauigkeit der Sachverhaltsfeststellungen ließ mich weiter vermuten, daß die diesbezüglichen Darlegungen in den Urteilen auch tatsächlich die Feststellungen in den Hauptverhandlungen wiedergaben. Jedenfalls sprach eine starke Vermutung dafür. Ich nahm deshalb an, es nicht mit verfälschten Sachverhalten zu tun zu haben. Das hatte mir ebenfalls große Sorgen gemacht.

Darüber und über alles weitere wollte ich nun mit meinem Mandanten sprechen. Und natürlich war ich neugierig, mit wem ich es zu tun haben würde.

Die erste Begegnung mit Klaus Braune

Es war vorhersehbar, daß mich das Verfahren über längere Zeit begleiten würde. Daß es bis 1999, also insgesamt sechs Jahre, dauern sollte, ehe das Verfahren beendet wurde, nahm ich damals zwar nicht an. Auf eine mehrjährige Zusammenarbeit mit meinem Mandanten richtete ich mich gleichwohl ein. Dabei ging ich davon aus, daß die erste Schwierigkeit darin bestehen würde, ein Vertrauensverhältnis zu meinem Mandanten aufzubauen. Die Bitte von Klaus Braune an das Gericht, man möge das Verfahren doch ohne Verteidiger durchführen, hatte bei mir den Verdacht erregt, daß mein Mandant Verteidiger offenbar für überflüssig hielt. Für einen Strafrichter ist das grundsätzlich zwar keine ungewöhnliche Einstellung. Ich kenne eine ganze Reihe Strafrichter, die ähnlich darüber denken. Verwunderlich war allerdings, daß Klaus Braune in seinem eigenen Verfahren auf jedwede Hilfe verzichten wollte. Ich war mir zwar nicht sicher, was daraus zu folgern war. Vermutungen stellte ich jedoch in mehrere Richtungen an. Denkbar erschien mir insbesondere, daß er – aus welchen Gründen auch immer – fest von seiner Verurteilung ausging, so daß ihm auch die beste Verteidigung nicht würde helfen können und nur zusätzliche Kosten produzieren würde, oder daß er aus eigener Erfahrung so wenig von Verteidigern bzw. Verteidigung in einem Strafverfahren hielt, daß er ohnehin keine Hilfe erwartete. Ein gutes Zeichen war es jedenfalls nicht.

Als ich Klaus Braune das erste Mal traf, lernte ich einen ruhigen, freundlichen und sehr zurückhaltenden Mann kennen, der in keiner Weise so wirkte, als sei er ein fanatischer Sozialist, der seine Erfüllung in der Bekämpfung des politischen Gegners sah. Zu einem Teil war seine Zurückhaltung sicher seiner Rolle geschuldet. Ich konnte mir aber auch bei größter Anstrengung nicht vorstellen, daß er sich unter anderen Umständen wesentlich anders verhalten könnte. Um die Gesprächsatmosphäre ein wenig zu lockern, schlug ich vor, gemeinsam essen zu gehen. Damit war er einverstanden.

Sonderlich vereinfacht wurde das Kennenlernen gleichwohl nicht. Ich bemerkte, daß Klaus Braune mir mit größter Vorsicht gegenübertrat, den gewöhnlich vorhandenen Vertrauensvorschuß eines neuen Mandanten hatte ich nicht. Er wußte mich offensichtlich nicht einzuschätzen. Unser Gespräch verlief daher etwas zäh. Bevor wir uns über das eigentliche Thema unterhielten, erzählte ich ihm über meinen bisherigen Werdegang und meine Erfahrungen mit der DDR, die ich seit 1985 regelmäßig bereist hatte. Ein persönliches Gespräch entwickelte sich daraus zwar nicht, dazu blieb Klaus Braune viel zu verschlossen; immerhin hatte ich aber den Eindruck, daß er trotz meines westdeutschen Hintergrundes offen über seine damalige Tätigkeit mit mir zu sprechen begann.

Er erzählte mir von seiner Ausbildung und seiner beruflichen Entwicklung. Seine Ernennung zum Vorsitzenden des 1. Strafsenats beim Bezirksgericht habe ihm schon damals nicht gefallen, allerdings nicht wegen der Zuständigkeit des 1. Senats, sondern wegen seiner Abneigung gegen das Strafrecht insgesamt. Das war glaubhaft; es gibt auch in der Bundesrepublik nur wenige Juristen, die gern im Strafrecht tätig sind. Er habe sich die Tätigkeit letztlich aber ebensowenig aussuchen können wie den Richterberuf, den er ergriffen habe, weil ihm keine andere Arbeit angeboten worden sei. Sein Beruf habe ihm nichtsdestotrotz stets gefallen.

Er habe sich auch mit dem politischen System identifiziert und sei Mitglied der SED gewesen. Aktiv habe er am politischen Leben jedoch nicht mehr teilgenommen als jedes andere normale Parteimitglied auch. Insbesondere aus seiner zeitweiligen Berufung zum Parteisekretär habe sich insoweit nichts anderes gegeben. Da sei jeder einmal an der Reihe gewesen, ohne daß dies eine große Bedeutung gehabt habe. Er habe fest zur DDR gestanden, politischer Vorreiter sei er jedoch nie gewesen.

Ich hatte keinen Anlaß, daran zu zweifeln, auch später sollte ich nie einen haben.

In den von ihm geführten Verfahren habe er sich an die gesetzlichen Vorgaben gehalten, die das Strafgesetzbuch, die Strafprozeßordnung und die sonstigen für ihn maßgeblichen Vorschriften enthielten. Einen Entscheidungsspielraum habe er nicht gehabt. Das Justizsystem in der DDR sei zentralistisch aufgebaut gewesen, getragen von dem Gedanken, daß Angeklagte in Suhl nicht anders behandelt werden dürften als in Rostock. Vor allem das Oberste Gericht und die Kommentierungen hätten vorgegeben, welchen Anwendungsbereich die Vorschriften des Strafgesetzbuches der DDR gehabt hätten. Davon sei auch das jeweils zu verhängende Strafmaß in groben Zügen umfaßt gewesen.

Allein in diesem Rahmen hätte er sich bewegen können. Hätte er anders entschieden, wozu er in keinem Fall Anlaß gesehen habe, wäre er von der DDR-Justiz wegen Rechtsbeugung verfolgt worden. Er habe deshalb nichts anderes getan, als das damals geltende Recht anzuwenden. Selbstverständlich habe er auch darüber nachgedacht, ob es sich bei den angeklagten Taten um verfolgungswürdiges Unrecht handele oder die verhängten Strafen nicht zu hoch wären. Er habe damals aber den Standpunkt vertreten, daß alle Bürger der DDR verpflichtet gewesen seien, am Aufbau des Staates mitzuwirken. Und die westdeutsche Agitation, die die Bürger der DDR habe aus dem Land ziehen wollen, sei für den Staat etwas ausgesprochen Gefährliches gewesen. Sie habe die Entsolidarisierung der Einwohnerschaft der DDR mit ihrem Staat nachhaltig gefördert. Auch daran sei die DDR schließlich gescheitert. Da man die westdeutsche Agitation nicht habe verhindern können, habe er es grundsätzlich für richtig gehalten, die Kontaktaufnahme mit DDR-feindlichen Organisationen ebenso wie staatsfeindliche Agitation unter Strafe zu stellen.

Den Vorwurf rechtsbeugerischen Verhaltens könne er nicht akzeptieren, erklärte mir Braune. Er habe stets nach den Gesetzen und sonstigen für ihn verbindlichen Vorgaben entschieden. MfS-Akten hätten ihm nie vorgelegen, er könne deshalb auch nichts zu den in der Anklageschrift erwähnten illegalen Telefonabhöraktionen oder Briefkontrollen sagen. Der ebenfalls beanstandete Ausschluß der Öffentlichkeit habe sich zwingend aus dem Gesetz ergeben. Seine Verhandlungen seien stets ruhig und geordnet verlaufen, insbesondere seien die von Gesetzes wegen zu beachtenden Rechte der Angeklagten gewahrt gewesen.

Eine Überprüfung der von ihm angewandten Gesetze mit höherrangigem Recht sei ihm nie in den Sinn gekommen. Er könne den Ansatz schon nicht nachvollziehen, denn die Unterzeichnung völkerrechtlicher Verträge habe das in der DDR geltende Recht nicht unmittelbar beeinflußt. Für die DDR hätten sich daraus zwar vielleicht völkerrechtliche Verpflichtungen im Verhältnis zu den anderen Unterzeichnerstaaten ergeben, am geltenden innerstaatlichen Recht der DDR hätte sich dadurch aber nichts geändert. Und selbst wenn er zu dem Ergebnis gekommen wäre, gegen internationales Recht zu urteilen, hätte dies auf seinen Entscheidungsspielraum keinen Einfluß gehabt. Denn die Verfassung der DDR hätte ihm nicht die Möglichkeit gegeben, unter Mißachtung der DDR-Gesetzlichkeit Urteile unter Berufung auf internationales Recht zu sprechen.

Überhaupt überschätze, so Braune, die Anklage die Rolle des Richters in der DDR, indem sie sie mit der Stellung des Richters in der Bundesrepublik vergleiche. In der DDR habe es keine Gewaltenteilung gegeben, die Justiz sei mithin keine *dritte* Gewalt gewesen. Man habe die Gerichte vielmehr als Teil einer einheitlichen Staatsgewalt verstanden, getragen von dem Gedanken, gemeinschaftlich mit den übrigen staatlichen Organen den Sozialismus zu verwirklichen. Die Aufgabe des Richters sei es gewesen, ebenfalls diesem Ziel zu dienen. Dem habe auch er sich verpflichtet gefühlt.

Um mein eigenes Aufgabenfeld einzugrenzen, fragte ich Klaus Braune, ob aus seiner Sicht Entscheidungen unter den 28 Urteilen seien, die er selbst als problematisch ansähe. Darauf erklärte er mir, ihm seien keine Rechtsanwendungsfehler bewußt. Insbesondere in den 24 Fällen, in denen der Schwerpunkt auf der landesverräterischen Nachrichtenübermittlung gelegen habe, hätten seine Urteile auf einer ständigen Rechtsprechung des Obersten Gerichts beruht, die aufgrund der Häufigkeit der Verurteilungen in der gesamten DDR über Jahre gewachsen und durch entsprechende Orientierungen und Richtlinien untermauert worden sei. Soweit er daneben andere Gesetze anwandt habe, sei er sich ebenfalls sicher, keine Rechtsanwendungsfehler begangen zu haben. »Heikel« seien allenfalls die Verurteilungen wegen staatsfeindlicher Hetze (§ 106 StGB/DDR), weil es sich jeweils um Einzelfälle gehandelt habe, die keinen Leitentscheidungen oder Orientierungen des Obersten Gerichts hätten zugeordnet werden können. Er habe den Tatbestand daher jeweils selbst interpretieren müssen, ohne daß das jemals überprüft worden wäre. Das gelte jedenfalls in den – die Mehrzahl bildenden – Fällen, in denen kein Rechtsmittel gegen seine Entscheidung eingelegt worden sei. Von der Vertretbarkeit seiner Entscheidungsfindung sei er zwar überzeugt. Die Verfahren seien jedoch sämtlich zu Beginn seiner Tätigkeit als Vorsitzender des 1. Strafsenats durchgeführt worden, als er nur über wenig Erfahrung verfügt habe. Er habe deshalb auch Sorge, daß Verurteilungen wegen staatsfeindlicher Hetze heute als Einfallstor dienen könnten, um ihm rechtsbeugerische Absichten zu unterstellen.

Die Urteile

Die folgenden Wochen beschäftigte ich mich damit, die Angaben meines Mandanten zu überprüfen. Dabei stellte ich sehr schnell fest, daß man sich auf Klaus Braune verlassen konnte. Den Verfahrensakten war zu entnehmen, daß er die prozessualen Formalien stets gewahrt hatte. Ich konnte mich insoweit mit stichprobenartigen Kontrollen begnügen, die zum Ergebnis hatten, daß Angeklagte in der DDR zwar weit weniger Rechte hatten, als es in der Bundesrepublik der Fall ist. Es fand sich jedoch kein Anhaltspunkt, daß diese Rechte auch noch verletzt worden waren.

Die MfS-Akten, denen Staatsanwalt Heller illegale Telefonabhöraktionen und Briefkontrollen entnommen hatte, konnte Klaus Braune tatsächlich nicht kennen. Sie gehörten in der DDR nicht zu den Aktenstücken, die mit Anklageerhebung dem Gericht übergeben wurden. Die in der Hauptverhandlung getroffenen Feststellungen waren auch Folge korrekter Wiedergaben der jeweiligen Beweiserhebungen. Dabei erwies es sich als außerordentlich vorteilhaft, daß in den Strafsenaten der Bezirksgerichte der DDR – anders als bei Landgerichten in der Bundesrepublik – über den Gang der Hauptverhandlungen Protokolle geführt wurden, die den wesentlichen Inhalt der Aussagen wiedergaben. Damit konnten der Verlauf der Hauptverhandlungen und insbesondere das Ergebnis der Beweisaufnahme exakt belegt werden.

In keinem Fall fand ich Anhaltspunkte, daß Klaus Braune einen anderen als den in der Hauptverhandlung festgestellten Sachverhalt zur Grundlage seiner Entscheidung gemacht haben könnte. Auch die Anwendung der Tatbestände des StGB/DDR war – so befremdlich die Gesetze auch zu sein schienen – nach dem Ergebnis meiner Prüfungen nicht zu beanstanden.

Die Wertungen der Staatsanwaltschaft in der Anklageschrift gegen

Klaus Braune waren für mich nach dieser Prüfung überwiegend nicht einmal mehr im Ansatz nachvollziehbar. Der von der Staatsanwaltschaft behauptete Verstoß der Normen gegen die Verfassung der DDR hätte – selbst wenn man den Verstoß unterstellte – nach den Ergebnissen meiner Prüfung nicht zur Unanwendbarkeit der Strafvorschriften des StGB/DDR geführt. Das war schlicht falsch.

Nicht anders als der Richter in der Bundesrepublik hatte auch der Rechtsanwender in der DDR bei der Prüfung einer Handlung auf strafrechtliche Relevanz von den einfachgesetzlichen Tatbeständen auszugehen. Zweifel an der Verbindlichkeit einer Norm wegen Verstoßes gegen höherrangiges Recht hätten gemäß Art. 89, Abs. 3, Satz 2 der Verfassung der DDR über eine Anfrage des Obersten Gerichts beim Staatsrat geklärt werden müssen, der allein eine Verwerfungskompetenz mit der Folge der Unanwendbarkeit einer Norm gehabt hätte.

Natürlich hatte das Oberste Gericht eine solche Anfrage nie an den Staatsrat gerichtet. Es war damit abwegig, Klaus Braune einen Vorwurf daraus zu machen, die Normen überhaupt angewandt zu haben. Das galt nicht nur wegen des angeblichen Verstoßes gegen die Verfassung der DDR, sondern auch und erst recht wegen der angeblichen Verletzung internationaler Verpflichtungen der DDR. Derartige Verpflichtungen machten innerstaatliche Gesetze noch weniger unanwendbar als vermeintliche oder tatsächliche Verstöße gegen die Verfassung.

Das in der Akte befindliche Gutachten des Staatsanwalts Dr. Meinerzhagen, das die Nichtigkeit vor allem des § 213 StGBDDR (unerlaubter Grenzübertritt bzw. »Republikflucht«) zum Ergebnis gehabt hatte, war nach meiner Überzeugung damit erledigt. Das war für mich so offensichtlich, daß ich mir die Anklage insoweit nur noch als Ausdruck politisch motivierten Verfolgungswillens erklären konnte.

Tatbestandsüberdehnungen vermochte ich ebenfalls nicht festzustellen. Die Tatbestände waren derart weit gefaßt, daß es kaum Probleme bereitete, das jeweils angeklagte Verhalten als Verletzung der einschlägigen Tatbestände des StGB/DDR anzusehen. Das galt vor allem in den 24 Fällen, in denen den Angeklagten schwerpunktmäßig landesverräterische Nachrichtenübermittlung vorgeworfen worden war. Es war nach dem Gesetzeswortlaut relativ einfach, in der Kontaktaufnahme zu DDR-feindlichen Organisationen und Übermittlung von Informationen dorthin eine landesverräterische Nachrichtenübermittlung zu sehen.

Die einschlägigen Vorschriften des StGB/DDR verlangten dazu lediglich die Mitteilung von irgendwelchen Nachrichten an DDR-feindliche Stellen, die nicht der Geheimhaltung unterlagen. Es stand dabei nicht in Frage, daß die Organisationen »Hilferufe von Drüben« oder »Internationale Gesellschaft für Menschenrechte« Einrichtungen waren, die als DDR-feindliche Vereinigung im Sinne des Gesetzes aufgefaßt werden konnten. Ihre Existenz begründete sich in der DDR-feindlichen Einstellung ihrer Mitglieder. Es reichte für eine Strafbarkeit nach dem StGB/DDR danach aus, mit einer solchen Organisation Kontakt aufzunehmen und Nachrichten an sie zu übermitteln. Das konnten theoretisch alle möglichen Informationen sein – auch die Bekanntgabe der eigenen Personalien und Berichte über erfolglose Ausreisebemühungen. Die Nachrichtenübermittlung mußte nur die abstrakte Eigenschaft haben, den Interessen der DDR zum Nachteil gereichen *zu können*. Und der Versender der Nachricht mußte wissen, daß die Nachrichten geeignet waren, den Interessen der DDR zu schaden. Nach der Kommentierung kam dabei jeder denkbare – mögliche – Nachteil in Betracht. Eine wie auch immer geartete Schädigung des Ansehens der DDR reichte also aus; die Verbreitung der Nachricht, daß Menschen in der DDR lebten, die das Land verlassen wollten, gehörte nach der Rechtsprechung des Obersten Gerichts der DDR zweifelsohne dazu.

Es spielte keine Rolle, daß die Nachrichten wahr waren. Wer über sich und seinen Ausreisewunsch konkrete Nachrichten an DDR-feindliche Organisationen weiterleitete, machte sich nach den Buchstaben des Gesetzes wegen landesverräterischer Nachrichtenübermittlung strafbar. Von Tatbestandsüberdehnung konnte in diesen Fällen deshalb – so perfide die Konstruktion des Tatbestandes auch erscheinen mag – keine Rede sein.

Die vier Sachen, die staatsfeindliche Hetze zum Gegenstand hatten, erschlossen sich ebenfalls dem Nachvollzug. Sie erwiesen sich entsprechend der Ankündigung von Klaus Braune allerdings tatsächlich als wesentlich schwieriger. Nichtsdestotrotz kam ich zu dem Ergebnis, daß sich – ausgehend von dem Wortlaut der gesetzlichen Vorschriften – Tatbestandsüberdehnungen nicht feststellen ließen. Besonderer juristischer Phantasie bedurfte es dazu nicht, es war lediglich erforderlich – wenn auch nicht immer einfach, den Blickwinkel eines DDR-Juristen einzunehmen, die die Welt aus gänzlich anderen Augen sah als ein in der Bundesrepublik sozialisierter Jurist.

Im Unterschied zum Tatbestand der landesverräterischen Nachrichtenübermittlung hatte § 106 StGB/DDR keinen durch Rechtsprechung und Kommentierung hinreichend abgesicherten Anwendungsbereich. Anklagen wegen Verstoßes gegen § 106 StGB/DDR waren in der DDR im Vergleich zu Verfahren wegen landesverräterischer Nachrichtenübermittlung auch eher selten. Eigenartigerweise hatte es in Dresden nur zu Beginn der 80er Jahre diese vier Urteile gegeben, von denen nur eines mit einem Rechtsmittel angegriffen worden war. Das Oberste Gericht war deshalb nicht sonderlich häufig dazu gekommen, Urteile zu überprüfen und Vorgaben zu entwickeln. Rechtsprechung zu Urteilen anderer Bezirksgerichte hatte es ebenfalls nur wenig gegeben.

Die angeklagten Verstöße gegen die Vorschrift waren auch vielschichtiger als die stereotyp wiederkehrenden Verbindungsaufnahmen Ausreisewilliger mit DDR-feindlichen Organisationen. Kommentierung und sonstige Vorgaben für die Richter bei der Rechtsanwendung konnten eine vollständige Erfassung des Anwendungsbereichs von § 106 StGB/DDR anders als bei der landesverräterischen Nachrichtenübermittlung deshalb nicht leisten. Bei der Anwendung des Tatbestandes der staatsfeindlichen Hetze war der Richter daher bisweilen auf sich selbst gestellt. Und die unendliche Weite des möglichen Anwendungsbereiches erschwerte diese Aufgabe, statt sie zu erleichtern. Die Verfahren, in denen Klaus Braune § 106 StGB/DDR angewandt hatte, bargen also größere Gefahren. Das machte zumindest bei drei der vier Fälle eine intensivere Auseinandersetzung erforderlich.

Der Fall Dr. Wilhelm Koch

Dr. Wilhelm Koch war von dem Bezirksstaatsanwalt Dresden im Jahre 1980 wegen staatsfeindlicher Hetze und ungesetzlicher Verbindungsaufnahme (§ 219 StGB/DDR) angeklagt worden. Die Hauptverhandlung gegen ihn fand am 2. März 1981 statt. Der 1. Senat des Bezirksgerichts Dresden unter dem Vorsitz von Klaus Braune verurteilte Dr. Koch zu einer Freiheitsstrafe von einem Jahr und vier Monaten. Er saß die Strafe vollständig ab bis zum 11. Januar 1982. An jenem Tag wurde er nach seinem Wohnort in Ebersbach entlassen.

Seine Ehefrau war Anfang 1980 von einer genehmigten Besuchsreise zu ihren Eltern nach Hamburg nicht zurückgekehrt. Ihrem Ehemann sowie den in der DDR zurückgebliebenen drei Kindern im Alter von 26, 15 und 12 Jahren hatte sie mitgeteilt, daß sie beabsichtige, in der Bundesrepublik Deutschland zu bleiben. Dr. Koch stellte daraufhin im Februar 1980 für sich und seine drei Kinder einen Ausreiseantrag. Das führte zu Observierungsmaßnahmen durch die Staatssicherheit und seiner Abberufung von seinen Funktionen als ärztlicher Direktor des medizinischen Betreuungsdienstes Ebersbach und als leitender Arzt der chirurgischen Krankenhausabteilung in Ebersbach. Mehrere Schreiben an die zuständigen Behörden, die seinen Ausreisewunsch stützen sollten, blieben ergebnislos. Es bestand keine Aussicht, daß der Ausreiseantrag genehmigt werden würde.

Durch westliche Rundfunksender wurde Dr. Koch auf die Aktivitäten der Gruppe um Lech Walesa in Polen aufmerksam. Unter dem 2. September 1980 richtete er zwei gleichlautende Briefe an die »Unabhängige polnische Arbeitergewerkschaft«, die er an unterschiedlichen Orten zum Versand brachte. In den Briefen benutzte er einige Formulierungen, die den Gegenstand des späteren Prozesses gegen ihn bilden sollten. Es hieß dort u.a.: »Deshalb haben hier nahezu alle Menschen Ihren Kampf mit großer Aufmerksamkeit, mit Bangen um Sie und das polnische Volk und ein eigenes brennendes Schamgefühl verfolgt. [...] Wenn bei den hinreichend bekannten Informationspraktiken über lange Zeit nur von Arbeitsunterbrechungen die Rede sein durfte. [...] Aus Gründen einer tiefen Verbundenheit trägt mein PKW, mit dem ich täglich einen Arbeitsweg von 80 km zurückzulegen habe, an seiner Front und Heckscheibe die traditionsreiche polnische Nationalflagge. [...] Zur Unterstützung aller Ihrer umfangreichen Verpflichtungen möchte ich Ihnen zunächst eine erste Spende von 3.000 M zukommen lassen und bitte um eine kurze Mitteilung, wie Sie diese Spende verläßlich erhalten können. Besteht eine derartige Möglichkeit, möchte ich mich bei Ihnen um den Status eines Freundes oder außerordentlichen Mitgliedes Ihrer freien Gewerkschaften bewerben.«

Beide Briefe wurden von den polnischen Behörden abgefangen und dem MfS der DDR zugeleitet. Am 12. September 1980 wurde Dr. Koch wegen des Verdachts der staatsfeindlichen Hetze festgenommen und in die Untersuchungshaft verbracht. Er wurde wegen staatsfeindlicher Hetze angeklagt, in der Hauptverhandlung wurde die Anklage um den Vorwurf einer ungesetzlichen Verbindungsaufnahme (§ 219 StGB/DDR) erweitert.

Die Verhandlung gegen Dr. Koch endete damit, daß er wegen staatsfeindlicher Hetze und ungesetzlicher Verbindungsaufnahme zu einer Freiheitsstrafe von einem Jahr und vier Monaten verurteilt wurde. Als staatsfeindliche Hetze wurde die Passage in den Briefen gewertet, wonach »bei den hinreichend bekannten Informationspraktiken über lange Zeit nur von Arbeitsunterbrechungen die Rede sein durfte.«

Darin sah der 1. Senat des Bezirksgerichts Dresden eine Verleumdung der Pressefreiheit in der DDR. Es werde damit behauptet, die Presse in der DDR informiere falsch und unvollständig bzw. sei der Zensur unterworfen. Ansonsten bestrafte das Gericht die Übermittlung der in dem Schreiben enthaltenen diversen Informationen als »ungesetzliche Verbindungsaufnahme« gemäß § 219 StGB/DDR. Danach wurde bestraft, wer Nachrichten ins Ausland übermittelte, die geeignet waren, den Interessen der DDR zu schaden.

Die Vorschrift des § 219 StGB/DDR unterschied sich von der »landesverräterischen Nachrichtenübermittlung« mit ihrer wesentlich höheren Strafdrohung dadurch, daß die Nachrichten keiner DDR-feindlichen Organisation im Ausland zugeleitet werden mußten und das Motiv nicht darin bestehen mußte, den Interessen der DDR zu schaden, wenn dies eine »objektive« Eigenschaft der Nachricht war.

Die Mitteilung des Angeklagten, daß »hier nahezu alle Menschen Ihren Kampf mit Aufmerksamkeit, Bangen und ein eigenes brennendes Schamgefühl mitverfolgen« sowie die übrigen in dem Schreiben enthaltenen Nachrichten brachten nach Auffassung des 1. Senats des Bezirksgerichts Dresden zum Ausdruck, »daß in der DDR Zustimmung und Sympathie zu den [...] Ereignissen in der VR Polen, die letztlich zu schwierigen Situationen, besonders augenfällig auf wirtschaftlichem Gebiet führten, geäußert werde«. Die Übermittlung derartiger Nachrichten ins Ausland konnten nach Auffassung des Gerichts der DDR schaden.

Der Verteidiger von Dr. Koch hatte Freispruch beantragt.

Rechtsmittel gegen das Urteil legten aber weder er noch Dr. Koch ein. Das Urteil wurde deshalb rechtskräftig und führte zur Inhaftierung von Dr. Koch bis zum 11. Januar 1982.

Der Fall Rolf Becker

Gegen Rolf Becker hatte die Bezirksstaatsanwaltschaft Dresden ebenfalls im Jahre 1980 Anklage erhoben. Ihm wurden versuchter und vorbereiteter ungesetzlicher Grenzübertritt, ungesetzliche Verbindungsaufnahme sowie staatsfeindliche Hetze zur Last gelegt. Der 1. Strafsenat des Bezirksgerichts Dresden verhandelte diese Anklage am 11. Dezember 1980. Ergebnis war eine Verurteilung des Angeklagten zu einer Freiheitsstrafe von fünf Jahren und sechs Monaten. Rolf Becker befand sich vom 22. Juli 1980 bis 18. September 1983 in Untersuchungs- bzw. Strafhaft.

Rolf Becker war 1959 im Alter von 18 Jahren in die NVA eingetreten. Er legte während seiner Dienstzeit das Abitur ab und qualifizierte sich zum Nachrichteningenieur. 1965 wurde er Lehroffizier. Nach einem dreijährigen Studium erwarb er einen Hochschulteilabschluß in der Fachrichtung Militärpädagogik. 1969 schied Rolf Becker aus der Armee aus und nahm ein weiteres Studium auf, das er 1974 abschloß. Bis zu seiner Verhaftung im Jahre 1980 arbeitete er als Ingenieur.

1961 war Rolf Becker in die SED eingetreten. Die Ereignisse in der CSSR im Jahre 1968 veränderten jedoch seine innere Einstellung zur DDR. Er trat 1969 aus der Partei aus – da deren Statut einen Austritt nicht vorsah, wurde er ausgeschlossen. 1975/76 begann er damit, seine Bewertungen und Ansichten zu den politischen und gesellschaftlichen Verhältnissen handschriftlich niederzulegen. Daraus wurde in den folgenden Jahren ein umfangreiches, mehrfach überarbeitetes Manuskript, in dem unter anderem zum Ausdruck kam, die Produktionsmittel in der DDR befänden sich in den Händen eines riesigen Staatsmonopols, das eine gezielte Profitwirtschaft zum Nutzen einer Gruppe von Menschen betreibe und die Werktätigen ausbeute, die DDR betrachte die Entwicklungsländer nur als Rohstofflieferanten, die DDR-Elite habe nach innen einen Apparat aufgebaut, der mit Demagogie, Gewalt und raffinierten Methoden den Bestand der Gesellschaft sichere. Die DDR sei das größte Konzentrationslager der Welt, an deren Grenzen die Menschen wie Wild gejagt und wie Hasen geschossen würden – um nur einige der insgesamt 28 Kernaussagen des Manuskripts zu nennen, das den späteren Anklagevorwurf bildete. Rolf Becker stellte dabei Überlegungen an, seine Schrift in Buchform in der Bundesrepublik veröffentlichen zu lassen.

Ab 1978 überdachte er daneben gemeinsam mit einem Arbeitskollegen und Bekannten verschiedene Möglichkeiten, die DDR ohne entsprechende Erlaubnis zu verlassen. Dazu bereiste er unter anderem das Grenzgebiet zur Bundesrepublik und beschäftigte sich intensiv mit den Voraussetzungen für die Herstellung eines Heißluftballons. Das mündete in der Erstellung einer weiteren Schrift mit dem Titel »Anweisungen für jüngere und ältere Ballonflieger«. Außerdem fuhr er in die CSSR, um sich über Zugverbindungen zu erkundigen und Versteckmöglichkeiten in Eisenbahnwaggons zu suchen. Am Prager Bahnhof stellte er mit entsprechendem Werkzeug Untersuchungen an einem Waggon an. Ermittlungen gegen seinen Arbeitskollegen führten auf seine Spur. Anläßlich einer in diesem Zusammenhang durchgeführten Hausdurchsuchung wurde das Manuskript gefunden.

Das Erstellen des Manuskripts sah der 1. Senat des Bezirksgerichts als staatsfeindliche Hetze an und die Absicht zur Veröffentlichung in der Bundesrepublik als ungesetzliche Verbindungsaufnahme, weil bereits das Erstellen einer Schrift mit dieser Absicht den Tatbestand erfüllte. Die Reisen ins Grenzgebiet sowie nach Prag bzw. die Beschäftigung mit Heißluftballons wertete das Gericht als strafbare Vorbereitungshandlungen zum ungesetzlichen Grenzübertritt.

Es verurteilte Rolf Becker zu einer Haftstrafe von fünf Jahren und sechs Monaten, von denen er unter Anrechnung der Untersuchungshaft drei Jahre und zwei Monate verbüßte. Rechtsmittel gegen das Urteil legten Rolf Becker und sein Verteidiger nicht ein.

Der Fall Wolfgang Wägner

Wolfgang Wägner war einer der ganz wenigen Angeklagten in den von Klaus Braune geführten Verfahren, der bis zu seiner Inhaftierung keine Anzeichen von Ausreisewillen gezeigt hatte. Er hatte weder einen Ausreiseantrag gestellt noch auf andere Weise versucht, in die Bundesrepublik überzusiedeln. Gegen ihn verhängte der 1. Senat des Bezirksgerichts Dresden am 13. Mai 1983 wegen staatsfeindlicher Hetze eine Freiheitsstrafe von sechs Jahren. Wolfgang Wägner befand sich vom 22. November 1982 bis 19. Juli 1984, also ein Jahr und acht Monate, in Untersuchungs- und Strafhaft, bis er aufgrund eines in der Haft gestellten Ausreiseantrags in die Bundesrepublik entlassen wurde.

Wolfgang Wägner hatte mit seiner Frau und drei Kindern in geordneten Verhältnissen gelebt und beruflich großen Erfolg. Nach seiner Ausbildung zum Diplom-Ingenieur war er zum Leiter der Abteilung Wissenschaft und Technik in einem größeren Kombinatsbetrieb aufgestiegen. Die Verhältnisse in der DDR belasteten ihn aber insbesondere mit dem Einmarsch der Truppen des Warschauer Pakts in die CSSR. Nach und nach entwickelte sich eine vollständige Ablehnung, für die Wolfgang Wägner nach einem Ventil suchte. Das bestand für ihn darin, daß er seine Empfindungen aufschrieb und ein Buchmanuskript verfaßte. Die Schrift trug den Titel »Karussel oder Das Deutsche Dilemma« mit dem Untertitel »Eine Art Tagebuch, geschrieben hinter dem eisernen Vorhang«.

Zum Inhalt dieses Buches traf der 1. Senat des Bezirksgerichts Dresden unter dem Vorsitz von Klaus Braune später folgende – von der Staatsanwaltschaft Dresden auch in dem gegen Klaus Braune geführten Verfahren nicht in Abrede gestellte – Feststellungen:

»Der Angeklagte teilte seine Schrift in fünf Abschnitte ein. Als Personen, die überwiegend in Form von Dialogen handeln, treten der Angeklagte als Sohn und später als Vater, dessen Sohn sowie mehrere fiktive Personen auf. Im ersten Abschnitt, der mit ›Kain und Abel‹ überschrieben ist, beschäftigt sich der Angeklagte mit den Ereignissen in der CSSR im Jahre 1968. Er wertet die Maßnahmen der verbündeten Armeen des Warschauer Paktes als Einschränkung der Souveränität der CSSR und stellt sie als Brudermord dar. Weiterhin vergleicht er die Teilnahme der Truppen der NVA mit dem faschistischen Überfalls im Jahre 1938.
(Entgegen anderslautenden Behauptungen hatte auf Ulbrichts Entscheidung kein NVA-Soldat an der Intervention der Warschauer-Pakt-Staaten teilgenommen – d. A.)
In dem 2. Abschnitt, den er mit der Überschrift ›Das Kind‹ versah, ging der Angeklagte auf die Zeit des Faschismus, insbesondere den Zusammenbruch des Nazireiches ein.
In dem Abschnitt ›Der Jüngling‹ beschrieb er die Nachkriegszeit und behauptete, daß die Manipulation der Massen aus der Zeit des Faschismus in der antifaschistisch-demokratischen Ordnung fortgesetzt werde, die neuen Machtorgane nur für die bedingungslose Ausführung sowjetischer Befehle geschaffen worden seien und die antifaschistisch-demokratische Ordnung andere politische Meinungen unterdrücke und sie einkerkere.
Die Vereinigung der beiden Arbeiterparteien im April 1946 bezeichnete er als Unterdrückung der SPD mit dem Ziel, damit jegliche Kontrolle

der Macht der Partei auszuschalten. Die Bildung der anderen Blockparteien bezeichnete er als Schauspiel einer Scheindemokratie, wobei die Führer dieser Parteien die gut honorierte Aufgabe hätten, ihre Mitglieder bei Nacht und Nebel in den Sog der SED-Ideologie zu lenken.
Dabei brachte er zur führenden Rolle der Arbeiterpartei zum Ausdruck, daß dies geistige Anleihen bei der Nazidiktatur seien. Er läßt sich selbst die Worte sprechen: ›Ein Wunder, daß ihr als gleiche Brüder nicht die gleichen Kappen tragt. Während sie die Farbe braun wählten, bevorzugt ihr das schlicht revolutionäre rot. Das ist aber auch der einzige Unterschied.‹
Die Gründung der Deutschen Demokratischen Republik des Staates der Arbeiter und Bauern bezeichnete er als ein Staatsgebilde, das auf Befehl entstanden sei, nicht vom Willen der Massen getragen werde und weder deutsch noch demokratisch noch eine Republik sei.
Hinsichtlich der Bildung des Volkseigentums brachte der Angeklagte zum Ausdruck, die Produktionsmittel hätten zwar den Besitz gewechselt, jedoch sei die Ausbeutung geblieben, ja noch schlimmer geworden. Die Wirtschaftsfunktionäre der DDR bezeichnete er als korrumpierte Elemente und Nichtskönner, die in Positionen lanciert würden, die sie ohne eigene Käuflichkeit nicht würden halten können.
Die konterrevolutionären Putschversuche im Juni 1953 in der DDR und im Jahre 1956 in der UVR stellte er als Versuch einer geschichtlichen Veränderung durch die Werktätigen dar, deren politische Forderungen jedoch durch die Macht ignoriert worden seien. Er brachte zum Ausdruck, die wahre Ursache dieser Ereignisse sei die Gewaltherrschaft, die mit einer brutalen Aktion auf den waffenlosen Streikmarsch reagiert habe.
Die kasernierte Volkspolizei bzw. die Nationale Volksarmee und deren Angehörige bezeichnete er als Landsknechte, die ein privilegiertes Leben führen. An anderer Stelle bezeichnet er sie als Arbeitsscheue und Dummeriane mit einer gewissen Zurückgebliebenheit, die ihre Minderwertigkeitskomplexe an ohnmächtigen Zivilisten abreagieren würden.
Den Befreiungskampf des vietnamesischen Volkes bezeichnete er als diktiert von rein imperialistischen Zwecken der Sowjetgroßmacht. Dazu brachte er wörtlich zum Ausdruck: ›Am scheußlichsten haben diese Absichten im Vietnamkrieg Gestalt angenommen.‹ In diesem Zusammenhang bezeichnete er die Politik der Sowjetunion als widerliche abgefeimte Antihumanität.
In dem vierten Abschnitt ›Der Mann‹ begründet der Angeklagte seine eigene politische Heuchelei gegenüber unserem Staat bei seinem Eintritt

in gesellschaftliche Organisationen. Er stellt dies als Erpressung dar und als Voraussetzung für persönliches und berufliches Fortkommen.
Die Sicherung der Staatsgrenze der Deutschen Demokratischen Republik diskriminiert er als Bau eines KZ, das die Wiedervereinigung Deutschlands verhindern solle und von dem die Geschichte hoffentlich einmal zu berichten haben würde, daß sie ein Wallfahrtsort würde wie die Eingangstore von Buchenwald, Dachau, Auschwitz, Bergen-Belsen und Ravensbrück.
Im 5. Abschnitt mit der Bezeichnung ›Das Kind‹ kommt der Angeklagte zu dem Ergebnis, daß die Väter, wie bereits unter dem Faschismus wiederum ihren Söhnen gegenüber heucheln müßten, da sonst ihre Existenz in Frage gestellt sei, sie sich den Machtverhältnissen unterwerfen müßten und von diesen materiell abhängig seien. Damit seien in der DDR alle Voraussetzungen gegeben, sich wieder dem Faschismus zu nähern.
Aus dieser Entwicklung seiner Thematik wählte der Angeklagte den Titel ›Karussel‹, um damit zu dokumentieren, daß keine Unterschiede bestünden zwischen den Verhältnissen im Faschismus und den Machtverhältnissen in der Deutschen Demokratischen Republik. An verschiedenen Stellen dieser Schrift griff der Angeklagte insbesondere die Partei der Arbeiterklasse, deren Mitglieder und führende Staats- und Parteifunktionäre an und beschimpfte diese. So bezeichnete er die Partei der Arbeiterklasse als Monopolpartei, die aus Dummköpfen und Karrieremachern bestehe. Desweiteren verleumdete er führende Funktionäre des Arbeiter- und-Bauern-Staates, indem er u. a. den ehemaligen Staatsratsvorsitzenden Walter Ulbricht als Nachfolger Hitlers bezeichnete und den Vorsitzenden des Ministerrates, Willi Stoph, als eine von Moskau ausgehaltene Marionette, die gegenüber Ulbricht nur den Vorzug habe, nicht so eunuchenhaft zu sächseln. Partei- und Staatsfunktionäre charakterisierte er als verlogene und verschlagene Typen, die kein Rückgrat, keine eigene Meinung, keinen Charakter hätten.
Die Politik der Sowjetunion bezeichnete er als imperialistische Weltherrschaftsbestrebungen und gebrauchte dabei Formulierungen wie: ›Die eindeutig expansive und deshalb imperialistische Politik geht von der UdSSR aus. Ihr nach wie vor unausgesprochenes Ziel ist die Weltherrschaft, ihr ausgesprochenes die Weltrevolution.‹ [...]«

Verfaßt hatte Wolfgang Wägner die Schrift in den Jahren 1969 und 1970, seine Ehefrau hatte die handschriftlichen Ausarbeitungen auf einer Reiseschreibmaschine abgeschrieben. Das auf diese Weise entstandene Manuskript war 169 Seiten stark. Gelesen wurde es im Familienkreis, ansonsten lag sie die überwiegende Zeit im Schrank, bis sein Sohn Mitte der 70er Jahre Interesse daran zeigte. 1973 unternahm Wolfgang Wägner den Versuch, die Schrift in die Bundesrepublik bringen zu lassen. Er hatte einen Besucher aus der Bundesrepublik gefragt, ob er das Manuskript mitnehmen und sich um eine Veröffentlichung bemühen würde. Das war aber ebenso ergebnislos geblieben wie der Versuch, das Manuskript anläßlich eines Europa-Cup-Spiels zwischen Dynamo Dresden gegen Bayern München am 7. November 1973 einem Spieler oder Funktionär des FC Bayern München zu übergeben.

Der 1. Senat des Bezirksgerichts Dresden wertete das Erstellen der Schrift und den nachfolgenden Umgang damit als planmäßige staatsfeindliche Hetze gemäß § 106 Abs. 1, Ziff. 1 und 3, Abs. 2 StGB/DDR.

Wolfgang Wägner wurde am 13. Mai 1983 zu einer Freiheitsstrafe von sechs Jahren verurteilt.

Ein Jahr und acht Monate verbrachte er im Gefängnis.

2. Kapitel: Die Grundlagen der Verteidigung

Die Verfahren wegen staatsfeindlicher Hetze führten mir die grausame Rechtswirklichkeit des realen Sozialismus nochmals eindringlich vor Augen. Ich konnte das jeweils angeklagte Verhalten zwar unter den Tatbestand des § 106 StGB/DDR subsumieren. Aus meiner Sicht waren es aber natürlich größtenteils Wahrheiten, die die damals Angeklagten ausgesprochen, aufgeschrieben oder gelesen hatten und dafür verurteilt worden waren. Es fiel mir auch sehr schwer, eine Betrachtung allein aus der Sicht und Interessenlage der DDR anzustellen.

Die drakonischen Strafen für die Mitteilung des Ausreisewunsches und die Übermittlung persönlicher Daten an fremde Organisationen konnte ich wegen der damit verbundenen DDR-feindlichen Propaganda in gewisser Weise noch nachvollziehen. Kein Staat hat es gern, wenn seine Bewohner das feindliche Ausland mit Propagandamaterial versorgen.

Die Bestrafung der Niederschrift eigener Gedanken oder das Lesen bzw. die Weitergabe fremder Schriften empfand ich demgegenüber als Eingriff in die Gedankenfreiheit. Der Staat versuchte damit, bereits die Entwicklung kritischen Gedankengutes um jeden Preis zu unterbinden. Staatsgefährdendes Gedankengut wird zwar in vielen Staaten auf diese oder ähnliche Weise unterdrückt – auch in der Bundesrepublik. Ausgehend davon, daß die verbreiteten Schriften nach meinem Verständnis grundsätzlich zutreffende Erkenntnisse wiedergaben und deshalb nichts Widerrechtliches sein konnten, hatte ich jedoch durchaus Probleme, die Verfahren wegen staatsfeindlicher Hetze nicht wie die Staatsanwaltschaft per se als Rechtsbeugung anzusehen.

Diese Sichtweise hatte ihre Ursache nach meiner inzwischen gewonnenen Überzeugung jedoch vor allem in der zutiefst negativen Grundeinstellung gegenüber der DDR, die ihre Existenz in der Bundesrepublik während der gesamten Zeit begleitete und heute im wiedervereinigten Deutschland mindestens ebenso stark ausgeprägt ist. Das hatte die Grundlage auch meiner Sozialisierung gebildet.

Es fehlte danach schon die Bereitschaft, der DDR überhaupt Maßnahmen zum Selbstschutz zuzugestehen. Die DDR war als Ergebnis des 2. Weltkriegs unbeschadet der in der Bundesrepublik dazu vertretenen Theorien zwar ein weltweit anerkannter und souveräner Staat gewesen. In der Bundesrepublik galt die DDR gleichwohl nie als legitimiertes Staatsgebilde, das ein Recht zum Selbstschutz hätte haben können. Das stand sozusagen stets vor der Klammer bei der Betrachtung der DDR und damit auch bei der Bewertung der Normen des politischen Strafrechts. Die hohen Strafen machten es auch nicht gerade leicht, sich von dieser Betrachtungsweise zu lösen.

Das Vorverständnis war weiterhin davon geprägt, einen Willen zur Umsetzung der Ideale des Sozialismus durch die damaligen Machthaber schlichtweg zu leugnen. Das seit jeher in der Bundesrepublik und heute im wiedervereinigten Deutschland vermittelte Bild der DDR war und ist vielmehr das einer Diktatur, in der die herrschende Schicht zum Zwecke des eigenen Machterhalts die Bevölkerung unterdrückte. Die Idee des Sozialismus wurde danach von Anfang an von einer machthungrigen Clique benutzt, um persönlichen Interessen zu dienen. Da fügen sich übermäßig harte Bestrafungen politisch Andersdenkender nahtlos in das von der Staatssicherheit getragene Terrorinstrumentarium mit dem Ziel des Machterhalts ein. Die Folge, die politische Strafjustiz der DDR generell als Unrecht zu begreifen und allein noch die Grenze zu suchen zwischen Unrecht und Rechtsbeugung, erscheint danach nahezu zwingend.

Es ist im Rahmen einer Auseinandersetzung mit der Justiz der DDR natürlich müßig, darüber zu richten, ob die beschriebene Grundeinstellung zur DDR dem Staat gerecht wird oder nicht. Ich kann und will das in Ermangelung einer eigenen DDR-Vergangenheit nicht beurteilen. Allerdings gewann ich im Laufe der Zeit zunehmend die Überzeugung, daß sämtliche meiner Mandanten in Rechtsbeugungsverfahren aus ehrlicher Überzeugung eine völlig andere Grundeinstellung zu »ihrem« Staat und dessen Maßnahmen hatten. Das war zum einen gewiß den persönlichen Chancen geschuldet, die ihnen die DDR geboten hatte, vor allem aber auch einer grundlegenden ideologischen Schulung, die sie bereitwillig aufgenommen hatten.

Danach waren die Gründung der DDR und die Etablierung der sozialistischen Welt ein Wendepunkt der Weltgeschichte, der die Umkehrung über Jahrtausende gewachsener gesellschaftlicher Strukturen markieren sollte. Angeführt von überzeugten Kommunisten, die zum großen Teil im Dritten Reich wegen ihrer politischen Überzeugung – und nicht wegen des Strebens nach einem wie auch immer gearteten Vorteil – jahrelang in permanenter Lebensgefahr schwebend in Konzentrationslagern oder Gefängnissen hatten leben müssen, galt es, zunächst den imperialistischen Feind zu besiegen, der keine Mühen scheute, diese für ihn existenzbedrohende Erscheinung eines realen

Sozialismus zu bekämpfen. Die gewaltige Aufgabe, die der Aufbau der sozialistischen Welt darstellte, erforderte ein hohes Maß an Geschlossenheit und Loyalität der eigenen Bevölkerung. Abweichungen von diesem vorgezeichneten Weg konnten nicht geduldet werden, um nicht das historische Ziel zu gefährden.

Harte Bestrafungen mußten in Anbetracht der immensen Aufgabe, die zu bewältigen war, auch für die Niederschrift systemkritischer Gedanken als notwendiges Übel hingenommen werden. Denn die körperliche Verfestigung staatsgefährdenden Gedankenguts barg eine Vielzahl von Gefahren – sei es die der Verbreitung innerhalb der DDR oder sei es die der propagandistischen Nutzung durch den imperialistischen Feind.

Keiner der Juristen, die die DDR-Justiz in Verfahren unter meiner Beteiligung zu beurteilen hatten, betrachtete die DDR freilich mit dieser Grundeinstellung. Die zur Entscheidung berufenen Richter am Bundesgerichtshof oder an den Instanzgerichten hatten – bis auf ganz wenige Ausnahmen junger beisitzender Richter an den Landgerichten – keine eigene DDR-Vergangenheit, die es ihnen auch nur theoretisch erlaubt hätte, die Justiz der DDR auf der Basis einer sozialistischen Grundüberzeugung zu beurteilen. Ihnen – und auch mir – blieb nur der positivistische Ansatz auf bundesrepublikanischer Basis, der notwendig in die beschriebenen Konflikte führt.

Es ist nach meiner inzwischen gewonnenen Überzeugung deshalb gänzlich unmöglich, den früheren Richtern und Staatsanwälten in der DDR auf diese Weise gerecht zu werden. Denn eine die Rechtswirklichkeit berücksichtigende Beurteilung kann sich nur ergeben, wenn die damals geltenden Gesetze auch im Lichte der damals herrschenden durch und durch staatsbejahenden Grundeinstellung betrachtet werden. Ausgehend von der in der Bundesrepublik spätestens durch die Rehabilitierungspraxis zum Ausdruck gekommenen Vorstellung, die politische Strafjustiz in der DDR sei grundsätzlich Unrecht gewesen und es könne nur darum gehen, die Grenzen zur Rechtsbeugung zu suchen, muß es dagegen zu einer mit dem heutigem Bewertungsmaßstab gefärbten Beurteilung kommen. Mit der vom Einigungsvertrag geforderten Anwendung des Rechts der DDR ist das nach meiner Überzeugung zwar nicht mehr zu vereinbaren. Das änderte aber leider nichts an der Realität im Umgang mit der DDR-Strafjustiz durch die bundesrepublikanischen Strafverfolgungsbehörden.

Den NS-Juristen war dieses Problem übrigens erspart geblieben. Das verdient in diesem Zusammenhang erneut Erwähnung. Denn eine Rehabilitierungswelle wie nach dem Zusammenbruch der DDR hatte es nach dem Ende der Nazi-Diktatur nicht gegeben. Der Unrechtscharakter der NS-Justiz gehörte mithin nicht zum gesetzgeberischen und richterlichen Vorverständnis bei der strafrechtlichen Aufarbeitung der Rechtsprechung zwischen 1933 und 1945. Die bundesdeutschen Richter der Nachkriegszeit hatten darüber hinaus in hoher Anzahl bereits vor 1945 der Justiz gedient und zumindest während dieser Zeit die Gesetze des Dritten Reichs mit einer staatstragenden Grundeinstellung ausgelegt und angewandt. Es wird ihnen also nicht sonderlich schwergefallen sein, dieses Grundverständis zu reaktivieren, als es um die Beurteilung ihrer Kollegen ging. Es ist nur zu verständlich, daß sie sich mit Verurteilungen sehr schwer taten, obwohl das Unrecht in zwölf Jahren NS-Justiz auch nach heutigen Maßstäben um ein Vielfaches größer gewesen war als in der politischen Strafjustiz in 40 Jahren DDR.

Ein weiterer Grund für die milde Behandlung der NS-Juristen dürfte auch die Situation auf dem Arbeitsmarkt nach 1945 gewesen sein. Viele Richter und Staatsanwälte waren im Krieg ums Leben gekommen, und es gab dringenden Bedarf an Juristen. Eine ehrliche Aufarbeitung der NS-Justiz hätte die ohnehin bestehenden Probleme gewiß noch verstärkt. In der Bundesrepublik des Jahres 1990 gab es demgegenüber einen erheblichen Überschuß an Juristen, die von der ehemaligen DDR wie von einem Schwamm aufgesogen wurden. Das reichte zwar noch nicht ganz aus, um die Richter und Staatsanwälte der DDR komplett arbeitslos zu machen. Die Bundesrepublik blieb vielmehr auf zahlreiche DDR-Juristen angewiesen. Hätte es 1990 in der Bundesrepublik jedoch nicht den damals vorhandenen Überschuß an Juristen gegeben, hätte die Einleitung der zahlreichen Ermittlungsverfahren die Gefahr des Zusammenbruchs der Justiz geborgen. Das hätte mit großer Sicherheit zu milderen Ergebnissen bei der Aufarbeitung der DDR-Justiz geführt.

Verglichen mit den NS-Richtern ergab sich daraus auch für Klaus Braune ein erheblicher Nachteil.

Diese Überlegungen ermöglichten es mir, trotz meiner bis heute bestehenden Bedenken gegen die Verurteilungen ausreisewilliger DDR-Bürger, meinen Mandanten aus tiefer Überzeugung mit dem Ziel eines Freispruchs zu verteidigen. Denn meine darauf aufbauenden juristischen Erwägungen führten mich zu dem Ergebnis, daß eine Bestrafung der Richter und Staatsanwälte der DDR jedenfalls an Zweifeln hinsichtlich der subjektiven Seite würde scheitern müssen. Ich war zuversichtlich, daß die große Distanz bundesdeutscher Richter zur DDR-Justiz meinem Mandanten spätestens bei der Prüfung des Vorsatzes zugute kommen müßte. Insbesondere hoffte ich auf die Einsicht, daß es mit einem bundesrepublikanisch geprägten Vorverständnis unmöglich sei, sich in die Gedankenwelt des damaligen Richters hineinzuversetzen, um dessen innere Einstellung zu den Geschehnissen zu erforschen. Die Festlegung im Einigungsvertrag, bei der Aufarbeitung der DDR-Justiz ausschließlich das Recht der DDR anzuwenden, führte aus meiner Sicht zwingend zu diesem unüberwindbaren Hindernis auf dem Weg zu einer Verurteilung. Aber es war natürlich klar, daß es sehr schwer werden würde, die Richter am Bezirksgericht Dresden davon zu überzeugen. Die Aufgabe bestand immerhin darin, den Richtern begreiflich zu machen, daß sie den Sachverhalt, über den sie entscheiden sollten, ebensowenig wie ich beurteilen können.

Verteidigungslinien

Es erschien mir angesichts der zu erwartenden Schwierigkeiten allerdings zunächst nicht sinnvoll, die Verteidigung auf derartige Erwägungen aufzubauen. Denn der von der Staatsanwaltschaft vertretene und in der Anklageschrift zum Ausdruck kommende juristische Ansatz zur Aufarbeitung der DDR-Strafjustiz entsprach der damals herrschenden Stimmung im Umgang mit der DDR. Ich ging davon aus, daß es vorerst wenig Sinn machen würde, den Schwerpunkt der eigenen Argumentation in den theoretischen Grundlagen der DDR und den sich daraus ergebenden Ableitungen zu suchen. Das hätte sowieso niemand ernstgenommen, ich hatte ja selbst Schwierigkeiten damit. Daraus schlußfolgerte ich, die Verteidigung in erster Linie auf dem positivistischen Ansatz aufbauen zu müssen, daß Klaus Braune das zu DDR-Zeiten geltende Recht angewandt und niemals die Absicht gehabt habe, das Recht der DDR zu beugen.

Unter Ausklammerung der ideologischen Grundlagen des DDR-Strafrechts fertigte ich unter dem 19. Januar 1993 eine darauf basierende Stellungnahme zur Anklageschrift, verbunden mit dem Antrag, die Anklage nicht zur Hauptverhandlung zuzulassen. Die Stellungnahme mußte ich an das am 1. Januar 1993 gebildete Landgericht richten. Das Bezirksgericht war aufgelöst und entsprechend der Justizstruktur in den alten Bundesländern waren in Sachsen Amts- und

Landgerichte sowie ein Oberlandesgericht eingerichtet worden. Richter Gerd Halfar wurde Vizepräsident des Landgerichts.

In meiner nunmehr an die 5. Kammer des neugebildeten Landgerichts gerichteten Stellungnahme beschwerte ich mich zunächst über die mangelnde Konkretisierung des Anklagevorwurfs. Die bloße Wiedergabe des Urteilsinhalts im Anklagesatz mit der pauschalen Behauptung, das sei Rechtsbeugung, war aus meiner Sicht keinesfalls hinreichend. Auch die nicht minder pauschalen Erläuterungen im wesentlichen Ergebnis der Ermittlungen, die die damalige Verurteilungsgrundlage bildenden Normen des DDR-Strafgesetzbuchs hätten nicht oder jedenfalls nicht in der erlebten Weise angewandt werden dürfen, schienen mir nicht ausreichend, um eine konkrete Einlassung zu den einzelnen Fällen abgeben zu können. Ich hatte die Befürchtung, daß – wenn überhaupt – frühestens im Laufe der Hauptverhandlung bei der Erörterung der einzelnen Urteile konkretisiert werden würde, welche gedanklichen Schritte bei der Rechtsfindung durch Klaus Braune rechtsbeugerisch gewesen sein sollen. Das beanstandete ich, weil ein Angeklagter das Recht hat, vor Beginn der Verhandlung darüber in Kenntnis gesetzt zu werden, was ihm konkret vorgeworfen wird. Diesem Anspruch war die Anklageschrift nach meiner Überzeugung nicht gerecht geworden.

Den Vorwurf, die damals im DDR-StGB enthaltenen Gesetze hätten gegen internationales oder höherrangiges Recht verstoßen und deshalb nicht angewendet werden dürfen, wies ich zurück. Unabhängig von der Richtigkeit dieser Behauptung hätte ein Verstoß einer im DDR-StGB enthaltenen Norm nicht zu deren Unanwendbarkeit geführt. Das sähe auch das Recht der Bundesrepublik nicht vor. Folge eines Verstoßes eines Gesetzes gegen höherrangiges Recht sei in der Bundesrepublik vielmehr ein Normenkontrollverfahren vor dem Bundesverfassungsgericht gemäß Artikel 100 GG, um die Verbindlichkeit der Norm festzustellen. In der DDR hätte es ein ähnliches Verfahren gegeben. Art. 89 Abs. 3 Satz 2 der Verfassung der DDR hätte eine Anfrage beim Staatsrat zur Vereinbarkeit einer Norm mit höherrangigem Recht ermöglicht, deren Ausgang unschwer zu prognostizieren gewesen wäre. Anfragebefugt sei aber nur das Oberste Gericht der DDR gewesen. Ohne vorherige Aufhebung des Gesetzes sei ein Richter in der ehemaligen DDR also gehalten gewesen, einfachgesetzliche Vorschriften unbeschadet etwaiger völkerrechtlicher Verpflichtungen anzuwenden. Auch in der Bundesrepublik seien Beschlüsse des Bundesverfassungsgerichts in Normenkontrollsachen gemäß § 31 Abs. 1 BVerfGG bindend, so daß es für den Richter keinen Spielraum gäbe.

Die Nichtanwendung der Vorschriften wäre – zu Recht – als Rechtsbeugung verfolgt worden, ihre bloße Anwendung könne deshalb heute unmöglich als Gesetzesverstoß geahndet werden.

Weiterhin rügte ich, daß sich die Staatsanwaltschaft nur unzureichend mit den gesetzlichen Grundlagen der Tätigkeit eines Richters in der ehemaligen DDR auseinandergesetzt habe. Sie unterstellte nach meiner Auffassung ein Maß an Unabhängigkeit, daß das Grundgesetz der Bundesrepublik Richtern gewährt, in der DDR jedoch nicht einmal theoretisch existiert habe. So regelte die Verfassung der DDR in Art. 96 Abs. 1, daß die Richter an die Verfassung, die Gesetze und andere Rechtsvorschriften gebunden seien. Zu letzteren gehörten nach der einschlägigen – und einzigen – Kommentierung zur Verfassung der DDR auch die vom Obersten Gericht herausgegebenen Richtlinien, zu denen das Oberste Gericht eine »Anleitungsbefugnis« hatte. Derartige Anleitungen existierten in Form von »Richtlinien« oder »Standpunkten« in Hülle und Fülle. Getragen vom Willen einer einheitlichen Rechtsanwendung in der DDR hatten diese Instrumente dazu geführt, daß die Instanzgerichte genauestens darüber unterrichtet waren, wie das Oberste Gericht einzelne Vorschriften bzw. Tatbestandsmerkmale interpretierte. Daran hatten sich die Richter in der ehemaligen DDR zu halten. Und für mich ergab sich daraus eine ganz wesentliche Einschränkung ihres Handlungsspielraums, den die Staatsanwaltschaft zu ignorieren schien.

Prozeßrechtliche Verstöße vermochte ich im Gegensatz zur Staatsanwaltschaft nicht zu erkennen. Die diesbezüglichen Vorwürfe im wesentlichen Ergebnis der Ermittlungen in der Anklageschrift erwiesen sich nach meiner Ansicht bei näherer Betrachtung als haltlos. Zwar hatte Klaus Braune in den Verfahren stets die Öffentlichkeit ausgeschlossen, das war jedoch von § 211 Abs. 3 StPO/DDR gedeckt gewesen. Danach konnte die Öffentlichkeit ausgeschlossen werden, wenn es die Notwendigkeit der Geheimhaltung bestimmter Tatsachen erforderte. Das war – ausgehend von der Sichtweise der DDR-Justiz – stets der Fall, denn es bestand ein Interesse daran, daß die Anschriften der von den Angeklagten kontaktierten staatsfeindlichen Organisationen nicht bekannt wurden und die staatsfeindlichen Inhalte der verfaßten oder gelesenen Schriften auch noch öffentlich dargelegt werden.

Ebensowenig ergab sich nach meiner Auffassung ein Verstoß gegen den in der DDR geltenden Grundsatz der Gesetzlichkeit der Beweisführung. Die Staatsanwaltschaft hatte sich insoweit zwar auf nach ihrem Verständnis illegale Brief und Telefonkontrollen gestützt, es erschien mir jedoch überflüssig, weiter darauf einzugehen. Denn die Verurteilungen beruhten ausnahmslos auf in der Hauptverhandlung erklärten Geständnissen und nicht auf die im Ermittlungsverfahren gewonnenen Beweise. Wären diese tatsächlich auf illegale Weise gewonnen worden, wäre nicht einmal sicher gewesen, ob für sie nach dem Recht der DDR ein Verwertungsverbot bestanden hätte. Und es erschien abwegig, daß die abgegebenen Geständnisse wegen der nach Auffassung der Staatsanwaltschaft illegalen Brief- und Telefonkontrollen nicht hätten verwertet werden dürfen. Selbst die StPO der BRD sieht ein solches Beweisverwertungsverbot nicht vor.

Gerade dieses Beispiel zeigte, wie sehr die Anklage die Verantwortlichkeit für verschiedene Verfahrensschritte miteinander vermengte und Klaus Braune zum Allverantwortlichen machen wollte.

Ausführlich befaßte ich mich damit, daß es jedenfalls am erforderlichen Vorsatz für einen Verstoß gegen § 244 StGB/DDR fehle. Die Anklage ging insoweit davon aus, daß die Tätigkeit von Klaus Braune als Parteisekretär von 1975 bis 1980, als Justizinspektor des Bezirksgerichts Dresden im Bereich Zivilrecht von 1966 bis 1970 und als abgeordneter Richter bei einem Zivilsenat des Obersten Gerichts von 1964 bis 1965 auf die Kenntnis von der Beeinflussung der Justiz durch die Partei schließen lasse. Dem war entgegenzuhalten, daß die führende Rolle der Partei in der DDR Verfassungsgebot gewesen sei und sich daraus kein Rechtsbeugungsvorsatz ergeben könne.

Darüber hinaus mache sich die Staatsanwaltschaft offenkundig falsche Vorstellungen von der Tätigkeit eines Parteisekretärs. Seine Aufgabe habe nicht darin bestanden, Sachentscheidungen von Gerichten im Sinne der Partei zu beeinflussen. Auch seine konkrete Tätigkeit als Justizinspektor habe in der Bearbeitung von Eingaben von Bürgern auf dem Gebiet des Zivilrechts bestanden.

Die Staatsanwaltschaft Dresden nannte in der Anklageschrift noch eine Reihe weiterer Indizien, die aus ihrer Sicht keinen Zweifel daran ließen, daß Klaus Braune mit Rechtsbeugungsvorsatz gehandelt habe. Im Ergebnis liefen die dazu aufgestellten Behauptungen darauf hinaus, daß jedem Rechtsanwender in der ehemaligen DDR das Unrecht der politischen Strafjustiz klar gewesen sein müsse. Soweit sich

Klaus Braune zu den Tatvorwürfen eingelassen habe – das hatte er zu einem Zeitpunkt vor meiner Bestellung leider schon umfassend getan –, seien seine Angaben widersprüchlich. An seinem Vorsatz könne es deshalb keinen Zweifel geben.

Um dem etwas entgegenzusetzen, beantragte ich die Vernehmung sämtlicher noch tätiger Richter und Staatsanwälte der DDR-Justiz. Sie wollte ich nach ihrem Verständnis von der Verbindlichkeit oder vom Unrechtscharakter des politischen Strafrechts der DDR befragen. Ich war mir dabei sicher, daß das Ergebnis eine allgemeine Akzeptanz der Verbindlichkeit der Vorschriften unter den Juristen der ehemaligen DDR sein würde. Die Vorstellung, ein in der DDR ausgebildeter und als Richter oder Staatsanwalt tätiger Jurist würde aussagen, er habe schon immer gewußt, daß die DDR ein Unrechtsstaat sei, schien mir absurd.

Unterstützung für die Verteidigung

Es geschah dann einige Monate nichts Wesentliches. Ich führte im Laufe des Jahres 1993 einige Gespräche mit dem Vorsitzenden der Kammer, der mir einige Termine in Aussicht stellte. Zunächst wollte er im Sommer mit der Verhandlung beginnen. Daraus wurde aber nichts. Später hieß es dann, das Verfahren solle im Oktober anfangen.

Eine Entscheidung über meinen Antrag auf Ablehnung der Eröffnung des Hauptverfahrens lag mir zu diesem Zeitpunkt nicht vor. Die offene Art, in der Richter Halfar mit mir über den Zeitpunkt des Beginns der Hauptverhandlung sprach, ließ mich allerdings mehr als nur erahnen, daß das Gericht meinem Antrag nicht folgen würde. Denn eine Hauptverhandlung hätte nicht mehr stattgefunden, wenn das Gericht im Sinne meines Antrags entschieden hätte. Mir war allerdings auch von Anfang an klar gewesen, daß mein Antrag nur wenig Aussicht auf Erfolg haben würde. Es gab später in Dresden zwar eine Reihe von Entscheidungen, die die Durchführung einer Hauptverhandlung in Rechtsbeugungssachen ablehnten. In dem Klaus Braune betreffenden Verfahren war damit aber nicht zu rechnen. Es war klar, daß gegen den früheren Vorsitzenden des politischen Senats beim Bezirksgericht eine Verhandlung würde stattfinden müssen, um über Schuld oder Unschuld zu entscheiden. Der Antrag mitsamt Begründung sollte auch in erster Linie bewirken, daß sich das Gericht im Vorfeld der Verhandlung mit unserer Grundposition auseinandersetzen konnte. Schließlich mußte der Anklageschrift etwas entgegengesetzt werden. Dieses Ziel glaubte ich erreicht zu haben.

Im Zuge der Erörterung des Hauptverhandlungstermins stellte sich heraus, daß die Kammer insgesamt 17 Verhandlungstage einplante. Damit wurde die Absicht des Gerichts offenkundig, dem Verfahren den Raum zu geben, der mit der Anklageschrift erstrebt war. Vermutlich gab es dazu auch keine Alternative. Das nunmehr sicher zu erwartende Ausmaß der Verhandlung veranlaßte den Vorsitzenden der Kammer jedoch dazu, mich dazu zu befragen, ob ich die Beiordnung eines weiteren Pflichtverteidigers für erforderlich hielte. Das war ein ehrlich gemeintes Angebot, die Verteidigung im erforderlichen Maße zu stärken, wie überhaupt das Verhalten des damaligen Vizepräsidenten am Landgericht Gerd Halfar von dem Bemühen geprägt war, das Verfahren ausgewogen zu gestalten. Bei allem Streit, den wir im Laufe des Prozesses haben sollten, bin ich mit dem heutigen Abstand der Überzeugung, ein faires Verfahren mit einem durch und durch korrekten Vorsitzenden erlebt zu haben. Während des Prozesses war ich zwar nicht immer dieser Ansicht. Das ist bei einem derart brisanten Verfahren aber sicher nichts Ungewöhnliches.

Es war für mich keine Frage, wen ich um Unterstützung in dem Verfahren gegen Klaus Braune bitten würde. Mein langjähriger Freund und Studienkollege Wolfgang Söllner war seit 1992 ebenfalls in Dresden als Rechtsanwalt tätig. Er vereinigte die Eigenschaften in sich, die ich von einem Mitverteidiger erwartete. Ich setzte mich deshalb sofort mit ihm in Verbindung, um ihn nach seiner Bereitschaft zur Übernahme des Mandats zu befragen.

Der aus Münster in Westfalen stammende Wolfgang Söllner war 1992 von Dortmund nach Dresden übergesiedelt, also ein Jahr später als ich. Wir kannten uns seit 1981, als wir gemeinsam das Jura-Studium in Münster aufgenommen hatten. Über die Jahre hatte sich daraus eine Freundschaft entwickelt.

Die Behandlung der DDR-Strafjustiz nach 1990 war schon vor der Übernahme des Mandats Thema gewesen. Das intensivierte sich, nachdem ich der Verteidiger von Klaus Braune geworden und wir beide noch mit einigen anderen Mandaten ähnlicher Natur betraut worden waren. Gemeinsam war uns, daß wir zwar keine positive Grundeinstellung gegenüber der DDR hatten, andererseits hatten wir aber sehr schnell bemerkt, daß Pauschalverurteilungen der DDR in der Bevölkerung kritisch aufgenommen wurden. Viele blickten auf ihr

Leben in der DDR selbstbewußt zurück und waren nicht bereit, diesen Teil ihres Lebens pauschal negativ besetzen zu lassen. Schließlich war unsere innere Bereitschaft zur Einnahme der Verteidigerposition sicher auch emotional bedingt, denn die Selbstherrlichkeit, die die Bundesrepublik im Umgang mit der DDR und ihren Bewohnern an den Tag legte, störte uns massiv.

Geprägt von diesem Vorverständnis waren wir schnell zu dem Ergebnis gekommen, daß die Durchführung von Strafprozessen nicht der richtige Weg sei, um der DDR-Justiz und den für sie tätigen Menschen gerecht zu werden. Sinnvoll wäre es nach unserer Überzeugung allenfalls gewesen, die 40 Jahre DDR und ihre Justiz ohne die sich aus einem Strafprozeß notwendig entwickelnde konfrontative Situation aufzuarbeiten, jedenfalls soweit die in vorderster Front stehenden Richter und Staatsanwälte betroffen waren. Es hatte sich schon kurze Zeit nach 1990 gezeigt, daß die Justiz der DDR keine Terror- und Willkürjustiz wie etwa die Justiz zwischen 1933 und 1945 war. Willkürliche Todesurteile hatte es allenfalls in der SBZ/frühen DDR, von Rassenhaß getragene Diskriminierung oder ähnliche Phänomene gar nicht gegeben.

Unrecht sollte natürlich auch nach unserer Auffassung gesühnt werden, allerdings nicht gegenüber den Vollzugsorganen wie Richtern oder Staatsanwälten, sondern bei den tatsächlichen Verantwortungsträgern, so es sie denn gab. Richter und Staatsanwälte hatten sich zwar instrumentalisieren lassen, hatten dabei aber selbst keine verfahrensfremden Ziele verfolgt. Sie hatten – soweit wir das beurteilen konnten – vielmehr auf dem ihnen zugewiesenen Platz einen Beitrag zur Verwirklichung des Staatsziels mit den ihnen zur Verfügung gestellten Mitteln leisten wollen. Sie saßen aus unserer Sicht deshalb auch nur stellvertretend für ein System auf der Anklagebank. Dem Ziel, Verantwortung zu suchen und zu ahnden, um diejenigen auszugrenzen, die andere für eigene Zwecke instrumentalisiert hatten, konnten die Anklagen gegen Richter und Staatsanwälte der ehemaligen DDR deshalb nicht dienen.

Strafprozesse gegen Richter und Staatsanwälte schadeten nach unserer Auffassung der notwendigen Entwicklung in der Bundesrepublik auch aus anderen Gründen mehr als sie nutzten. Notwendig wäre es damals gewesen, aufeinander zuzugehen, nachdem der Sozialismus Geschichte war. Strafprozesse mit den darin sich aufbauenden Fronten spalten, sie einen nicht. Es liegt nun einmal in der Natur der Sache, daß ein angeklagter früherer Richter oder Staatsanwalt seine Verteidigung danach ausrichtet, selbst nicht oder nur wenig bestraft zu werden, statt bei der Aufarbeitung der DDR-Strafjustiz behilflich zu sein, um daraus Lehren für die Zukunft ziehen zu können. Anderes hätte sicher gegolten, wenn die DDR-Justiz vergleichbar gewesen wäre mit der NS-Justiz. Das war sie aber nicht.

Ich hatte nach allem nicht zu unrecht erwartet, daß Wolfgang Söllner einverstanden sein würde, als mein Mitverteidiger tätig zu sein. Darüber war ich sehr erleichtert. Klaus Braune und das Gericht waren ebenfalls einverstanden. Mit Verfügung vom 24. September 1993 wurde Wolfgang Söllner daraufhin zum weiteren Pflichtverteidiger bestellt. Am gleichen Tag wurde die Anklage erwartungsgemäß trotz meines Antrages vom 19. Januar 1993 zur Hauptverhandlung zugelassen, der Beginn der Hauptverhandlung wurde auf den 19. Oktober 1993 bei zunächst 16 Fortsetzungsterminen mit 39 Zeugen bestimmt. Es war also nicht mehr viel Zeit, die Verteidigung abzustimmen, zumal mein Kollege Wolfgang Söllner noch keine hinreichenden Detailkenntnisse von den einzelnen Verfahren hatte.

Die kurze Zeit bis zur Hauptverhandlung nutzten wir in erster Linie damit, daß ich ihn über den bisherigen Gang des Verfahrens unterrichtete. Parallel vertiefte ich meine Aktenkenntnis, mein Mitverteidiger versuchte dies ebenso. Die Akten waren freilich derart umfangreich, daß es unmöglich sein sollte, sie bis ins letzte Detail zu studieren. Zu jedem der 28 Verfahren gab es nicht nur die frühere Strafakte, die schon umfangreich genug war; darüber hinaus war das Verfahren überfrachtet mit allgemeiner Literatur zur Justiz in der DDR, Richtlinien und Verordnungen, von denen die wenigsten mit der Sache zu tun hatten, aber nicht einfach übergangen werden konnten. Dazu kamen waschkörbeweise MfS-Akten zu den Strafverfahren, die dem Bezirksgericht zum Zeitpunkt der Verfahren zwar nicht vorgelegen hatten; gleichwohl konnte sich daraus Verfahrenswesentliches ergeben. Es war unmöglich, dieses Prozeßstoffs in angemessener Form Herr zu werden. Mir ist bis heute nicht klar geworden, ob sich dahinter eine böse Absicht der Staatsanwaltschaft verbarg, die wesentlich mehr Zeit auf die Sache hatte verwenden können. Ausschließen will ich das nicht. Objektiv beeinträchtigte es die Verteidigung jedenfalls in erheblichem Maße.

Es blieb uns angesichts dieser Situation nichts anderes übrig, als das zu tun, was ich allein schon zuvor praktiziert hatte. Wir setzten Schwerpunkte beim Aktenstudium, indem wir die MfS-Akten weitgehend unbeachtet ließen. Klaus Braune hatte sie ebenfalls nicht gekannt, also ergab sich mit einer gewissen Wahrscheinlichkeit aus ihnen nichts, was für unseren Mandanten hätte gefährlich werden können. Die zahlreichen Unterlagen zur Strafjustiz der DDR untersuchten wir auf Verfahrensrelevantes. Dabei war uns Klaus Braune behilflich, der das Recht der DDR selbstverständlich viel besser kannte als wir. Auch dabei gewannen wir eine relative Sicherheit, daß aus dieser Richtung nichts zu befürchten sein würde. Im Gegenteil, es zeigte sich, daß die Richter der DDR sehr sorgfältig und vor allem wesentlich reglementierter gearbeitet hatten, als es in der Bundesrepublik der Fall war. Der Entscheidungsspielraum war viel enger. Das erschwerte aus unserer Sicht den Weg zu einer Rechtsbeugung.

Wir konnten uns mithin auf die Strafakten zu den einzelnen Verfahren konzentrieren. Sie dokumentierten im einzelnen den Ablauf der unter Leitung von Klaus Braune durchgeführten Strafprozesse. Es gab sogar – anders als bei erstinstanzlichen Strafverfahren vor Landgerichten in der Bundesrepublik – ein Wortprotokoll zum Ablauf der Verhandlung. Dort war minutiös dargelegt, was der Angeklagte und die einzelnen Zeugen gesagt hatten. Die Protokolle waren sehr gut geführt, offenbar standen Klaus Braune gute Mitarbeiter zur Verfügung. Dafür spricht auch, daß mindestens eine der Protokollantinnen nach 1990 Karriere beim Oberlandesgericht Dresden machte.

Eine Aufteilung des Prozeßstoffs nach sachlichen Gesichtspunkten war leider nicht möglich, jedenfalls war das damals unsere Meinung. Die überwiegende Mehrzahl der angeklagten Sachen behandelte stereotype Sachverhalte mit qualitativ für uns nicht unterscheidbaren Rechtsfolgen. Das betraf die Fälle landesverräterischer Nachrichtenübermittlung, die sich allenfalls nach quantitativen, nicht aber qualitativen Gesichtspunkten ordnen ließen. Aber auch die Fälle staatsfeindlicher Hetze boten keine sachliche Trennlinie, sie konnten also auch nur nach ihrer Anzahl verteilt werden. Wir entschlossen uns daher, die interne Zuständigkeit danach zu regeln, in welcher Reihenfolge das Gericht die Zeugen geladen hatte. Daraus ergab sich, in welcher Aufeinanderfolge die einzelnen Anklagepunkte behandelt würden. Uns erschien es günstig, einander abzuwechseln, um jede Sache nochmals zeitnah vorbereiten und eventuell hin und wieder auf die Teilnahme eines Verteidigers an einem Hauptverhandlungstag verzichten zu können.

3. Kapitel: Die Hauptverhandlung

Die Hauptverhandlung stand inzwischen unmittelbar bevor. Die politische Brisanz des Verfahrens und die zu erwartende öffentliche Aufmerksamkeit machten es aus unserer Sicht erforderlich, den Standpunkt der Verteidigung zu Beginn der Verhandlung nochmals deutlich zu machen. Ausgehend von dem nach Anklageerhebung bereits gestellten Antrag auf Einstellung des Verfahrens entschlossen wir uns, ähnliche Anträge nochmals zu stellen. Dabei war uns natürlich bewußt, daß das von uns erwünschte Ergebnis damit nicht erreicht werden würde. Es erschien uns ausgeschlossen, daß das Landgericht, das gerade erst die Eröffnung des Hauptverfahrens beschlossen hatte, zu Beginn der Hauptverhandlung eine entgegengesetzte Entscheidung treffen würde. Andererseits wollten wir es jedoch nicht unterlassen, unseren Standpunkt in der gebotenen Deutlichkeit auch in öffentlicher Verhandlung nicht erst im Schlußvortrag, sondern bereits zu Beginn der Hauptverhandlung darzulegen. Diesem Zweck dienten zwei Anträge, die wir unmittelbar vor Beginn der Hauptverhandlung noch vorbereitet hatten und die wir am 19. Oktober 1993 nach Verlesung der Anklageschrift stellen wollten.

Am 19. Oktober 1993 sah es freilich zunächst nicht danach aus, daß wir Gelegenheit dazu erhalten sollten. Denn als die Hauptverhandlung um 8.30 Uhr beginnen sollte, waren alle Prozeßbeteiligten bis auf unseren Mandanten erschienen. Das beunruhigte uns durchaus. Wir hielten es für unmöglich, daß sich der penible Klaus Braune verspätet haben könnte. Ihn hatten wir als überaus pflichtbewußten, um Korrektheit bemühten und daher auch überaus pünktlichen Menschen kennengelernt. Wir mußten deshalb nicht nur das Gericht beruhigen, das die Verspätung jedenfalls nach außen hin zwar gelassen aufnahm, andererseits dadurch aber einen ersten negativen Eindruck erhielt. Darüber hinaus machten wir uns selbst größte Sorgen, denn wir hielten es keinesfalls für ausgeschlossen, daß sich Klaus Braune womöglich etwas angetan hatte.

Diese Sorge gründete sich nicht zuletzt in der längst gewonnenen Überzeugung, unser Mandant fühle sich spätestens seit 1990 nicht mehr zugehörig zur Gesellschaft, sondern sei sozusagen mit dem Kainsmal behaftet, früherer Strafrichter der DDR gewesen zu sein. Das vertrug sich nicht mit dem tief in ihm wurzelnden Willen, seinem Staat und dem Gemeinwesen ein treuer Diener zu sein. Klaus

Braune wäre wohl nie – ganz gleich in welcher Staatsform – ein kämpfender Gegner des herrschenden Regimes geworden. Er war überaus zurückhaltend und stets darum bemüht, einen konstruktiven Beitrag im Sinne einer gemeinsamen Sache zu leisten. Diese *gemeinsame Sache* waren bis 1989 die Staatsziele der DDR gewesen, in der er sich wohlgefühlt hatte. Von der Staatsführung der DDR war er nach seinen Worten zwar nach den öffentlich gewordenen Mißständen und der damals als ausschweifend empfundenen Lebensweise der Parteioberen wie viele andere DDR-Bürger enttäuscht; dem neuen Staat fühlte er sich jedoch noch weniger zugehörig, zumal dieser keinerlei Interesse an ihm zeigte. Im Gegenteil, die Bundesrepublik wollte ihm für seine Loyalität gegenüber der DDR jetzt auch noch den Prozeß machen.

Wir waren sicher, daß sich daraus große innere Konflikte ergeben hatten. Dazu kam die allgemeine Nervosität, die alle Prozeßbeteiligten zu Beginn eines derartigen Verfahrens erleben.

Unsere Sorge verstärkte sich, nachdem wir gegen 8.45 Uhr Frau Braune angerufen hatten. Sie berichtete, ihr Mann habe die Wohnung pünktlich verlassen, um den Zug nach Dresden zu erreichen.

Um 9.00 Uhr, also mit einer halben Stunde Verspätung, erschien endlich unser Mandant. Er machte nicht den Eindruck, daß wir uns Sorgen machen mußten. Klaus Braune war zwar sehr nervös und sehr aufgeregt wegen seiner Verspätung; er erklärte uns aber, ein Zug sei ausgefallen, seine Verspätung sei deshalb unvermeidbar gewesen. Wir konnten also Frau Braune anrufen und ihr mitteilen, daß ihr Mann eingetroffen sei.

Unsere Sorge war nicht zuletzt durch einige Presseveröffentlichungen unmittelbar vor Prozeßbeginn genährt worden. Für die Boulevard-Presse waren Gegenstand und gewünschter Ausgang des Verfahrens natürlich von Beginn an klar. Danach war Klaus Braune – ganz im Sinne der Anklage – so etwas wie ein *Blutrichter* gewesen, der jetzt seine gerechte Strafe bekommen würde. Entsprechend fiel die Vorberichterstattung aus. Da gab es nur bemitleidenswerte Opfer auf der einen und den jedes elementare Menschenrecht mit Füßen tretenden *Terrorrichter* auf der anderen Seite. Die betroffenen Menschen und ihre Schicksale waren ohne jede Bedeutung.

Individuen waren bei der Berichterstattung über die DDR-Justiz ohnehin nur von Interesse, wenn die damals Angeklagten sich von der Presse für reißerische Artikel instrumentalisieren ließen – was bei weitem nicht alle taten. Ansonsten kam es ausschließlich darauf an, möglichst plakativ darzustellen, zu welch unfaßbarem Unrecht die DDR-Strafjustiz mit ihren willfährigen Instrumenten fähig war. Da verwunderte es, daß Klaus Braune nicht jeden Tag Todesurteile gefällt hatte.

Einige Jahre später gab ein Journalist das mir gegenüber auch offen zu. Unmittelbar nach meinem Schlußvortrag in einem gegen eine ehemalige Staatsanwältin gerichteten Verfahren wegen ihrer Mitwirkung an der Verurteilung eines Aufständischen des 17. Juni 1953 kam er auf mich zu und erklärte, er würde mir zwar nicht in allen Punkten zustimmen, im Grunde hätte ich aber Recht mit meiner Auffassung, man könne der Angeklagten in der Sache keinen Vorwurf machen. Ich konnte es kaum fassen, am nächsten Tag in der Zeitung zu lesen, meine Mandantin habe nach all den Jahren immer noch keine Einsicht gezeigt. Auf den Widerspruch angesprochen, erwiderte der Journalist, man könne doch nicht gegen die öffentliche Meinung schreiben, das wolle doch keiner lesen. Also habe man das Verfahren entsprechend darstellen müssen. Da sei kein Platz für Verständnis für eine Angeklagte, noch dazu eine ehemalige DDR-Staatsanwältin. Er mache auch nur seinen Job und sei eben Zwängen unterworfen. Ich dankte ihm für seine Offenheit.

Daneben gab es natürlich auch eine seriöse Berichterstattung über das Verfahren. Vor allem jene, die schon zu DDR-Zeiten für die Medien gearbeitet hatten, kannten natürlich die Zwänge, denen staatskonforme Organe unterworfen waren. Bei ihnen hatte ich oftmals das Gefühl, daß sie wesentlich mehr Verständnis für Klaus Braune hatten, als sie schreiben durften. Die Tendenz war gleichwohl eindeutig.

Die Presse war selbstverständlich auch zahlreich erschienen, als die Hauptverhandlung mit mehr als halbstündiger Verspätung kurz nach 9.00 Uhr begann. Sie hatte nur wenige Minuten später auch wesentlichen Anteil daran, daß es unmittelbar nach Feststellung der Personalien und Verlesung des Anklagesatzes etwas hektisch wurde. Ein Fotograf eines Dresdner Boulevardblatts hielt es für erforderlich, ohne Erlaubnis des Vorsitzenden im Gerichtssaal während des laufenden Verfahrens zu fotografieren. Das wäre selbst mit Erlaubnis des Gerichts nicht zulässig gewesen. Die Prozeßbeteiligten hätten das vermutlich gar nicht bemerkt. Ein unbeteiligter Zuschauer teilte es dem Gericht jedoch mit. Das führte zur Namhaftmachung des Fotografen und Beschlagnahme des Filmmaterials. Wir waren erfreut darüber, daß das Gericht derart rigoros vorging.

Es war nicht verwunderlich, daß ein aufmerksamer Zuschauer den

Fotografen verraten hatte. Denn es befand sich eine Gruppe von anfänglich bis zu zehn Personen im Zuschauerraum, bei denen es sich deutlich erkennbar um Sympathisanten von Klaus Braune handelte. Das »Solidaritätskommando Klaus Braune«, wie mein Kollege Söllner und ich die Gruppe zunächst etwas spöttisch tauften: überwiegend pensionierte oder aus anderen Gründen aus dem Justizdienst ausgeschiedene Richter und Staatsanwälte. Ihnen drohten, wie wir erfahren sollten, teilweise ähnliche Verfahren. Überwiegend waren sie aber in anderen Rechtsgebieten tätig gewesen und begleiteten das Verfahren aus Interesse und zum Zeitvertreib. Wir lernten sie im Laufe des Verfahrens näher kennen und auch schätzen. Zu keinem hatte Klaus Braune während seiner Dienstzeit eine private oder persönliche Beziehung unterhalten. Um so deutlicher wurde erkennbar, daß er ein von seinen ehemaligen Kollegen sehr geachteter Mann war.

Erste Anträge

Nachdem sich die Hektik um das unerlaubte Fotografieren gelegt hatte, verlasen wir unsere vorbereiteten Anträge, die beide die Einstellung des Verfahrens zum Ziel hatten. Mein Mitverteidiger befaßte sich in seinem Antrag vor allem mit der Frage der Verjährung. Die weiter oben bereits erörterte Rechtsprechung des Bundesgerichtshofes zum »quasigesetzlichen Verfolgungshindernis« gab es damals noch nicht. Es gab zwar schon Stimmen in der Literatur, die Entsprechendes vertraten. Auch hatte sich das Kammergericht Berlin in einer Entscheidung vom 17. 12. 1992 (KG, NStZ 1993, S. 240) in diesem Sinne geäußert. Der Bundesgerichtshof hatte jedoch noch keine Gelegenheit gehabt, eine Auffassung dazu zu entwickeln. Eine Berufung darauf, daß eine Verfolgung wegen Verjährung nicht mehr möglich sei, erschien deshalb zumindest nicht von vornherein aussichtslos. Das galt jedenfalls hinsichtlich einer Vielzahl der anklagegegenständlichen Verfahren, die nach dem Recht der ehemaligen DDR wegen zwischenzeitlich eingetretener Verjährung auch in der DDR nicht mehr als Rechtsbeugung oder Freiheitsberaubung hätten verfolgt werden können.

Ich wiederhole die bereits im Zwischenverfahren vorgetragenen Einwände gegen die Anklage, um den diesbezüglichen Standpunkt auch den Schöffen darzulegen, die von den bis dahin gestellten Anträgen keine Kenntnis hatten. Daneben ging es natürlich darum, der in öffentlicher Verhandlung verlesenen Anklage etwas entgegenzusetzen. Eine realistische Aussicht, daß das Gericht der Argumentation folgen würde, bestand freilich nicht. Denn nachdem das Hauptverfahren eröffnet worden war, rechneten wir nicht mehr ernsthaft damit, daß das Gericht sich auch nur noch einmal näher mit dem Vortrag beschäftigen würde. Den Schwerpunkt der Argumentation legte ich deshalb auf ein Problem, das nach unserer Meinung die größte Schwierigkeit bei der Durchführung des nun beginnenden Verfahrens sein würde, nämlich die fehlende Konkretisierung des Anklagevorwurfs.

Das Landgericht Dresden wies unsere Anträge auf Einstellung des Verfahrens erwartungsgemäß ab. Die Beratung dauerte nicht lang. Nachdem die Hauptverhandlung durch unsere Anträge 11.00 Uhr unterbrochen worden war, wurde sie schon 13.00 Uhr – einschließlich Mittagspause – fortgesetzt. Die Kammer verkündete in knappen Worten den ablehnenden Beschluß. Die Begründung hatte folgenden Inhalt: »Das Gericht hat die Anklage auch unter Berücksichtigung dieser nunmehr von dem Angeklagten vorgetragenen Gesichtspunkte geprüft und sodann zur Hauptverhandlung zugelassen. Unter keinem der genannten Gesichtspunkte liegt ein Verfahrenshindernis vor. Neue Tatsachen, die nunmehr zu einer anderen Beurteilung der Sach- und Rechtslage führen könnten, wurden nicht vorgetragen und sind auch nicht ersichtlich.

Insbesondere ist zu berücksichtigen, daß der heutige Richter bei der Auslegung von Gesetzen der ehemaligen DDR nicht an diejenige Interpretation gebunden ist, die zur Tatzeit in der Staatspraxis der DDR Anwendung gefunden hat.

Die vorliegende Anklageschrift entspricht den Voraussetzungen des § 200 StPO. Die Umgrenzungsfunktion des Anklagesatzes ist auch im Hinblick auf die Ausführungen im wesentlichen Ergebnis der Ermittlungen gewahrt, so daß ein funktionaler Mangel der Anklage nicht vorliegt. Die Informationsfunktion der Anklage ist ebenfalls gewahrt, so daß eine Verletzung von Artikel 6 MRK nicht gegeben ist.

Eine von der tatsächlichen Sachlage abweichende Interpretation des Angeklagten führt nicht zur Erforderlichkeit eines rechtlichen Hinweises.

Schließlich kann aus der Ladung von Zeugen nicht auf eine Erweiterung der Anklagevorwürfe geschlossen werden.«

Die Ausführungen des Gerichts waren zwar knapp gehalten,

machten jedoch einiges deutlich: Das Gericht war nicht gewillt, sich auf eine Verjährungsdiskussion einzulassen, war sich aber offenbar selbst noch nicht schlüssig, wie das Problem zu lösen sei. Möglicherweise erhoffte es sich, daß die Frage im Laufe des Verfahrens auf irgend eine Weise – von wem auch immer – beantwortet werden würde. Andererseits nahm das Gericht das Problem der mangelnden Konkretisierung der Anklage nicht auf die leichte Schulter. Die Kammer setzte sich in seinem Beschluß immerhin inhaltlich damit auseinander und widmete dem einen relativ breiten Raum. Das ließ uns mutmaßen, daß unsere Bedenken für das Gericht zumindest nachvollziehbar waren. Damit einher ging die Hoffnung, daraus später noch einmal Nutzen zu ziehen.

Dem eigentlichen Beginn der Hauptverhandlung stand mit der Erledigung unserer Anträge nun nichts mehr im Wege. Die Strafprozeßordnung sieht insoweit vor, daß der Angeklagte vom Vorsitzenden danach befragt wird, ob er Angaben machen will. Und genau diese Frage stellte der Vorsitzende Richter Gerd Halfar unserem Mandanten.

Die Einlassung des Angeklagten

Klaus Braune hatte schon zu Beginn des Ermittlungsverfahrens, also vor unserer Beiordnung, umfangreiche Angaben gegenüber der Staatsanwaltschaft gemacht. Er war von dem Anklageverfasser, Staatsanwalt Heller, vernommen worden. Die Befragung hatte sich in allgemeinen Erörterungen zur DDR-Strafjustiz und der Durchführung der Verfahren vor dem Bezirksgericht Dresden unter dem Vorsitz von Klaus Braune erschöpft. Einzelheiten waren kaum behandelt worden. Insbesondere waren Klaus Braune auch im Rahmen dieser Vernehmungen keine konkreten Vorhalte gemacht worden, welche gedanklichen Prozesse oder konkrete Rechtsanwendung rechtsbeugerischen Charakter gehabt haben sollten. Andererseits hatte er freimütig die ihm gestellten Fragen beantwortet.

Nunmehr stellte sich die Frage, ob es sinnvoll sein würde, wenn unser Mandant in der Hauptverhandlung Angaben macht. Dagegen sprach – neben den allgemeinen Bedenken gegen eine Einlassung in einem Strafprozeß –, daß wir angesichts der nach unserem Verständnis nicht hinreichend konkretisierten Anklage damit rechnen mußten, relativ unvorbereitet auf Vorhalte zu einzelnen Verfahren reagieren zu müssen. Wir ahnten zwar nicht, was alles auf uns zukommen würde; allerdings erwarteten wir schon, daß Gericht und Staatsanwaltschaft die Rechtmäßigkeit der anklagegegenständlichen Verfahren auch unter anderen als in der Anklageschrift genannten Gesichtspunkten in Zweifel ziehen würde. Klaus Braune fürchtete das zwar nicht. Aus Sicht der Verteidigung ist die daraus resultierende Unkenntnis des Anklagevorwurfs im engeren Sinne gleichwohl ein unerträglicher Zustand. Eine hinreichende Vorbereitung der Einlassung ist nicht möglich, wenn die entscheidenden Angriffe erst in der Hauptverhandlung formuliert werden. Das führt natürlich zu der Erwägung, daß es möglicherweise das Beste ist, gar keine Angaben zur Sache zu machen.

Andererseits gingen wir davon aus, daß sich Klaus Braune eine Chance auf einen Freispruch würde *erarbeiten* müssen. Zahlreiche Rechtswissenschaftler hatten zwar Zweifel geäußert, ob Verurteilungen überhaupt möglich seien. Es wurden in der Diskussion Anfang der 90er Jahre in den Massenmedien jedoch so gut wie keine Zweifel daran laut, daß die Angeklagten in den politischen Prozessen der DDR sämtlich Opfer eines rechtsbeugerischen Terror-Regimes gewesen waren. Das war – wie die Anklageschrift auch – zwar polemisch, es entsprach aber dem Zeitgeist. Wir vermuteten, daß das Gericht davon nicht ganz unbeeinflußt sein würde. Wir waren es schließlich selbst nicht. Das sprach ganz erheblich dafür, das Risiko einzugehen, erforderlichenfalls auch unvorbereitet Angriffe abzuwehren.

Hinzu kam, daß Klaus Braune keinen Anlaß sah, sich nicht zu erklären. Er war von der Vereinbarkeit seiner Urteile mit dem Recht der DDR überzeugt. Es gab nicht einen Fall, in dem er uns gegenüber diesbezüglich Bedenken geäußert hatte. Seine einzige Sorge – und damit hatte er sich nach unserem Eindruck innerlich schon abgefunden – bestand darin, aufgrund der veränderten politischen Verhältnisse so oder so verurteilt zu werden. Kampflos wollte er sich diesem Schicksal allerdings nicht ergeben.

Schließlich sprachen auch die im Ermittlungsverfahren bereits gemachten Angaben gegen eine Berufung auf das Recht, die Aussage zu verweigern. Es war zu befürchten, daß das Gericht die im Ermittlungsverfahren protokollierten Aussagen in die Hauptverhandlung einführen und – in welcher Weise auch immer – gegen unseren Mandanten verwerten würde. Also entschlossen wir uns trotz der nach wie vor bestehenden Bedenken, Angaben zur Sache zu machen.

Nach ausführlicher Schilderung seines Lebenslaufes begann Klaus Braune damit, die Stationen seines beruflichen Werdegangs zu beschreiben. Dazu war er im Ermittlungsverfahren zwar schon vom Staatsanwalt vernommen worden, so daß seine Erzählungen niemanden mehr überraschen konnten. Die ihm gestellten Fragen wiesen für uns aber darauf hin, daß man sich offenbar doch etwas mehr erhofft hatte. Nach unserem Eindruck war wohl erwartet worden, aus dem beruflichen Werdegang auf ein besonders hohes Maß an Politisierung oder politischer Verblendung in der Person des Angeklagten schließen zu können.

Diese Erwartung bestätigte sich nicht. Im Gegenteil, Klaus Braune war eher zufällig auf dem Stuhl gelandet, der ihn zum Angeklagten hatte werden lassen. Er war politisch nie in besonderem Maße aktiv gewesen und es deutete nichts darauf hin, daß er sozusagen von politischem Ehrgeiz getrieben das Amt des Vorsitzenden des politischen Strafsenats beim Bezirksgericht angestrebt hätte. Seine Ausführungen, wonach er wegen seiner langjährigen Untätigkeit in Strafsachen lieber Zivilrichter geblieben wäre, waren glaubhaft und konnten durch kein gegenteiliges Ermittlungsergebnis in Zweifel gezogen werden.

Das Gericht mußte nach seiner Vernehmung zu seinem beruflichen Werdegang den Eindruck gewinnen, daß Klaus Braune wie viele andere Richter und Staatsanwälte der DDR noch immer in Amt und Würden wäre, wenn nicht irgendein Zufall ihn zum Vorsitzenden des 1. Strafsenats beim Bezirksgericht Dresden gemacht hätte. Dazu mußte sich unser Mandant nicht einmal von seiner den Gegenstand der Anklage bildenden Tätigkeit distanzieren. Das wollte er auch gar nicht; es hätte im übrigen auch nur den Verdacht erweckt, daß es keine mit seinem Gewissen zu vereinbarende Tätigkeit gewesen sei. Wir konnten mit dem Verlauf der Befragung zur Person deshalb durchaus zufrieden sein.

Komplizierter gestaltete sich die Befragung zur Sache. Denn es war für uns angesichts der nicht hinreichend konkretisierten Anklage wirklich nicht erkennbar, welches Verhalten unseres Mandanten rechtsbeugerisch gewesen sein sollte. Die Konsequenz daraus bestand für uns nun darin, eine ausführliche Einlassung zur Sache für unmöglich zu erklären. Das taten wir und stellten uns auf den Standpunkt, die in Rede stehenden Urteile nebst Verfahrensakten lägen dem Gericht vor; diesen Unterlagen sei zu entnehmen, ob in den Verfahren die Gesetze der DDR eingehalten worden seien oder nicht. Erklärungen dazu und darüber hinaus auch eine weitere Beweisaufnahme seien also nicht erforderlich. Sollten Gericht oder Staatsanwaltschaft Fragen an den Angeklagten haben, würden diese jedoch beantwortet.

Die Kammer akzeptierte unsere Stellungnahme. Der Vorsitzende begann damit, allgemeine Fragen zum Recht der DDR zu stellen. Dabei ging es ihm zunächst darum, die Stellung des Richters im Rechtssystem der DDR näher zu beleuchten. Seine fehlende Erfahrung bei der Anwendung des DDR-Rechts wurde nun unübersehbar. Er hatte sich zwar intensiv auf das Verfahren vorbereitet. Das konnte die fehlende praktische Erfahrung und die sich daraus ergebende Unsicherheit im Umgang mit den theoretischen Grundlagen aber nicht ersetzen.

Das Defizit konnte auch kein anderer Richter in der Kammer ausgleichen. Verhandelt wurde mit zwei Berufs- und zwei Laienrichtern. Der weitere Berufsrichter, der Vorsitzende Richter am Landgericht Kleinheinz, stammte ebenfalls aus den alten Bundesländern. Er war nur kurzzeitig nach Dresden abgeordnet und sollte das Gericht nach Beendigung des Prozesses auch wieder verlassen. Keiner der Berufsrichter hatte also eine Ausbildung im Strafrecht der DDR oder praktische Erfahrung. Auch die beiden Laienrichter konnten nicht helfen. Sie stammten zwar beide aus der DDR, teilweise hatten sie auch schon zu DDR-Zeiten als Schöffen gedient. Den theoretischen Hintergrund des DDR-Strafrechts beherrschten sie aber ebenfalls nicht. Die Kammer mußte sich also von Klaus Braune erklären lassen, welche Stellung der Richter in der DDR hatte und prüfen, ob sich das mit den dem Gericht bekannten Informationen deckte.

Klaus Braune beantwortete sämtliche ihm diesbezüglich gestellten Fragen. Er machte deutlich, daß Richter in der DDR einerseits durch das Gesetz und andererseits durch abstrakte Vorgaben des Obersten Gerichtes in Form von »Richtlinien« und »Gemeinsamen Standpunkten« gebunden gewesen seien. Es habe jeweils nur einen Kommentar zu einem Gesetz gegeben, der mehr oder weniger amtlichen Charakter gehabt habe. Die Grenzen der Gesetzesanwendung seien entsprechend eng gezogen gewesen, was sich auch daraus ergeben habe, daß die Bindungen des Richters im Gerichtsverfassungsgesetz und der Verfassung der DDR verankert gewesen seien. Eine Ernennung auf Lebenszeit habe es nicht gegeben, die Richter hätten vielmehr stets wiedergewählt werden müssen. Richter in der DDR seien insgesamt also in mannigfacher Hinsicht in das System eingebunden gewesen.

Diese Einbindung sei Teil der Grundlage gewesen, auf der Richter in der DDR nach bestem Wissen und Gewissen hätten entscheiden müssen. Das habe er auch stets getan. Konkrete Weisungen, wie er ein Verfahren zu behandeln habe, hätte er nie erhalten. Weder die Partei noch das Ministerium für Staatssicherheit noch die Staatsanwaltschaft hätten ihm jemals vorgeschrieben, wie er in einer Sache zu entscheiden habe. Das MfS habe auch keinen Kontakt zu ihm gepflegt. Er sei zwar davon ausgegangen, daß seine Berufung zum Vorsitzenden des 1. Senats beim Bezirksgericht Dresden nicht ohne ausdrücklich erklärtes Einverständnis des Ministeriums für Staatssicherheit erfolgt sei. Auch sei das MfS in vielen seiner Verfahren kraft Gesetzes zuständige Ermittlungsbehörde statt der Polizei gewesen. Er habe aber weder für das MfS gearbeitet noch irgend jemandem dort Bericht erstattet. Einfluß auf seine Arbeit hätte das MfS daher nur über die Dokumentation des jeweiligen Verfahrens in der Akte gehabt.

Richter Halfar nutzte die Angaben des Angeklagten, um über die allgemeinen Fragen zur Strafjustiz in der DDR und zur Tätigkeit des Richters einen Weg zu den Prozessen zu finden, die den Gegenstand der Anklage bildeten. So versuchte er, über das System aus Weisungen, Kommentarliteratur und obergerichtlicher Rechtsprechung einen Zugang zu den anklagegegenständlichen Verfahren und den dort angewandten Tatbeständen zu entwickeln. Dazu wurden zahlreiche Dokumente verlesen. Er befragte Klaus Braune auf dieser Grundlage eingehend und sehr sorgfältig, bisweilen sogar neugierig. Unser Mandant hatte damit Gelegenheit, ausführlich zu erläutern, welchen Stellenwert er sich selbst als Richter damals beigemessen hatte. Klaus Braune beantwortete alle ihm gestellten Fragen, ohne jemals den Eindruck zu erwecken, irgend etwas verheimlichen zu wollen. Seine Antworten waren betont sachlich und sehr präzise.

Nach Abschluß dieses Teils seiner Vernehmung war aus unserer Sicht ein erstes Ziel erreicht. Das hatte darin bestanden, die Position des Richters in der DDR deutlich unterscheidbar zu machen von derjenigen eines Richters in der Bundesrepublik, und zwar insbesondere in bezug auf seine Unabhängigkeit. Diese war tatsächlich bei weitem nicht so stark ausgeprägt wie die Unabhängigkeit der Richter in der Bundesrepublik. Uns erschien die Stellung im Bereich der Rechtsanwendung eher vergleichbar mit einem Verwaltungsbeamten, der neben den Gesetzen Richtlinien und Weisungen zu beachten hat und daran gebunden ist. Vergleichbar mit der richterlichen Tätigkeit in der

Bundesrepublik war allenfalls die Arbeit bei der Tatsachenfeststellung. Der sich danach ergebende Entscheidungsspielraum eines Richters in der DDR war, anders als in der Bundesrepublik, nicht nur durch das Gesetz, sondern eine Vielzahl weiterer Regularien eingeschränkt. Das wollten wir deutlich machen, und das war unserem Mandanten gut gelungen.

Den ersten Teil seiner Vernehmung hatte Klaus Braune damit gut überstanden. Er hatte nicht nur inhaltlich befriedigende Antworten gegeben, darüber hinaus hatte er – seinem Temperament entsprechend – einen sehr sachlichen und ruhigen Eindruck hinterlassen. Wir hatten also allen Anlaß, mit dem bisherigen Verlauf des Verfahrens zufrieden zu sein.

Richter Halfar setzte die Befragung mit der Vernehmung zu prozessualen Fragen in den angeklagten Verfahren fort. Sie standen auch gewissermaßen »vor der Klammer«, weil sie sich in nahezu sämtlichen Verfahren gleichermaßen stellten. Es bot sich also an, die prozessualen Fragen abstrakt zu erörtern. Demgemäß befragte der Vorsitzende unseren Mandanten sehr vorsichtig zu prozessualen Fragen wie der Zustellung der Anklage, dem Kontakt zum Verteidiger, der Öffentlichkeit der Hauptverhandlung, Urteilsabsetzungsfristen, der Behandlung von Rechtsmitteln, Bewährungsbeschlüssen und ähnlichen Dingen.

Erneut war zu spüren, daß die Kenntnisse des Vorsitzenden zu diesen das Recht der DDR betreffenden Rechtsfragen völlig unabhängig vom Anklagevorwurf nicht weiter reichten als unsere eigenen. Dabei hatten wir als Verteidiger noch den Vorteil, Klaus Braune an unserer Seite zu wissen, dem in Fragen des Rechts der DDR natürlich niemand etwas vormachte. Trotz der vier Jahre, die seit seiner letzten Tätigkeit als Strafrichter vergangen waren, war er immer noch sehr sicher im Umgang mit den sich stellenden Fragen. Die Kammer hatte demgegenüber nur das Gesetz und den zugehörigen Kommentar. Ihr fehlte jede Selbstverständlichkeit im Umgang mit den Vorschriften. Das war deutlich zu spüren, als der Vorsitzende damit begann, einzelne Tatbestände mit Klaus Braune zu erörtern. Eine Diskussion zu einzelnen Maßnahmen kam deshalb zunächst auch gar nicht auf. Die Kammer hörte sich vielmehr interessiert an, wie die Praxis des DDR-Strafprozesses aussah.

Wir nahmen das mit gemischten Gefühlen auf, denn einerseits ist es aus Sicht der Verteidigung zwar ein angenehmes Gefühl, überlegene Rechtskenntnis zu haben. Andererseits bereitet es Sorge, Unsicherheit bei der erkennenden Kammer im Umgang mit den maßgeblichen Normen festzustellen. Immerhin ging es um den Vorwurf einer Rechtsbeugung, es kam also entscheidend darauf an, wie die Kammer die Sichtweise unseres Mandanten werten würde. Die Unsicherheit der Kammer konnten wir deshalb zwar sehr gut nachvollziehen. Sie verunsicherte uns jedoch.

Das Gericht interessierte sich in vielfacher Hinsicht für die Hintergründe der Verfahren und den Umgang des 1. Senats des Bezirksgerichts damit. Aus Sicht eines bundesdeutschen Juristen war es z. B. in der Tat auffällig, daß die Ermittlungsverfahren fast alle sozusagen aus dem Nichts kamen. Den Akten war nicht zu entnehmen, aus welchen Gründen die Ermittlungsbehörden Kenntnis von den später angeklagten Handlungen erhalten hatten. Die »Operativ-Vorgänge« des MfS, die zu den anklagegegenständlichen Erkenntnissen geführt hatten, waren den Strafakten nicht beigefügt gewesen. Das Gericht wollte deshalb wissen, ob und wie ein Richter in der DDR darauf hätte reagieren müssen.

In eine ähnliche Richtung zielten die Fragen, warum den Angeklagten keine Ausfertigungen von Anklageschrift und Urteil überlassen und die Öffentlichkeit stets ausgeschlossen worden sei. Daneben wollte das Gericht wissen, wie der Kontakt zum Verteidiger gesetzlich geregelt gewesen sei, warum die Hauptverhandlungen nichtöffentlich geführt worden seien, innerhalb welcher Fristen die Urteile hätten zur Akte gereicht werden müssen, wie Klaus Braune mit Rechtsmitteln umgegangen sei, und ob er in den angeklagten Sachen Bewährungsbeschlüsse erlassen habe. Die Anklage enthielt insoweit einige vage, aber doch vorhandene Andeutungen, denen das Gericht nachging.

Klaus Braune hatte auf alles eine Antwort. Illegale Ermittlungstätigkeit hätte er den ihm vorgelegten Akten nicht entnehmen können. Die Sachen hätten zwar tatsächlich den Ermittlungsansatz nicht erkennen lassen, für ihn sei das aber nicht wichtig gewesen. Nach Aktenlage sei bei sämtlichen Angeklagten ein Geständnis in der Hauptverhandlung zu erwarten gewesen, so daß er sich nicht mit der Frage hätte befassen müssen, ob Beweismittel zulässigerweise erlangt worden seien. Nach Anklageerhebung habe er die Zustellung der Anklageschriften an die in der Haft befindlichen Angeklagten veranlaßt. § 203 Abs. 3 StPO/DDR habe dazu bestimmt, daß die Anklageschrift nicht im Besitz des Angeklagten hätte verbleiben dürfen, wenn die Voraussetzungen für einen Ausschluß der Öffentlichkeit in der Hauptverhandlung vorgelegen hätten. Gleiches habe gemäß § 184 Abs. 5 StPO/DDR für das Urteil gegolten. Beide Dokumente seien den damals Angeklagten nicht ausgehändigt, sondern nur zum Lesen übergeben worden, weil die in § 211 Abs. 3 StPO/DDR geregelten Voraussetzungen für einen Ausschluß der Öffentlichkeit vorgelegen hätten. Danach sei die Öffentlichkeit auszuschließen gewesen, wenn es die Notwendigkeit der Geheimhaltung bestimmter Tatsachen erfordert hätte. Geheimhaltungsbedürftig seien insbesondere die Tätigkeit von feindlichen Organisationen wie der »Internationalen Gesellschaft für Menschenrechte« oder »Hilferufe von Drüben« und deren Adressen gewesen. Ähnliches habe für die hin und wieder zu erörternden Verhältnisse an den Grenzanlagen der DDR gegolten. Die Voraussetzungen des § 211 Abs. 3 StPO hätten daher stets vorgelegen, so daß die Einschränkungen der Rechte der Angeklagten vom Gesetz gedeckt gewesen seien.

Sämtliche Angeklagten hätten im übrigen einen Verteidiger gehabt, dem gemäß § 64 Abs. 2 StPO/DDR das Recht auf unbeschränkte Einsichtnahme in die Akten – soweit sie auch ohne Gericht vorgelegen hätten – zugestanden habe. Die sonstigen Rechte der Verteidiger seien in § 64 StPO/DDR geregelt gewesen. Der Ausschluß der Öffentlichkeit oder die unterbliebene Aushändigung von Anklageschrift oder Urteil seien in keinem Fall gerügt worden, die diesbezüglichen Entscheidungen seien auch nie mit einem Rechtsmittel angegriffen worden.

Seine Urteile habe er unmittelbar nach der Verhandlung schriftlich abfassen müssen. § 245 Abs. 1 StPO/DDR habe insoweit vorgesehen, daß das Urteil während der Beratung schriftlich zu begründen und von allen Richtern zu unterschreiben sei. Rechtsmittel gegen ein Urteil hätten gemäß § 288 Abs. 1 StPO/DDR bei dem erstinstanzlich zuständigen Gericht eingelegt werden müssen. Als Vorsitzender dieses Gerichts hätte es ihm gemäß § 288 Abs. 7 StPO/DDR obgelegen, die Akten an das Rechtsmittelgericht zu übersenden.

Nach Rechtskraft des Urteils hätte die Strafvollstreckung eingesetzt. In § 349 StPO/DDR sei geregelt gewesen, unter welchen Voraussetzungen die Strafe zur Bewährung ausgesetzt werden konnte. Zuständig für die Entscheidung sei der Tatrichter, also er selbst, gewesen, es habe allerdings eines Antrags der Staatsanwaltschaft bedurft. In beinahe allen von ihm verhandelten Fällen sei es nach ein bis zwei Jahren verbüßter Haft zu einem solchen Antrag gekommen, er habe stets antragsgemäß entschieden. Die, verglichen mit dem Strafmaß, frühzeitige Antragstellung auf Aussetzung der Reststrafe zur Bewährung habe er zwar oftmals nicht recht nachvollziehen können. § 45 StGB/DDR habe die Strafaussetzung in den von ihm entschiedenen Fällen aber stets erlaubt. Von der bevorstehenden Abschiebung habe er offiziell keine Kenntnis gehabt, man habe sich darüber aber im Kollegenkreis vereinzelt unterhalten. Er habe sich immer gedacht, daß eine Ausreise in den Westen Folge der Strafaussetzung sei, von der Freikaufspraxis habe er aber nichts gewußt.

Unser Mandant hatte auch diesen Teil der Befragung damit souverän gemeistert. Er hatte auf jede Frage eine sich an dem Gesetz der DDR orientierende Antwort geben können. Die einzige Schwachstelle war nach unserer Auffassung die Praxis der Strafaussetzung zur Bewährung, so eigenartig das klingen mag. Nach einer Verurteilung zu einer Freiheitsstrafe von vier, fünf oder sechs Jahren war es in der DDR alles andere denn Regel, daß der Inhaftierte nach etwas mehr als einem Jahr zur Bewährung entlassen wurde. Es war auch fraglich, ob die Voraussetzungen für eine Strafaussetzung überhaupt vorlagen, denn § 45 StGB/DDR verlangte eine *positive Entwicklung* des Verurteilten, die in seiner Disziplin und seinen Arbeitsleistungen zum Ausdruck zu kommen hatte. Hintergrund der in den angeklagten Sachen erlassenen Bewährungsbeschlüsse waren demgegenüber die Freikäufe und bevorstehenden Abschiebungen. Das war Klaus Braune zum Zeitpunkt seiner Entscheidungen zwar allenfalls in Umrissen bekannt gewesen, Anhaltspunkte für die in § 45 StGB/DDR verlangte *positive Entwicklung* hatten sich bei dieser Sachlage aber wohl kaum feststellen lassen.

Für das weitere Verfahren ergaben sich daraus zwei Risiken. Zum einen hätte es passieren können, daß das Gericht die Bewährungsbeschlüsse als Beugungen des Rechts ansieht. Ernsthaft rechneten wir damit zwar nicht, denn es wäre in gewisser Weise schon beinah lächerlich gewesen, Klaus Braune eine verfrühte Entlassung der von ihm Verurteilten anzulasten. Gleichwohl vermochten wir es nicht auszuschließen. Zum anderen fürchteten wir, daß das Gericht aus dem wohlwollenden Umgang mit den Aussetzungsanträgen auf ein schlechtes Gewissen wegen der Verurteilungen schließen würde. Glücklicherweise vertiefte das Gericht diesen Problemkreis aber nicht weiter. Es sah wohl selbst gewisse Gefahren darin, Klaus Braune die Freilassung der von ihm Verurteilten direkt oder indirekt zum Vorwurf zu machen.

Immer wieder Streit um die Anklage

Unser Verhältnis zu den beiden Sitzungsvertretern der Staatsanwaltschaft war von Beginn an gespannt. Ursache war zum einen die gewissermaßen natürliche Konfliktsituation zwischen Staatsanwaltschaft und Verteidigung. Zum anderen ergaben sich die Schwierigkeiten aber auch daraus, daß die Staatsanwaltschaft während des gesamten Verfahrens die in der Anklageschrift entwickelte Linie verfolgte, wonach Klaus Braune ein ideologisch verblendeter Vollstrecker eines Terror-Regimes gewesen sein sollte. Die Atmosphäre zwischen den Sitzungsvertretern der Staatsanwaltschaft und uns entwickelte sich deshalb schon kurz nach Prozeßbeginn zu einem aggressiven Gegeneinander, getragen von dem Willen, dem jeweiligen Gegenüber deutlich mitzuteilen, was man von seinen Ansichten hielt. Das Gericht ließ in der mitunter von beiden Seiten polemisch geführten Debatte erstaunlich viel durchgehen. Offenbar war Gerd Halfar nicht einmal unglücklich darüber, daß sich die Emotionen auf dieser Ebene entluden. Gänzlich vermeiden konnte er es sowieso nicht. Da war es ihm wohl lieber, den Streit zu beobachten als sich auf welche Weise auch immer daran zu beteiligen.

Nachdem Staatsanwalt Heller die Rechtsprechung des 1. Senats des Bezirksgerichts Dresden unter dem Vorsitz unseres Mandanten in seiner Anklageschrift aufgearbeitet hatte, hatte er Dresden wieder verlassen, um in die alten Bundesländer zurückzukehren. Er konnte die Sitzungsvertretung in dem Verfahren also nicht mehr wahrnehmen. Sein Abteilungsleiter, Staatsanwalt Dr. Meinerzhagen, war zwar noch in Dresden; er wechselte erst einige Jahre später nach Görlitz, um dort Vorsitzender einer großen Strafkammer zu werden. Er wollte die Anklage in der Sitzung aber offenbar nicht selbst vertreten. Jedenfalls waren als Sitzungsvertreter der Staatsanwaltschaft die Staatsanwälte Dr. Brauns und Schäfer erschienen.

Wir hatten bis dahin weder mit dem einen noch mit dem anderen verhandelt, wußten also nicht, was uns erwartete. Selbstverständlich stammten beide aus den alten Bundesländern. Staatsanwalt Schäfer war auch nur zeitweise nach Dresden abgeordnet, während Staatsanwalt Dr. Brauns in Dresden bleiben sollte. Staatsanwalt Schäfer verließ Sachsen demgemäß kurz nach Prozeßende, während Staatsanwalt Dr. Brauns noch einige Zeit bei der Staatsanwaltschaft Dresden blieb, um später ins Justizministerium zu wechseln. Danach wurde er Richter am Landgericht und führte eine Kammer für Handelssachen.

Die beiden Sitzungsvertreter der Staatsanwaltschaft hatte die nicht gerade beneidenswerte Aufgabe, die in der nicht von ihnen stammenden Anklage enthaltenen Angriffe in der Hauptverhandlung vorzutragen. Damit gaben sie sich große Mühe. Jeweils im Anschluß an die Befragung durch das Gericht vertieften Staatsanwalt Dr. Brauns und Staatsanwalt Schäfer die von der Kammer aufgeworfenen Problemkreise. Inhaltlich unterschieden sich die Fragen zwar kaum, die Befragung wurde jedoch wesentlich aggressiver und zielorientierter. Den Staatsanwälten kam es nach unserer Wahrnehmung dabei weniger darauf an, die Wahrheit zu erfahren; ihnen ging es um eine Bestätigung des Anklagevorwurfs. Ihr Vorverständnis, mit dem sie die Hauptverhandlung begonnen hatten, ließ offenkundig kein anderes Ergebnis zu als eine Verurteilung im Sinne der Anklage. Und die Souveränität, mit der Klaus Braune die Grundzüge der DDR-Justiz und die prozessualen Grundlagen der von ihm geleiteten Verfahren erläutert hatte, gefiel den Staatsanwälten gar nicht.

Staatsanwalt Dr. Brauns und Staatsanwalt Schäfer versuchten also, die Befragung wegzuführen von der rein sachbezogenen Erörterung der damaligen Rechtslage zu einer moralischen Bewertung der angewandten Vorschriften. Demgemäß implizierten sie in ihre Fragen die Vorhalte, Klaus Braune hätte die konspirative Tätigkeit des MfS hinterfragen *müssen*, und es läge doch auf der Hand, daß die bloße Überlassung der Anklage bzw. des Urteils die Verteidigungsrechte nicht gewahrt habe. Die Voraussetzungen für einen Ausschluß der Öffentlichkeit hätten tatsächlich nicht vorgelegen, weil es nichts gegeben habe, was bei zutreffender Betrachtungsweise geheimhaltungsbedürftig gewesen sei. Es sei der »Internationalen Gesellschaft für Menschenrechte« oder der Organisation »Hilferufe von Drüben« doch nur darum gegangen, den Bürgern der DDR zu ihren auch nach der Verfassung der DDR gewährleisteten Rechten zu verhelfen. Verteidigung habe praktisch überhaupt nicht stattgefunden, weil die meisten damals Angeklagten von Prof. Dr. Vogel bzw. seinen Unterbevollmächtigten vertreten worden seien, die ihrerseits im Dienste des MfS gestanden hätten. Überhaupt hätten die Angeklagten doch »nur raus« gewollt. Schon deshalb hätte die Menschenrechtswidrigkeit der Einschränkungen der Rechte der Angeklagten auf der Hand gelegen. Das alles hielten sie Klaus Braune vor.

Inhaltlich fragten die Staatsanwälte danach zwar nichts wesentlich anderes als das Gericht. Die Art der Befragung ließ aber erkennen, daß Klaus Braune nach ihrer Auffassung nicht die ihm vorgegebenen Vorschriften, sondern ein nach Meinung der Staatsanwälte in der DDR anzuwendendes anderes Recht seinen Entscheidungen hätte zugrunde legen müssen. Nach unserer Auffassung war das natürlich barer Unsinn. Zum einen gab das Recht der DDR die Betrachtungsweise der Staatsanwaltschaft nicht her. Und zum anderen dokumentierte die Argumentation der Staatsanwaltschaft eine nicht mehr zu überbietende Selbstherrlichkeit. Denn die einzig richtige Verhaltensweise von Klaus Braune hätte danach darin bestanden, die damals angewandten Normen unbeachtet zu lassen, sich bei den damals Angeklagten zu Beginn der Verhandlungen zu entschuldigen und ihre sofortige Freilassung, am besten direkt in die Bundesrepublik, zu verfügen. Daß sich Klaus Braune dazu über die StPO/DDR hätte hinwegsetzen müssen und mit Sicherheit wegen Rechtsbeugung vor Gericht und im Gefängnis gelandet wäre, interessierte die Staatsanwälte nicht im geringsten.

Wir wehrten uns natürlich gegen die moralisierende Betrachtungsweise der Staatsanwälte, die auf der Anschauung der Bundesrepublik beruhte und sie verabsolutierte. Wir bezichtigten die Staatsanwälte während ihrer Befragung des Angeklagten mehrfach, dem Angeklagten keine Fragen zu stellen, sondern ihn angreifen zu wollen. Sie seien willfährige Instrumente einer politischen Siegerjustiz, ignorant und realitätsfern.

Daraus entwickelten sich hitzige Diskussionen, in der wir den Eindruck gewannen, daß die Staatsanwälte auch tatsächlich glaubten, was sie sagten. Die von beiden Seiten nicht unbedingt von Sachlichkeit geprägten Wortgefechte hielten jeweils eine ganze Weile an, bis der Vorsitzende schlichtend eingriff. Es dauerte aber meist nicht lange, und der Streit ging wieder von vorne los. In besonderer Erinnerung ist mir dazu noch geblieben, daß einer der beiden Staatsanwälte auf unsere Einwände gebetsmühlenartig erwiderte, wir würden Äpfel mit Birnen vergleichen. Diese aus unserer Sicht notorische Ignoranz nervte uns fürchterlich. Mein Kollege Söllner beschloß daraufhin, zum nächsten Hauptverhandlungstag einen Apfel und eine Birne mitzubringen, um diese bei passender Gelegenheit hochzuhalten. In unserer Phantasie hatten wir auch darüber hinausgehende Vorstellungen von einer möglichen Verwendung. Dazu kam es aber nicht.

Die Auseinandersetzungen bei der Befragung zu den Strukturen der DDR-Strafjustiz und den prozessualen Dingen sollten sich noch als relativ harmlos erweisen im Vergleich zu dem Streit, der sich im Laufe der Vernehmung zur Sache entwickelte. Sowohl das Gericht, vor allem aber die Staatsanwälte, stellten plötzlich Fragen, mit denen wir nach dem Inhalt der Anklageschrift nicht gerechnet hatten. Unsere Befürchtungen in bezug auf fehlende Konkretisierung der Anklage bestätigten sich dabei in einem unerwarteten Ausmaß.

Bei der Befragung zu den einzelnen Verfahren gingen der Vorsitzende und die Staatsanwälte dazu über, Details aus den Urteilen zu hinterfragen, die weder in der Anklageschrift noch in sonstiger Weise jemals den Gegenstand eines Vorwurfs gebildet hatten.

Das betraf zum einen die Subsumtion, d. h. Zuordnung, des vorgeworfenen Verhaltens zu einzelnen Tatbestandsmerkmalen. Klaus Braune wurde beispielsweise zu § 106 StGB/DDR, der staatsfeindlichen Hetze, nach dem Inhalt des Tatbestandsmerkmals »Aufwiegeln durch Einfuhr« befragt oder danach, wie weit der Begriff »Einfuhr« gefaßt gewesen sei. Prozessual wurde mit ihm diskutiert, daß ein der Verurteilung zugrundeliegendes Gutachten möglicherweise nicht prozeßordnungsgemäß in das Verfahren eingeführt worden sei oder Feststellungen dazu fehlen würden, warum die Ersuchen eines Verurteilten auf Ausreise aus der DDR rechtswidrig gewesen seien. An jeden einzelnen dieser Gesichtspunkte schloß sich eine längere Diskussion an um den Inhalt der angewandten Tatbestandsmerkmale bzw. strafprozessuale Fragen des DDR-Rechts. Klaus Braune ließ sich zunächst auch auf diese Diskussionen ein, so daß sich regelrechte Streitgespräche über materielle und prozessuale Fragen des Strafrechts der DDR entwickelten.

Aus unserer Sicht waren derartige Streitgespräche alles andere als wünschenswert. Wir empfanden insbesondere die fehlende Vorbereitungsmöglichkeit auf die Fragen als unerträglich, denn in der Anklageschrift hatten die nunmehr in den Mittelpunkt des Verfahrens rückenden Fragen zum StGB und zur StPO der DDR allenfalls eine untergeordnete Rolle gespielt. Die meisten der angesprochenen Probleme zu einzelnen Tatbestandsmerkmalen oder prozessualen Vorgängen waren in der Anklageschrift überhaupt nicht erwähnt worden. Der Gegenstand der Anklage wurde damit uferlos weit. Wir mußten befürchten, daß das Gericht irgendeinen in der Anklageschrift nicht erwähnten gedanklichen Schritt in den Urteilen unseres Mandanten zum Gegenstand eines Rechtsbeugungsvorwurfs machen würde. Wir konnten nicht einmal sicher sein, daß Klaus Braune vor einer entsprechenden Verurteilung auf einen solchen Gesichtspunkt überhaupt angesprochen werden würde, um sich dazu äußern zu können.

Es dauerte nicht lange, bis wir Gericht und Staatsanwaltschaft trotz der im Zwischenverfahren und eingangs der Hauptverhandlung abgelehnten Anträge erneut darauf hinwiesen, daß es dem Angeklagten nicht zugemutet werden könne, mit dem eigentlichen Anklagevorwurf erstmals während der Befragung in der Hauptverhandlung konfrontiert zu werden. Es könne nicht angehen, in der Anklageschrift gewissermaßen die 28 Verfahren als solche zum Gegenstand eines Rechtsbeugungsvorwurfs zu machen, um den eigentlichen Vorwurf erst in der Hauptverhandlung herauszuarbeiten. Das widerspräche elementarsten strafprozessualen Grundsätzen, wonach dem Angeklagten vor Beginn der Verhandlung bekanntzumachen sei, was ihm vorgeworfen wird.

Gericht und Staatsanwaltschaft wollten das natürlich immer noch nicht einsehen. Die Staatsanwaltschaft hatte schon von Anfang an den Standpunkt vertreten, Klaus Braune müsse jetzt endlich »für das alles« geradestehen, ohne es für notwendig zu erachten, »das alles« zu konkretisieren. Offenbar herrschte die Vorstellung vor, in der Hauptverhandlung werde sich schon erweisen, daß das gesamte damals zur Verurteilung führende Verhalten nur rechtsbeugerisch gewesen sein konnte. Auch das Gericht wollte – sicher auch aufgrund der sonst drohenden Konsequenz einer Aussetzung des Verfahrens und neu zu formulierenden Anklage – sich auf keine weitere Diskussion dazu einlassen. Uns wurde vielmehr erklärt, es sei doch völlig normal, daß die unter dem Vorsitz des Angeklagten geführten Verfahren unter jedem denkbaren Gesichtspunkt überprüft würden.

Wir empfanden das indes alles andere als normal. Normal wäre es gewesen, zunächst die nach Auffassung von Gericht und Staatsanwaltschaft in Betracht kommenden Mängel des Verfahrens und des Urteils mitzuteilen, um dem Angeklagten die Möglichkeit zu geben, sich gemeinsam mit seinen Verteidigern in die überwiegend mehr als zehn Jahre zurückliegenden Verfahren wieder einzufinden und seine Antworten vor der Befragung durch Gericht und Staatsanwaltschaft zu beraten. Deshalb rieten wir Klaus Braune dazu, überhaupt keine Fragen mehr zu beantworten, bis Klarheit über Inhalt und Ausmaß der Anklage bestünde. Dazu gab es aus unserer Sicht keine Alternative mehr.

Unser Mandant befolgte den Rat. Das hinterließ Wirkung. Der Vorsitzende beharrte zwar auf seinem Standpunkt, wonach die Anklage hinreichend konkretisiert sei und es keiner Ergänzung bedürfe. Andererseits wollte er sich die Möglichkeit der weiteren Befragung des Angeklagten aber wohl nicht nehmen lassen. Er forderte die Staatsanwaltschaft deshalb auf, Hinweise zu erteilen, hinsichtlich welcher Vorgänge in den einzelnen Verfahren aus Sicht der Strafverfolgungsbehörde »besonderer Prüfungsbedarf« bestünde. Zugleich sicherte er zu, uns über einen aus Sicht des Gerichts möglicherweise bestehenden Bedarf frühzeitig zu unterrichten.

Das war zwar nicht das von uns gewünschte Ergebnis. Insbesondere handelte es sich nicht um eine förmliche Konkretisierung der Anklage, so daß nach wie vor eine Verurteilung auch wegen nicht mitgeteilter angeblicher rechtsbeugerischer Umstände möglich war. Immerhin konnten wir aber hoffen, eine vollständige Auskunft darüber zu erhalten, worin in den einzelnen Verfahren die jeweilige Rechtsbeugung gelegen haben soll.

Die Sitzungsvertreter der Staatsanwaltschaft wehrten sich zunächst vehement gegen die Anordnung des Vorsitzenden. Die zuvor entstandene Situation diente ersichtlich ihrem Verfahrensziel. Es ist für einen Staatsanwalt überaus komfortabel, den Angeklagten laufend mit neuen Vorwürfen zu konfrontieren und die sich daraus entwickelnde Diskussion in die gewünschte Richtung zu lenken. Diesen Vorteil wollten sich die Staatsanwälte Schäfer und Dr. Brauns nicht so ohne weiteres nehmen lassen. Sie argumentierten, auch nach unserer Auffassung nicht einmal zu unrecht, das Gericht könne im Eröffnungsbeschluß nicht einerseits die hinreichende Konkretisierung der Anklage attestieren, um andererseits von der Staatsanwaltschaft zusätzliche Hinweise zu verlangen. Also weigerten sie sich zunächst, weitere Hinweise zu erteilen.

Das Gericht war damit in eine mißliche Lage geraten. Es hatte unserem Drängen nachgegeben, allerdings nicht in der prozessual vorgesehenen Form. Nachdem es die Anklage zugelassen hatte, konnte es wohl auch gar nicht mehr anders, jedenfalls nicht ohne Gesichtsverlust. Hätte die Kammer die Staatsanwaltschaft förmlich aufgefordert, Mängel der Anklage zu beheben, wäre dies einem Eingeständnis der Fehlerhaftigkeit des Eröffnungsbeschlusses gleichgekommen. Das wollte das Gericht auf keinen Fall. Andererseits hatte die Kammer aber auch ein Einsehen, daß es dem Angeklagten nicht zuzumuten war, sich in der erlebten Form dem Verfahren stellen zu müssen. Es fehlte nur ein geeignetes Instrument, um diesen Zustand zu beenden. Die

Strafprozeßordnung enthielt jedenfalls keines. Damit stand die Kammer vor der Alternative, entweder die nicht hinreichende Konkretisierung der Anklage nachträglich zu bestätigen oder sich mit dem geänderten Aussageverhalten des Angeklagten abzufinden.

Gelöst wurde der Konflikt, wie so oft in Strafverfahren, in denen ein souveräner Vorsitzender agiert, über dessen Autorität. Gerd Halfar hatte nicht die Absicht, angesichts der Renitenz der Staatsanwälte unliebsame Folgen für das Verfahren zu akzeptieren. Er beendete den Streit sozusagen mit einem Machtwort, indem er von der Staatsanwaltschaft unmißverständlich verlangte, man möge die erbetenen Hinweise nun erteilen.

Als Verteidiger erlebt man es nur selten, daß sich Staatsanwälte gegen derartige Anordnungen des Vorsitzenden dauerhaft zur Wehr setzen. So war es auch hier. Der Widerstand der Staatsanwälte war schnell gebrochen – zwar nicht mit Mitteln der Strafprozeßordnung, aber sehr effektiv.

Wir machten dann leider den Fehler, keinen Aussetzungsantrag oder zumindest Antrag auf Protokolierung des Vorgangs zu stellen. Ein Aussetzungsantrag wäre wohl das geeignete Mittel gewesen, unsere Position konsequent weiter zu vertreten. Denn im Hinblick auf eine mögliche Revision gegen das Urteil nutzte uns der nicht einmal protokollierte Vorgang nicht im geringsten. Zumindest ein Protokollierungsantrag wäre also auf jeden Fall ratsam gewesen. Das versäumten wir leider. So verlor der Vorgang erheblich an Wert für die Verteidigung.

Immerhin erhielten wir am nächsten Hauptverhandlungstag eine Aufstellung der Staatsanwaltschaft über die aus ihrer Sicht erörterungsbedürftigen Vorgänge. Es wurde zwar nicht zu jedem Verfahren eine »Auffälligkeitenliste« übergeben. Die zunächst gemachte Ankündigung, noch für eine Vervollständigung zu sorgen, wurde auch nicht eingehalten; angesichts der kurz darauf endenden Befragung des Angeklagten durch Gericht und Staatsanwaltschaft sollte das aber auch keine Rolle mehr spielen. Wir wußten jetzt, wohin die Fragen der Staatsanwaltschaft noch zielen konnten. Die Listen hatten überwiegend ähnliche Inhalte. Das soll anhand eines Beispiels verdeutlicht werden. Das Beispiel betrifft den einzigen von mir nicht näher beschriebenen Fall staatsfeindlicher Hetze, die Sache Lutz Hesse. Er hatte Kontakt zu Bundesbürgern, die ihm die Bücher »Archipel Gulag« von Alexander Solshenizyn, »Die Revolution entläßt ihre Kinder« von Wolfgang Leonhard und »Im Widerspruch« von Gerhard Zwerenz verschafft hatten. Die Bücher hatte er an Arbeitskollegen weitergegeben, um sie mit ihnen zu diskutieren. In dem gegen ihn gerichteten Verfahren meinte die Staatsanwaltschaft folgende »Auffälligkeiten« ausmachen zu können:

»Auffälligkeiten aus der Sicht der Staatsanwaltschaft in den Urteilen gegen Lutz Hesse
1. Unvereinbarkeit der angewendeten Strafnorm des § 106 StGB/DDR mit Menschenrechten (Verfassung der DDR; Völkerrecht)
2. Anwendung der Tatbestandsmodalität »Aufwiegeln durch Einfuhr«, obwohl das denklogisch nicht möglich ist, so daß ein Verstoß gegen das Bestimmtheitsgebot vorliegt (Art. 4 Abs. 3 StGB/DDR)
3. Keine Feststellungen dazu, weshalb die Ersuchen auf Ausreise rechtswidrig gewesen sind (Seite 4 des Urteils vom 9.4.1981)
4. Tatbestandsüberdehnung bei der Anwendung des Merkmals »Einfuhr« dadurch, daß der Angeklagte den Auftrag gab, ihm das »Spiegelmanifest« zuzusenden (Seite 4 der Urteilsschrift)
5. Keine nachvollziehbaren Feststellungen zur Behauptung, der Inhalt der Schriften sei antisozialistisch gewesen.
6. Keine nähere Erläuterung der Herkunft und des Inhalts des vorgetragenen Gutachtens (Seite 10 der Urteilsschrift)
7. Nach Seite 5 der Urteilsschrift wollte der Angeklagte den Sozialismus verändern und demokratischer machen, die Lehren von Marx und Engels richtig angewandt wissen. Dennoch kommt das Gericht zu dem Ergebnis, daß der Angeklagte subjektiv Aufwiegelungsabsicht gehabt hätte. Die Ehrlichkeit seiner Überzeugungen wird dem Angeklagten von vornherein abgesprochen. Mittels Agitation, die sich auch in dem entsprechenden Sprachgebrauch in dem Urteil (vgl. Urteilsschrift Seite 13: gröbste Lügen und infamste Unterstellungen) äußert und durch propagandistische Äußerungen ohne sachlichen Gehalt (vgl. Urteilsschrift Seite 13f.) wird die Einlassung des Angeklagten im subjektiven als mit »Methode der Feinde des Sozialismus in imperialistischen Ländern« (Seite 13 der Urteilsschrift unten) abgetan.
8. Es fehlt jede erforderliche Feststellung zum Inhalt der angegriffenen Schriften. Es wird nicht offenbar, worin die Schädigungs- und Aufwiegelungseignung der Schriften bestanden haben soll. Insgesamt legt das Urteil offen, daß es dem Gericht um eine Verurteilung um jeden Preis ging. Dies wird schon deutlich an dem ersten Urteil vom 1.10.1980 und den durch das Oberste Gericht aufgedeckten Fehlern.«

Die »Auffälligkeitenlisten« der Staatsanwaltschaft trugen erheblich zu unserer Beruhigung bei. Es war jetzt klar, daß die Staatsanwaltschaft im Grunde immer noch auf dem Stand der Anklageschrift war und allenfalls in der Lage sein würde, jederzeit widerlegbare Vorwürfe in den Raum zu stellen. Es blieb zwar der ein oder andere bedenkenswerte Vorwurf übrig. Insgesamt offenbarten die Listen aber eine uns beruhigende Konzeptionslosigkeit.

Wir gingen unsererseits weiterhin davon aus, daß allenfalls schwerwiegende Fehler bei der Anwendung einfachgesetzlicher Normen den Vorwurf der Rechtsbeugung würden begründen können. Leichte Fehler bei der Tatsachenfeststellung oder die unterbliebene Erörterung von Selbstverständlichkeiten in der sozialistischen DDR würden kaum geeignet sein, strafrechtliche Relevanz zu entfalten. Da waren wir uns ziemlich sicher (Ziffer 6 der Liste).

Es war deshalb nach unserer Einschätzung auch geradezu grotesk, den Rechtsbeugungsvorwurf darauf stützen zu wollen, daß das Oberste Gericht der DDR Fehler in einem Urteil aufgedeckt hatte (Ziffer 8 der Liste). Daß es sich bei den Werken »Archipel Gulag« von Solshenyzin und »Die Revolution entläßt ihre Kinder« von Leonhard um antisozialistische Schriften nach dem Verständnis der DDR handelte, war so selbstverständlich, daß der Vorwurf fehlender Feststellungen dazu fast lächerlich war – er war im übrigen nicht einmal sachlich richtig (Ziffern 5 und 8 der Liste).

Nicht minder offenkundig war die staatsfeindliche Haltung des Angeklagten Lutz Hesse im Sinne der DDR-Doktrinen (Ziffer 7 der Liste), während wir uns zu der angeblichen Unvereinbarkeit der angewandten Normen mit dem Völkerrecht und der Verfassung der DDR bereits ausführlich erklärt hatten (Ziffer 1 der Liste).

Auf Feststellungen zur Rechtswidrigkeit der Ausreiseersuchen kam es nach unserer Überzeugung bei der Anwendung des Tatbestandes der staatsfeindlichen Hetze schließlich nicht an (Ziffer 4 der Liste), wobei Klaus Braune erforderlichenfalls Erklärungen dazu hätte abgeben können.

Es blieben also nur die Vorwürfe, wegen »Aufwiegelns durch Einfuhr« bestraft (Ziffer 2 der Liste) und das Tatbestandsmerkmal »Einfuhr« überdehnt zu haben (Ziffer 4 der Liste).

Klaus Braune hatte aber gar nicht wegen »Aufwiegelns durch Einfuhr«, sondern wegen der Einfuhr und Verbreitung der Schriften bestraft. Und die angebliche Überdehnung des Begriffs »Einfuhr« war bei näherem Hinsehen ebenfalls leicht zu widerlegen. Zwar hatte Lutz Hesse die Schrift nicht selbst eingeführt, er hatte aber einen Bürger der Bundesrepublik gebeten, ihm die Schrift zu übersenden. Der hatte das getan, so daß Klaus Braune nach dem ihm vorliegenden Kommentar zum DDR-StGB ohne weiteres von einer mittäterschaftlichen Einfuhr hatte ausgehen können. Hilfsweise konnten wir noch darauf verweisen, daß nach dem Recht der Bundesrepublik zumindest eine Anstiftung vorgelegen hätte, die auch nach heute geltendem Recht nicht anders zu bestrafen gewesen wäre als täterschaftliches Handeln (§ 26 StGB).

Die Angriffe der Staatsanwaltschaft hatten mit der Übergabe der »Auffälligkeitslisten« ihren Schrecken verloren. Die sich daraus stellenden Fragen konnte Klaus Braune nach unserem Eindruck sämtlich zufriedenstellend beantworten. Zu unserer Überraschung stellte der Vorsitzende auch keine darüber hinaus gehenden Fragen mehr. Wir vermuteten, daß er auf die sich aus seiner Sicht stellenden Rechtsfragen im Zuge der Beweisaufnahme wieder zurückkommen würde. Die wieder eingezogene Ruhe im Verfahren war ihm offenbar wichtiger als die sofortige Klärung der sich ihm stellenden Fragen. Das war durchaus nachvollziehbar.

Richter in eigener Sache

Bevor das Gericht nun in die Beweisaufnahme eintreten konnte, mußte es sich zunächst noch mit einem Vorgang befassen, der in gewisser Weise exemplarisch war für die Schwierigkeiten, die sich bei der »Aufarbeitung« der DDR-Strafjustiz ergaben: Uns war von einigen Zuschauern mitgeteilt worden, daß eine der Schöffinnen dieses Amt schon zu DDR-Zeiten ausgeübt hätte. Das nahmen wir zum Anlaß, das Gericht danach zu befragen, ob das den Tatsachen entspräche. Die Frage wurde bejaht.

Das rief natürlich die Staatsanwaltschaft auf den Plan. Die Staatsanwälte wollten von der Schöffin sofort wissen, ob sie auch an Verfahren der in Rede stehenden Art teilgenommen habe. Daraufhin gab die Schöffin eine dienstliche Erklärung ab, derzufolge sie beim Kreisgericht Neustadt/Sachsen als Schöffin in Zivil- und Familiensachen tätig gewesen sei. In einigen Fällen habe sie auch an Strafprozessen mitgewirkt. Damit gab sich die Staatsanwaltschaft zufrieden.

Wenig später erfuhren wir, daß die Strafsachen durchaus auch

»politischen« Charakter gehabt hatten. In einem Fall war ein nicht vorbestrafter Jugendlicher wegen einiger in alkoholisiertem Zustand begangener Schmierereien antisozialistischen Inhalts zu einer Bewährungsstrafe verurteilt worden, ein weiterer Fall hatte eine ähnliche Qualität.

Wir überlegten, ob wir das dem Gericht mitteilen sollten. Dagegen sprach, daß die Schöffin unserem Mandanten kaum eine negative Einstellung entgegenbringen würde und die Gefahr eines Ablehnungsantrages der Staatsanwaltschaft bestand. Andererseits konnte auch das genaue Gegenteil der Fall sein. So mancher SED-Genosse war nach 1989 plötzlich der größte Gegner der DDR geworden, und war es natürlich schon immer gewesen. Für eine Thematisierung sprach auch, daß eine Fortsetzung des Prozesses mit der Schöffin als Signal des Gerichts würde gewertet werden können und die Staatsanwaltschaft düpiert würde. Immerhin würde eine Fortsetzung bedeuten, daß der Kammervorsitzende nicht auf eine Selbstablehnung hingewirkt hätte, während eine unterbleibende Ablehnung durch die Staatsanwaltschaft bedeuten würde, daß die Staatsanwaltschaft eine Schöffin akzeptierte, die in ähnlichen Fällen wie der Angeklagte geurteilt hatte.

Wir hatten ein ziemlich sicheres Gefühl, daß der Vorsitzende *nicht* auf eine Selbstablehnung der Schöffin drängen und die Staatsanwälte keinen Ablehnungsantrag stellen würden. Der Vorsitzende hatte keinerlei Eifer an den Tag gelegt, Näheres über die Schöffin zu erfahren, und die Staatsanwälte suchten nicht gerade den Konflikt mit dem Gericht. Da waren wir uns doch ziemlich sicher. Zu sehr waren Dr. Brauns und Staatsanwalt Schäfer schon im bisherigen Verfahren darauf bedacht gewesen, sich bei Gericht nicht unbeliebt zu machen, was sich spätestens bei der widerwilligen Erstellung der »Auffälligkeitenliste« erwiesen hatte. Im Ergebnis entschlossen wir uns daher, das Risiko einzugehen, die Schöffin zu outen. Wir überreichten die beiden Urteile, aus denen sich die Beteiligung der Schöffin an den Verfahren ergab.

Die Reaktion darauf hatte etwas Gespenstisches. Offenbar wußte niemand so recht, was das nun bedeutete. Das Gericht nahm die Information zur Kenntnis, ohne in irgendeiner Weise zu reagieren, und die Staatsanwälte guckten zwar verduzt, sagten aber auch nichts. Das Verfahren ging einfach weiter – so wie die Tätigkeit der Schöffin nach 1989 auch einfach weitergegangen war.

Der Ausreiseantrag und seine Folgen

Danach konnte die Beweisaufnahme beginnen. Am Anfang stand nach dem Willen der Kammer dabei die Vernehmung der Verurteilten. Wir hatten zuvor noch den, natürlich von vornherein untauglichen, Versuch unternommen, die Notwendigkeit der Vernehmung dieser Zeugen in Frage zu stellen. Dazu hatten wir argumentiert, ausweislich der Anklageschrift ginge es im Verfahren gegen Klaus Braune ausschließlich um abstrakte Rechtsfragen zur Einordnung der in den Urteilen festgestellten Sachverhalte unter die angewandten Normen. Um das zu beurteilen, müßten keine Zeugen vernommen werden. Tatsächlich hatten die Verurteilten im Ermittlungsverfahren auch nichts wesentliches beitragen können, was der Urteilsfindung im Verfahren gegen Klaus Braune hätte dienlich sein können. Sie wußten kaum mehr zu berichten als das, was den Urteilen und den zugehörigen Akten ohne großen Aufwand auch so zu entnehmen war.

Wir wollten das Erscheinen der damals Verurteilten im Prozeß nach Möglichkeit vermeiden, um die durch die Vernehmung zu erwartende Stimmung gegen unseren Mandanten erst gar nicht aufkommen zu lassen. Darauf wollte sich der Kammervorsitzende Gerd Halfar indes nicht einlassen. Die damals Verurteilten wollte er auf jeden Fall hören. Vermutlich erhoffte er sich weitere Erkenntnisse, die den Verfahrensakten nicht zu entnehmen waren. Es wäre wohl auch undenkbar gewesen, den Prozeß gegen Klaus Braune zu führen, ohne den damals Angeklagten die Gelegenheit zu geben, sich zu den Digen zu äußern. Das verlangte schon allein das öffentliche Aufsehen, das der Prozeß erregte.

Insgesamt hatte Klaus Braune in den 28 angeklagten Verfahren 41 Menschen verurteilt. 39 von ihnen wurden nun vernommen. Zwei jeweils wegen landesverräterischer Nachrichtenübermittlung und ungesetzlicher Verbindungsaufnahme verurteilte Zeuginnen konnten nicht erscheinen, weshalb auf ihre Vernehmung verzichtet wurde. Ihre Fälle bargen nach übereinstimmender Einschätzung von Gericht, Staatsanwaltschaft und Verteidigung keine Besonderheiten, die ihr Erscheinen unverzichtbar gemacht hätten. Die 39 Zeugenvernehmungen waren nach unserer Auffassung auch ganz sicher ausreichend, um ein realitätsnahes Bild von den Verhandlungen des 1. Strafsenats beim Bezirksgericht Dresden aus der Perspektive der Verurteilten zu erhalten.

Die Berichte der Zeugen waren sehr ähnlich und begannen, mit wenigen Ausnahmen, stets damit, daß die Betroffenen den Wunsch gehegt hatten, die DDR zu verlassen, um in die Bundesrepublik überzusiedeln. Nach ihren Schilderungen hatten sie zunächst, wie es im DDR-Deutsch hieß, »Ersuchen auf ständige Ausreise aus der Deutschen Demokratischen Republik« an die zuständigen Behörden gerichtet. Die angegebenen Motive waren unterschiedlich. Bemerkenswert war, wie selten politische Gründe von den im Verfahren gegen Klaus Braune vernommenen Zeugen als Grund für den Aussiedlungswunsch angegeben wurden. Es waren zwar durchaus Betroffene dabei, die auch die fehlende Meinungsfreiheit und die Beengtheit der »sozialistischen« DDR-Gesellschaft bzw. fehlende berufliche Entfaltungsmöglichkeiten als Motiv benannten. Überwiegend wurde jedoch auf die Wohnungsnot, die begrenzten Urlaubsmöglichkeiten wegen der fehlenden Reisefreiheit und die schlechte Versorgungslage mit Nahrungs- und Genußmitteln sowie Luxusgütern verwiesen. Im Umkehrschluß folgerten wir daraus erneut, daß das politische Strafrecht in der DDR kaum eine Rolle gespielt hätte, wenn es der politischen Führung der DDR gelungen wäre, die beschriebenen Bedürfnisse zu befriedigen oder es die Möglichkeit einer Übersiedlung in die Bundesrepublik nicht gegeben hätte. Aber das war für das Verfahren nicht wichtig.

Die Ersuchen auf ständige Ausreise aus der Deutschen Demokratischen Republik seien von den zuständigen Behörden entweder gar nicht bearbeitet oder abgelehnt worden. Fortan hätten die Antragsteller unter Bewachung durch das Ministerium für Staatssicherheit gestanden, das sich darum bemüht habe, alles zu erfahren, was möglicherweise wissenswert hätte sein können über die Person, soziale Bindungen, Stellung im Betrieb etc. Die sich darüberhinaus ergebenden Konsequenzen wurden höchst unterschiedlich geschildert. Je höher die berufliche Qualifikation des Antragstellers war, desto größer waren offenbar die Anstrengungen, die Person von dem Ausreisewunsch abzubringen.

Es wurden in Einzelfällen Hilfsangebote bei der Wohnungssuche und für das berufliche Fortkommen beschrieben, gekoppelt an die Bedingung, den Ausreiseantrag zurückzunehmen. Die Mehrzahl konnte von derartigen Angeboten allerdings nicht berichten. Obligatorisch waren indes für jeden Antragsteller offenbar mehrere »Aussprachen« im Rat der Stadt oder des Kreises, Abteilung Inneres. Wenn das alles nicht fruchtete, gaben die Behörden irgendwann auf. Folge war allerdings nicht die Bewilligung des Ersuchens auf ständige Ausreise aus der Deutschen Demokratischen Republik, sondern der Versuch der Behörden, die Ausreisewilligen gesellschaftlich zu isolieren.

Zu den Konsequenzen erfolgloser und nichtsdestotrotz beharrlicher Antragstellung gehörte auch der Verlust des Arbeitsplatzes. Der Betrieb wurde über das Ausreiseersuchen informiert. Den Antragstellern wurde von der Betriebsleitung alsdann erklärt, die Stellung des Ausreiseantrags sei ein Vertrauensbruch, der nicht ohne Reaktion bleiben könne. Verantwortung könne einem Ausreisewilligen nicht länger übertragen werden. Also müsse er entlassen bzw. in weniger verantwortungsvoller Position eingesetzt werden. Gleichwohl blieb jeder verpflichtet, eine andere Arbeit aufzunehmen, um nicht Gefahr zu laufen, als »asozial« zu gelten. Das war in der DDR ebenfalls strafbar. Die renitenten Antragsteller arbeiteten folglich in weniger verantwortungsvoller Position, oftmals als Hilfsarbeiter trotz wesentlich höherer Qualifikation.

Hoffnung auf eine Verbesserung der Wohnsituation hatte sich schon vor der Stellung des Ausreiseantrags kaum einer der vernommenen Zeugen gemacht. Das war in vielen Fällen schließlich einer der Gründe für den Ausreiseantrag gewesen. Nach Antragstellung war jedem Antragsteller klar, daß nun überhaupt keine Chance mehr bestehen würde, eine der begehrten Neubauwohnungen zugewiesen zu bekommen oder die Situation auf andere Weise zu verbessern. Die wenigen Wohnungen, um die sich der Wohnungsbestand in der DDR erhöht habe, blieben denen vorbehalten, die sich als staatstreu erwiesen hätten. Ausreisewillige hätten sich mit dem begnügen müssen, was der Wohnungsmarkt für sie übrig ließ.

Die Bausubstanz in der DDR war in vielen Wohnhäusern derart schlecht gewesen, daß die Häuser geschoßweise von oben nach unten sukzessive verlassen werden mußten. Parallel dazu entstanden zwar eine Vielzahl von Plattenbauten; das wirkte sich auf die Wohnungsnot aber kaum spürbar aus – eine Aussage, die der bis Anfang der 80er Jahre amtierende Vorsitzende des Rates des Bezirks Dresden, Manfred Scheler, mir gegenüber später einmal in einem Gespräch bestätigte. Danach habe sich der Wohnungsbestand durch den Verfall der Altbausubstanz trotz immenser Anstrengungen beim Neubau von Wohnungen kaum erhöht. Das habe mitunter zu grotesken Situationen geführt. So sei es in der DDR beispielsweise gang und gäbe gewesen, daß geschiedene Ehepaare noch jahrelang in einer Wohnung gewohnt hätten, weil kein andcrer Wohnraum verfügbar gewesen wäre. Angesichts dieser Not fiel uns die Vorstellung natürlich leicht, daß renitente Ausreisewillige die letzten waren, die in den Genuß einer Neubauwohnung kamen.

Die vernommenen Zeugen berichteten weiterhin durchweg, daß ihr Ersuchen auf ständige Ausreise aus der Deutschen Demokratischen Republik die im Vergleich zur Bundesrepublik ohnehin schlechte materielle Lebensqualität auch in nahezu allen anderen Lebensbereichen beeinträchtigt habe. Folglich hätten sie nach Wegen gesucht, um gleichwohl das Land verlassen zu können. Viele Möglichkeiten hätte es nicht gegeben. Geblieben seien entweder der Versuch, die Grenze illegal zu passieren oder das Unterfangen, Hilfe aus der Bundesrepublik zu erhalten. Beide Wege in das Land ihrer Träume waren für die Ausreisewilligen freilich überaus gefährlich.

Die Grenze zwischen der DDR und der Bundesrepublik muß gewiß nicht näher geschildert werden. Jeder wußte, was einen dort erwartete. Mauern, Stacheldraht, Selbstschußanlagen, Tretminen und »Schießbefehl« kosteten so manchen das Leben. Auch der Versuch, die DDR über Ungarn oder ein anderes sozialistisches Bruderland gen Westen zu verlassen, war wegen der dortigen Grenzkontrollen und sonstigen Überwachungsmechanismen überaus riskant. Es war bereits strafbar, sich mit dem Gedanken, die Grenze nach dem Westen unerlaubt zu übertreten, auch nur näher zu befassen. Einige, wenn auch nicht die Mehrzahl der von Klaus Braune Verurteilten hatten das oder mehr nach ihren Angaben gleichwohl getan. Bei allen Vorbehalten, die wir im Laufe des Prozesses gegenüber den Ausreiseantragstellern wegen ihrer überwiegend auf wirtschaftlichen Erwägungen beruhenden Motive entwickelten, nötigte es uns doch immer wieder Respekt ab, daß sich die Betroffenen mitunter in Lebensgefahr begaben, um ihr Ziel zu erreichen. Es war ein deutliches Zeichen dafür, daß es doch mehr als »nur« die materielle Lebensqualität gewesen sein mußte, was den Drang zum Verlassen des Landes so stark gemacht hatte.

Die Mehrzahl der von Klaus Braune verurteilten Ausreisewilligen suchte wegen der lebensgefährdenden Risiken auch nach anderen Instrumenten, um ihren Ausreisewunsch zu verwirklichen. Sie schilderten, daß sie sich an verschiedene Organisationen gewandt hätten. Genannt wurde vor allem die bereits erwähnte »Gesellschaft für Menschenrechte«, die sich später in »Internationale Gesellschaft für

Menschenrechte« (IGfM) umbenannte. Daneben sei der Verein »Hilferufe von Drüben« (HvD) ein ebenso geeigneter Ansprechpartner gewesen wie die ständige Vertretung der Bundesrepublik Deutschland in Ost-Berlin oder als Helfer bekannte Einzelpersonen aus der Bundesrepublik. Man sei davon ausgegangen, daß die Kontaktstellen die Namen und Daten sammeln und dem bundesdeutschen Ministerium für Innerdeutsche Beziehungen über die bislang erfolglosen Ausreisebemühungen berichten würden. Davon erhoffte man sich größeren Druck auf die Behörden der DDR, die entweder im Bemühen um internationales Ansehen oder im Zusammenhang mit deutschdeutschen Verhandlungen dem Ausreisewunsch nachgeben sollten.

Sehr unterschiedlich waren die Angaben zur Kenntnis über die strafrechtliche Relevanz dieser Kontaktaufnahmen. Manche erklärten frank und frei, bewußt das Risiko einer Inhaftierung in Kauf genommen zu haben, um notfalls »über das Gefängnis« in die Bundesrepublik zu gelangen. Andere behaupteten dagegen, nichts von einer Strafbarkeit ihres Tuns gewußt zu haben. Letzteres erschien uns allerdings zumindest zweifelhaft. Die später in den Prozeß eingeführten Informationsbroschüren der IGfM und des HvD waren ebenso wie deren Adressen nur konspirativ zu beschaffen, und die Organisationen wiesen in den Blättern ausdrücklich auf die in Rede stehenden Tatbestände des StGB/DDR hin. Mit Ausnahme der ständigen Vertretung der Bundesrepublik Deutschland in Berlin verfolgten die kontaktierten Organisationen und Einzelpersonen auch das erklärte Ziel, die DDR zu unterwandern durch Unterstützung ihrer Gegner. Jedenfalls die uns vorliegenden Dokumente und Veröffentlichungen der verschiedenen Organisationen befaßten sich auch nahezu ausschließlich mit ausreisewilligen DDR-Bürgern.

IGfM und HvD bezeichneten sich zwar als weltweit auf die Einhaltung der Menschenrechte achtende Organisationen. Menschenrechtsverletzungen in anderen Ländern als der DDR spielten jedoch allenfalls eine untergeordnete Rolle. Mit den z. B. in Südamerika zeitweise auf der Tagesordnung stehenden politisch motivierten Morden und der dortigen Folter befaßten sich die Informationsbroschüren nur am Rande und fast ausschließlich bei Ländern, die dem sozialistischen Lager zuzurechnen waren.

Die Schicksale ausreisewilliger DDR-Bürger wurden hingegen eingehend geschildert und sollten erkennbar betroffen machen.

Im Vergleich zu Mord und Folter erschien uns das Ausreiseverbot in der DDR freilich nicht gerade als schwerwiegender Verstoß gegen die Menschenrechte. Hätte den Ausreisewilligen nicht die Möglichkeit offengestanden, in der Bundesrepublik zu leben, hätte sich die Frage womöglich gar nicht gestellt, ohne daß sich jemand darüber beschwert hätte. Polen und Tschechen unterlagen jedenfalls ähnlichen Ausreisebeschränkungen; darüber regte sich kaum jemand auf.

Die Einseitigkeit der Darstellung und des Themas legten deshalb den Schluß nahe, daß es sich um Organisationen handelte, die sich als Speerspitze des Kalten Krieges auf westlicher Seite verstanden. Bei dem Verein Hilferufe von Drüben ergab sich das im übrigen schon aus seinem Namen.

Wir konnten uns vor dem geschilderten Hintergrund nicht vorstellen, daß ein DDR-Bürger, der sich mit der Ausreiseproblematik befaßt hatte, nicht zumindest ahnte, daß er erhebliche Probleme mit den Strafverfolgungsbehörden bekommen würde, wenn sein Verhalten bekannt würde. Hinzu kam, daß die Aktivitäten, die die Organisationen und Einzelpersonen nach dem Willen der Antragsteller entfalten sollten, in höchstem Maße geeignet waren, aus Sicht der DDR deren Interessen zu schaden. Denn es war ja gerade das Ziel der Antragsteller, das Ministerium für innerdeutsche Beziehungen in der Bundesrepublik dazu zu bewegen, Druck auf die Behörden in der DDR auszuüben. In dem Ministerium liefen damit eine Vielzahl von Informationen zusammen, was die DDR als innere Angelegenheit ansah. Daran konnte die DDR kein Interesse haben, denn auf diese Weise entstand in der Bundesrepublik ein Überblick über Anzahl und Schicksal ausreisewilliger Bürger in der DDR. Den von Klaus Braune verurteilten Zeugen konnte das nach unserer Einschätzung nicht verborgen geblieben sein.

Wie dem aber auch gewesen sein mag, für viele der von Klaus Braune verurteilten Ausreisewilligen waren IGfM, Hilferufe von Drüben, die Ständige Vertretung der Bundesrepublik in Berlin und andere Einrichtungen nach ihren insoweit durchaus glaubhaften Angaben die letzte Hoffnung. Ob sie um die strafrechtlichen Folgen nun wußten oder nicht, bewußt war ihnen nach ihren insoweit übereinstimmenden Angaben, daß es riskant war, die Verbindung zu suchen, ohne das Risiko im einzelnen abschätzen zu können. Auch das nötigte uns, bei allen Vorbehalten, Respekt ab: wer so weit war, trotz aller Repressalien nicht nur an seinem Ausreiseantrag festzuhalten, sondern auch die Gefahr der Kontaktaufnahme mit dem »Klassenfeind« nicht mehr scheute, der wollte kaum allein aus materiellen Erwägungen das Land verlassen, so sehr das auch den Anschein hatte.

Der Weg durch das Gefängnis

Sämtliche der von Klaus Braune Verurteilten waren vor ihrer Verhandlung in Untersuchungshaft genommen worden. Der Zeitpunkt der Inhaftierung war allerdings nicht immer identisch mit dem Zeitpunkt der Entdeckung des zur Verurteilung führenden Geschehens. Das lag in der Hand des Ministeriums für Staatssicherheit, das nicht nur für die Überwachung nach innen und außen zuständig war, sondern neben der Polizei und dem Zoll auch Kompetenzen als Ermittlungsorgan hatte.

In den von Klaus Braune verhandelten Sachen lag die Ermittlungskompetenz ausschließlich beim MfS, wenn es sich nicht um allgemeine Kapitalverbrechen handelte, für deren Aburteilung der Senat von Klaus Braune ebenfalls zuständig war. Es lag also in der Entscheidungsgewalt des MfS, die Verhaftung auf einen Zeitpunkt zu verlegen, der den Ermittlern opportun erschien. Von dieser Möglichkeit wurde extensiv Gebrauch gemacht. Das konnten wir den uns vorliegenden MfS-Akten entnehmen, die den Strafakten damals nicht beigefügt waren.

Vor allem die Verfolgung wegen der Kontaktaufnahme mit ausländischen Organisationen bildete oftmals keinen hinreichenden Anlaß für eine sofortige Inhaftierung. Angesichts der Strafdrohung war das unverständlich. Andererseits sahen die Strafverfolger des MfS in der bloßen Kontaktaufnahme wohl noch keine Gefährdung nach innen, so daß zunächst die weitere Entwicklung des Antragstellers abgewartet wurde. Mehr als einmal hatten wir den Eindruck, daß die Verbindungsaufnahme nie zum Gegenstand eines Strafverfahrens geworden wäre, wenn die Betroffenen von ihrem Ausreisewunsch Abstand genommen hätten. Diese Praxis machte überdeutlich, daß die in Rede stehenden Tatbestände jedenfalls aus Sicht des MfS in erster Linie Instrumente zur Unterdrückung von Ausreisebestrebungen waren und nicht der Ahndung eines Unrechts dienten.

Klaus Braune konnte für diese Praxis nicht verantwortlich gemacht werden. Für ihn war nicht einmal erkennbar gewesen, daß das MfS die Strafverfolgung auf diese Weise instrumentalisiert hatte. Denn ihm wurden mit der Anklage nur diejenigen Erkenntnisquellen mitgeteilt, die für die Verurteilung unerläßlich waren und eine Offenlegung sämtlicher Ermittlungsergebnisse der Strafverfolgungsbehörde entbehrlich machten. Eine Praxis, die bundesdeutschen Strafverfolgungsbehörden nach meinen Erfahrungen auch nicht fremd ist. Besonders beim Einsatz verdeckter Ermittler ist es heute noch üblich, gewonnene Erkenntnisse dem Gericht nicht mitzuteilen, wenn sich der Tatnachweis auch anders führen läßt.

Es war in keinem der von Klaus Braune verhandelten Fälle ein Problem gewesen, den erforderlichen Tatnachweis ohne Aufdeckung der konspirativen Vorarbeit zu führen. Sämtliche vernommenen Zeugen berichteten insoweit, nach ihrer Verhaftung in das in der Dresdner Zentrale des Ministeriums für Staatssicherheit in der Bautzener Straße 116 gelegene Untersuchungsgefängnis überführt worden zu sein. Dort seien sie mit den gegen sie erhobenen Vorwürfen konfrontiert worden. Die Herkunft der bereits gewonnenen Erkenntnisse sei zwar nie offenbart worden. Für sie hätte das aber auch keine Bedeutung gehabt. Unter dem Eindruck des bereits ermittelten Beweisergebnisses hätten sie Geständnisse abgelegt.

Einige hatten sich zwar die Mühe gemacht, die subjektive Tatseite zu leugnen, indem sie einen bewußten Verstoß gegen Strafgesetze oder einen Fluchtwillen geleugnet hatten. Keiner der Verurteilten hatte jedoch den ermittelten Sachverhalt in Frage gestellt. Sie seien dazu auch mehrfach vernommen worden. Die Vernehmer hätten ihre Aussagen protokolliert und Gelegenheit gegeben, die Protokolle zu lesen. Fast alle Zeugen sagten aus, die Protokolle hätten sich inhaltlich mit ihren Angaben gedeckt, wenngleich die Formulierungen nicht von ihnen gestammt hätten. Die meisten bestätigten, die Protokolle auch unterzeichnet zu haben. Nachhaltiger Widerstand dagegen wäre nach der Konfrontation mit den schon vorhandenen Beweisen nach Meinung der Zeugen ohnehin zwecklos gewesen.

Die Angaben der Zeugen deckten sich mit den uns vorliegenden Verfahrensakten. Besonders auffällig war an diesen Akten, wie akribisch sie geführt worden waren. Sie waren voll von sich ständig wiederholenden Vernehmungen. Immer wieder waren die Verhafteten zum Sachverhalt befragt worden. Jede Frage wurde mehrfach erörtert und das Ergebnis der Befragung wurde minutiös protokolliert. Die Protokolle waren geradezu perfekt. Inhaltlich ließen sie keine Frage offen, und formell stach hervor, daß so gut wie kein Schreibfehler zu erkennen war.

In Anbetracht der Tatsache, daß Vernehmungsbeamte nach unseren sonstigen Erfahrungen, auch mit Altakten aus der DDR, große Probleme mit fehlerfreien Niederschriften haben und in Ermangelung moderner Technik die Korrektur von Schreibfehlern in der DDR während des Schreibens so gut wie nicht möglich war, empfanden wir die Qualität der Vernehmungsprotokolle als geradezu sensationell. Daran erwies sich, mit welchem Aufwand und welcher Sorgfalt das MfS arbeiten konnte. Anwaltlichen Beistand hatte während der Vernehmung niemand. Theoretisch hätte die Möglichkeit der Hinzuziehung eines Verteidigers zwar bestanden. Praktisch hatte sich die Frage aber nie gestellt. Strafverteidigung hatte in der DDR ohnehin nicht die Bedeutung, die sie in der Bundesrepublik hat, schon gar nicht in dem hier in Rede stehenden Bereich. Das Verhältnis zwischen Staat und Bürger war so gestaltet, daß die sofortige Unterwerfung unter die Staatsgewalt die Regel war. Keiner der vernommenen Zeugen berichtete, er habe vor seiner Vernehmung Kontakt mit einem Anwalt aufnehmen wollen. Widerstand, noch dazu mit anwaltlicher Hilfe, wäre sowieso zwecklos gewesen.

Unter dem Eindruck der Beweismittel und der Inhaftierung kamen die Geständnisse also ohne Gegenwehr zu Stande. Auf diese Weise entstanden »perfekte« Akten, die der Staatsanwaltschaft zur Anklageerhebung übergeben werden konnten. Zuständig für die Erhebung der Anklage waren dort zwar Staatsanwälte, die nicht dem Ministerium für Staatssicherheit angehörten. Aber die Staatsanwälte in der Abteilung, die sich mit den in Rede stehenden Sachen befaßten, waren natürlich handverlesen. Sie hinterfragten das Zustandekommen des Ermittlungsergebnisses nicht. Ihre Aufgabe bestand darin, ausgehend von dem ihnen vorgelegten Ermittlungsergebnis eine Anklageschrift zu fertigen. Das taten sie.

Die Inhaftierten warteten währenddessen auf ihren Prozeß. Die Haftbedingungen in der Untersuchungshaftanstalt des Ministeriums für Staatssicherheit schilderten sie übereinstimmend als sehr hart und wesentlich schlimmer, als sie es in der Bundesrepublik sind. Sie galten aber für sämtliche Häftlinge in der DDR und darum als völlig normal. Das fing an beim Zustand der Haftäume und setzte sich fort mit der unzureichenden Ernährung und den fehlenden Möglichkeiten, die Zeit zu gestalten. Besonders beeinträchtigend waren die fehlenden Besuchsmöglichkeiten. In der DDR war es Untersuchungshäftlingen generell untersagt, Besuch zu empfangen. Besonders dieser fehlende

Kontakt zu Freunden und Familie ließ die Untersuchungshaft – gepaart mit der Ungewißheit über die Dauer der Inhaftierung – grausam erscheinen. Über Mißhandlungen wußte allerdings keiner zu berichten. Ich räume ein: Es hat mich verwundert, in meiner zehnjährigen Tätigkeit im Umgang mit der »Aufarbeitung« der DDR-Strafjustiz keinen Fall von Mißhandlung oder systematischer Schikane von Strafgefangenen erlebt zu haben. Damit soll nicht gesagt werden, daß es so etwas nicht gegeben haben könnte. In den vielen Verfahren, in denen ich tätig war, spielte das aber nie eine Rolle. Das halte ich zumindest für bemerkenswert.

Glücklicherweise dauerte die Untersuchungshaft in der DDR nicht sehr lange. Es war gesetzlich vorgeschrieben, daß Ermittlungsverfahren innerhalb einer Frist von drei Monaten abgeschlossen werden mußten (§ 103 Abs. 1, Satz 1 StPO/DDR). Befand sich der Beschuldigte in Untersuchungshaft, verlangte § 103 Abs. 1 Satz 2 StPO/DDR überdies eine beschleunigte Bearbeitung. § 201 Abs. 3 Satz 1 StPO/DDR regelte schließlich, daß das Gericht die Hauptverhandlung spätestens vier Wochen nach Eingang der Anklageschrift zu verhandeln hatte.

Im Unterschied zur Bundesrepublik, die eine entsprechende Regelung mit einer sechsmonatigen Frist kennt, wurde diese gesetzliche Vorgabe auch eingehalten. Während die gesetzliche Frist in der Bundesrepublik – zumindest im Bezirk des OLG Dresden – so gut wie nie eingehalten wird, dauerte die Untersuchungshaft in der DDR in keinem Fall länger als vier Monate. Angesichts der vorliegenden Geständnisse war es freilich auch nicht schwer, innerhalb der gesetzlichen Frist zu einem Urteil zu kommen.

Die Vorbereitung auf die Hauptverhandlung war für die damals Angeklagten nicht einfach. Alle Zeugen beklagten, ihnen sei kein Exemplar der Anklageschrift überlassen worden. Sie hätten zwar Gelegenheit zur Kenntnisnahme gehabt; allerdings hätten sie die Anklageschrift nicht behalten dürfen. Sie hätten sich mit den Tatvorwürfen deshalb kaum auseinandersetzen können.

Diese Angaben deckten sich mit dem, was den Akten zu entnehmen war. Die StPO der DDR sah in § 184 Abs. 5 vor, dem Angeklagten die Anklageschrift nur kurzzeitig zur Kenntnisnahme auszuhändigen, wenn die Voraussetzungen für einen Ausschluß der Öffentlichkeit vorlagen. Das war, wie bereits ausgeführt, in den von Klaus Braune verhandelten Sachen sämtlich der Fall.

Eine Verteidigung, die diesen Namen verdient hätte, fand nach den Angaben der Zeugen allenfalls in Ausnahmefällen statt. Allein im Falle des Dr. Wilhelm Koch hatte es das offensichtlich gegeben. Der noch einige Jahre nach 1989 als Rechtsanwalt tätige und inzwischen leider verstorbene Kollege Stephan Kehrer hatte sich nach den Angaben seines früheren Mandanten sichtlich bemüht, seinem Mandanten zu helfen. Er hatte als einziger sogar einen Freispruch beantragt. Ansonsten hatten sich die Inhaftierten, bisweilen auch auf Geheiß des MfS, mit dem in Berlin ansässigen Rechtsanwalt Prof. Dr. Vogel in Verbindung gesetzt. Die meisten wußten – und die, die es nicht wußten, erfuhren es von ihren Vernehmern oder Zellengenossen, daß Rechtsanwalt Vogel der einzige sein würde, der einen Häftlingsfreikauf würde organisieren können. Die Ausreise war schließlich das Ziel fast aller Inhaftierten. Also wandten sie sich an Prof. Dr. Wolfgang Vogel, der in Dresden freilich nicht selbst tätig wurde. Er hatte in allen Städten der DDR Unterbevollmächtigte, die die Mandate vor Ort übernahmen. In Dresden waren das die Rechtsanwälte Maiwald und Kluge. Jeweils einer von ihnen wurde für die Inhaftierten tätig.

Ein Kontakt zu den von Rechtsanwalt Prof. Dr. Vogel unterbevollmächtigten Anwälten kam nach den übereinstimmenden Angaben der Zeugen erst kurz vor der Verhandlung zustande. Es gab zumeist nur einen Besuch der Anwälte in der Untersuchungshaftanstalt. Die dort geführten Dialoge beschränkten sich auf das Wesentlichste. Rechtsanwalt Kluge oder Rechtsanwalt Maiwald teilten ihren Mandanten die Straferwartung mit, die sie aufgrund ihrer jahrelangen Praxis und Gleichartigkeit der Fälle leicht prognostizieren konnten. Darüber hinaus erteilten sie den Inhaftierten nach deren Angaben den Rat, sich in der Verhandlung kooperativ zu verhalten, um das Gericht nicht zu verärgern. Das würde zu einer Verurteilung in der üblichen Höhe führen. Nach etwas mehr als einem Jahr könne die Reststrafe zur Bewährung ausgesetzt werden. Prof. Vogel würde sich um die Ausreise kümmern.

Erinnerungen an die Verhandlungen

Die Erinnerungen der Zeugen an die unter dem Vorsitz von Klaus Braune durchgeführten Hauptverhandlungen waren im Unterschied zu den Erfahrungen mit den Strafverfolgungsbehörden und den Erlebnissen in der Untersuchungshaft höchst unterschiedlich. Die weit überwiegende Mehrzahl der vernommenen Zeugen schilderten Klaus

Braune zwar so, wie wir ihn auch erlebt hatten: als ruhigen, sachlichen Juristen, dessen juristische Kenntnisse es ihm erlaubten, souverän mit den aufkommenden Fragen umzugehen. Angesichts der Eindeutigkeit von Beweissituation und Rechtslage in den von ihm verhandelten Sachen bedurfte es für einen Richter auch keiner emotionalen Erregung, um die Verfahren zu Ende zu bringen. Es handelte sich für einen Juristen, der sich einmal an die Verfahrensgegenstände gewöhnt hatte, um Routinefälle. Wir waren deshalb zutiefst davon überzeugt, daß Klaus Braune in sämtlichen Verfahren kein anderes Verhalten an den Tag gelegt hatte. Das hätte auch ganz einfach nicht zu ihm gepaßt.

Um so verwunderlicher war es, daß ein Zeuge schilderte, Klaus Braune hätte sich *im Stile eines Roland Freisler* aufgeführt, die Verhandlung sei geprägt gewesen von Haßtiraden gegen ihn, sowohl vom Staatsanwalt als auch von Seiten des Vorsitzenden Klaus Braune. Das wußte der von Klaus Braune 1980 wegen staatsfeindlicher Hetze in Tateinheit u. a. mit versuchtem und vorbereitetem ungesetzlichen Grenzübertritt zu einer Freiheitsstrafe von 5 Jahren und 6 Monaten verurteilte Rolf Becker zu berichten. Seinen Fall habe ich eingangs bereits ausführlich geschildert. Ihm war vorgeworfen worden, durch die Erstellung eines umfangreichen Manuskripts staatsfeindlichen Inhalts den Tatbestand der staatsfeindlichen Hetze und durch Erkundungen von Fluchtmöglichkeiten den Tatbestand des versuchten und vorbereiteten ungesetzlichen Grenzübertritts verwirklicht zu haben. Becker war einer der ersten Zeugen, die die Kammer vernahm.

Während die meisten übrigen Zeugen relativ unvorbereitet im Sitzungssaal erschienen, hatte sich Rolf Becker vorbereitet. Er hatte eine mehrere Seiten lange Erklärung mitgebracht, die er verlesen wollte. Das ließ erahnen, daß von ihm nichts Gutes zu erwarten war. Wir intervenierten gegen die Verlesung der Erklärung, weil die Verlesung von Schriftstücken durch einen Zeugen von der Strafprozeßordnung nicht vorgesehen sei. Der im Umgang mit den von Klaus Braune verurteilten Zeugen stets übervorsichtige Kammervorsitzende kam nicht umhin, Rolf Becker darauf hinzuweisen, daß er seine Aufzeichnungen allenfalls als Gedächtnisstütze verwenden könne.

Unser Ziel hatten wir also erreicht. Es war uns klar, daß wir uns Rolf Becker damit nicht gerade zum Freund gemacht hatten. Aber das war er ohnehin nie gewesen.

Die Aussage des Zeugen war in mehrfacher Hinsicht bemerkenswert. Er gab an, zunächst vehementer Verfechter des Sozialismus gewesen zu sein. Die 1968 erlebten Ereignisse in der CSSR hätten jedoch eine kritische Einstellung zur DDR bewirkt. Er habe sich mit den Zuständen im Land befaßt und seine Erkenntnisse in dem Manuskript festgehalten, das er auch anderen zum Lesen gegeben habe. Darüber hinaus habe er gemeinsam mit einem Kollegen Fluchtmöglichkeiten aus der DDR eruiert, ohne daß er jemals die Absicht gehabt habe, die Grenze der DDR illegal zu passieren. Das Schreiben und Verbreiten des Manuskripts hätte nach seiner Auffassung unmöglich als Straftat verfolgt werden können, während er hinsichtlich eines unerlaubten Grenzübertritts nie einen entsprechenden Willen gehabt habe. Nach seinem Verständnis habe er sich deshalb nicht strafbar gemacht.

Trotzdem sei er von Klaus Braune verurteilt worden. Dabei sei ihm *Unmenschliches* widerfahren. Er habe während der gesamten Verhandlung stehen müssen, obwohl er mitgeteilt habe, in Folge einer Erkrankung nicht lange stehen zu können. Klaus Braune hätte ihn aber nur angeschrien und nicht zu Wort kommen lassen. So hätte er sich nicht verteidigen können. Insgesamt sei es vor dem Strafsenat des Bezirksgerichts zugegangen wie am Volksgerichtshof, und Klaus Braune habe sich wie Roland Freisler verhalten.

Wir konnten es kaum fassen, diese Worte zu hören. Es war zwar damit zu rechnen gewesen, daß einige Zeugen versuchen würden, aus ihrer Sicht durchaus nachvollziehbar, an Klaus Braune oder der DDR Rache zu üben. Hin und wieder hatten einzelne Zeugen auch berichtet, nach ihrem Eindruck habe es sich bei den Schöffen um MfS-Angehörige gehandelt, die sie an anderer Stelle in Uniform gesehen hätten – was jeweils leicht widerlegt werden konnte. Bei Rolf Becker erlebten wir im Verfahren den Höhepunkt derartigen Aussageverhaltens. Bei allem Verständnis für das Leid, das ihm in der Haft widerfahren war, konnten wir das natürlich nicht durchgehen lassen.

Unsere daraus resultierende Aufregung hielt sich allerdings in Grenzen. Denn zum Glück waren – wie bereits erwähnt – aufgrund entsprechender gesetzlicher Vorgaben in der StPO/DDR in den Verhandlungen vor den Bezirksgerichten exakte Protokolle geführt worden (§§ 252, 253 StPO/DDR). Die damaligen Aussagen der Angeklagten und der vernommenen Zeugen waren darin zwar nicht wörtlich aufgenommen worden. Immerhin war jedoch der wesentliche Inhalt der Aussagen protokolliert worden.

Mit Hilfe des Protokolls in der Sache Rolf Becker ließ sich leicht der Nachweis führen, daß nichts von dem stimmte, was das Zeuge erzählt hatte. Er war danach weder gezwungen worden, während der Verhandlung zu stehen, noch war es ihm verwehrt worden, sich zu äußern. Im Gegenteil, aus dem Protokoll ergab sich eine rege Teilnahme an dem Verfahren sowohl durch die beiden Verteidiger als auch durch Rolf Becker selbst. Zurechtweisungen oder politische Agitation waren dem Protokoll nicht einmal im Ansatz zu entnehmen.

Die ausführliche Protokollierung der Verhandlungen vor den Strafsenaten stellte sich aus unserer Sicht plötzlich als eine glückliche Fügung dar. Mit einem Schlag wurde uns nach der Vernehmung von Rolf Becker klar, welche Gefahren ansonsten gelauert hätten. Wir hatten von Anfang an damit gerechnet, daß das Gericht weitgehende Bereitschaft zeigen würde, den von Klaus Braune Verurteilten *alles* zu glauben, was sie zu berichten hatten. Sie sollten immerhin zu der für sie wohl negativsten Erfahrung ihres Lebens aussagen, deren Verlauf Klaus Braune nicht unwesentlich beeinflußt hatte. Daraus ergab sich bereits eine, durchaus nachvollziehbare, Tendenz, unseren Mandanten mit Belastungseifer zu schildern.

Daß es so extrem werden würde, wie es bei dem Zeugen Becker zu erleben war, hatten wir zwar nicht erwartet. Ohne die Protokolle hätte jedoch eine hohe Wahrscheinlichkeit bestanden, daß das Gericht auch den wildesten Berichten ohne weiteres Glauben schenken würde. Wir waren also froh, auf die Protokolle zurückgreifen zu können. Das wollten wir in der Sache Rolf Becker nun tun. Parallel dazu wollten wir die sonstigen Beteiligten an dem Verfahren gegen Rolf Becker als Zeugen vernehmen. Also beantragten wir, die Vernehmung des Zeugen Becker zu unterbrechen und auf einen späteren Zeitpunkt zu verlegen, zu dem auch der damalige Rechtsanwalt Kluge als einer der für Rolf Becker tätigen Verteidiger und andere Beteiligte vernommen werden könnten. Damit war das Gericht einverstanden.

Von den übrigen Zeugen schilderte keiner auch nur annähernd Vergleichbares über den Verhandlungsstil unseres Mandanten. Auch ohne die beabsichtigte Fortsetzung der Vernehmung des Zeugen Becker war nach unserer Einschätzung damit sichergestellt, daß das Gericht keine falschen Überzeugungen zum Ablauf der Hauptverhandlungen unter dem Vorsitz des Angeklagten bekommen würde. Die nochmalige Vernehmung des Zeugen Becker verlor damit zusehends an Bedeutung. Er hatte offenbar immer noch unter dem Eindruck dessen gestanden, was ihm vor nunmehr fast 13 Jahren widerfahren war.

Als Rolf Becker Wochen später noch einmal vernommen wurde, hatten seine Darlegungen längst jede Brisanz verloren. Seine – nach unserer Auffassung falsche – Aussage blieb für ihn folgenlos.

Familiendramen

Es gab vereinzelt auch Zeugen, die angaben, die von ihnen angestrebte Kontaktaufnahme mit einer ausländischen Organisation hätte in keinem Zusammenhang gestanden mit eigenen Bemühungen um ständige Ausreise aus der DDR. Das bekundete zunächst der Zeuge Dr. Wilhelm Koch, der wegen des Inhalts eines Schreibens an die Solidarnosc wegen staatsfeindlicher Hetze verurteilt worden war. Dr. Koch hatte – wie bereits ausführlich beschrieben wurde – nach der unterbliebenen Rückkehr seiner Ehefrau von einer erlaubten Reise zu Verwandten alles daran gesetzt, um für seine damals 12 und 15 Jahre alten Kinder und sich die Ausreise durchzusetzen. Bemerkenswert an seiner diesbezüglichen Darstellung war bereits, daß er angab, seine Frau sei in der Bundesrepublik geblieben, *ohne* daß dies mit ihm abgesprochen gewesen sei. Das hielten wir für wenig glaubhaft. Wir konnten uns nicht vorstellen, daß eine Mutter von zwei minderjährigen Kindern ihre Familie zurückläßt, ohne das mit ihrem Mann besprochen zu haben, und der Familienvater sodann gleichwohl versucht, ihr mit den Kindern zu folgen. Näher hätte es wohl gelegen, den Tag der Hochzeit zu verfluchen.

Nach den weiteren Schilderungen des Dr. Koch scheiterten sämtliche legalen Ausreisebemühungen. Statt dessen sei er von seinen Funktionen als Direktor des Medizinischen Betreuungsdienstes Ebersbach und als leitender Arzt der chirurgischen Krankenhausabteilung abberufen worden, um fortan als chirurgischer Facharzt arbeiten zu müssen. Diese Geschehnisse standen in einem engen zeitlichen Zusammenhang zu dem Schreiben an die polnische Gewerkschaft Solidarnosc, das zu seiner Inhaftierung geführt hatte.

Dr. Koch behauptete dazu, das Schreiben hätte keinen Bezug zu seinen Ausreisebemühungen gehabt, er habe schlicht der Solidarnosc seine Unterstützung zusagen wollen.

Das unterschied die Aussage wesentlich von den Angaben der übrigen Zeugen, die jeweils ausgesagt hatten, den zur Inhaftierung führenden Kontakt mit dem Ziel der Unterstützung des Ausreisebegehrens gesucht zu haben. Wir konnten den diesbezüglichen Angaben des

Zeugen Dr. Koch allerdings auch zu dieser Frage nicht glauben. Der 1980 immerhin als Medizinischer Direktor und leitender Arzt tätige Dr. Koch konnte nach unserer Einschätzung nicht so naiv gewesen sein, daß er in der DDR des Jahres 1980 angenommen haben könnte, so einfach einen Brief an »Pan Valessa, Unabhängige polnische Arbeitergewerkschaft, Gdansk/VR Polen« mit zweideutigem Inhalt richten zu können, ohne daß der Brief zumindest geöffnet, wenn nicht festgehalten werden würde und zum Gegenstand einer Untersuchung werden könnte.

Die Solidarnosc war die erste organisierte Opposition der sozialistischen Welt und wurde von Anfang an vor allem von der DDR als große Bedrohung empfunden. In der DDR wurde ihre Existenz lange Zeit geleugnet und die Bemühungen der polnischen Regierung, die Solidarnosc zu bekämpfen, wurden von der DDR nachhaltig unterstützt. Wir hielten es deshalb für ausgeschlossen, daß Dr. Koch die Wahrheit sagte mit der Behauptung, sein Brief an Lech Walesa hätte mit seinen Ausreisebemühungen nichts zu tun gehabt. Nach unserer Einschätzung hatte Dr. Koch vielmehr versucht, mit seinem Schreiben die Behörden in der DDR zu provozieren, indem er deutlich machte, lästig zu werden. Deshalb hatte er den Brief auch gleich zweifach geschickt, um sicher zu sein, daß er seinen Weg in die Postkontrolle auch wirklich findet. Das sollte offensichtlich dem Ziel dienen, daß man ihn mit seinen Kindern zu seiner Frau in die Bundesrepublik ausreisen ließ.

Wir versuchten, das in der Vernehmung herauszuarbeiten, doch der Zeuge Koch beharrte auf seiner Darstellung. Das war durchaus von einer gewissen Überheblichkeit getragen. Uns störte das, und wir brachten das auch deutlich zum Ausdruck. Von Seiten des Gerichts und der Staatsanwaltschaft erhielten wir bei unseren Versuchen, die für uns nach wie vor offenen Fragen zu klären, dennoch keine Unterstützung. Im Gegenteil, wir merkten schnell, daß Gericht und Staatsanwaltschaft den Angaben des Zeugen bereitwillig Glauben schenken *wollten*. Das bestätigte unsere Erwartung, daß die Kammer kein Interesse daran hatte, den von Klaus Braune verurteilten Zeugen gar zu kritische Fragen zu stellen. Das war offenbar einer grundsätzlich verständnisvollen Haltung gegenüber den von Klaus Braune verurteilten und von der bundesrepublikanischen Justiz inzwischen rehabilitierten Zeugen geschuldet.

Ähnliches hatten wir bereits bei der Vernehmung des nach unserer Überzeugung lügenden Zeugen Rolf Becker erlebt, dessen nochmalige Vernehmung zum Zeitpunkt der Vernehmung Koch noch ausstand. Bereits bei seiner Erstvernehmung war unserer Meinung nach deutlich geworden, daß er nicht die Wahrheit sagte. Gleichwohl war das Gericht sehr nachsichtig geblieben. Uns ärgerte das, zumal es uns eines unserer Grundprobleme eindringlich vor Augen führte: Es hatte schon *vor* dem Verfahren festgestanden, daß die von Klaus Braune verurteilten Zeugen nach dem Verständnis der heutigen Justiz nicht hätten vor Gericht stehen dürfen.

Die Angaben des Zeugen Koch beschäftigten uns noch einige Zeit. Denn es war für uns zunächst überhaupt nicht nachvollziehbar, warum er die aus unserer Sicht absurden Behauptungen aufstellte, seine Frau habe ihn mitsamt den beiden minderjährigen Kindern ohne sein vorher erklärtes Eiverständnis zurückgelassen, und er hätte mit seinem Schreiben an die Solidarnosc lediglich eine spontane Solidaritätsbekundung ohne jeden Hintergedanken zum Ausdruck bringen wollen. Er hatte dazu eigentlich gar keinen Grund. Erst nach längerem Überlegen fanden wir eine Erklärung: im Hause Dr. Koch hatte sich offenbar ein erschütterndes Familiendrama abgespielt. Womöglich auf Kochs Geheiß war dessen Frau von der Besuchsreise nicht zurückgekehrt. Damit hatte die Familie die Mutter verloren. Dr. Koch hatte daraufhin einen Ausreiseantrag für sich und die Kinder gestellt, getragen von der bereits nach der Ausreise der Mutter gehegten Erwartung, daß man ihn und die Kinder schon gehen lassen werde. Und als er bemerken mußte, daß das so einfach nicht werden würde, begann er damit, die Behörden zu provozieren.

Der Brief an die Solidarnosc diente keinem anderen Ziel. Aber statt ihn gehen zu lassen, wurde er inhaftiert. Das bedeutete nicht nur für ihn einen ungeheuerlichen Eingriff in sein Leben. Er trug ja auch noch die Verantwortung für seine beiden minderjährigen Kinder, die schon auf die Mutter verzichten mußten und jetzt auch noch den Vater verloren. Der Kampf um die Ausreise hatte damit die Familie zerstört. Wilhelm Koch fühlte sich nach unserer Einschätzung für all das in hohem Maße verantwortlich.

Wir nahmen an, daß er deshalb ganz einfach nicht zugeben konnte, daß die unterbliebene Rückkehr seiner Frau mit seinem Einverständnis, wenn nicht auf sein Geheiß erfolgt war. Er konnte sich nicht eingestehen, daß er sich bei der weiteren Vorgehensweise verkalkuliert und die möglichen Folgen seines Tuns nicht vorhergesehen hatte. So sehr er die Hauptverantwortung dafür bei den Verantwortlichen für seine Verurteilung gesucht haben wird: Es warf kein gutes Licht auf ihn, ganz zu schweigen von dem inneren Konflikt, den er zuallerletzt mit uns und seinem früheren Richter diskutieren wollte.

Unsere Mutmaßungen und Schlußfolgerungen stärkten uns in der Überzeugung, daß der Zeuge uns nicht die Wahrheit gesagt hatte. Also überlegten wir, ob es nicht doch sinnvoll sei, durch Vernehmung der Familienangehörigen und weiterer Zeugen das Thema zu vertiefen. Im Ergebnis nahmen wir davon aber aus einer ganzen Reihe von Gründen Abstand. Zum einen bezweifelten wir, daß sich unsere Annahmen beweisen lassen würden. Zum anderen betraf das Beweisthema auch keinen verfahrensentscheidenden Punkt, wenngleich es gewiß ein Vorteil gewesen wäre, den Belastungszeugen Dr. Koch der Lüge zu überführen und auf diese Weise vielleicht ein Stück Moral zu gewinnen. Der ausschlaggebende Punkt für den Verzicht auf weitere Nachforschungen war allerdings, daß das Thema natürlich auch geeignet gewesen wäre, Stimmung gegen unseren Mandanten zu machen. Denn selbst wenn sich unsere Annahmen hätten beweisen lassen, wäre die Familie Dr. Koch nicht nur Opfer der DDR-Justiz geblieben, die Grausamkeit des Umgangs mit Ausreisewilligen hätte sich darüber hinaus noch härter dargestellt. Das hätte das Gericht eher noch gegen unseren Mandanten eingenommen.

Einen fehlenden Zusammenhang zwischen der Verfolgung des Ausreisewunsches und der Inhaftierung behaupteten ansonsten nur sehr wenige Zeugen. Das betraf zunächst den wegen staatsfeindlicher Hetze verurteilten Wolfgang Wägner, dessen Schicksal ebenfalls bereits ausführlicher dargestellt wurde. Nach seinen mit der Aktenlage übereinstimmenden Angaben hatte er keine Anstrengungen unternommen, das Land zu verlassen. Es gab keinen Grund, das anzuzweifeln.

Ebenfalls keinen Ausreiseantrag hatten gestellt die beiden bereits zum Zeitpunkt ihrer Verurteilung betagten Frauen Ruth Rutsch und Charlotte Navratil, die jeweils für ihre Söhne im Zusammnhang mit deren Ausreisebemühungen unerwünschte Kontakte in die Bundesrepublik aufgenommen hatten und deshalb statt ihrer Söhne wegen landesverräterischer Nachrichtenübermittlung und ungesetzlicher Verbindungsaufnahme verurteilt worden waren. Eingeprägt hat sich mir vor allem das Schicksal der zum Zeitpunkt der Verurteilung bereits im Rentenalter befindlichen Frau Ruth Rutsch, die einen, nach dem DDR-StGB landesverräterischen, Brief ihres in Haft befindlichen Sohnes in die BRD-Botschaft in Warschau gebracht hatte und dafür zu einer Freiheitsstrafe von drei Jahren und drei Monaten verurteilt worden war, nachdem die Staatsanwaltschaft eine Verurteilung zu drei Jahren und acht Monaten Freiheitsstrafe beantragt hatte. Ihr Motiv hatte darin bestanden, ihrem Sohn zu helfen. Er hatte ihr gedroht, sich umzubringen, wenn sie sich weigere, seiner Bitte zu entsprechen. Den Tatvorwurf hatte sie eingeräumt und beteuert, allein aus Verzweiflung und Angst um ihren Sohn gehandelt zu haben. Verurteilt wurde sie dennoch. Wenngleich das Urteil nach meiner Überzeugung im StGB der DDR eine Grundlage hatte, so offenbarte sich darin doch die ganze Härte des Strafrechts der DDR.

Strafhaft und Ausreise

Völlige Übereinstimmung herrschte wieder bei der Schilderung der Haftbedingungen. Danach war der Strafvollzug in der DDR, nicht anders als die bereits geschilderte Untersuchungshaft, mit Beeinträchtigungen verbunden, die noch weit über das hinaus gingen, was man heutzutage hinzunehmen hat. Das war für uns ohne weiteres vorstellbar. Es war für mich schon immer bedrückend, die Zustände in den Justizvollzugsanstalten in Bautzen, Torgau, Dresden, Leipzig, Görlitz oder Chemnitz erleben zu müssen. Die Gefängnisse machten vor allem unmittelbar nach 1990 einen überaus verdreckten Eindruck, ein bißchen besser wurde es erst Mitte der 90er Jahre, allerdings auch nicht überall. Die Berichte der dort einsitzenden Mandanten über die Haftbedingungen bestätigten diese Eindrücke. Die bloße Vorstellung, an einem dieser Orte zwangsweise länger als einige Stunden aushalten zu müssen, erfüllt mich auch bei heutigen Besuchen mit Grauen. Dabei bekommen Anwälte die Haftäume nicht einmal zu sehen, sondern treffen sich mit den Mandanten im Besuchertrakt.

Der äußere Eindruck, den ein Verteidiger in der Besucherabteilung einer Haftanstalt erfährt, ist natürlich nicht mit dem zu vergleichen, was ein Strafgefangener zu ertragen hat. Das fängt an mit der ständigen Vergegenwärtigung der Tatsache, auf längere Sicht eingesperrt zu sein, und setzt sich fort mit unzumutbaren Lebensumständen. Die Verpflegung soll furchtbar gewesen sein; es wunderte uns nicht, von fauligem Fleisch und verschimmeltem Brot zu hören. Es wurden bis zu acht Personen in einem 25 qm großen Haftraum untergebracht. Überbelegte Haftäume mit allen einhergehenden Folgen gehörten also ebenso zur Tagesordnung wie die Unmöglichkeit, in gewohntem

Maße Körperpflege zu betreiben. Der Alltag war geprägt von sinnlosen Arbeiten oder dem Umgang mit der Subkultur im Gefängnis.

Letzteres meint die Hackordnung unter den Gefangenen einer Haftanstalt, aus der sich Regeln des Zusammenlebens außerhalb der Anstaltsordnung ergeben. Wichtig ist dabei nicht, welche Rechte der einzelne Häftling hat, sondern ob er stärker ist als der andere. Ist er das nicht, muß er damit rechnen, für den anderen Dienste verrichten zu müssen. Das fängt an bei der Besorgung von Botengängen und kann reichen bis zur Reinigung der Toilette – von der Befriedigung sexueller Bedürfnisse des Mithäftlings ganz zu schweigen.

Für die von Klaus Braune Verurteilten, von denen die meisten aufgrund ihrer Herkunft und sozialen Stellung unter heutigen Bedingungen kaum jemals Bekanntschaft mit dem Gefängnis gemacht hätten, stellte das eine ganz besondere Härte dar. Die meisten Zeugen konnten, zum Glück, allerdings auch berichten, daß sie in ihrer Haftanstalt mit anderen Gefangenen in einer Zelle untergebracht gewesen seien, die ebenfalls im Zusammenhang mit ihren Ausreisebemühungen verhaftet worden wären. Das hätte eine gewisse Erleichterung dargestellt. Man sei deshalb auch nicht im sonst üblichen Maße Teil der Subkultur eines Gefängnisses geworden. Das war nicht nur gut für die Verurteilten, sondern auch für Klaus Braune.

Bemerkenswert war erneut, daß – bei aller Härte und Grausamkeit des Strafvollzuges – keiner der vernommenen Zeugen über Mißhandlungen zu berichten wußte. Im Gegenteil, aus den Aussagen konnte man den Eindruck gewinnen, die im Zuge ihrer Ausreisebemühungen Verhafteten seien mit besonderer Vorsicht behandelt worden. Wir schlußfolgerten daraus, die politische Führung in der DDR habe dafür sorgen wollen, der Zentralen Erfassungsstelle in Salzgitter keine Informationen über Mißhandlungen »politischer« Gefangener in der DDR zuzuspielen. Schließlich war klar, daß die Gefangenen über kurz oder lang dort Bericht erstatten würden. Wir hielten es für durchaus wahrscheinlich, daß das den Hintergrund bildete. Bestätigende Anhaltspunkte ergaben sich aus dem weiteren Verlauf der Hauptverhandlung allerdings nicht.

Nach etwa einem Jahr Haftzeit war es für die meisten dann soweit. Ohne daß es den Inhaftierten gesagt worden wäre, hatte die gemäß § 349 Abs. 6 StPO/DDR zuständige Staatsanwaltschaft jeweils den Antrag gestellt, die Reststrafen zur Bewährung auszusetzen. Zuständig für die Entscheidung über diese Anträge war erneut Klaus Braune. Er hatte jedem der Anträge stattgegeben. Die formellen Voraussetzungen für eine den Gesetzen der DDR entsprechende Freilassung aus der Haft waren damit gegeben. Parallel dazu hatte man dafür Sorge getragen, daß die Freilassung mit der Ausreise in die Bundesrepublik verbunden werden konnte. In nahezu sämtlichen Sachen lief das auch tatsächlich so ab.

Die Hintergründe zum Freikauf der von Klaus Braune Verurteilten blieben uns bis zum Schluß verborgen. Sie waren für das Verfahren weitgehend bedeutungslos, da keiner der in den von Klaus Braune geleiteten Prozessen Beteiligten irgendwelche Kenntnisse davon hatte. Wenn das Gericht gleichwohl versuchte, die Hintergründe zu durchleuchten, dann hatte das seine Ursache in der Eigendynamik, die das Verfahren mit sich brachte. Die Freikaufpraxis gehörte schließlich untrennbar zu den verhandelten Schicksalen, und diese sollten in ihrer Gänze nachvollzogen werden, selbst wenn das nicht immer einen unmittelbaren Verfahrensbezug hatte. Also bemühten auch wir uns darum, Licht in dieses Dunkel zu bringen.

Wir sahen darin auch einen Verteidigungsansatz. Er bestand darin, die Involvierung der Bundesrepublik in die zur Inhaftierung der Zeugen führenden Vorgänge aufzuzeigen. Klaus Braune hatte zwar die Urteile gesprochen, doch ohne Freikauf hätte es mit Sicherheit wesentlich weniger Briefe an die IGfM, folglich auch weniger Inhaftierungen gegeben. Von diesem Ansatz versprachen wir uns allerdings nicht viel. Der Gedanke war zwar, davon bin ich auch heute noch überzeugt, objektiv richtig. Entlastend für unseren Mandanten hätte er aber nur gewirkt, wenn Gericht und Staatsanwaltschaft das Wirken unseres Mandanten als Teil eines historischen Prozesses gesehen hätten, in dem eine Vielzahl Handelnder Ursachen gesetzt hatten. Das war nicht zu erwarten. Es liegt leider in der Natur des Strafprozesses, Handlungen an Tatbeständen zu messen statt sie angemessen in ihrem historischen Rahmen zu würdigen. Also wurden in dem Verfahren gegen Klaus Braune weder das Wirken der IGfM oder anderer Organisationen noch die historische Rolle der Bundesrepublik jemals kritisch gewürdigt. Wir hatten auch stets den Eindruck, daß alle Bemühungen um eine Unterwanderung der DDR von welcher Seite auch immer per se als richtig angesehen wurden. Das war derart selbstverständlich, daß wir vermutlich nur belächelt worden wären, wenn wir diesen Ansatz nachhaltiger verfolgt hätten.

Unsere Versuche, näheres über die Freikaufpraxis in Erfahrung zu bringen, blieben im übrigen im Ansatz stecken. Die Möglichkeiten zur Recherche waren begrenzt. Der Versuch einer telefonischen Kontaktaufnahme mit Rechtsanwalt Prof. Dr. Vogel scheiterte, und ein Telefonat mit dessen Anwältin, Friederike von Schulenburg, blieb ergebnislos. Sie erklärte mir am Telefon, es habe keine Freikaufpraxis gegeben, sondern nur Einzelfälle, in denen es aus der Haft zu Übersiedlungen gekommen sei. Danach war klar, daß eine Aussage von Prof. Dr. Vogel in erster Linie davon geprägt sein würde, sich nicht selbst zu belasten. Wir nahmen an, daß das nicht hilfreich sein würde und verzichteten darauf, seine Vernehmung zu beantragen.

Prof. Dr. Vogel war nach übereinstimmenden Angaben der aus der Haft in die Bundesrepublik entlassenen Zeugen derjenige, der die letzten offiziellen Worte an die Verurteilten vor deren Ausreise richtete. Das geschah in Chemnitz, früher Karl-Marx-Stadt, wohin sämtliche Häftlinge verbracht worden waren, nachdem sie in den Bus Richtung Bundesrepublik gesetzt worden waren. Im Bus trafen sie erstmals auf Vogel, der den Häftlingen erklärte, die Ausreise sei geregelt und der Bus würde in den Westen fahren. Das löste regelmäßig großen Jubel im Bus aus. Die Verabschiedung durch Prof. Dr. Vogel beendete den Kampf um die Ausreise. Wenig später hatten sie ihr Ziel erreicht und trafen in der Bundesrepublik ein. Zwischen der ersten Antragstellung und dem Tag der Ausreise lagen danach nur selten weniger als drei Jahre, um die ganz sicher niemand zu beneiden war.

Das tragischste Schicksal hatte auch in bezug auf die Zeit nach seiner Verurteilung Dr. Wilhelm Koch. Er wurde nicht freigekauft. Es wurde nicht ganz klar, woran das gelegen hatte. In Betracht kommt, daß er nicht von Prof. Dr. Vogel vertreten worden war, möglicherweise wollte man an ihm aber auch ein Exempel statuieren. Jedenfalls mußte er die komplette Strafe absitzen. Bei der Verurteilung zu einer Freiheitsstrafe von einem Jahr und vier Monaten bedeutete das eine Haftzeit vom 12. September 1980 bis zum 11. Januar 1982. Dr. Koch konnte die DDR deshalb erst nach nochmaliger Inhaftierung, die in unserem Verfahren keine Rolle spielte, 1984 verlassen. Er zog mit den Kindern zu seiner Frau nach Hamburg. Für die Familie ging damit eine über vier Jahre andauernde Leidenszeit zu Ende.

Abgeschoben wurde schließlich auch der wegen staatsfeindlicher Hetze zu einer sechsjährigen Freiheitsstrafe verurteilte Wolfgang Wägner. Das Buch, das er über die DDR geschrieben hatte, stand in keinem Zusammenhang mit einem Ausreiseantrag. Er hatte sich vor seiner

Inhaftierung auch nie um eine Ausreise bemüht, aus der Haft jedoch ebenfalls einen Ausreiseantrag gestellt. Wolfgang Wägner war nicht nur wegen des fehlenden Zusammenhangs zwischen Ausreisewunsch und Inhaftierung der Zeuge, der uns am nachhaltigsten beeindruckte.

Er schilderte offen und ohne erkennbare Bitterkeit oder gar Haß sein Schicksal. Vor allem ist er uns aber deshalb in Erinnerung geblieben, weil er nach unserer Überzeugung der einzige war, der wirklich ein politisches Anliegen gehabt hatte. Allen anderen war es im Ergebnis darum gegangen, ihre persönlichen Lebensverhältnisse zu verbessern. Das war zwar vollkommen legitim, aber kein wirkliches politisches Anliegen. Wolfgang Wägner hatte hingegen versucht, sich mit seinem Leben in der DDR zu befassen und nach Erklärungen gesucht. Die Beschäftigung mit den Zuständen in der DDR und die Sorge um die Zukunft seiner Familie hatten ihn nicht zur Ruhe kommen und sein Buch schreiben lassen. Das hatte er andere lesen lassen. Dafür war er zu sechs Jahren Freiheitsstrafe verurteilt werden.

Sein Verhalten hatte andererseits ohne Frage den Tatbestand des § 106 StGB/DDR erfüllt. Daran hatten wir nicht den geringsten Zweifel. Die Vorstellung, daß Wolfgang Wägner wegen seines Tuns vor zehn Jahren im gleichen Gerichtsgebäude zu sechs Jahren Gefängnis verurteilt worden war, war dennoch überaus bedrückend. Diese Bedrückung hatten wir zwar auch bei vielen anderen Zeugen empfunden. Die Routine der Gerichtsverhandlung und die ständige Wiederkehr ähnlich verlaufender Schicksale hatten mittlerweile jedoch eine gewisse Lethargie einziehen lassen. Die Geschichte Wolfgang Wägners und sein Auftritt vor Gericht rissen uns ein wenig aus dieser Lethargie heraus, mit der wir die Dinge inzwischen aufnahmen. Es war nicht schwer, sich die innere Reaktion der Richter vorzustellen.

Insgesamt hatten die Aussagen der von Klaus Braune verurteilten Zeugen eher uns als der Staatsanwaltschaft geholfen. Das war jedenfalls unser Eindruck, den wir mit unserem Mandanten besprachen. Er sah das auch so, zumal der eine oder andere Zeuge ihm gegenüber – leider erst nach der Vernehmung – sein Unverständnis über den Prozeß zum Ausdruck gebracht hatte. Die Zeugen hatten, soweit glaubhaft, die Angaben unseres Mandanten zum Ablauf und Inhalt der Verfahren bestätigt. Über die jeweiligen Akteninhalte hinausgehende Anhaltspunkte für prozeßordnungswidriges Verhalten oder Verstöße gegen das materielle Strafrecht der DDR hatten sich keine ergeben. Durchgesetzt hatte sich hingegen der Eindruck, daß

Klaus Braune einen ruhigen und sachlichen Verhandlungsstil gepflegt hatte.

Unsere Befürchtungen, die Vernehmung der Zeugen könnten das Gericht gegen unseren Mandanten einnehmen, hatten sich nach unserem Eindruck nicht bestätigt. Nach allem waren wir zwar nach wie vor der Meinung, daß es einer Vernehmung der Zeugen gar nicht bedurft hätte; die gleichwohl erfolgten Vorladungen hatten uns aber eher Vor- als Nachteile gebracht. Wir waren also zufrieden.

Richter und Staatsanwälte der DDR

Mit großer Spannung erwarteten wir die Aussagen der nach 1990 übernommenen Richter und Staatsanwälte. Wir hatten beantragt, die noch im Amt befindlichen Justizangehörigen der DDR dazu zu befragen, inwieweit sie die von Klaus Braune angewandten Normen als verbindliche Gesetze angesehen oder ob sich irgendwelche Besonderheiten für sie ergeben hätten.

Die geplante Anhörung von Richtern und Staatsanwälten, die schon zu DDR-Zeiten im Amt gewesen waren, hatte innerhalb der Justiz bereits vor der Vernehmung für einige Unruhe gesorgt. Es hatte sich natürlich im Landgericht und in der Staatsanwaltschaft herumgesprochen, daß der ein oder andere Richter bzw. Staatsanwalt im Verfahren gegen Klaus Braune als Zeuge aussagen sollte. Bis kurz vor Beginn ihrer Vernehmung war aber gänzlich unklar geblieben, wer das zweifelhafte Vergnügen haben sollte, sich zu seiner Tätigkeit als Angehöriger der DDR-Justiz äußern zu müssen. Interesse daran hatte niemand. Im Gegenteil, diejenigen, die noch im Dienst waren, befanden sich gerade in der Erprobung, und für fast alle war die endgültige Übernahme eine existentielle Frage. Nicht wenige sahen sich selbst einem Ermittlungsverfahren ausgesetzt.

Die Gefahren, die eine zeugenschaftliche Einvernahme barg, waren vielfältig. Es konnte sich z.B. herausstellen, daß man in irgend einem untergeordneten Zusammenhang selbst beteiligt gewesen war in einem der angeklagten oder in ähnlichen Verfahren. Absehbar war auch, daß Fragen gestellt würden zur eigenen Einstellung zum Strafrecht in der DDR. Wie sollte ein Angehöriger der DDR-Justiz, der 1993 um seine dauerhafte Übernahme bemüht war, darauf glaubhaft reagieren? Die Unruhe, die durch die anstehende Vernehmung aufgekommen war, war also nur zu verständlich.

Auch für uns entstand dadurch eine schwierige Situation. Denn es blieb uns überlassen, die Auswahl der zu vernehmenden Richter und Staatsanwälte zu treffen. Das Gericht hielt sich dabei ebenso zurück wie die Staatsanwaltschaft. Mein Kollege Söllner und ich mußten darüber entscheiden, wer Rede und Antwort stehen sollten. Das war gewiß keine leichte Entscheidung, denn wir waren inzwischen seit mehr als zwei Jahren in Dresden tätig und hatten in dem damals noch kleinen Justizapparat die meisten Richter und Staatsanwälte kennengelernt. Mit ihnen hatten wir überdies auch in anderen Sachen ständig zu tun. Es kam deshalb mehr als einmal vor, daß wir uns in anderen Sachen vor oder nach der Verhandlung mit Betroffenen über ihre mögliche Zeugenvernehmung unterhielten. Zu vielen war das Verhältnis auch hinreichend offen, um die Probleme diskutieren zu können, die in der Vorladung gesehen wurden. Ich erhielt sogar Anrufe, in denen ich gebeten wurde, auf die Einvernahme des Anrufers zu verzichten.

Die Situation drohte für uns zu einem Dilemma zu werden. Als ich noch im Zwischenverfahren die Vernehmung ehemaliger und noch im Amt befindlicher Richter und Staatsanwälte beantragt hatte, sollte das verschiedenen Zielen dienen. Ich hatte zunächst die von Klaus Braune ausgeübte Tätigkeit als von allen zur damaligen Zeit tätigen Juristen als normal empfundenen Bestandteil der DDR-Justiz herausarbeiten wollen. Auch die angewandten Normen sollten dieses Profil erhalten. Weiterhin war ich mir sicher gewesen, auch die Person des Angeklagten in ein besseres Licht rücken zu können, denn Klaus Braune war ein von allen respektierter Kollege gewesen, der persönlich keinen Anfeindungen ausgesetzt war. Vor allem aber war es darum gegangen, die Widersprüchlichkeit bei der »Aufarbeitung« der DDR-Justiz herauszustellen. Denn es konnte meiner Meinung nach nicht sein, daß Klaus Braune wegen seiner Tätigkeit als Richter in der DDR auf der Anklagebank saß, während mindestens ebenso systemtreue Richter und Staatsanwälte nicht nur von Anklagen verschont blieben, sondern überdies ihre Ämter weiterhin ausübten. Wir waren uns sicher, auf diese Weise dazu beizutragen, daß das Gericht die Schwelle für eine Verurteilung unseres Mandanten heraufsetzen würde. Dafür mußten nach unserer ursprünglichen Vorstellung nur ein paar Richter oder Staatsanwälte als Zeugen aussagen.

In der abstrakten Auseinandersetzung war das für uns auch alles kein Problem. Mit den konkreten Auswirkungen hatten wir uns dabei freilich nur unzureichend befaßt. Die bestanden jetzt immerhin darin, einzelne Personen womöglich zu kompromittieren, die wir seit einiger Zeit zum Teil kennen- und schätzen gelernt hatten.

Die Diskussionen zwischen meinem Kollegen Söllner, unserem gemeinsamen Mandanten und mir über das entstandene Problem führten sehr schnell zu einer intensiven Auseinandersetzung mit der generellen Frage, wie es sein konnte, daß Richter und Staatsanwälte der DDR ihre Ämter noch ausübten. Dabei waren wir uns schnell darüber einig, daß es in erster Linie eine Frage des Zufalls gewesen war, wer 1993 auf der Anklagebank saß und wer in Amt und Würden geblieben war mit der Aussicht auf Übernahme in den Justizdienst der Bundesrepublik. Die Ausbildung der DDR-Richter und Staatsanwälte war einheitlich gewesen, und die persönlichen Biographien, soweit sie uns bekannt geworden waren, unterschieden sich nicht wesentlich. Besonders tragisch war, daß Klaus Braune im Vergleich zu den noch tätigen Richtern und Staatsanwälten unter anderem zum Verhängnis geworden war, ein *guter* Richter gewesen zu sein. Das hatte zu seiner Berufung zum Vorsitzenden des 1. Senats beim Bezirksgericht geführt, und zwar völlig unabhängig von seiner politischen Einstellung. Die hatte sich nicht von der seiner damaligen Kollegen unterschieden. In der DDR-Justiz hatte es keinen Widerstand gegen das Regime gegeben.

Im Vergleich zu den noch im Amt befindlichen Richtern, die sich allenfalls noch durch das weitere Kriterium abhoben, überwiegend jünger zu sein als Klaus Braune, war ihm nach unserer Analyse also grobes Unrecht geschehen. Leider kam es in dem gegen ihn gerichteten Strafverfahren auch darauf nicht an.

Andererseits stimmten wir sehr bald dahin überein, daß es für uns entbehrlich war, den Konflikt zwischen einer Tätigkeit als Staatsanwalt oder Richter einerseits in der DDR und andererseits in der Bundesrepublik herauszuarbeiten. Mehr noch, wir vermochten einen solchen Widerspruch am Ende nicht einmal mehr zu erkennen. Schließlich hatte sich herausgestellt, daß sich die wenigsten der von Klaus Braune Verurteilten als politische Menschen definiert hatten. Das Motiv ihres Handelns war in erster Linie der Wunsch nach Verbesserung ihrer materiellen Lebensumstände gewesen. Auch den Richtern und Staatsanwälten der DDR wollten wir deshalb nicht in erster Linie politische Motivation für ihr Handeln unterstellen, ohne insoweit sicher sein zu können. Das galt umso mehr vor dem Erfahrungshintergrund mit unserem Mandanten, der sich zwar zur DDR bekannte, sich aber zu keiner Zeit als deren Protagonist verstanden hatte. Er hatte sich nicht danach gedrängt, Vorsitzender des 1. Strafsenats zu werden. Wie die von ihm Verurteilten auch hatte er in seinem Leben in erster Linie danach gestrebt, sich und seiner Familie ein möglichst angenehmes Leben zu ermöglichen.

Es gab also keine Veranlassung, den sonstigen Richtern und Staatsanwälten der DDR vordergründig politische Motive für ihre Berufswahl oder Berufsausübung zu unterstellen. Eine Tätigkeit als Richter oder Staatsanwalt in der DDR begründete folglich kein Hindernis für eine entsprechende Tätigkeit in der Bundesrepublik. Diese Einsicht erleichterte uns auch die Auswahl der zu vernehmenden Richter und Staatsanwälte: Wir bemühten uns darum, Justizangehörige unterschiedlichen Alters mit unterschiedlicher Tätigkeit zu einer möglichst repräsentativen Menge zusammenzufassen. Auf persönliche Befindlichkeiten konnten wir dabei problemlos Rücksicht nehmen, ohne das Befragungsziel zu gefährden.

Dem Gericht teilten wir sodann mit, auf welche Zeugen wir Wert legen würden. Es folgte unseren Anregungen. Wir hätten jeden benennen können. Wir mußten nicht erläutern, warum wir diesen oder jenen Richter oder Staatsanwalt hören wollten. Offenbar wollte die Kammer unbedingt vermeiden, daß wegen der unterbliebenen Ladung eines von uns benannten Zeugen womöglich ein Revisionsgrund entsteht, sie wollte das Thema hinter sich bringen. Unsere Vorschläge führten zur Vernehmung von insgesamt acht Justizangehörigen. Fünf davon waren Staatsanwälte, drei übten eine richterliche Tätigkeit aus.

Das Aussageverhalten war höchst unterschiedlich. Die überwiegende Mehrzahl hatte überhaupt kein Problem damit, ihre Tätigkeit zu DDR-Zeiten offen darzulegen und wies darauf hin, auch in den im Verfahren gegen Klaus Braune in Rede stehenden Deliktsbereichen in einzelnen Sachen mitgewirkt zu haben. Sie erklärten übereinstimmend, daß es sich dabei in ihren Augen um normale Rechtsanwendung gehandelt habe.

Vor dem Hintergrund der bereits beschriebenen Probleme mit einer solchen Aussage konnte das niemandem leicht gefallen sein. Besonders an eine als Zivilrichterin tätige Zeugin kann ich mich gut erinnern. Ihre Offenheit und direkte Ansprache sind für mich noch heute ein Beispiel für Geradlinigkeit.

Einige versuchten aber auch, auf ihre völlig anders gelagerte Tätigkeit hinzuweisen, z. B. als Familienrichter. Eine Berührung mit den im Verfahren gegen Klaus Braune in Rede stehenden Gesetzen wurde zwar von niemandem ausdrücklich geleugnet, von einigen allerdings auch nicht ungefragt dargelegt.

In einem Fall einer Richterin schien es dann, als habe sie tatsächlich nie etwas mit einem unerlaubten Grenzübertritt oder ähnlichem zu tun gehabt. Damit hätten wir uns beinahe zufrieden gegeben, bis unser Mandant uns darauf hinwies, daß es einen Haftbereitschaftsdienst gegeben habe, der turnusmäßig von jedem Richter und Staatsanwalt – unabhängig von seiner sonstigen Tätigkeit – hätte ausgeübt werden müssen. Die Frage danach offenbarte auch bei dieser Richterin, daß es gar nicht möglich gewesen war, sich den in Rede stehenden Vorgängen zu entziehen. Es war regelmäßig zu Festnahmen an Wochenenden oder außerhalb der regulären Dienstzeiten gekommen, die vom Bereitschaftsstaatsanwalt oder dem Bereitschaftshaftrichter verantwortet werden mußten. Auch sie war davon betroffen gewesen und hatte selbstverständlich antragsgemäß im Sinne der Staatsanwaltschaft entschieden.

Sämtliche von uns vernommenen Richter und Staatsanwälte hatten also irgendwann einmal in ihrer Dienstzeit eine Haftsache mit »politischem« Hintergrund auf dem Tisch gehabt. Das führte auch bei denen, die sich daran zuerst nicht so recht erinnern wollten, zu der Antwort, sämtliche Normen des StGB/DDR für verbindlich gehalten und auch nie den Eindruck gehabt zu haben, den Anwendungsbereich überdehnt, unverhältnismäßige Haftbefehle beantragt oder erlassen oder gar gegen internationales Recht verstoßen zu haben.

Wir befragten die Zeugen auch zu ihrem persönlichen Verhältnis zu Klaus Braune. Er wurde übereinstimmend so beschrieben, wie auch wir unseren Mandanten kennengelernt hatten. Einer der vernommenen Staatsanwälte konnte sogar Angaben zum Verhandlungsstil machen, da er in einigen ebenfalls unter dem Vorsitz unseres Mandanten verhandelten Mordsachen die Anklage vertreten hatte. Auch er schilderte Klaus Braune als ruhigen und betont sachlichen Vorsitzenden.

Peinlich war allerdings der Auftritt eines Richters, der zu DDR-Zeiten nicht befördert worden war und sich insoweit offenbar ungerecht behandelt fühlte. Die ausgebliebene Beförderung war eigentlich sein großes Glück gewesen, weil es überhaupt nur eine einzige Oberrichterin in Dresden gab, die von der Justiz der Bundesrepublik übernommen worden war. Wäre der sich beschwerende Zeuge zu DDR-Zeiten befördert worden, hätte er also kaum mit einer Übernahme rechnen können. Das reichte ihm als später Triumph aber offenbar nicht aus, zumindest indirekt versuchte er vielmehr, seine unterbliebene Beförderung politisch zu erklären. Aus eigener anwaltlicher Erfahrung mit dem auch nach 1990 im Richterdienst tätigen Zeugen hatten wir uns freilich bereits die Überzeugung bilden können, daß es mit an Sicherheit grenzender Wahrscheinlichkeit fachliche Gründe gewesen waren, die zu DDR-Zeiten den Weg zu höheren Aufgaben verstellt hatten. Das sollte sich übrigens auch nach 1990 nicht mehr ändern.

Wir empfanden sein Aussageverhalten als überaus geschmacklos. Der Zeuge war mit unserem Mandanten über Jahre gemeinsam zur Arbeit gefahren und hatte ihn offenbar immer um die Ernennung zum Oberrichter beneidet. Heute saß Klaus Braune auf der Anklagebank, und sein früherer Kollege konnte es sich nicht verkneifen, seinen Unmut über die Beförderungspraxis in der DDR zum Ausdruck zu bringen. Das hätte er sich sparen können, zumal auch der frühere Vorsitzende des Zivilsenats im Zuschauerraum saß, dem der Zeuge als beisitzender Richter angehört hatte. Er war als ehemaliger Oberrichter natürlich, wie Klaus Braune auch, arbeitslos und durfte sich von seinem immer noch als Richter tätigen früheren Beisitzer jetzt anhören, dieser sei aus politischen Gründen nicht befördert worden. Bestimmt konnte er besser als wir einschätzen, daß das völliger Unsinn war.

Nach allem hatte unsere Befragung ihr Ziel gleichwohl voll und ganz erreicht. Sämtliche übernommenen Justizangehörigen hatten im Ergebnis erwartungsgemäß bestätigt, keine Bedenken im Umgang mit den anklagegegenständlichen Normen gehabt zu haben. Niemand hatte ausgesagt, die Normen nur widerwillig oder gar unter bewußter Mißachtung des Rechts angewandt zu haben. Auch war zu DDR-Zeiten niemand im entferntesten auf die Idee gekommen, die Vorschriften an internationalen Vereinbarungen zu messen. Wir waren uns deshalb sicher, die Latte für eine Verurteilung wesentlich höher gelegt zu haben. Das ergab sich nach unserem Verständnis schon aus den zahlreichen Friktionen, die sich aus einer Bestätigung des dahingehenden Anklagevorwurfs ergeben hätten.

Eine weitere Klaus Braune begünstigende Überlegung kam noch hinzu: Bei konsequenter Umsetzung des Ansatzes der Staatsanwaltschaft, wonach jede Anwendung der in Rede stehenden Normen auf den ersten Blick erkennbares Unrecht gewesen sein sollte, hätten sich alle vernommenen Zeugen wegen Rechtsbeugung strafbar gemacht. Wir waren uns sicher, daß es zu einem solchen Ergebnis nicht kommen würde. Es hätte für die vernommenen Zeugen das Ende der Zugehörigkeit zur Justiz bedeutet. Das wollte niemand mehr. 1993 ging es bei der Prüfung der Übernahme früherer Richter und Staatsanwälte längst nicht mehr um derart grundsätzliche Fragen. Gegen einige übernommene Richter und Staatsanwälte wurde wegen einzelner Fälle zwar noch ermittelt, was der Atmosphäre vor allem innerhalb der Staatsanwaltschaft nicht gerade zuträglich war. Man stelle sich vor, ermittelnder Staatsanwalt und Verdächtiger saßen dort Tür an Tür. Grundsätzlich war die politische Entscheidung aber längst getroffen, daß »normale« Richter und Staatsanwälte, die die ersten Überprüfungen nach 1990 überstanden hatten, übernommen werden sollten. Das sollte – da waren wir uns doch sehr sicher – nicht noch einmal grundsätzlich in Frage gestellt werden.

Repräsentanten der DDR-Justiz

Nach Abschluß der Vernehmungen bemühte sich die Kammer darum, das völkerrechtliche Verständnis der DDR zu erkunden, und die Entstehungsgeschichte der von Klaus Braune angewandten Vorschriften aufzuklären. Außerdem beabsichtigte das Gericht, die Bedeutung des von Klaus Braune geführten Senats innerhalb des Bezirksgerichts und im Verhältnis zur Staatsanwaltschaft zu erhellen. Es wurden deshalb Rechtsgelehrte der DDR aus den Bereichen Völkerrecht und Strafrecht, Mitarbeiter des Justizministeriums sowie die ehemaligen Leiter des Bezirksgerichts Dresden und der Bezirksstaatsanwalt vernommen.

Die DDR war ein kleines Land, in dem alles sehr überschaubar war. Ebensowenig wie in der Politik hatte es in der Rechtslehre Meinungsvielfalt gegeben. Es war deshalb für die verschiedenen Rechtsgebiete leicht zu eruieren, wer als Auskunftsperson in Frage kam. Für den Bereich Völkerrecht war dies Professor Dr. Bernhard Graefrath, für den Bereich Strafrecht waren es die Professoren Dr. Erich Buchholz und Dr. Horst Luther. Auch die zuständigen Mitarbeiter des Justizministeriums waren unschwer ausfindig zu machen. Es handelte sich um die Herren Dr. Duft und Heilborn. Schließlich stellte es kein Problem dar, Herrn Stranovsky als früheren Direktor des Bezirksgerichts und Herrn Lindner als einstigen Leiter der Bezirksstaatsanwaltschaft zu identifizieren und vorzuladen.

Die Vernehmung der Justizangehörigen der DDR als sachverständige Zeugen begann mit dem Völkerrechtler Prof. Dr. Graefrath, der eine durchaus interessante Biographie hatte. Seine juristische Karriere hatte mit einem Volksrichterlehrgang begonnen. Nach einem Jura-Studium war er Dozent an der HumboldtUniversiät in Berlin geworden, bis er 1958 wegen »Revisionismus-Vorwürfen« gemaßregelt wurde und bis 1960 zur Bewährung als Bürgermeister von Zossen arbeiten mußte. Er war 1963 habilitiert worden und hatte danach als Ordentlicher Professor Völkerrecht gelehrt, seit 1982 an der Akademie der Wissenschaften in Berlin. Von 1977 bis 1986 gehörte er dem UNO-Komitee für Menschenrechte an, bis er 1986 in die Völkerrechtskommission der Vereinten Nationen gewählt worden war. Er galt in der DDR als Koryphäe auf dem Gebiet des Völkerrechts.

Prof. Dr. Graefrath wurde von Gerd Halfar danach befragt, welche Auswirkungen die Verträge von Helsinki und die Menschenrechtskonvention auf das Strafrecht der DDR gehabt hätten. Immerhin seien die Vereinbarungen auch von der Regierung der DDR unterzeichnet worden. Dennoch habe es weder Meinungs- noch Ausreisefreiheit gegeben.

Die Fragestellung entsprach dem gedanklichen Ansatz des Abteilungsleiters der Abteilung 8 der Staatsanwaltschaft Dresden, Dr. Ulrich Meinerzhagen. Er hatte – was ich bereits andernorts ausführlich beschrieben habe – die Auffassung vertreten, angesichts der Verbindlichkeit der internationalen Vereinbarungen für die DDR seien die von Klaus Braune angewandten Vorschriften sämtlich null und nichtig gewesen, so daß Klaus Braune keine Verurteilungen darauf hätte gründen dürfen.

Prof. Dr. Graefrath legte in wenigen Worten dar, daß es zwei grundverschiedene Ansätze völkerrechtlichen Verständnisses in bezug auf die innerstaatliche Anwendung internationaler Vereinbarungen gäbe. Ein Teil der Staatengemeinschaft betrachte völkerrechtliche Verträge als *unmittelbar geltendes* innerstaatliches Recht, während die meisten anderen Staaten dem »dualistischen Prinzip« folgten. Danach könnten sich völkerrechtliche Verträge innerstaatlich erst nach einem entsprechenden Umsetzungsakt auswirken.

Ausgehend von dieser Betrachtungsweise ergäbe sich nach Unterzeichnung und Ratifizierung eines völkerrechtlichen Vertrages zwar eine Pflicht des unterzeichnenden Staates, das innerstaatliche Recht anzupassen. Bis zum Vollzug gälte jedoch das innerstaatliche Recht fort. Die DDR sei diesem dualistischen Prinzip gefolgt. Internationale Verträge hätten für den Richter in der DDR deshalb keine Bedeutung gehabt. Strafvorschriften, die internationalen Vereinbarungen widersprächen, könnten allenfalls dokumentieren, daß die DDR Verpflichtungen nicht eingehalten hätte; für den Bürger verbindlich wären sie dagegen allemal geblieben.

Alle Prozeßbeteiligten im Saal konnten das ohne Probleme nachvollziehen. Die Trennung von Verpflichtung und Umsetzung ist ein häufig vorkommendes Phänomen im Rahmen der Ausbildung eines Juristen. Die Darlegungen leuchteten deshalb wohl auch den Staatsanwälten unmittelbar ein. Das war deutlich zu spüren. Wir genossen den Triumph. Denn eines war nun klar: Das Konstrukt des Staatsanwalts Dr. Meinerzhagen von der fehlenden Verbindlichkeit der angewandten Normen hatte endgültig seine Erledigung gefunden. Es war nun Gewißheit, daß eine Verurteilung unseres Mandanten nicht mehr allein auf die Anwendung der Gesetze würde gegründet werden können. Damit hatten wir zwar stets gerechnet, sicher waren wir aber erst jetzt. Darüber waren wir natürlich sehr erfreut.

Wir genossen den sauertöpfischen Blick unserer Kollegen von der Staatsanwaltschaft in vollen Zügen. Genaugenommen hatte sich die Staatsanwaltschaft soeben bis auf die Knochen blamiert. Es waren ja keine höchst komplizierten und nur schwer nachvollziehbaren Ausführungen, die Prof. Dr. Graefrath gemacht hatte. Auf das »dualistische Prinzip« hätte schon Staatsanwalt Dr. Meinerzhagen im Rahmen seines Gutachtens kommen müssen. Er hatte sich mit den völkerrechtlichen Fragen indes erst gar nicht beschäftigt. Das machte erneut die Ergebnisorientierung seines Gutachtens mehr als offenkundig. Wir hätten zwar auch früher darauf kommen müssen. Angesichts des Ergebnisses der Ausführungen des Zeugen war das aber nicht mehr wichtig.

Der Höhepunkt der Vernehmung der Rechtsgelehrten und Mitarbeiter des Justizministeriums war damit bereits überschritten. In der Folge erlebten wir vor allem Zeugen, die eine verdächtig große Distanz zu den in Rede stehenden Normen hatten. Die früheren Mitarbeiter im Justizministerium, die Herren Dr. Duft und Heilborn, die immerhin verantwortlich für die Gesamtredaktion des einzigen StGB-Kommentars der DDR waren und daran auch als Autoren mitgearbeitet hatten, wiesen nachdrücklich darauf hin, an der Entstehung der Vorschriften nicht beteiligt gewesen zu sein. Sie wußten zu berichten, daß die Normen ohne Beteiligung des Justizministeriums von Partei und Politbüro entwickelt worden seien. Eine Beteiligung wissenschaftlicher Kreise habe es auch nicht gegeben. Die Strafrechtslehre sei wegen der Unbestimmtheit auch gegen die Vorschriften gewesen.

Besonders tat sich außerdem Prof. Dr. Horst Luther mit entsprechenden Äußerungen hervor. Er machte auf uns den Eindruck, einer der wenigen Widerstandskämpfer der DDR gewesen zu sein. Zu DDR-Zeiten hatte er das zwar geschickt verborgen, indem er etwa Gutachten geschrieben hatte zu Organisationen ähnlich der IGfM, in denen er auf deren Staatsfeindlichkeit hingewiesen und damit Verurteilungen bei Kontaktaufnahmen ermöglicht hatte. Als Zeuge in unserem Prozeß ließ er dagegen keinen Zweifel daran, immer schon Gegner der DDR und besonders der rigiden Strafjustiz gewesen zu sein. Glücklicherweise konnte er Klaus Braune damit nicht schaden.

Hilfreich waren für uns demgegenüber die Ausführungen von Prof. Dr. Buchholz. Der inzwischen als Anwalt praktizierende Strafrechtslehrer war selbst in einer Vielzahl von Rechtsbeugungsprozessen tätig. Er konnte einige Verständnisprobleme des Gerichts lösen. Jedenfalls gewannen wir bei seiner Befragung den uns nachhaltig verunsichernden Eindruck, daß der Tatbestand des § 100 StGB/DDR dem Gericht Probleme zu bereiten schien. Danach hatte sich strafbar gemacht, wer zu näher bezeichneten Stellen Verbindung aufgenommen hatte, »um die Interessen der Deutschen Demokratischen Republik zu schädigen«. Das Gericht äußerte dazu die Ansicht, aus dem Tatbestand ergäbe sich, der Täter hätte es als sein Ziel ansehen müssen, der DDR zu schaden. Es sei aber niemandem darum gegangen, der DDR zu schaden. Die Betroffenen hätten lediglich ausreisen wollen. Prof. Dr. Buchholz erläuterte dazu, die von § 100 StGB genannte Zielstellung meine nicht das Motiv der Tat, sondern stelle darauf ab, ob die Tat objektiv zur Interessenschädigung geeignet sei und diese objektiven Tatumstände vom Vorsatz erfaßt seien. Auf eine innere Zielsetzung des Täters käme es hingegen nicht an.

Damit gab sich das Gericht nach einiger Diskussion zufrieden. Uns blieb die Hoffnung, daß es nicht noch weitere Tatbestandsmerkmale gab, die dem Gericht Schwierigkeiten bereiteten.

Die Vernehmungen des ehemaligen Direktors des Bezirksgerichts Stranovsky und des ehemaligen Bezirksstaatsanwalts Lindner waren nicht mehr sonderlich ergiebig. Sie bestätigten im wesentlichen, was unser Mandant zu seinem Werdegang als Richter und zur Stellung seines Senats gesagt hatte. Auch den eingeschränkten Entscheidungsspielraum, den ein Richter in der DDR hatte, konnten sie bezeugen. Ansonsten hatten ihre Angaben nach unserem Verständnis wenig Verfahrensrelevanz.

Insgesamt war auch dieser Teil der Beweisaufnahme für uns überaus zufriedenstellend verlaufen. Die Staatsanwaltschaft hatte sich angesichts der Ausführungen des Prof. Dr. Graefrath blamiert. Die übrigen Zeugen hatten Klaus Braune eher genutzt als geschadet. Für uns ergaben sich aus den Vernehmungen keinerlei Ansätze, die zu einer Verurteilung unseres Mandanten hätten beitragen können. Allmählich fragten wir uns, wie es überhaupt noch zu einer Verurteilung von Klaus Braune kommen könnte.

Die Grundsatzentscheidung des BGH

Es war mittlerweile Mitte Dezember 1993. Die Hauptverhandlung dauerte also bereits zwei Monate an. Ein Ende war noch nicht abzusehen, weil noch eine Vielzahl von Zeugen zu vernehmen und Urkunden einzuführen waren. Es herrschte noch völlige Ungewißheit über den Prozeßausgang, als in einer Verhandlungspause auf dem Flur des Landgerichts die Nachricht verbreitet wurde, der Bundesgerichtshof habe eine Grundsatzentscheidung zur Rechtsbeugung in der DDR gefällt.

Ich weiß nicht mehr, wer uns das zuerst erzählte, es wird wohl entweder ein Vertreter der an fast allen Verhandlungstagen anwesenden Presse oder einer der in unterschiedlicher Zahl anwesenden Prozeßbeobachter gewesen sein; jedenfalls aber war die Informationslage zunächst überaus konfus. Von seiten einiger hieß es, der Prozeß fände nun seine Erledigung. Der Bundesgerichtshof habe entschieden, es habe in der DDR *keine* Rechtsbeugung gegeben. Andere sagten, der Bundesgerichtshof habe zwar eine Entscheidung gefällt, sie würde unseren Prozeß aber nicht betreffen. Unsere Fragen nach dem Gegenstand der Entscheidung und den Urteilsgründen konnte leider niemand beantworten. Es war also wie so oft: Niemand wußte etwas Genaues, aber fast jeder hatte eine Meinung.

Es dauerte dann ein paar Stunden, bis wir eine Pressemitteilung des Bundesgerichtshofs in Händen hielten, die uns darüber aufklärte, welchen Inhalt die Aufsehen erregende Entscheidung hatte. Danach hatte das Gericht die drei Kriterien entwickelt, die ich bereits beschrieben hatte.

Das bedeutete, daß der Bundesgerichtshof eine Bestrafung von DDR-Juristen auf Fälle von Tatbestandsüberdehnungen, unverhältnismäßig hohen Bestrafungen und rein politisch motivierten Verfolgungen *beschränkt* hatte.

Uns kam dieses Urteil natürlich sehr entgegen. Wir sahen uns nachhaltig bestärkt in unserer Auffassung, daß es eine Verurteilung unseres Mandanten allein wegen der Anwendung bestimmter Tatbestände nicht würde geben können. Auch vermochten wir, bei aller Unbestimmtheit der Tatbestände und Härte der Strafen, weder eine Tatbestandsüberdehnung noch einen Strafmaßexzeß zu erkennen. Insbesondere bei der Anwendung der in Rede stehenden Normen durch unseren Mandanten hatte sich gezeigt, daß bislang nicht einmal eine fehlerhafte Gesetzesanwendung, geschweige denn eine vorsätzliche Tatbestandsüberdehnung in die Diskussion eingeführt worden war. Demgegenüber hätte ein Strafmaßexzeß eine offenkundige Überschreitung der auf den Tatbestand zugeschnittenen Rechtsfolge verlangt. Auch das vermochten wir nicht zu erkennen. Und erst recht gab es aus unserer Sicht keine Veranlassung, in einem der anklagegegenständlichen Fälle eine gezielte Ausschaltung eines politischen Gegners zu sehen. Also waren wir noch zuversichtlicher als zuvor, die Sache mit einem Freispruch beenden zu können.

Bis dahin war es freilich noch ein weiter Weg. Denn Einfluß auf die durchzuführende Beweisaufnahme hatte das Urteil des BGH nicht. Und es standen noch eine Vielzahl von Zeugenvernehmungen aus. Die Verteidiger der damals Angeklagten waren noch nicht vernommen worden, ebensowenig die damals anwesenden Protokollantinnen. Daneben hatte das Gericht erklärt, die Mitarbeiter der für Ausreiseersuchen zuständigen Verwaltung vernehmen zu wollen. Schließlich wäre es aus unserer Sicht noch erforderlich gewesen, die im Senat von Klaus Braune tätigen Schöffen zu hören, die an der Verhandlung und der Urteilsberatung teilgenommen hatten. Gericht und Staatsanwaltschaft hatten bis dahin eigenartigerweise keinerlei Bemühungen unternommen, um diese Prozeßbeteiligten namhaft zu machen oder gar zu laden. Wir entschlossen uns, damit auch erst einmal zu warten.

Verteidigung in der DDR

Die Verteidiger der von Klaus Braune verurteilten Angeklagten waren in den Verhandlungen nicht sonderlich aktiv gewesen. Das hatten wir bereits den Akten entnehmen können. Es gab keine Versuche, tatsächliche Feststellungen zu schuldbegründenden Merkmalen zu verhindern, sei es durch eigene Beweisanträge oder Widersprüche gegen die Verwertung einzelner Beweismittel. Die einzigen den Akten zu entnehmenden Aktivitäten der Verteidiger hatten vielmehr darin bestanden, im Schlußvortrag die schuldmindernden Aspekte des Verhaltens der Angeklagten hervorzuheben, um einen unter dem Antrag der Staatsanwaltschaft liegenden Strafvorschlag unterbreiten zu können. Freispruch war in einem einzigen Fall aus Rechtsgründen beantragt worden, ohne daß gegen die gleichwohl erfolgte Verurteilung ein Rechtsmittel eingelegt worden wäre.

In den bei Klaus Braune verhandelten Fällen hätte es freilich auch kaum Möglichkeiten der Einflußnahme gegeben. Zu eindeutig lagen die ermittelten Sachverhalte zutage. Und Beweisgewinnungsverbote, die zur Unverwertbarkeit des Ermittlungsergebnisses hätten führen können, gab es in der DDR zwar; in den bei Klaus Braune verhandelten Fällen lagen die Voraussetzungen der in Betracht kommenden Vorschriften jedoch nie vor. Also war es auch aus der Nachschau vermutlich das Vernünftigste, dem Mandanten zu einem Geständnis zu raten, um die Hervorhebung strafmildernder Aspekte durch einen sinnlosen Streit um den Sachverhalt nicht zu erschweren.

Die Verurteilten waren dabei überwiegend von Rechtsanwalt Prof. Dr. Vogel vertreten worden. Er hatte offenbar fast alle ausreisewilligen Angeklagten vor den Bezirksgerichten der DDR vertreten. Viele Inhaftierte wußten bereits *vor* ihrer Festnahme, daß es im Sinne einer baldigen Ausreise das Beste sein würde, Prof. Dr. Vogel zu beauftragen. Einige erfuhren das erst in der Untersuchungshaft von Mithäftlingen, manche sogar von ihren Vernehmern des Ministeriums für Staatssicherheit. Dabei führte die Mandatierung von Prof. Dr. Vogel allerdings nicht dazu, daß er sich in den Strafprozeß in irgendeiner Weise einschaltete. Er erteilte vor Ort ansässigen Anwälten vielmehr Untervollmachten zur Prozeßführung, während er sich allein um die Organisation des Freikaufs der Inhaftierten durch die Bundesrepublik kümmerte. In Dresden hatte er jedenfalls keinen einzigen Untersuchungshäftling besucht und an keiner Hauptverhandlung unter dem

Vorsitz von Klaus Braune teilgenommen. Das hatten in Dresden seine Unterbevollmächtigten, und zwar zunächst Rechtsanwalt Maiwald, später Rechtsanwalt Kluge, erledigt.

Die Kammer lud beide Anwälte als Zeugen. Rechtsanwalt Kluge war nicht mehr als Anwalt tätig, Rechtsanwalt Maiwald praktizierte noch. Die beiden Unterbevollmächtigten waren im Zuge des Prozesses gegen Klaus Braune von der Staatsanwaltschaft bereits bezichtigt worden, mit dem Ministerium für Staatssicherheit zusammengearbeitet zu haben. Das konnte zwar nicht aufgeklärt werden. Es erschien aber auch uns nicht ausgeschlossen, daß es eine solche Zusammenarbeit gegeben hatte. Jedenfalls hatten wir den Eindruck, als fühlten sie sich nicht besonders wohl in der Rolle als Zeuge. Sie waren sichtlich bemüht, nur das Notwendigste zu erzählen. Sämtliche Zeugen hatten sie von ihrer Schweigepflicht entbunden. Also mußten sie aussagen.

Ihre Angaben beschränkten sich auf die Wiedergabe des von ihnen erlebten äußeren Geschehensablaufs. Danach seien sie von Rechtsanwalt Prof. Dr. Vogel bevollmächtigt worden, die jeweilige Strafsache zu übernehmen. Ihre Mandanten hätten sie in der Untersuchungshaftanstalt aufgesucht und nach Einsichtnahme in die Akte über die Schwere des Vorwurfs informiert. Außerdem hätten sie ihnen das zu erwartende Strafmaß mitgeteilt. Angesichts der Aussichtslosigkeit der Lage hätten sie ihnen zu Geständnissen geraten und dazu, sich in der Verhandlung reuig zu zeigen. Beides hätte nach ihrer Erfahrung die Wahrscheinlichkeit einer baldigen Ausreise erhöht. Die Mandanten seien diesen Ratschlägen regelmäßig gefolgt. Nach den Verurteilungen seien sie an dem Fortgang der Sache nicht mehr beteiligt gewesen. Alles weitere habe der Hauptbevollmächtigte Rechtsanwalt Prof. Dr. Vogel aus Berlin geregelt. Mit Klaus Braune hätten sie über den Häftlingsfreikauf und dessen Hintergründe nie gesprochen.

Die Beweiserhebung zur Verteidigung durch Prof. Dr. Vogel bzw. seine Unterbevollmächtigten war danach für den Prozeß nicht sehr ergiebig gewesen. Immerhin wurde festgestellt, daß auch die Verteidigung in den von Klaus Braune geleiteten Verfahren keine Gegenwehr gegen die Verurteilungen entwickelt hatte. Für den wegen Rechtsbeugung angeklagten Klaus Braune war das von Vorteil, hatten doch nicht einmal die von Rechtsanwalt Prof. Dr. Vogel unterbevollmächtigten Verteidiger Zweifel an der Tatbestandsmäßigkeit des Verhaltens oder der Angemessenheit der ausgeurteilten Strafen auch nur ansatzweise in die Diskussion getragen.

Der Nutzen war gleichwohl nicht sonderlich groß. Wir gingen jedenfalls davon aus, daß das Gericht dem kritiklosen Verhalten dieser Verteidiger ohnehin keine Bedeutung beimessen würde. Geschadet hatten die Vernehmungen unserem Mandanten allerdings auch nicht. Insbesondere waren wir froh, daß die Zeugen bestätigt hatten, mit Klaus Braune nie über die Freikaufspraxis gesprochen zu haben. Das stand im Einklang mit den Angaben unseres Mandanten, der erklärt hatte, erst 1987 davon gehört zu haben.

Offen war danach noch die Vernehmung der Verteidiger, die nicht als Unterbevollmächtigte des Rechtsanwalts Vogel tätig gewesen waren. Sie waren deutlich in der Minderheit. Von den 28 anklagegenständlichen Fällen waren in 24 Verfahren ausschließlich Rechtsanwalt Vogel bzw. dessen Unterbevollmächtigte als Verteidiger aufgetreten. In einem Fall, sinnigerweise im Verfahren gegen Rolf Becker, waren zwei Verteidiger für einen Angeklagten aufgetreten. Einerseits der von Rolf Becker mandatierte und längst verstorbene Rechtsanwalt Dr. Ginsberg-Hansen, andererseits der für Prof. Dr. Vogel auftretende Rechtsanwalt Kluge, dem Rolf Becker ebenfalls eine Vollmacht erteilt hatte.

In den übrigen drei Verfahren waren jeweils Verteidiger aufgetreten, die in keiner erkennbaren Beziehung zu Vogel standen. Es handelte sich um Rechtsanwalt Stefan Kehrer für den Angeklagten Dr. Koch, Rechtsanwältin Kirchner für die zum Zeitpunkt ihrer Verurteilung 61jährige Charlotte Navratil und Rechtsanwalt Bretschneider für die zum Zeitpunkt der Verurteilung 63jährige Elsa Schmidt und deren Sohn Claus Schmidt. Angeklagt waren in diesen Verfahren – mit Ausnahme der bereits ausführlich geschilderten Sache gegen Dr. Koch – jeweils Verstöße gegen § 99 StGBDDR – landesverräterische Nachrichtenübermittlung.

Es war für die Angeklagten ein wesentlicher Unterschied, ob sie von Vogel bzw. seinen Unterbevollmächtigten oder von einem anderen Verteidiger vertreten wurden. Im Strafverfahren trat das zwar nicht zutage, die ausgeurteilten Strafen unterschieden sich nicht erkennbar von den sonstigen Sanktionen, die von Klaus Braune verhängt worden waren. Dr. Wilhelm Koch war zu einer Freiheitsstrafe von einem Jahr und vier Monaten, Charlotte Navratil zu einer Freiheitsstrafe von zwei Jahren und sechs Monaten, Elsa Schmidt zu fünf und Claus Schmidt zu vier Jahren Freiheitsstrafe verurteilt worden. Den Unterschieden in den Strafhöhen lagen nachvollziehbare Erwägungen zugrunde, insbesondere waren Elsa und Claus Schmidt wegen Beihilfe zum Diebstahl empfindlich vorbestraft gewesen.

Ein Unterschied ergab sich allerdings hinsichtlich des Freikaufs. Damit konnte nur rechnen, wer Prof. Dr. Vogel mandatiert hatte. Der von Rechtsanwalt Stefan Kehrer vertretene Dr. Wilhelm Koch wurde nach seiner Erstverurteilung nicht freigekauft, sondern verbüßte die Strafe vollständig. Die von Frau Rechtsanwältin Kirchner vertretene Charlotte Navratil wurde erst nach einem Jahr und sechs Monaten im Strafvollzug auf Bewährung in die DDR entlassen. Elsa und Claus Schmidt mußten ihre Freiheitsstrafen von fünf bzw. vier Jahren ebenfalls nahezu vollständig absitzen.

Danach blieben zwei Möglichkeiten offen zur Rolle des Prof. Dr. Vogel. Entweder es war besonders klug, ihn mit der Verteidigung zu beauftragen, oder er war Teil des organisierten Freikaufs, so daß er ohnehin nur diejenigen vertrat, deren Freikauf bereits beschlossene Sache war. Die Frage blieb bis zum Schluss unseres Verfahrens leider ungeklärt. Für die Frage nach einer Tatschuld unseres Mandanten war sie ohne Bedeutung, so interessant das Thema auch war.

Frau Rechtsanwältin Kirchner konnte aus mir nicht mehr erinnerlichen Gründen nicht vernommen werden. Und die vernommenen Rechtsanwälte Kehrer und Bretschneider konnten dazu ebenfalls nichts beitragen. Rechtsanwalt Bretschneider wurde von der Staatsanwaltschaft ebenfalls bezichtigt, mit dem Ministerium für Staatssicherheit zusammengearbeitet zu haben, was seine Aussagebereitschaft nicht gerade erhöhte und seine Angaben unergiebig werden ließ. Sie entsprachen in etwa denen der Unterbevollmächtigten des Rechtsanwalts Prof. Dr. Vogel.

Allein der inzwischen verstorbene Rechtsanwalt Stefan Kehrer bildete eine bemerkenswerte Ausnahme, die für uns nicht unproblematisch war. Als einziger hatte er nicht auf eine milde Strafe plädiert, sondern Freispruch beantragt. Das war aus Sicht der Verteidigung in dem Verfahren gegen Dr. Wilhelm Koch auch durchaus nachvollziehbar. Denn im Unterschied zu den übrigen Verfahren war die Rechtslage keinesfalls eindeutig. Der Inhalt der Briefe an die Solidarnosc hatte zwar ganz sicher provozierenden Charakter gehabt. Es war jedoch zweifelhaft, ob die Äußerungen den Tatbestand der staatsfeindlichen Hetze und der ungesetzlichen Verbindungsaufnahme erfüllten. Eine solche Schlußfolgerung war nur möglich auf der Grundlage der Auslegung der Aussagen in dem Brief und der Zielsetzung des Dr. Koch, die Klaus Braune in seinem Urteil jeweils festgestellt hatte. Wir hielten es jedoch für durchaus nachvollziehbar, daß Rechtsanwalt Kehrer nach dem Prozeßverlauf zu dem Ergebnis gekommen war, seinem Mandanten sei weder staatsfeindliche Hetze noch ungesetzliche Verbindungsaufnahme nachgewiesen worden.

Auch wir hielten es nicht für zwingend, eine staatsfeindliche Hetze in Form einer Verleumdung der Pressefreiheit darin zu sehen, daß Dr. Koch geschrieben hatte, daß »bei den hinreichend bekannten Informationspraktiken über lange Zeit nur von Arbeitsunterbrechungen die Rede sein durfte.« Die Äußerung enthielt zwar die Behauptung, es gäbe in der DDR keine Pressefreiheit, es war jedoch auch aus unserer Sicht zweifelhaft, ob darin eine für § 106 StGB/DDR hinreichende Diskriminierung der gesellschaftlichen Verhältnisse gesehen werden konnte.

Gleichermaßen war nach unserem Verständnis diskussionswürdig, ob Dr. Koch Nachrichten ins Ausland übermittelt hatte, die geeignet waren, den Interessen der DDR zu schaden, als er in seinen Briefen geschrieben hatte, daß »hier nahezu alle Menschen Ihren Kampf mit Aufmerksamkeit, Bangen und ein eigenes brennendes Schamgefühl mitverfolgen« und »daß in der DDR Zustimmung und Sympathie zu den damaligen Ereignissen in der VR Polen, die letztlich zu schwierigen Situationen, besonders augenfällig auf wirtschaftlichem Gebiet führten, geäußert werde«.

Rechtsanwalt Kehrer schilderte in Übereinstimmung mit dem Inhalt des Protokolls der damaligen Verhandlung, in welcher Weise er versucht habe, dem Gericht seinen Standpunkt nahezubringen. Danach hätte er argumentiert, sein Mandant habe die Volksrepublik Polen unterstützen, der DDR aber nicht schaden wollen. Auch seien die gesellschaftlichen Verhältnisse in der DDR nicht in einem für § 106 StGB/DDR hinreichenden Maße diskriminiert worden. Die Mitteilungen über die Anteilnahme an den Geschehnissen seien eine generelle Solidaritätsbekundung mit den Menschen in Polen (»daß in der DDR Zustimmung und Sympathie zu den damaligen Ereignissen in der VR Polen, die letztlich zu schwierigen Situationen, besonders augenfällig auf wirtschaftlichem Gebiet führten, geäußert werde«) bzw. nicht zwingend auf eine Bewertung durch Bürger der DDR bezogen (»hier nahezu alle Menschen Ihren Kampf mit Aufmerksamkeit, Bangen und ein eigenes brennendes Schamgefühl mitverfolgen«).

Rechtsanwalt Kehrer hatte also versucht, dem Gericht eine andere Sichtweise der Briefe nahezubringen, die zu einem Freispruch seines Mandanten hätte führen können. Er hatte sich dabei allerdings auch »innerhalb des Systems« bewegt, d. h. er hatte nicht angezweifelt, daß die indirekt aufgestellte Behauptung, es gäbe in der DDR keine Pressefreiheit, grundsätzlich geeignet war, den Tatbestand des § 106 StGB/DDR zu erfüllen. Auch war er davon ausgegangen, daß die Anklage auf der Grundlage der Sichtweise des damaligen Staatsanwalts den Vorwurf ungesetzlicher Verbindungsaufnahme nachvollziehbar dargelegt hatte. Den Vorwurf, eine Verurteilung sei unübersehbar mit dem Recht der DDR nicht vereinbar, hatte Rechtsanwalt Kehrer dagegen weder damals noch in seiner Vernehmung vor dem Landgericht Dresden erhoben. Auch hatten er und sein Mandant kein Rechtsmittel gegen die Entscheidung des Bezirksgerichts eingelegt. Dazu gab er an, sein Mandant und er hätten keine Erfolgsaussicht gesehen.

Nach der Vernehmung des Rechtsanwalts Kehrer war davon auszugehen, daß die Kammer den Fall Dr. Koch besonders kritisch betrachten würde. Denn den Angaben seines Verteidigers war zu entnehmen, daß man Dr. Koch zu DDR-Zeiten auch durchaus hätte freisprechen können. Das hieß zwar noch lange nicht, daß Klaus Braune unter bewußtem Verstoß gegen das Recht der DDR verurteilt hatte. Nicht jeder mögliche Rechtsanwendungsfehler ist schließlich eine Rechtsbeugung. Sonst wäre jede von einem Berufungs- oder Revisionsgericht aufgehobene erstinstanzliche Entscheidung ein Fall für den Staatsanwalt.

Nachdenklich stimmte uns die Aussage des Rechtsanwalts Kehrer freilich allemal. Denn wir lebten natürlich mit der Furcht, daß das Gericht nur danach suchen würde, Klaus Braune *Rechtsanwendungsfehler* vorwerfen zu können, um darauf eine Verurteilung wegen *Rechtsbeugung* zu gründen. Für Klaus Braune würde es deshalb vielleicht nicht reichen, wenn eines seiner Urteile nur vertretbar wäre. Die Gefahr war groß, daß das Gericht die gegenteilige Sichtweise als die einzig vertretbare ansehen würde, um auf dieser Grundlage zu einer Rechtsbeugung zu gelangen.

Weitere Beweismittel

Es wurden im Rahmen der Beweisaufnahme zwar noch weitere Zeugen vernommen, ihre Vernehmung war jedoch nicht mehr sonderlich ergiebig. Allein die Schöffen in den damaligen Verfahren hätten noch etwas zum Ergebnis der Beweisaufnahme beitragen können, waren aber nicht gehört worden. Erwähnenswert sind ansonsten neben den Schöffen noch zwei Gruppen von Zeugen, und zwar zum einen die mit den Ausreiseangelegenheiten befaßten früheren Mitarbeiter der Abteilung Inneres verschiedener Kreise und zum anderen die in den Sitzungen von Klaus Braune protokollierenden Justizangestellten.

Zuständig zur Entgegennahme eines Ausreiseantrags war in der DDR beim Rat des Kreises die Abteilung Inneres. Das mit der Sache befaßte Referat trug sinnigerweise die Bezeichnung »Genehmigungsangelegenheiten«, obwohl vermutlich kaum ein Referat der DDR-Verwaltung so wenig genehmigte wie dieses. Die Mitarbeiter waren 1990 und später sämtlich entlassen worden; ermittelt wurde nach den Angaben der Staatsanwaltschaft gegen keinen. Trotzdem äußerten sie sich im Hinblick auf eine – aus ihrer Sicht duchaus verständliche – Sorge vor möglicher Strafverfolgung überaus vorsichtig.

Sehr viel Prozeßrelevantes konnten sie nicht beitragen, nachdem Klaus Braune zu keiner Zeit in die Verfahren betreffend die Ausreise involviert gewesen war. Immerhin erfuhren wir aber zweierlei: Zum einen schilderten die früheren Mitarbeiter des Rates des Kreises glaubhaft, daß Entscheidungen zu Ausreisen ausschließlich in Berlin nach für sie weder transparenten noch nachvollziehbaren Kriterien gefallen seien. Das war für den Prozeß zwar nicht bedeutsam, aber eine durchaus interessante Erkenntnis. Zum anderen erklärten sie, die Ausreiseantragsteller auf die strafrechtliche Relevanz von Ausreisebemühungen außerhalb der Antragstellung hingewiesen zu haben. Das war für den Prozeß durchaus von Bedeutung. Denn es verfestigte sich danach unser ohnehin bestehender Eindruck, daß eine Vielzahl von Verurteilten den »Weg über das Gefängnis« in die Bundesrepublik geradezu gesucht hatte, ohne das heute zugeben zu wollen. Es blieb nur zu hoffen, daß das Gericht ähnliche Schlußfolgerungen ziehen würde.

Die andere Gruppe noch erwähnenswerter Zeugen bestand in den Justizangehörigen der DDR, die die – glücklicherweise – ausführlichen Protokolle gefertigt hatten. Sie hatten damit zwar auch einen Beitrag zur Verurteilung der damals Angeklagten geleistet; ein Beihilfevorwurf wurde trotz der nach Auffassung der Staatsanwaltschaft so offenkundigen Mißachtung elementarster Rechtssätze in den Verfahren jedoch nie erhoben. Ihren Arbeitsplatz behielten sie – zum Glück – ebenfalls. Vereinzelt kam es sogar zu Einsätzen im Prozeß gegen Klaus Braune. Das betraf allerdings keine der von uns vernommenen Justizangestellten. Wir waren gar nicht auf die Idee gekommen, daß eine derartige Koinzidenz möglich sein könnte und hatten die in unserem Prozeß tätigen Urkundsbeamtinnen nicht auf die Zeugenliste gesetzt. Erst Jahre später erfuhren wir davon.

Es fiel den früheren Protokollantinnen erkennbar schwer, eine Aussage zu machen. Einmal mehr zeigte sich, daß Klaus Braune zu DDR-Zeiten völlig unabhängig von den politischen Verhältnissen ein bei Gericht sehr geachteter Mann gewesen war. Seine früheren Mitarbeiterinnen machte es erkennbar betroffen, ihn auf der Anklagebank zu sehen. Einige sprachen das unter vier Augen gegenüber unserem Mandanten offen aus, den übrigen war es anzumerken. Ihre innere Zerrissenheit, Solidarität zum Angeklagten zu verspüren und dem Ankläger als Dienstherren verbunden zu sein, war förmlich zu spüren. Leider – aber auch das war mehr als verständlich – äußerte keine ihr Unverständnis über den Prozeß öffentlich. Immerhin bestätigten sie die inhaltliche Richtigkeit der von ihnen aufgenommenen Protokolle sowie die ruhige und sachliche Art, mit der Klaus Braune die ihm übertragenen Aufgaben erledigt hatte. Das war in dem Maße hilfreich, wie wir es erwartet hatten.

Eingeführt wurden selbstverständlich auch die von Klaus Braune und seinem Senat gefällten Urteile. Sie wurden sämtlich verlesen. Gleiches galt für die Protokolle der damaligen Hauptverhandlungen. Die zu den in Rede stehenden Tatbeständen erlassenen Richtlinien und Gemeinsamen Standpunkte wurden ebenfalls in das Verfahren eingeführt. Darüber hinaus wurde eine Vielzahl von Urkunden zum Gegenstand der Hauptverhandlung gemacht, die Rückschlüsse zuließen auf die Struktur der DDR-Strafjustiz und die Stellung des Richter. Es war aus unserer Sicht selbstverständlich, daß all diese Dokumente in den Prozeß eingeführt wurden. Daraus ergab sich weder etwas zu Gunsten noch zu Lasten von Klaus Braune.

Vollkommen unbeachtet waren im Prozeß allerdings die Schöffen in den prozeßgegenständlichen Verfahren geblieben. Wir konnten es zwar nicht verstehen, aber gegen die Schöffen war nicht einmal ein Ermittlungsverfahren wegen mittäterschaftlicher Rechtsbeugung in Tateinheit mit Freiheitsberaubung oder wegen Beihilfe zu diesen Delikten eingeleitet worden. Auch hatte die Staatsanwaltschaft auf ihre Vernehmung im Ermittlungsverfahren gänzlich verzichtet. Sie hatten in den Akten und in der Anklageschrift überhaupt keine Rolle gespielt; ebenso wenig waren sie in der Verhandlung Gegenstand einer

Diskussion gewesen. Angesichts der Tatsache, daß Klaus Braune stets als einziger Berufsrichter mit zwei Schöffen verhandelt hatte, war das nicht zu begreifen. Sie hätten ihn in jeder Sache ohne weiteres überstimmen können, um den nach den Vorstellungen der Staatsanwaltschaft allein vertretbaren Freispruch aller Angeklagten herbeizuführen. Das war in keinem einzigen Fall geschehen. Darüberhinaus hätten sie exklusive Informationen zum Verlauf der Urteilsberatungen und zum Verhalten des Angeklagten Braune liefern können.

Spätestens daran war für uns erneut deutlich geworden, worum es in dem Verfahren eigentlich ging. Das Motiv für den Prozeß gegen Klaus Braune war nach unserer inzwischen zur Gewissheit gereiften Überzeugung nicht die Ahndung persönlicher Verfehlungen des Angeklagten. Zu willkürlich erschien uns die Selektion danach, ob auf einen an den damaligen Prozessen Beteiligten der Bannstrahl einer Anklage fiel oder nicht. Der Prozeß diente vielmehr der symbolhaften Verurteilung der politischen Strafjustiz der DDR. Und Klaus Braune war in Dresden deren Stellvertreter. Zu keiner Zeit hatte die Staatsanwaltschaft das Interesse gehabt, alle an den angeblich kriminellen Vorgängen Beteiligten zur Verantwortung zu ziehen. Das Verfahren gegen Klaus Braune war deshalb nach unserer festen Überzeugung ein – wie mein Mitverteidiger Wolfgang Söllner es in seinem Schlußvortrag treffend ausdrücken sollte – Stellvertreterprozeß.

Leider helfen derartige Erkenntnisse einem Verteidiger bei der Wahrung der Interessen seines Mandanten in einem Strafprozeß allenfalls bedingt weiter. Und so waren wir uns natürlich darüber im klaren, daß wir das Gericht mit solcherlei Erwägungen nicht von einer Verurteilung würden abhalten können. Wir überlegten also, wie wir das offenkundig rechtswidrige Unterlassen der Vernehmung der Schöffen im Sinne der Verteidigung noch verwenden können.

Im Ergebnis kamen wir zu dem Entschluß, erst im Schlußvortrag darauf hinzuweisen, daß die einzigen echten »Tatzeugen« noch nicht gehört worden seien und einen Hilfsbeweisantrag auf ihre Vernehmung zu stellen. Zum einen gingen wir dabei davon aus, daß das Gericht auf unseren Hinweis nur dann erneut in die Beweisaufnahme eintreten würde, wenn es grundsätzlich zur Verurteilung neigen sollte. Und zum anderen waren wir natürlich sicher, daß sich aus einer Vernehmung der damaligen Schöffen weitere entlastende Gesichtspunkte ergeben würden.

Schlußvorträge

Nachdem die Kammer die Beweisaufnahme geschlossen hatte, oblag es zunächst der Staatsanwaltschaft, ihren Schlußvortrag zu halten. Die beiden Staatsanwälte Schäfer und Dr. Brauns hatten sich diese Arbeit aufgeteilt. Staatsanwalt Schäfer befaßte sich mit allgemeinen Erwägungen zum DDR-Strafrecht und zur Strafbarkeit der angeklagten Handlungen, während Staatsanwalt Dr. Brauns vor allem die einzelnen Verfahren thematisierte. Gern würde ich in diesem Zusammenhang von gelungenen Ausführungen der Staatsanwälte berichten, um nicht in den Verdacht tendenziöser Erzählung zu geraten. Leider ist mir das – auch mit der inzwischen gewonnenen Distanz – nicht möglich. Denn die Ausführungen der Staatsanwälte waren in keiner Weise geeignet, eine über jeden Zweifel erhabene Berichterstattung zu erlauben.

Mit der Person des Angeklagten befaßten sie sich überhaupt nicht, und auf die Stellung eines Richters in der DDR gingen sie allenfalls am Rande ein. Die historische Situation, die den Hintergrund der anklagegegenständlichen Verfahren gebildet hatte, interessierte sie offenbar nicht. Es stellten sich für sie auch keine grundsätzlichen Fragen zur Legitimation des Verfahrens. Es fand nicht einmal der Versuch statt, sich in die Interessenlage der DDR hineinzuversetzen, um auf dieser Grundlage das Verhalten des Angeklagten zu analysieren und zu bewerten. Die Staatsanwälte Dr. Brauns und Schäfer hatten ihre Kenntnisse über die DDR wohl allein aus Löwenthals »ZDF-Magazin« bezogen. Es stimmte uns mehr als nachdenklich, daß sie nicht einmal den Versuch unternahmen, ihre Vorurteile kritisch zu hinterfragen.

Es war also nichts Neues, was wir zu hören bekamen. Staatsanwalt Schäfer argumentierte vor allem, Klaus Braune hätte die von ihm angewandten Tatbestände »menschenrechtsfreundlich« im Sinne der damals Angeklagten auslegen müssen. Das hätte zu einer Einschränkung der Strafbarkeit führen müssen, mit dem Ergebnis freisprechender Urteile. Er ließ auch keinen Zweifel aufkommen an der nach wie vor vertretenen Auffassung der Staatsanwaltschaft, wonach bereits die Anwendung der in Rede stehenden Normen rechtsbeugerischen Charakter gehabt habe. Als hätte keine Beweisaufnahme stattgefunden und als wäre beispielsweise die Verbindlichkeit einfachgesetzlicher Normen für Klaus Braune trotz möglicherweise entgegenstehender völkerrechtlicher Verträge nicht im Sinne des Angeklagten geklärt worden, bekräftigte er die Ausführungen im Gutachten seines Abteilungsleiters Dr. Meinerzhagen, das die Grundlage der Anklage gebildet hatte. Das Ergebnis der Beweisaufnahme ignorierte er einfach. Darüber waren wir im ersten Moment sehr verärgert. Andererseits konnten wir uns freilich beruhigt zurücklehnen. Denn wir waren uns sicher, daß das Gericht dieser Extremposition nicht folgen würde. Das erschien uns nach dem Verlauf der Beweisaufnahme schlechterdings ausgeschlossen.

Staatsanwalt Dr. Brauns baute in seinen Einzelfallanalysen konsequent auf den Erkenntnissen seines Vorredners auf. Auch für ihn gab es am rechtsbeugerischen Charakter sämtlicher Urteile nicht den geringsten Zweifel. Ansonsten beschränkte er sich darauf, die von Staatsanwalt Schäfer dargelegten Grundsätze bezogen auf sämtliche 28 anklagegegenständlichen Fälle zu übertragen. Die Tatsache, daß sich die meisten Fälle wegen gleichgelagerter Sachverhalte kaum unterschieden, hielt ihn nicht davon ab, zu jedem dieser Fälle explizit die selben Feststellungen zu treffen und identische Schlußfolgerungen zu ziehen. Das wirkte spätestens nach dem dritten Fall stakkatohaft und alles andere als überzeugend. Uns war das recht, zumal auch Staatsanwalt Dr. Brauns uns nach dem Verlauf der Beweisaufnahme nicht dahin verunsichern konnte, daß das Gericht der pauschal verurteilenden Betrachtungsweise und immer noch von Vorurteilen geprägten Auffassung der Staatsanwaltschaft nicht folgen würde.

Der Antrag der Staatsanwaltschaft fiel entsprechend aus. Es verwunderte uns nicht, daß die Staatsanwälte die Verhängung einer unbedingten Freiheitsstrafe forderten. Konkret lautete der Antrag auf eine Verurteilung zu 3 Jahren und 6 Monaten Freiheitsstrafe. Eine Strafe, die schon von Gesetzes wegen nicht mehr zur Bewährung hätte ausgesetzt werden können. Dieser Antrag überraschte uns zwar nicht. Dennoch: es war plötzlich ausgesprochen, daß Klaus Braune für eine lange Zeit ins Gefängnis sollte. Und das berührte uns durchaus, allen voran natürlich unseren Mandanten.

Es blieb uns nun eine Woche, um uns auf unsere Schlußvorträge vorzubereiten. Wir hatten uns die inhaltliche Ausgestaltung ebenfalls aufgeteilt. Wolfgang Söllner befaßte sich zunächst mit der Person des Angeklagten. Dazu gehörten sowohl seine persönliche Entwicklung als auch seine Einbettung in die Justiz der DDR sowie deren Charakter. Außerdem stellte er die Beziehung zum historischen Kontext her, in dem die damaligen Verfahren standen. Und schließlich befaßte er sich mit den »Auffälligkeiten« in den Verfahren, deren Aufarbeitung er in der Beweisaufnahme miterlebt hatte.

Die Staatsanwaltschaft hatte sich in ihren Schlußvorträgen überhaupt nicht mit der Person des Angeklagten befaßt. Das war ein Versäumnis, für das wir dankbar sein konnten. Mein Kollege Söllner konnte nicht nur auf den untadeligen Lebenslauf und geradlinigen Charakter des in der Nazi-Zeit aufgewachsenen und in der DDR ausgebildeten Klaus Braune verweisen, was nach unserer Überzeugung spätestens bei dem für eine Rechtsbeugung erforderlichen Vorsatz für unseren Mandanten würde streiten müssen. Weiter verwies er auf das hohe Maß an Respekt und Achtung, das Klaus Braune noch immer im Landgericht Dresden genösse. Dazu schilderte er die auch von mir erlebten Begegnungen während des Prozesses sowohl mit ausgeschiedenen als auch noch tätigen Justizangehörigen, während derer Entsprechendes zu erleben gewesen sei. Daneben habe die Staatsanwaltschaft mit dem kompletten Auslassen dieser Thematik den Beweis geliefert, daß die Person Klaus Braune in dem Verfahren überhaupt keine Rolle spielen sollte.

Kollege Söllner wußte nach meinem Eindruck auch hinsichtlich der allenfalls begrenzten Einflußmöglichkeiten unseres Mandanten auf die damaligen Verfahren zu überzeugen. Auch dazu hatte die Staatsanwaltschaft Vorlagen geliefert, indem sie die Position eines Richters und dessen Kompetenzen in der DDR lediglich am Rande erwähnt hatte. Das gab Gelegenheit, auf die untergeordnete Rolle des Richters in den damaligen Prozessen hinzuweisen, der gar nicht anders gekonnt hatte, als im Sinne der Anklage zu verurteilen, weil die Gesetze keine andere Möglichkeit ließen. Hinzu kam, so führte Wolfgang Söllner weiter aus, daß die DDR ein völlig anderes Justizverständnis gehabt hätte, in dem es insbesondere keine Gewaltenteilung gegeben habe, sondern die Justiz als Teil eines zielorientierten gesellschaftlichen Gesamtprozesses verstanden worden sei. Als Richter sei Klaus Braune nicht mehr als ein winziges Rädchen in diesem Getriebe gewesen.

Mit der historischen Situation, die den Hintergrund der Verfahren gebildet hatte, hatten sich die Staatsanwälte in ihren Schlußvorträgen ebenfalls nicht befaßt. Wolfgang Söllner stellte den Bezug exemplarisch mit Hilfe des Falles Dr. Wilhelm Koch her, der den Versuch unternommen hatte, Kontakt zur Solidarnosc aufzunehmen. Wir hatten das bislang nicht intern diskutiert, deshalb beeindruckte es mich umso mehr, als er vortrug, die sensible Reaktion der DDR auf den Versuch einer Kontaktaufnahme sei angesichts der späteren Rolle der Solidarnosc mehr als verständlich gewesen. Immerhin habe ihre Etablierung den Anfang vom Ende des real existierenden Sozialismus gebildet. Das weckte – so hoffte ich – bei jedem Prozeßbeteiligten Erinnerungen an die erbitterte Konfrontationshaltung der beiden Machtblöcke in der Welt und den Existenzkampf der DDR, den ja jeder der Anwesenden auch selbst in irgendeiner Weise erlebt hatte. Das machte es jedenfalls ein wenig wahrscheinlicher, daß das Gericht die Verfahren unter besonderer Berücksichtigung der historischen Situation sehen würde. Klaus Braune konnte davon nur profitieren.

Zu den einzelnen Verfahren äußerte sich mein Mitverteidiger danach nur noch eingeschränkt. Wir hatten dazu vereinbart, nicht den Eindruck einer neuerlichen Anklage gegen die damals Verurteilten zu erwecken. Denn daß die Moral in den Augen des Gerichts drei Jahre nach dem Beitritt der neuen Bundesländer zur Bundesrepublik auf Seiten der damals Angeklagten stehen würde, daran hatten wir keinen Zweifel. Uns ging es auch nur darum, daß Klaus Braune nicht das Recht der DDR gebeugt hatte. Um das darzustellen, kam es nicht darauf an, das Verhalten der damals Angeklagten zu würdigen. Es verstieß schlicht gegen die damals geltenden Gesetze. Es bedurfte keiner großen Mühe, das kurz darzustellen.

Zusammenfassend erklärte mein Kollege Wolfgang Söllner, Klaus Braune sei ein von der DDR geprägter und in ihr wirkender Richter gewesen, der in seinem früheren sozialen Umfeld wegen seiner unaufdringlichen Art und anerkannten Fachkenntnis stets große Achtung genossen habe, die noch heute spürbar sei. Seine Sozialisation in der DDR und seine uneingeschränkte Identifikation mit deren gesellschaftlichen Grundlagen hätten es ihm leicht gemacht, dem Staat mit tiefer innerer Überzeugung zu dienen. Er hätte sich als Teil des gesellschaftlichen Prozesses empfunden, der im Sozialismus enden sollte. Die Anklage gegen ihn habe in Wahrheit auch nur wenig mit ihm zu tun. Es ginge vielmehr darum, die DDR zu verurteilen. Klaus Braune sei von der Staatsanwaltschaft zu deren Stellvertreter auserkoren worden, dem in dem Verfahren die Gesamtverantwortung für komplexe historische und juristische Geschehnisse aufgebürdet werden sollte.

Für diese Geschehnisse seien in Wahrheit jedoch eine Vielzahl von Personen verantwortlich, einschließlich zahlreicher Personen und Einrichtungen der Bundesrepublik.

In dem Verfahren gegen Klaus Braune sei die Feststellung und Ahndung persönlicher Schuld allenfalls ein zufälliges Nebenprodukt; in Wahrheit handele es sich um einen Stellvertreterprozeß. Klaus Braune könne nur freigesprochen werden.

Die Ausführungen meines Kollegen waren nach meinem Empfinden sehr gelungen. Insbesondere vermochte er es, einerseits Klaus Braune als charakterfeste Persönlichkeit darzustellen, um andererseits den Charakter des Verfahrens als Stellvertreterprozeß herauszuarbeiten. Sein Vortrag hatte vor allem Klaus Braune sichtbar bewegt. Ich hatte zwar die meiste Zeit auf die Reaktionen der Richter geachtet, deren Gesichtsausdrücken weder Zustimmung noch Ablehnung zu entnehmen war. Hin und wieder sah ich aber auch zur Seite und blickte auf Klaus Braune. Dabei sah ich, daß er um Fassung rang und seine Tränen kaum unterdrücken konnte.

Klaus Braune besitzt keinerlei darstellerische Fähigkeiten, sondern ist ein überaus sachlicher und zurückhaltender Mensch. Daraus war unschwer zu schließen, daß der Prozeß ihn bis an seine Grenzen gefordert hatte. Es war für ihn unbegreiflich, daß man ihn der Rechtsbeugung bezichtigte. Und er fürchtete den Ausgang des Verfahrens. Als Verteidiger erlebt man solche Momente häufig. Sie machen immer wieder deutlich, daß man den Prozeß nur scheinbar mit dem Mandanten erlebt. In Wirklichkeit ist er immer allein.

Der Vorsitzende hatte die Reaktion von Klaus Braune ebenfalls bemerkt. Während und nach dem Schlußvortrag meines Mitverteidigers fragte er deshalb, ob wir eine Pause benötigten. Das verneinten wir nach Absprache mit Klaus Braune jeweils, so daß der Vorsitzende mir das Wort erteilte.

Ich konnte mich zunächst auf das beziehen, was mein Vorredner ausgeführt hatte. Daneben konzentrierte ich mich darauf, das erlebte Verfahren zu würdigen und allgemeine Erwägungen zur Entwicklung des Strafrechts in der DDR anzustellen bzw. den Zweck des Strafrechts als innerstaatliches Ordnungsinstrument hervorzuheben. Weiterhin versuchte ich aufzuzeigen, daß die von Braune angewandten Normen des StGB der DDR für ihn verbindlich gewesen seien und die ausgeurteilten Strafen stets im Einklang mit diesen Gesetzen gestanden hätten. Und schließlich hielt ich noch einen Hilfsantrag auf Vernehmung weiterer Zeugen, der Schöffen in den damaligen Verfahren, in Händen.

Für die Würdigung des Verfahrens hatte ich – als Parallele zur Vorgehensweise der Staatsanwaltschaft – eine »Auffälligkeitenliste« erstellt. Anhand einiger Punkte wollte ich damit deutlich machen, daß das Verfahren gegen Klaus Braune mindestens so viele Ansatzpunkte zur Kritik bieten würde wie die von Klaus Braune geleiteten Prozesse, ohne daß sich daraus ein rechtsbeugerischer Charakter ergäbe. So hätten sich die Ermittlungen trotz des gegenteiligen gesetzlichen Auftrags darauf beschränkt, belastendes Material zu sammeln. Die damaligen Verteidiger, früheren Richter und Staatsanwälte, die Schöffen in den Verfahren unseres Mandanten und sonstige Personen, die möglicherweise für die Vereinbarkeit des Vorgehens unseres Mandanten mit dem Recht der DDR eingetreten wären, seien im Ermittlungsverfahren erst gar nicht befragt worden; ohne unsere diesbezüglichen Anträge wäre es auch in der Hauptverhandlung nicht zu ihrer Einvernahme gekommen. Die von der Staatsanwaltschaft als bedeutsam angesehenen Zeugen seien auch nicht vernommen, sondern mit Hilfe eines Fragebogens schriftlich befragt worden. Diese Vorgehensweise sei nicht nur strafprozessual fragwürdig, weil Zeugen grundsätzlich zu vernehmen, nicht aber schriftlich zu befragen seien. Darüberhinaus hätten sich daraus im Verfahren zusätzliche Erschwernisse ergeben, weil das Ausfüllen der Fragebögen die Schilderung der komplexen Sachverhalte nicht hätte ersetzen können. Bei der erstmaligen Befragung der Zeugen in der Hauptverhandlung hätten sich deshalb ständig neue Aspekte ergeben, auf die die Verteidigung unvorbereitet reagieren mußte.

Beispielhaft konnte ich auf die Vernehmung von Rolf Becker verweisen, der Klaus Braune unter Inkaufnahme einer Falschaussage in die Nähe eines Roland Freisler gerückt hatte, ohne dafür von der Staatsanwaltschaft belangt zu werden. Wäre diese Aussage zu erahnen gewesen, hätte sich die Aufklärung wesentlich einfacher dargestellt und wir hätten dem Angriff viel souveräner begegnen können. Das füge sich natürlich nahtlos ein in die weitere »Auffälligkeit«, daß der Anklagevorwurf selbst – wenn überhaupt – erst im Laufe der Verhandlung erkennbar geworden sei, nachdem die Anklageschrift im wesentlichen nur die schlichte Tatsache der Durchführung der Prozesse als rechtsbeugerisch dargestellt hätte.

Die erst in der Hauptverhandlung offenkundig werdende Zielrichtung des Vorwurfs hätte auch dazu geführt, daß wir uns immer noch nicht sicher sein könnten, ob das Gericht nicht aufgrund einer erst in der Beratung auftretenden Erwägung zu dem Ergebnis kommen könne, Klaus Braune habe das Recht der DDR gebeugt. Wir wären schon während der Hauptverhandlung ständig mit neuen

Rechtsfragen konfrontiert worden, die der seit Jahren nicht mehr als Richter tätige Klaus Braune spontan gar nicht oder sogar nur falsch hätte beantworten können. Und es habe jeweils große Mühe gekostet, den dabei entstehenden Eindruck wieder zu korrigieren. Bisweilen hätten wir während der Vernehmung fieberhaft im Kommentar des StGB/DDR nach der Antwort gesucht. Das wäre alles überflüssig gewesen, wenn die Anklageschrift keine pauschalen Vorwürfe erhoben hätte, sondern konkret dargelegt hätte, welche Schritte in den damaligen Verfahren rechtsbeugerischen Charakter gehabt haben sollen. So wäre der Angeklagte förmlich überrollt worden von immer neuen Vorwürfen, deren sachgerechte Behandlung bei der Menge der Verfahren nicht möglich gewesen sei. Das gegen Klaus Braune gerichtete Verfahren sei also mindestens ebenso auffällig gewesen wie die von ihm geleiteten Prozesse.

Weiter führte ich aus, daß das Strafrecht eines anderen Staates nur aus sich heraus begriffen und bewertet werden könne. Das Strafrecht der DDR müsse – und insoweit konnte ich aufbauen auf die Ausführungen meines Mitverteidigers – im Kontext der historischen Entwicklung der DDR gesehen werden. Diese hätte 1949 begonnen und sei geprägt gewesen von der Konfrontation zweier Machtblöcke unterschiedlicher Ideologien, von denen beide versucht hätten, Einfluß zu nehmen auf den Gegner. Dazu hätte sich die besondere Situation der deutschen Teilung gestellt, die der ideologischen Konfrontation auch noch eine nationale Komponente gegeben hätte. Es könne nicht verwundern, daß die DDR von Anfang an versucht hätte, sich gegen jeden Einfluß aus der Bundesrepublik abzuschotten, zumal der gesellschaftspolitische Ansatz eine vollständige Umwälzung jahrtausendalter Strukturen vorgesehen habe.

Das Strafrecht sei dabei – wie in jedem anderen Staat – das Mittel gewesen, um die innere Ordnung zu wahren. Als künstliches Gebilde an der Nahtstelle zweier feindlicher Machtblöcke mit den besonderen Problemen der deutschen Teilung sei die DDR von Anfang an ein sehr instabiler und verletzlicher Organismus gewesen. Mit Hilfe des Strafrechts habe man versucht, zur Stabilität beizutragen. Die geschaffenen Tatbestände seien zwar hart und aus heutiger Sicht kaum noch verständlich; der Gesetzgeber der DDR habe sie jedoch geschaffen, um die Einflußnahme fremder Staaten zurückzudrängen und das Ausbluten des eigenen Landes zu verhindern.

Das sei ein legitimes Anliegen gewesen. Sollten sich Wirtschaft und

Politik in der Bundesrepublik ähnlich wie in der DDR entwickeln, dann sei auch in der Bundesrepublik damit zu rechnen, daß sich das politische Strafrecht verschärfe. Die Kommunistenverfolgung in den 50er Jahren sei ein Beispiel, das sich in wesentlich schärferer Form jederzeit wiederholen könne – in Abhängigkeit von der Entwicklung des Landes. Selbst die Ausreisefreiheit – auch in der Bundesrepublik nicht seit 1949 selbstverständlich – würde auf dem Prüfstand stehen, wenn qualifizierte Kräfte unser Land aus welchen Gründen auch immer in Scharen verlassen würden. Jeder Staat könne nur so viele Auswanderer erlauben, wie er verkraften könne. Wer also Klaus Braune anklage, der sage im Grunde nichts anderes, als daß die DDR in Ermangelung einer Existenzberechtigung kein politisches Strafrecht hätte entwickeln dürfen. Dafür könne allerdings nicht Klaus Braune verantwortlich gemacht werden. Denn von ihm hätte zu keiner Zeit verlangt werden können, die Normen des StGB/DDR vor dem Hintergrund der fehlenden Existenzberechtigung des Staates zu sehen, dem er diente.

In den einzelnen Verfahren selbst lägen ansonsten weder die objektiven noch die subjektiven Voraussetzungen des Rechtsbeugungstatbestandes vor. Dabei ging ich – wie auch mein Kollege Söllner – auf die damaligen Verfahren nur am Rande ein. Zur Verbindlichkeit der Normen für Klaus Braune genügte ein Hinweis auf die Ausführungen des Zeugen Prof. Graefrath. Und die kaum erkennbare Unterschiede aufweisenden Fälle landesverräterischer Nachrichtenübermittlung hatten auch im Schlußvortrag der Staatsanwaltschaft keine differenzierende Behandlung erfahren. Nähere Ausführungen schienen daher nur zu den Fällen staatsfeindlicher Hetze angezeigt. Dazu äußerte ich die Auffassung, daß allenfalls bei Dr. Koch ein Rechtsanwendungsfehler denkbar sei, in den übrigen Fällen die Tatbestandsvoraussetzungen jedoch zweifelsfrei erfüllt seien. Und selbst wenn das nicht der Fall sei, hätte Klaus Braune jedenfalls ohne den von § 244 StGB/DDR verlangten Vorsatz gehandelt. Die Vorschrift verlange, daß der Täter »wissentlich« das Recht gebeugt habe. Ein solcher Nachweis sei im Verfahren nicht geführt worden. Es sei auch abwegig, bei Klaus Braune anzunehmen, er habe jemals das Recht seines eigenen Staates wissentlich falsch anwenden wollen.

Ich konnte danach guten Gewissens ebenfalls einen Freispruch beantragen. Daneben stellte ich noch einen weiteren Antrag, von dem wir annahmen, das Gericht würde einerseits nicht an ihm vorbeikommen, wenn es Klaus Braune nicht ohnehin freisprechen wolle, und andererseits bemerken, daß es erneut in die Gefahr geraten war, wesentliches, zur Entlastung unseres Mandanten geeignetes Beweismaterial zu vergessen. Dabei handelte es sich um den Antrag, die damals in den Verfahren bei Klaus Braune tätigen Schöffen zum Ablauf der Verhandlungen und zum Inhalt der Urteilsberatungen zu vernehmen.

Das letzte Wort

Klaus Braune äußerte sich ebenfalls noch einmal ausführlich. Er hatte das letzte Wort. Die sich daraus ergebende Möglichkeit, seinen Standpunkt nochmals darzulegen, nutzte er. Es ist mir ein Anliegen, seine Ausführungen nahezu ungekürzt wiederzugeben:

»Ich wurde im Jahr 1933 geboren, einem Jahr, das in der deutschen Geschichte keinen guten Klang hat und auch nie haben wird – auch wenn es bis heute genügend Versuche gibt, die sich daran anschließende Zeit aufzupolieren. Der Nationalsozialismus hatte in diesem Jahr die Macht in Deutschland ergriffen, und als ich zur Schule kam, war bereits Krieg. Mit zehn Jahren war jeder Junge im Jungvolk, und es erfolgte eine Erziehung zur Kriegführung. Aber auch die politische Erziehung in Schule und Jungvolk funktionierte ausgezeichnet. So waren die Attentäter auf Hitler für uns nur Vaterlandsverräter.
Im April 1945 kam diese Überzeugung erstmals ins Wanken. An diesem Tag wurde gegen Abend ein großer Zug KZ-Häftlinge durch das Dorf getrieben und am Rande des Dorfes auf einer Wiese wurde ein Lager zur Übernachtung errichtet. Die anfängliche Angst – im Dorf wurde erzählt, es seien ganz gefährliche Verbrecher, die bei einem Ausbruch alle Dorfbewohner umbringen würden – wandelte sich, als man sie sah, schnell in Mitleid. Ausbrecher! – Menschen, die sich kaum auf den Beinen halten konnten, die beim Empfang eines Löffels Suppe zusätzlich Schläge erhielten. Sehr weit konnten wir neugierigen Kinder – die letzten Jugendlichen waren schon zur Verteidigung einberufen worden – uns nicht nähern, denn das Wachpersonal (SS-Männer) jagte uns wiederholt weg.
Aus dem Mitleid wurde am nächsten Tag noch mehr, als die auf der Wiese tot zurückbleibenden Männer und die am Weg erschossen liegenden Häftlinge durch Männer des Dorfes weggeräumt werden mußten. Männer des Dorfes – das waren einige Rentner, mein damals 65jähriger

Großvater war darunter; alle jüngeren Männer hatten als sogenannter ›Volkssturm‹ bereits das Dorf verlassen und sollten kämpfen.«

Klaus Braune äußerte sich danach über seine schulische Entwicklung. Er verwies darauf, daß es ihm ermöglicht worden sei, von der 10-Klassen-Schule zum Gymnasium zu wechseln und 1952 das Abitur abzulegen. Des weiteren führte er aus, wie die schwere Zeit nach dem Krieg, immer unter der Devise, daß sich die Nazizeit und ein Krieg nie wiederholen dürfen, seine Einstellung zum neuen Staat, später DDR, geprägt habe. Im Anschluß daran erklärte er:

»Diese Entwicklung war Ausgangspunkt, daß auch bei Schwierigkeiten und Problemen, die die Gesellschaft hatte, die Überzeugung bestand, daß sie einen besseren, einen gerechteren Staat geschaffen haben, der sich geschichtlich durchsetzen wird.
Jawohl, es mag auch richtig sein, daß aufgrund dieser Entwicklung bei mir und anderen meiner Generation die späteren Mängel und Fehler in der DDR nicht so gesehen wurden wie vielleicht von späteren Generationen. Wir glaubten an vorübergehende Schwierigkeiten, ohne die grundsätzliche Gerechtigkeit dieses Staates jemals in Frage zu stellen.
Ich erwähne dies, da mir in der Anklageschrift meine Entwicklung und Einstellung vorgeworfen wird und daraus die Schlußfolgerung gezogen wird, es sei mir nur um politische Kategorien gegangen. Diese Schlußfolgerung muß ich energisch zurückweisen. Es ist richtig, daß es in der DDR Diskussionen über das Verhältnis von Gesetzlichkeit und politischer Zweckmäßigkeit gegeben hat. In der Justiz gab es aber nie eine andere Auffassung, als daß die Einhaltung der Gesetze, also wie es damals hieß, die Durchsetzung der sozialistischen Gesetzlichkeit, in allen Bereichen notwendig und höchste Aufgabe der Justiz ist. Der theoretische Ausgangspunkt war doch, daß die Arbeiter- und Bauernmacht die Gesetze schuf, die sie für notwendig erachtete, also durften sie doch nicht verletzt werden. Der BGH hat in seinem Urteil vom 13.12.1993 den bis dahin schon allgemein anerkannten Grundsatz, daß eine Strafbarkeit der Rechtsbeugung zunächst voraussetzt, daß eine Verletzung des § 244 StGB/DDR vorliegen muß, eindeutig festgeschrieben. Nach dieser Bestimmung, wobei bei der Prüfung der Tatbestandsmäßigkeit, wie der BGH auch sagt, für die Frage der Gesetzwidrigkeit das Recht der DDR Prüfungsmaßstab ist, muß ich jeglichen Vorwurf der Rechtsbeugung zurückweisen.

Ich möchte hier nicht noch einmal den Begriff der ›Siegerjustiz‹, den die Herren Staatsanwälte bei ihren Plädoyers in dieses Verfahren gebracht haben, werten. Dies wird der Geschichte vorbehalten bleiben, wenn einst die Ergebnisse der Rechtsprechung zu dieser Frage vorliegen. Ich bin nur noch einmal auf diesen Begriff gekommen, weil die Ausführungen der Staatsanwälte, es könne sich um keine Siegerjustiz handeln, weil die Schöffen in diesem Verfahren aus den neuen Bundesländern kämen, doch etwas sehr simpel ist. Aber das nur nebenbei. Hauptsächlich will ich diesen Ausgangspunkt nutzen, um nochmals auf die Besetzung der damaligen Gerichte und die Rolle der Schöffen hinzuweisen. In der DDR waren die Schöffen für die gesamte Zeit des Verfahrens gleichberechtigte Richter. Sie wirkten mit voller Akteneinsicht bei der Eröffnung des Verfahrens mit. Sie kannten den Akteninhalt, bevor die Verhandlung begann. Sie hatten im Verfahren die gleichen Rechte wie der Vorsitzende, und bei der Beratung – wie bei der Abstimmung – hatten zuerst die Schöffen und zuvor der Jüngere vor dem Älteren das Wort. Das heißt auch: zwei Schöffen konnten einen Berufsrichter überstimmen. Diese Problematik, daß es sich bei den mir vorgeworfenen Entscheidungen um Kollektiventscheidungen handelt, ist im übrigen in der Hauptverhandlung in keiner Weise behandelt wurden.

In diesem Zusammenhang kam es noch zu einem anderen bedeutsamen Unterschied bezüglich prozessualer Vorschriften. Er wurde mir selbst erst im Verfahren deutlich, als ich feststellte, daß beim Landgericht kein inhaltliches Protokoll geführt wird. Im Ergebnis einer solchen Festlegung (kein Protokoll) müssen selbstverständlich andere Forderungen bei und für die Urteilsabfassung vom Gesetz gestellt werden. Im DDR-Strafprozeß mit dem (fast) wörtlichen Inhaltsprotokoll konnte sich der Beweismittelinhalt aus dem Protokoll ergeben. Das Gericht hatte im Urteil nur zu würdigen. Das Rechtsmittelgericht hat dementsprechend eine Überprüfung des Urteils aufgrund eines Rechtsmittels stets in Verbindung mit dem Protokoll vorgenommen. Es kann dahingestellt bleiben, warum die Protokollführung im Strafprozeß beim Landgericht anders als beim Amtsgericht geregelt ist – ich hätte das Vorhandensein eines Inhaltsprotokolls selbstverständlich vorgezogen. Auf alle Fälle – und insoweit möchte ich doch meine Auffassung sagen – kann das Gericht, wenn kein Inhaltsprotokoll besteht, viel freizügiger selbst festlegen, d. h. natürlich ›würdigen‹, welcher Sachverhalt in der Hauptverhandlung festgestellt wurde, ohne daß das Rechtsmittelgericht dies nachprüfen kann. Aber zurück zum Ausgangspunkt: die Herren Staatsanwälte

haben diesen Unterschied nicht zur Kenntnis genommen, denn in vielen Fällen, in denen sie in ihren Plädoyers sagten: ›Ich frage mich, wie diese Feststellung ins Urteil gekommen ist‹, wird diese Frage durch das Protokoll und die Bedeutung des Protokolls im Strafprozeß der DDR beantwortet. Man muß es allerdings lesen.
Ich werde in diesem Verfahren von zwei Verteidigern vertreten, die die rechtlichen Fragen, die dieses Verfahren aufführt, in ihren Plädoyers vorgetragen haben, und ich hatte mir eigentlich vorgenommen, dazu nichts weiter zu sagen. Nun will ich doch nochmals auf einige Dinge kurz eingehen, selbst wenn dabei Wiederholungen entstehen.

1. Zur Anklageschrift
Ich muß auch heute nochmals zum Ausdruck bringen, daß mir mit der Anklageschrift nicht bekannt gemacht wurde, worin der konkrete Anklagevorwurf besteht. Es wird gesagt, daß ich die angeführten Urteile gesprochen habe und daß damit der Straftatbestand der Rechtsbeugung erfüllt sei. Es wird nicht einmal der Versuch unternommen, darzulegen, wie die einzelnen Tatbestandsmerkmale des § 244 StGB/DDR gegeben bzw. erfüllt sein sollen. Insbesondere auf den von § 244 StGB gerichteten ›unbedingten‹ Vorsatz, der dabei auch noch auf ein bestimmtes Ziel gerichtet sein muß, möchte ich nochmals verweisen. Doch darauf werde ich später nochmals zurückkommen.
In der Anklageschrift sind 490 sogenannte Beweismittel aufgegeben. Unter II. beispielsweise solche Angebote wie:
– SED-interner Schriftwechsel, interne Vermerke u. a. betreffend Arbeitsgerichtsverfahren;
– SED-Hausmitteilung vom 29.10.1976;
– handschriftliche Notiz vom 4.11.1976 (vermutlich ZK der SED, Staats und Rechtsfragen);
– diverse SED-interne Schriftstücke, Schriftwechsel zwischen Generalstaatsanwalt der DDR und SED betreffend Martha Raffael;
– Schreiben der obersten Staatsanwaltschaft der DDR vom 2.9.1955 an ZK der SED betreffend kaderpolitische Zusammensetzung der Staatsanwälte.
Das sind Dinge, teilweise aus einer Zeit, da ich noch zum Studium war, und in der überwiegenden Zahl der Beweisangebote solche, die mit mir persönlich und meiner Tätigkeit als Richter, die mit den Verfahren, die hier eine Rolle spielten, nichts zu tun hatten. Solche Beweisangebote, wie ich vorstehend einige genannt habe, sollen doch wohl nur den Staat, in

dem ich tätig war, charakterisieren. Da ich diese Beweismittel aber unbestritten auch gar nicht kennen konnte – ich kannte nicht einmal die von Untersuchungsorganen geführten Akten, die immer wieder in dieses Verfahren eingeführt wurden –, ist man mit der Beweisführung zur strafrechtlichen Schuld meines Erachtens schon nahe am Gesinnungsstrafrecht. Dem Richter wird der Vorwurf gemacht, daß er der DDR diente, und darüber hinaus wird eine ständige Einflußnahme der Partei – SED – behauptet, wodurch keine Unabhängigkeit mehr gegeben sei.
Zur Frage der Stellung des Richters zu seinem Staat bzw. zum gegebenen gesellschaftlichen System möchte ich den westdeutschen Rechtspraktiker Prübke zitieren (Deutsche Richterzeitung 1991): ›Unverzichtbar ist, daß der Richter den Staat – ungeachtet seiner Mängel – und die geltende verfassungsrechtliche Ordnung, so wie sie in Kraft ist, bejaht, sie als geschützt anerkennt, in diesem Sinne sich zu ihr bekennt und aktiv für sie eintritt. Zur Treuepflicht des Richters gehört als Kern die politische Treuepflicht.‹ Und zur ›inneren Unabhängigkeit‹ erklärt zum Beispiel der ehemalige Präsident des Bundesverfassungsgerichts, Herr Pfeiffer: ›Zu den die innere Unabhängigkeit betreffenden Faktoren, die für das Verständnis prägend sind und seine Entscheidungsfindung beeinflussen können, gehören die Herkunft des Richters, seine Zugehörigkeit zu bestimmten sozialen Schichten, seine Konfession sowie sein schulischer und beruflicher Werdegang. Das war auch in der DDR so.‹
2. Zur Hauptverhandlung
Im Laufe der Hauptverhandlung wurden durch die Staatsanwaltschaft zur Verdeutlichung des Anklagevorwurfs zu den einzelnen Fällen sogenannte ›Auffälligkeiten‹ schriftlich genannt – oder ich würde sagen, der Anklage nachgereicht. Offensichtlich waren sich die Prozeßbeteiligten einig geworden, daß der strafrechtliche Vorwurf aus der Anklageschrift nicht oder zumindest nicht in erforderlichem Umfang zu erkennen war. Ich gehe davon aus, daß diese aufgeführten ›Auffälligkeiten‹ im wesentlichen durch das Urteil des Bundesgerichtshofs vom 13.12.1993 erledigt sind. [...]
3. Noch ein Wort zum Ausschluß der Öffentlichkeit:
Ausgangspunkt war eine Festlegung des Obersten Gerichts, in welchen Verfahren die Öffentlichkeit auszuschließen war. Die gesetzliche Grundlage war in der StPO gegeben. Über die Gründe ist in dem heutigen Verfahren gesprochen worden.
Nun wird dies von der Staatsanwaltschaft immer noch und immer wieder so erklärt, der Ausschluß sei der ultimative Ausdruck der Un-

rechtmäßigkeit dieser Verfahren gewesen. Ich möchte dazu nur mal folgenden Hinweis einwerfen. Bereits während des Ermittlungsverfahrens wurde durch das Ermittlungsorgan und bzw. oder den Staatsanwalt jedenfalls in allen Fällen, in denen ein Arbeitskollektiv vorhanden war, eine Information über die Umstände, die zur Einleitung des Verfahrens führten, gegeben. Dabei wurde dem Arbeitskollektiv – wie zu jedem beliebigen anderen Verfahren auch – die in der StPO vorgesehene Möglichkeit gegeben, für die Hauptverhandlung einen Kollektivvertreter zu benennen, der in der Hauptverhandlung die Auffassung des Kollektivs vortragen konnte. Davon wurde, wie sich aus den Verfahrensakten ergibt, rege Gebrauch gemacht. Der Kollektivvertreter hatte selbstverständlich im Arbeitskollektiv bzw. im Betrieb über die Hauptverhandlung zu informieren. Er wurde vom Gericht dahingehend belehrt, daß bei der Auswertung lediglich die bekanntgewordenen Anschriften von westdeutschen Gesellschaften, Vereinen und dergleichen, die die Ausreisebestrebungen unterstützen, nicht mitzuteilen sind. Letzteres traf im übrigen auch auf die Schöffen zu, deren Arbeitskollektive, welche sie als Schöffen benannt und gewählt hatten, über die Tätigkeit ihrer Arbeitskollegen bei Gericht informiert werden würden und auch wurden.

4. Fragen aus der jetzigen Hauptverhandlung

Aufgrund des Ablaufs der Verhandlung ist bei mir die Frage entstanden, ob dem damals entscheidenden Richter, jetzigen Angeklagten, Dinge zugerechnet werden sollen, die er nicht kannte oder respektive nicht wußte. Es handelt sich insbesondere um

– die Verfahrensweise des zuständigen Untersuchungsorgans. Das jetzt verhandelnde Gericht hatte Akten des Untersuchungsorgans zur Verfügung – und hat auch wiederholt daraus vorgetragen, die dem damaligen Gericht nicht zur Verfügung standen. Ob der damalige Staatsanwalt diese Akten kannte, weiß ich nicht. Mir war von deren Existenz nie etwas bekannt.

– Frage zum Vollzug der Untersuchungshaft mit der Strafhaft. Danach wurden die Zeugen, auch vom Gericht jetzt, immer wieder befragt. Das war aber Sache anderer Organe, bei denen kein Richter Einblick oder Einflußmöglichkeiten hatte.

– Art der Einbeziehung und Tätigkeit der Verteidiger. Es gab nie in einem Verfahren für das Gericht einen Hinweis auf mangelhafte Tätigkeit des Verteidigers. Diese waren, wie aus den Akten zu entnehmen, meist lange vor Anklageerhebung bestellt. Sie nahmen Akteneinsicht, was von den Verteidigern in den Akten selbst zu vermerken war

und traten wie in jedem anderen Strafverfahren auf. Wenn der Staatsanwaltschaft heute auffällt, daß kaum ein Schriftsatz von der Verteidigung eingereicht wurde, so muß ich bemerken, daß dies in allen anderen Verfahren in erster Instanz ebenso war. Dies ist m. E. dem Umstand geschuldet, daß die Strafverfahren vor einer Anklageerhebung fast durchweg umfassend ermittelt waren und zwischen Anklageerhebung und Termin zur Hauptverhandlung recht kurze Fristen bestimmt waren. Daß die damaligen Angeklagten keine Einwände über die Art der Verteidigung hatten und auch kein Rechtsmittel einlegten, sondern meist das Urteil unmittelbar nach Verkündung annahmen, kann auch darauf zurückzuführen sein, daß sie über den weiteren Fortgang mehr wußten als ich. Ich weiß nicht, ob und welche Zusagen Seitens des Verteidigers schon gemacht werden konnten. Jedenfalls war auffällig, daß die Verurteilten meist davon ausgingen – trotz hoher Freiheitsstrafen – bald in der BRD zu sein. Ich habe das immer darauf zurückgeführt, daß sie absolut den Versprechungen solcher bundesdeutscher Stellen und Personen wie dem eben schon erwähnten ›Onkel Theo‹ glaubten. Vielleicht – das sage ich mir heute – hatten sie aber auch schon andere, weiter gehende Informationen.

In diesen Verfahren wurde eine Vielzahl von Zeugen gehört, insbesondere all diejenigen, die damals verurteilt worden sind. Die Herren Staatsanwälte haben in ihren Plädoyers zum Ausdruck gebracht, ich hätte mich über deren Schicksal nicht erklärt. Aus diesem Grund will ich nochmals zur Zeugenvernehmung Stellung nehmen. Das Auftreten dieser Zeugen war, auch wenn die Herren Staatsanwälte dies anders sehen, sehr unterschiedlich. Es gab Zeugen, die im Widerspruch zu den vorliegenden Akten, insbesondere auch zum vorliegenden Verhandlungsprotokoll, aussagten. In einem Fall wurde sogar die Behauptung aufgestellt, die beisitzenden Schöffen seien Mitarbeiter vom MfS gewesen; an anderen Tagen seien sie in der dortigen Dienststelle in Uniform herumgelaufen. Das war bei der Beweisaufnahme leicht zu widerlegen. Es gab aber auch Zeugen, die sich in Pausen mit mir unterhielten, die sich sogar von mir verabschiedeten – das nur nebenbei. Hinsichtlich der oftmaligen Nichtübereinstimmung zwischen heutiger Aussage und Protokollinhalt hatte der Herr Vorsitzende schon mal eine Meinungsäußerung abgegeben und zwar dahingehend, daß unter dem psychischen Druck, unter dem die Zeugen damals standen, viele so empfunden und wahrgenommen hätten, wie sie es heute erklären. Das mag bei manchen zutreffen. Hinzu dürfte aber wohl auch kommen, daß eine Reihe dieser

Zeugen schon vor ihrer Zeugenvernehmung, teilweise beträchtliche Zeiten vorher, ich meine damit außerhalb dieses Strafverfahrens, über das Geschehen ihrer Verurteilung Erklärungen abgaben und sich festlegten. So insbesondere in den durchgeführten Rehabilitierungsverfahren, die bei Anhörungen, die bei verschiedenen Stellen seit langem durchgeführt wurden, in Zeitungsinterviews, bei öffentlichen Auftritten und in einem Fall auch in einer Fernsehsendung. Ich habe an diese Zeugen praktisch keine Frage gestellt. Und wenn, dann nicht mit der vordergründigen Zielsetzung, die Aussagen als fehlerhaft hinzustellen. Ich war der Meinung, daß die Beweggründe dieses meines Verhaltens gegenüber den Zeugen von allen Prozeßbeteiligten auch verstanden worden sind.

5. Nur noch ein paar Worte zu dem Vorwurf, ›wissentlich‹ gesetzwidrig entschieden zu haben.
Ich war schon überrascht, daß in den Plädoyers der Anklagevertreter kein Wort zu meiner persönlichen Entwicklung, zur Ausbildung und der daraus möglichen Erkenntnisse gesagt wurde. Durch Zeugenvernehmung war der Stand der Straf- und Völkerrechtslehre in der DDR festgestellt. Bei der Prüfung der strafrechtlichen Schuld – hier Vorsatz – kann dies doch wohl nicht unbeachtlich sein. Auf der Grundlage nachfolgender Erklärungen weise ich den Vorwurf der Rechtsbeugung zurück.
– Ich habe geltendes Recht der DDR im Rahmen der 1952 bis 1956 an der Universität Leipzig erworbenen Ausbildung, der späteren Weiterbildung, der mir zugänglichen wissenschaftlichen Erörterungen und Auslegungen in der Literatur sowie durch die anleitende Rechtsprechung übergeordneter Gerichte (Urteile und Richtlinien) nach meiner damaligen Überzeugung als richtig und verbindlich angesehen und in dieser Überzeugung die Gesetze der DDR angewendet.
– Für die Richter der DDR galt dabei, und ich möchte damit bereits Gesagtes nochmals wiederholen, daß sie das geschriebene Recht auf den konkreten Sachverhalt anzuwenden, nicht aber nochmals auf seine Übereinstimmung mit allgemeinen rechtstheoretischen Überlegungen oder gar politischen Anschauungen zu überprüfen hatten, zumal dieses Recht in seiner Gesamtheit allgemeine internationale Rechtspositionen achtete und vor allem nicht schon von vornherein menschenfeindliche Ziele verkündete, wie das in Teilen des nationalsozialistischen Rechts (ich verweise nur auf die Gesetzgebung gegen Juden) offenkundig war. Diese Bemerkung nur deshalb, da heute manch einer, zumal in Sachsen, DDR mit Nazismus gleichsetzen möchte.

– Ich habe Entscheidungen über Schuld und Strafzumessung zum Entscheidungszeitpunkt (Beratung, schriftliche Abfassung und Verkündung) weder wider besseren Wissens getroffen noch auch nur in Kauf genommen, ungesetzlich oder anderweitig widerrechtlich über jemanden zu Vorteil oder Nachteil zu entscheiden. Von der dem DDR-Recht entsprechenden Richtigkeit der von mir getragenen Entscheidung, d.h. auch in ihrer Übereinstimmung mit der Verfassung der DDR und den allgemein anerkannten Regeln des Völkerrechts war ich zum Entscheidungszeitpunkt überzeugt.
– Daß für die Herausbildung der konkreten richterlichen Überzeugung zum Zeitpunkt der Rechtsanwendung auch jetzige (also zeitgeschichtliche) gesellschaftliche und politische Zusammenhänge eine Rolle spielen – so wie sie sich in uns gegebenen Orientierungen und eigenen Erkenntnissen niederschlug –, ist wohl selbstverständlich. Der damalige ›kalte Krieg‹ hat die Rechtspraxis der BRD gegen Bürger, die gewaltlosen politischen Widerstand leisteten, geprägt. Besonders die Rechtspraxis während der Geltung des sogenannten ›Blitzgesetzes‹ und die spätere Berufsverbotspraxis ließen es mir auch persönlich gerecht erscheinen, daß auch in der Verfassung der DDR selbst sowie in Strafgesetzen bestimmte Einschränkungen z. B. zur Verhinderung von Mißbrauch der Meinungsfreiheit gesetzlich verankert waren, die dem Schutz des Staates und der Gesellschaftsordnung dienen sollen, auch wenn ich heute akzeptiere, daß es hierbei durch den Gesetzgeber und die in seinem Auftrag orientierte Auslegungspraxis Überspitzungen gegeben hat.
Da die in der Anklageschrift angeführten Punkte, die die ›Wissentlichkeit‹ begründen sollten, in den Plädoyers der Herren Staatsanwälte nicht angeführt wurden und in der Hauptverhandlung auch nicht Gegenstand der Beweisaufnahme waren, will ich darauf auch nicht mehr eingehen. Andererseits ist aber in den Plädoyers auch keine Rede von dem, was in der Anklageschrift zu meinen Gunsten genannt wird (Seite 166 – Hierarchie – Gefüge, untere Ebene), wobei die weiteren dortigen Ausführungen, und ich sage dies, obwohl die Anklageschrift das zu meinen Gunsten gewertet wissen will, an der DDR-Wirklichkeit vorbeigeht.
Noch ein abschließendes Wort:
In letzter Zeit meinen einige Universitätsprofessoren, die Aufarbeitung der DDR-Vergangenheit durch die Gerichte sei zwar bedenklich, aber immerhin habe sich die Justiz der Bundesrepublik einigermaßen fair verhalten und nur milde Urteile gefällt. Das kann doch aber wohl kein

Maßstab sein. Selbst ein mildes Urteil ist ein Urteil mit allen Konsequenzen. Die Person des Angeklagten – er wird zum ›Verbrecher‹ erklärt – wird gewertet mit allen Konsequenzen, die es dafür in der Gesellschaft gibt. Und selbst bei den Kosten, die heute in einem Strafverfahren entstehen, kann dies tiefe soziale Einschnitte bei Verurteilten und seiner Familie haben.
Im übrigen schließe ich mich den Ausführungen, insbesondere den Anträgen meiner Verteidiger, an.«

Die Schöffen

Wie nicht anders zu erwarten, trat das Gericht noch einmal in die Beweisaufnahme ein. Es wurden noch eine Reihe von Personen vernommen, die Schöffen im Senat unseres Mandanten gewesen waren. Sie wurden von Gerd Halfar darauf hingewiesen, nicht zur Sache aussagen zu müssen, wenn sie fürchteten, sich selbst zu belasten. Vom Recht zur Auskunftsverweigerung machte aber kein Zeuge Gebrauch.

Erwartungsgemäß äußerte sich keiner negativ über Klaus Braune. Er wurde erneut übereinstimmend als sachlicher Richter beschrieben, der die übrigen Prozeßbeteiligten entsprechend den von der StPO/DDR zugewiesenen Aufgaben agieren ließ. Die Schöffen hatte er nach deren Angaben ausführlich über die Voraussetzungen der Strafbarkeit und vergleichbare Fälle aufgeklärt, ohne den Überzeugungsbildungsprozeß zu manipulieren. Zweifel an der Strafbarkeit des jeweils angeklagten Verhaltens hatte keiner der vernommenen Schöffen. Im Gedächtnis geblieben ist mir dabei die Äußerung einer ehemaligen Schöffin. Sie sagte sinngemäß, es sei ein schmaler Grat gewesen, auf dem man in der DDR gewandelt sei. Die Gesetze seien so gewesen, wie sie waren. Und wer dagegen verstoßen habe, hätte damit gerechnet, daß es geahndet würde.

Strafrechtlicher Verfolgung sah sich keiner der ehemaligen Schöffen ausgesetzt. Das bestätigte die Staatsanwaltschaft, die das im Hinblick auf etwaige Auskunftsverweigerungsrechte geprüft hatte. Auch nach den Vernehmungen wurden keine Verfahren eingeleitet. Im Gegenteil, zumindest an einer Schöffin war der politische Wandel 1990 spurlos vorübergegangen. Auf die Frage, wie lange sie Schöffin gewesen sei, antwortete sie: »Von 1974 bis heute.«

Die Vernehmungen der Schöffen waren damit in doppelter Hinsicht ein voller Erfolg. In der Sache hatten sie die sachliche und offene Verhandlungsführung unseres Mandanten bis in die Urteilsberatungen bestätigt. Das befreite ihn von dem Verdacht, die Urteile gegen vernünftig denkende Schöffen durchgesetzt zu haben. Und daneben hatte sich erneut gezeigt, daß die persönlichen Schicksale nach 1990 vor allem vom Faktor Zufall abhängig waren. Während Klaus Braune auf der Anklagebank saß, war seine »Mittäterin« immer noch in der Rechtsprechung aktiv.

Das konnte das Gericht nicht unbeeindruckt lassen.

Ausführliche Schlußvorträge wurden nach dem erneuten Abschluß der Beweisaufnahme nicht mehr gehalten. Die Staatsanwälte nahmen im wesentlichen Bezug auf die bereits gemachten Ausführungen und hielten ihren Antrag auf Verurteilung zu einer Freiheitsstrafe von 3 Jahren und 6 Monaten aufrecht. Wir würdigten auch nur kurz das Ergebnis der weiteren Beweisaufnahme, die uns in unserem Antrag auf Freispruch bestätigt hätte.

Damit war die Beweisaufnahme nach 29 Verhandlungstagen, der Verlesung unzähliger Dokumente und der Vernehmung von 89 Zeugen am Ende. Das Gericht kündigte an, am 28. Februar 1994 ein Urteil zu verkünden. Wir konnten nun nichts mehr tun.

Urteilsverkündung

Meinem Kollegen Söllner und mir war eine ganze Woche Zeit verblieben, um über den möglichen Ausgang des Verfahrens zu spekulieren. Allerdings erwies sich in unseren Gesprächen recht bald, daß uns das Verfahren nicht klüger gemacht hatte. Nach wie vor waren wir der Überzeugung, das Gericht müsse Klaus Braune freisprechen. Ob das freilich geschehen würde, war beim besten Willen nicht prognostizierbar. Der immer noch unklare Anklagevorwurf ließ dem Gericht alle Möglichkeiten. Eine freisprechende Entscheidung für alle angeklagten Verfahren war ebenso denkbar wie eine Verurteilung in allen Fällen. Uns fehlten gesicherte und hinreichend konkretisierte Rechtssätze, die eine Grundlage für eine Prognose hätten sein können. Es herrschte ja auch nicht einmal Klarheit über den Gegenstand der Prüfung. Denn es waren ja nach wie vor nicht einzelne gedankliche Schritte oder deutlich abgrenzbare Vorgänge in den Strafverfahren, die auf dem Prüfstand waren. Gegenstand der Anklage war vielmehr jeweils das gesamte Verfahren, bestehend aus einer unüberschaubaren

Vielzahl von Einzelentscheidungen und Maßnahmen mit einer unendlichen Vielzahl von Fehlerquellen, die jede für sich die Gefahr bargen, heute als rechtsbeugerisch qualifiziert zu werden. Unsere Diskussionen um den wahrscheinlichen Ausgang des Prozesses drehten sich also sehr bald im Kreis und wir beschlossen, damit aufzuhören und auf das Urteil zu warten.

Das öffentliche Interesse an dem Fall hatte während der Beweisaufnahme deutlich abgenommen. Zu den Schlußvorträgen war es wieder angewachsen; zur Urteilsverkündung war der Zuschauerraum schließlich wieder gefüllt. Neben zahlreichen Vertretern der Medien waren vor allem Angehörige der Justiz erschienen. Unter ihnen befand sich auch Staatsanwalt Dr. Meinerzhagen, der natürlich wissen wollte, was aus der Sache geworden war.

Die Kammer erschien erstmals ohne den vorsorglich während der gesamten Hauptverhandlung anwesenden Ergänzungsrichter bzw. die Ergänzungsschöffin. Die Erkrankung oder der Ausfall eines Richters bzw. Schöffen aus anderen Gründen war nicht mehr zu befürchten, als Gerd Halfar verkündete, Klaus Braune sei schuldig der Rechtsbeugung in Tateinheit mit Freiheitsberaubung in zwei Fällen. Er werde verurteilt zu einer Freiheitsstrafe von einem Jahr und sechs Monaten. Die Vollstreckung der Freiheitsstrafe werde zur Bewährung ausgesetzt. Klaus Braune habe außerdem die Kosten des Verfahrens zu tragen, so weit er verurteilt worden sei.

Wir sahen uns an und waren erleichtert und enttäuscht zugleich. Beruhigt nahmen wir zur Kenntnis, daß es nicht zu einer unbedingten Freiheitsstrafe gekommen war. Damit hatten wir ernstlich zwar nicht gerechnet; ausschließen hatten wir es aber auch nicht können. Andererseits waren wir enttäuscht, daß es nicht zu dem von uns erhofften Freispruch gekommen war. Der Verurteilung »nur« wegen zweier Sachen meinten wir entnehmen zu können, unserem Ziel sehr nah gewesen zu sein. Es hatte trotzdem nicht gereicht und wir mußten ein Urteil zur Kenntnis nehmen, das unseren Mandanten zum Straftäter stempelte. Das enttäuschte uns natürlich. Klaus Braune schien sich ähnlich zu fühlen; jedenfalls meinte ich, das seinen Reaktionen entnehmen zu können.

Noch während wir uns setzten, um die Urteilsbegründung zu hören, nutzten wir die Unruhe im Saal, um darüber zu spekulieren, welche Fälle wohl den Gegenstand der Verurteilung gebildet hätten. Wir flüsterten uns die Namen der von Klaus Braune Verurteilten zu, von deren Verfahren wir annahmen, daß sie den Gegenstand der Verurteilung bilden würden. Dazu blieb uns auch noch während der Urteilsbegründung viel Zeit, weil Gerd Halfar sich zunächst ausführlich mit der Person des Angeklagten befasste und ebenso intensiv auf den historischen Kontext einging, zu dem das Verfahren in Beziehung zu setzen war. Das bestätigte uns darin, daß es sich die Kammer bei weitem nicht so leicht gemacht hatte wie die Staatsanwaltschaft, und darüber waren wir natürlich froh. Andererseits spannte uns Gerd Halfar damit ungeheuer auf die Folter. Denn wir wollten endlich wissen, warum Klaus Braune verurteilt worden war. Ich weiß heute nicht mehr, welche Fälle es waren, die Klaus Braune, Wolfgang Söllner und ich favorisierten. In Erinnerung ist mir aber noch, daß unsere Einschätzung ständig wechselte und wir jeweils unterschiedliche Verfahren benannten. Einen der beiden Fälle, wegen derer Klaus Braune verurteilt worden war, hatte keiner von uns auf seiner Rechnung.

Gerd Halfar schilderte zunächst die persönliche und berufliche Entwicklung des Angeklagten. Im Gegensatz zur Staatsanwaltschaft hatte die Kammer die Bedeutung seiner Biographie für die Bewertung des angeklagten Verhaltens bereits zu Beginn des Verfahrens erkannt. Das Urteil konnte sich deshalb insoweit auf die Erkenntnisse stützen, die während der Hauptverhandlung gewonnen worden waren.

Alsdann befaßte sich die Kammer ausführlich mit der Stellung der Justiz in der DDR, der Ausreiseproblematik im besonderen und den strafrechtlichen Bestimmungen, die den anklagegegenständlichen Sachen zugrunde lagen. Die Kammer hatte sich damit erkennbar intensiv beschäftigt. Im Gegensatz zur Anklageschrift setzte sich das Urteil eingehend und vor allem differenzierend mit der Stellung der Richter in der DDR auseinander. Das Urteil war auch frei von der in der Anklageschrift erlebten Polemik zur Ausreiseproblematik. Das überzeugte uns, daß die Kammer den ehrlichen Versuch unternommen hatte, unserem Mandanten gerecht zu werden. Das war im Jahre 1994 im Verfahren gegen einen früheren »Blutrichter« ein durchaus befriedigendes Zwischenergebnis.

Gerd Halfar legte dar, daß die Kammer den politischen Auftrag akzeptiert habe, den die DDR-Justiz ausgehend von der Verfassung der DDR gehabt habe. Die Justiz der DDR sei keine unabhängige dritte Gewalt im Sinne des westlichen Demokratieverständnisses gewesen. Sie sei vielmehr Teil der einheitlichen Staatsmacht gewesen, die dem Staatsziel der DDR verpflichtet gewesen sei. Die Rechtsprechung habe der Durchsetzung einer sozialistischen Gesetzlichkeit gedient, wobei die Definition des Begriffs »sozialistisch« letztlich der SED obgelegen habe. Es habe also nicht gegen die Verfassung der DDR verstoßen, wenn sich die Gerichte bei der Interpretation der in den Gesetzen verwandten Begriffe an politisch geprägten Vorgaben orientiert hätten. Das sei in der Praxis durch den in Art. 93 Abs. 2 der Verfassung und § 20 Abs. 2 GVG verankerten Grundsatz der Einheitlichkeit der Rechtsprechung auch sichergestellt gewesen. Die richterliche Unabhängigkeit bei der Anwendung der in Rede stehenden Tatbestände und der Bemessung der Strafhöhe sei dadurch erheblich eingeschränkt gewesen.

Die Ausreiseproblematik führte das Gericht in erster Linie darauf zurück, daß die DDR eine Entfaltung der persönlichen Fähigkeiten verhindert habe. Daneben habe es Unzufriedenheit mit der ökonomischen Entwicklung, der Qualität des zur Verfügung stehenden Wohnraums und der fehlenden Reisemöglichkeiten in das nichtsozialistische Ausland gegeben. Der Wille vieler Bürger zur Ausreise hätte Druck auf die Regierung der DDR ausgeübt, der durch Aktivitäten des Westens und internationale Entwicklungen noch verstärkt worden wäre. Das habe im Ergebnis zu einer Vielzahl von Restriktionen gegenüber ausreisewilligen DDR-Bürgern geführt. Deren Bemühungen hätten seit Mitte der 70er Jahre unter anderem darin bestanden, Kontakt zu offiziellen Stellen der Bundesrepublik Deutschland, der ständigen Vertretung in Ostberlin oder Botschaften und Konsulaten im sozialistischen Ausland aufzunehmen. Von dort aus sei Druck auf die DDR ausgeübt worden, den Ausreisebegehren nachzugeben. Darüberhinaus hätten sich private Organisationen und Privatpersonen um die Unterstützung Ausreisewilliger bemüht. Die DDR habe diese privaten Aktivitäten ebenso wie die Bemühungen der Bundesrepublik Deutschland als Einmischung in innere Angelegenheiten empfunden. Daraus hätten sich Straftatbestände entwickelt, um derartige Verbindungen einzudämmen.

Die geschaffenen Tatbestände seien sehr weit gefaßt gewesen, an der Verbindlichkeit für den Rechtsanwender äußerte das Gericht jedoch keine ernstlichen Zweifel. Insbesondere folgte die Kammer den Ausführungen des Zeugen Prof. Graefrath, wonach sich aus den von der DDR unterzeichneten Konventionen für das innerstaatliche Recht nichts ableiten ließe. Die von der Staatsanwaltschaft herangezogenen internationalen Verträge seien zum Teil nicht einmal ratifiziert worden, erst recht habe es keine Umsetzung in innerstaatliches Recht gegeben. Die in Rede stehenden Strafgesetze hätten zwar gegen internationale Konventionen verstoßen. Daraus hätte sich aber eben nicht deren Unanwendbarkeit ergeben.

Im Anschluß an diese Darlegungen widmete sich Gerd Halfar den anklagegegenständlichen Verfahren. Die Kammer setzte sich dabei auch mit dem »allgemeinen Teil« der »Auffälligkeitsliste« der Staatsanwaltschaft auseinander. Sie stellte dazu fest, daß es in den Verfahren durchaus Verstöße gegen die StPO/DDR gegeben habe, wie etwa den Ausschluß der Öffentlichkeit während der Erörterung der persönlichen Verhältnisse der Angeklagten. Rechtsbeugung wollte das Gericht daraus aber nicht ableiten. Die Erkenntnisgewinnung sei grundsätzlich nicht zu beanstanden gewesen. Insbesondere hätten sich aus den Akten Geständnisse der Angeklagten ergeben, die in der Hauptverhandlung jeweils wiederholt worden seien. Unter welchen Umständen die Geständnisse im Ermittlungsverfahren zustandegekommen seien, sei für Klaus Braune nicht erkennbar gewesen. Die Kammer setzte sich deshalb nicht weiter damit auseinander, ob dabei gegen das damals geltende Recht verstoßen wurde.

Endlich sollten wir dann erfahren, wegen welcher Sachen das Gericht dennoch zu dem Ergebnis gekommen war, Klaus Braune habe sich nach dem Recht der DDR wegen Rechtsbeugung strafbar gemacht. Gerd Halfar benannte zwei Verfahren, in denen Klaus Braune die Angeklagten wegen staatsfeindlicher Hetze verurteilt hatte. Es waren die Fälle Dr. Wilhelm Koch und Wolfgang Wägner. Wie der Begründung im weiteren zu entnehmen war, glaubte das Gericht in beiden Sachen eklatante Rechtsanwendungsfehler festgestellt zu haben. Die Schwere der Fehler ließe es unmöglich erscheinen, daß Klaus Braune vorsatzlos gehandelt habe. Das gälte in beiden Fällen. Daraus rechtfertige sich eine Verurteilung zu einer Freiheitsstrafe von einem Jahr und sechs Monaten, deren Vollstreckung zur Bewährung ausgesetzt werde. Im Fall Dr. Wilhelm Koch verurteilte das Gericht unseren Mandanten, weil Dr. Koch weder eine staatsfeindliche Hetze noch die ihm ebenfalls vorgeworfene ungesetzliche Verbindungsaufnahme begangen habe, als er die beiden gleichlautenden Briefe an die Solidarnosc versandt habe. Dazu führte das später schriftlich abgefaßte Urteil aus:

»So wertete der Angeklagte Braune den folgenden Satzbeginn aus dem Brief von Dr. Koch als staatsfeindliche Hetze im Sinne von § 106

StGB: ›*Wenn bei den hinreichend bekannten Informationspraktiken über lange Zeit nur von* ›*Arbeitsunterbrechungen*‹ *die Rede sein durfte, [...]*‹.
Die Ausführungen des Angeklagten, daß hierdurch die verfassungsmäßigen Grundlagen der sozialistischen Staats- und Gesellschaftsordnung der DDR angegriffen worden seien, indem der damalige Angeklagte Dr. Koch Schriften zur Diskriminierung der gesellschaftlichen Verhältnisse hergestellt habe, sind nicht nachvollziehbar. Hierbei ist schon fraglich, worin der Angriff auf die verfassungsmäßigen Grundlagen der sozialistischen Staats- und Gesellschaftsordnung, den § 106 Abs. 1 StGB forderte, liegen soll.
Wie sich aus der Kommentierung des § 106 StGB ergibt, waren Angriffsobjekt die verfassungsmäßigen Grundlagen der sozialistischen Staats- und Gesellschaftsordnung, wie sie in Artikel 1 bis 18 der Verfassung niedergelegt waren ...
Der Angeklagte wertete diesen Satz als Diskriminierung der gesellschaftlichen Verhältnisse der DDR, weil Dr. Koch hierdurch die verfassungsrechtlich geschützte Pressefreiheit verleumdet habe. Die Pressefreiheit wird jedoch in Artikel 1 bis 18 der Verfassung der DDR überhaupt nicht erwähnt. Erwähnung findet die Pressefreiheit lediglich in Art. 27 Abs. 2 der Verfassung im Abschnitt II., der die Überschrift trägt: ›*Bürger und Gemeinschaften in der sozialistischen Gesellschaft.*‹
Auch wenn man dem Angeklagten insoweit noch zugute halten mag, daß er in der Pressefreiheit einen wesentlichen Bestandteil der Grundlagen der sozialistischen Gesellschafts- und Staatsordnung gesehen hat, auch wenn der Text der Verfassung hierfür keine Anhaltspunkte bietet, so ist nicht nachvollziehbar, wie er zu der Feststellung kommt, daß die Pressefreiheit durch Dr. Koch verleumdet worden sein soll. Der Angeklagte führt insofern lediglich aus, Dr. Koch habe die gesellschaftlichen Verhältnisse der DDR auf diesem Gebiet diskriminiert, indem er damit zum Ausdruck gebracht habe, daß ›*unsere Presse falsch, unvollständig informiere und der Zensur unterworfen sei*‹*. Diese Argumentation ist völlig widersinnig.*
Aus den Formulierungen von Dr. Koch kann letztlich nur geschlossen werden, daß er die Pressefreiheit, die in der Tat von der Verfassung garantiert worden war, gerade eingefordert, so daß seine Formulierung allenfalls als Kritik dahingehend verstanden werden konnte, daß es eine solche freie Berichterstattung durch die Presse in der DDR eben nicht gab.«

Soweit die Ausführungen im Urteil zum Tatbestand der staatsfeindlichen Hetze. Daneben war Dr. Wilhelm Koch noch wegen »ungesetzlicher Verbindungsaufnahme« bestraft worden. Der insoweit einschlägige § 219 StGB/DDR stellte es unter Strafe, zu Organisationen Verbindung aufzunehmen, deren Tätigkeit sich gegen die staatliche Ordnung der DDR richtete. Diesen Tatbestand hatte Koch nach Überzeugung der Kammer ebenfalls nicht erfüllt. Dazu führt das Urteil aus:

»Aber auch die Feststellungen zu den Voraussetzungen des § 219 Abs. 2 Ziff. 1 StGB sind nicht nachvollziehbar. Zwar können Aussagen, die der Angeklagte als unter den Tatbestand fallend ansah, als Nachrichten im Sinne von § 219 StGB angesehen werden, da nach der in der DDR herrschenden, vom Obersten Gericht vertretenen Auffassung hierunter jede Art von Informationen fiel, unabhängig von ihrem Wahrheitsgehalt, die sich auf alle Bereiche der staatlichen oder gesellschaftlichen Ordnung beziehen konnten.
Allerdings findet sich im Urteil des Angeklagten keine nachvollziehbare Begründung dahingehend, inwiefern diese Informationen von Dr. Koch konkret geeignet gewesen wären, den Interessen der DDR zu schaden, wie vom Tatbestand des § 219 Abs. 2 Ziff. 1 StGB gefordert wurde. Der Angeklagte führt hierzu in seinen Urteil lediglich aus: ›Zu den vorgenannten Nachrichten insgesamt ist zu sagen, daß sie durch ihren Inhalt, ihre Aussage, Auswahl und Darstellung geeignet sind, den Interessen der DDR im Ausland zu schaden.‹
Dies ist nicht mehr als ein Zitat aus dem Kommentar zum Strafgesetzbuch (Anmerkung 4 zu § 219 StGB). Als einzige Begründung hierfür vermag der Angeklagte nur folgendes auszuführen:
›Insgesamt kommt darin zum Ausdruck, daß in der DDR Zustimmung und Sympathie zu den damaligen Ereignissen in der Volksrepublik Polen, die letztlich zu schwierigen Situationen führten, besonders augenfällig auf wirtschaftlichem Gebiet, geäußert wurde.‹
Weshalb sich hieraus ein Nachteil für die Interessen der DDR ergeben soll, ist nicht nachvollziehbar. Eine irgendwie geartete Verknüpfung der Geschehnisse in Polen mit der Interessenlage der DDR wird nicht geschildert.
Auch war der Angeklagte Braune im Urteil nicht in der Lage, die Gewerkschaft Solidarnosc zu charakterisieren. In seinem Urteil führt er hierzu lediglich aus, daß bekannt gewesen sei, daß Forderungen von

Streikkomitees mit Vertretern der Regierung der Volksrepublik Polen beraten wurden und, daß antisozialistische Elemente, unterstützt vom westlichen Ausland, aktiv tätig waren. Eine Feststellung, daß es sich bei dieser Gewerkschaft um eine antisozialistische Organisation gehandelt hat, wird von ihm gerade nicht getroffen. Dies war ihm auch nicht möglich. Es ist allgemein bekannt, daß damals eine eindeutige Einschätzung der Entwicklung in Polen von offizieller Seite der DDR noch nicht vorgenommen wurde, da die Verhandlungen zwischen Solidarnosc und Regierung noch am Laufen waren. Gleichwohl unterstellte er den Äußerungen von Dr. Koch, in denen dieser Sympathie mit der dortigen Bewegung bekundet hatte, eine Interessenschädigung zum Nachteil der DDR. […]
Berücksichtigt man weiter, daß Dr. Koch als einer der wenigen versucht hatte, in der Hauptverhandlung für sein Recht zu kämpfen und darzulegen, daß es ihm nicht darum gegangen sei, die DDR in irgendeiner Weise anzugreifen, was insbesondere auch durch die Vernehmung seines damaligen Verteidigers, Rechtsanwalt Kehrer, bestätigt wurde, dies andererseits vom Angeklagten in seiner Urteilsbegründung lediglich damit abgetan wird, daß der Behauptung von Dr. Koch, es sei ihm um eine Hilfe für das polnische Volk gegangen, Wortlaut und Adressat des Briefes entgegenstünden und hierbei zur weiteren Begründung auf eine fehlende Registrierung der Gewerkschaft hingewiesen wird, so wird deutlich, daß Dr. Koch deshalb bestraft werden mußte, weil er als unbequem angesehene Ansichten vertreten hat.
Mit Unsicherheit in der Rechtsanwendung kann dieses Urteil des Angeklagten Braune nicht erklärt werden. Auch finden sich keinerlei Anhaltspunkte dafür, daß etwa vom Obersten Gericht eine derartige Rechtsauffassung vertreten worden wäre, auf die der Angeklagte sich hätte stützen können.«

Die mündliche Urteilsbegründung war knapper gehalten als die ausführlichen Darlegungen in dem uns Monate später zugestellten Urteil. Die Strafprozeßordnung der Bundesrepublik erlaubt es den Strafrichtern im Unterschied zur DDR-StPO, in Abhängigkeit von der Dauer der Hauptverhandlung Wochen und Monate an ihren Urteilen zu feilen, bis sie unterschrieben und zugestellt werden. Klaus Braune hatte im Unterschied dazu die schriftlichen Urteilsgründe jeweils unmittelbar nach der Beratung abfassen müssen, um sie nach der Verkündung der Urteilsformel verlesen zu können. Es blieb uns also kaum Zeit, das Gehörte zu verarbeiten, als Gerd Halfar mit der Begründung des zweiten Falles begann, der den Gegenstand der Verurteilung bildete. Die schriftlichen Urteilsgründe sollten zu dem Verfahren gegen Wolfgang Wägner später ausführen:

»Die zunächst vom Angeklagten Braune in seinem Urteil vorgenommene Bewertung des von Wolfgang Wägner verfaßten Werkes als staatsfeindliche Hetze im Sinne von § 106 Abs. 1 Ziff. 1 und 3 in Verbindung mit § 108 StGB in der Fassung des Strafgesetzbuches vom 12. Januar 1968 war vom gesetzlichen Tatbestand gedeckt und nicht rechtsfehlerhaft. Die Ausführungen, die Wolfgang Wägner in seiner Schrift gemacht hatte, konnten vom Angeklagten als massiver Angriff gegen die Staats- und Gesellschaftsordnung der DDR und der Sowjetunion angesehen werden, da in der Quintessenz beiden Staaten faschistische und imperialistische Verhältnisse vorgeworfen wurden, was letztlich auf eine Leugnung des Vorhandenseins einer sozialistischen Staats- und Gesellschaftsordnung nach dem Selbstverständnis der DDR und der Sowjetunion hinauslief. Aus der Sicht des Angeklagten Braune, die insofern mit der offiziell vertretenen Meinung übereinstimmte, handelte es sich auch um erhebliche Vorwürfe und Angriffe, die gerade durch den Straftatbestand der staatsfeindlichen Hetze unterbunden werden sollten.[...]
Der Angeklagte konnte aber in seinem Urteil lediglich feststellen, daß die letzten Aktivitäten, die Wolfgang Wägner zur Weitergabe und Verbreitung seiner Schrift vorgenommen hatte, am 7.11.1973 endeten. Die dem damaligen Angeklagten Wolfgang Wägner zur Last gelegten Taten waren damit unter Zugrundelegung des § 106 Abs. 1 StGB in der Fassung von 1968 zum Zeitpunkt seiner Festnahme und Verurteilung bereits verjährt. Dies hatte der Angeklagte erkannt.
Um gleichwohl zu einer Verurteilung von Wolfgang Wägner gelangen zu können, bediente sich der Angeklagte zweier rechtlicher Konstruktionen, die weder durch die Einlassung von Wolfgang Wägner noch die objektiven Gegebenheiten auch nur im entferntesten begründet waren.
Soweit der Angeklagte feststellte, daß Wolfgang Wägner planmäßig gehandelt habe, fehlt es an einer nachvollziehbaren Begründung. Seine Ausführungen, mit denen er die Planmäßigkeit nachweisen will, finden weder in Formulierungen des Obersten Gerichts noch in der Kommentierung zu § 106 StGB eine Stütze. Dies war dem Angeklagten, der sich nach seinem eigenen Bekunden und wie sich aus zahlrei-

chen Formulierungen in seinen Urteilen ergibt, stets an der Rechtsprechung des Obersten Gerichts orientierte, auch bekannt. So wird in der Kommentierung zu § 106 StGB hierzu folgendes ausgeführt:
›Planmäßige Durchführung liegt insbesondere vor, wenn der Täter Methoden auswählt und angewandt hat, die deutlich ein systematisches und zielgerichtetes weiteres Vorgehen und das Erreichen einer staatsfeindlichen Zielstellung entsprechenden Wirkung annehmen, wenn er systematisch auf einen oder mehrere Bürger – insbesondere unter Ausnutzung ihrer individuellen Besonderheiten (persönliche Schwierigkeiten oder Charaktereigenschaften) – hetzerisch einwirkt. Planmäßiges Handeln liegt auch dann vor, wenn die Tat derart konkret und umfassend vorausberechnet und vorbereitet wurde, daß sie objektiv geeignet war, auch mit einmaligem Handeln erhebliche staatsgefährdende Auswirkungen herbeizuführen, die über die von Abs. 1 hinausgehen. Konkret vorausberechnete, auf gezielte weitere Vorgehen gerichtete – und damit planmäßig begründende – Methoden der Tatbegehung sind auch dann anzunehmen, wenn staatsfeindliche Hetze nach vorangegangener Bildung von Zusammenschlüssen in Form des einem konkreten Plan entspringenden koordinierten Vorgehens des Zusammenschlusses begangen wird. Bei der Prüfung, ob planmäßige Hetze vorliegt, ist zu berücksichtigen, daß auch der Fall des Absatzes 1 ein Staatsverbrechen darstellt, dessen Verwirklichung ein zielbewußtes Handeln des Täters und meist bestimmte Vorbereitungen voraussetzt.‹
Die Erklärung, worin ein über den Grundtatbestand des § 106 StGB hinausgehendes planmäßiges Verhalten von Wolfgang Wägner gelegen haben soll, bleibt der Angeklagte schuldig. Es liegt in der Natur der Sache, daß das Herstellen einer Schrift eine gewisse Zeitdauer sowie Intensität in Anspruch nimmt. Anhaltspunkte dafür, daß unter Absatz 1 des § 106 StGB nur knappe, in kurzen Zeiträumen hergestellte Schriften fallen sollten, finden sich nicht. Planmäßig konnte in diesem Zusammenhang nur bedeuten, eine möglichst intensive Außenwirkung zu erreichen, sei es durch, wie in der Kommentierung ausgeführt wurde, systematische Beeinflussung eines oder mehrerer Menschen oder das Treffen von Vorbereitungen, um eine möglichst große Breitenwirkung zu erzielen. In dieser Hinsicht konnte der Angeklagte, was das Herstellen der Schrift anbelangte, keinerlei Feststellungen treffen.
Unverständlich erscheinen die Ausführungen des Angeklagten, daß sich Planmäßigkeit aus der Intensität des Handelns von Wolfgang Wägner so wie aus den vielfachen Aktivitäten bezüglich der Verbrei-

tung und der Einflußnahme auf andere Personen ergebe. Wolfgang Wägner hat nur wenigen Personen, noch dazu überwiegend aus dem eigenen Familienkreis die Schrift zu lesen gegeben und dies teilweise auch nur auszugsweise. Der Angeklagte hat keinerlei Feststellungen dahingehend getroffen, daß Wolfgang Wägner über die bloße Weitergabe der Schrift und das Sprechen über ihren Inhalt Aktivitäten entwickelt hätte, andere auf seine, als feindlich gewertete Position zu bringen. Der Angeklagte behauptet dies zwar, hatte jedoch keinerlei Beweise etwa durch Vernehmung der Familienangehörigen von Wolfgang Wägner dazu erhoben, wie intensiv die Einflußnahme tatsächlich war. Aus den Einlassungen des Angeklagten Wägner ergaben sich diese Aktivitäten jedenfalls nicht.
Aus den Aktivitäten von Wolfgang Wägner, die Schrift in der Bundesrepublik Deutschland zu veröffentlichen, auf Planmäßigkeit zu schließen, ist letztlich überhaupt nicht nachvollziehbar. Der Angeklagte hat in seinem Urteil lediglich zwei im Grunde genommen klägliche Unternehmungen von Wolfgang Wägner geschildert. Zum einen den Versuch, die Schrift zunächst einem Bekannten mitzugeben, was dieser jedoch abgelehnt hatte, sowie zum anderen die vage Hoffnung, einem Besucher eines Fußballspiels die Schrift mitzugeben, wobei es noch nicht einmal zu einer Kontaktaufnahme mit einer geeigneten Person gekommen war. Die Ausführungen des Angeklagten zur Planmäßigkeit erschöpfen sich somit in bloßen Leerformeln. Es werden keinerlei Tatsachen geschildert, aus denen insgesamt auf ein Vorliegen dieses Tatbestandsmerkmals geschlossen werden kann, so daß die Anwendung von § 106 Abs. 2 StGB letztlich als willkürlich bezeichnet werden muß.
[...] Schließlich zeigen die Höhe der von dem Angeklagten ausgesprochenen Strafe und die Ausführungen im Rahmen der Strafzumessung, daß es letztlich um die Bestrafung und Unterdrückung eines politisch andersdenkenden Menschen ging, völlig losgelöst vom tatsächlichen Unrechtsgehalt der Tat und der Schuld des damaligen Angeklagten.
Der von der Verteidigung erhobene Einwand, daß die Schrift vor langer Zeit, tatsächlich etwa 13 Jahren, hergestellt worden war, wird vom Angeklagten mit dem Argument vom Tisch gefegt, daß sie bis zuletzt unverschlossen in der Wohnung aufbewahrt worden sei, worin er, was er wußte, in fehlerhafter Weise ein Verbreiten sah. Als entscheidendes Kriterium für die Strafzumessung wurde offensichtlich die darin liegende Unterstützung feindlicher Kräfte der Bundesrepublik Deutschland gesehen. Der Angeklagte konnte jedoch keinerlei Bezug hierzu herstellen, da

er nicht feststellen konne, daß Wolfgang Wägner mit eben diesen Kräften in der Bundesrepublik Deutschland Kontakt aufgenommen hatte. Diese Kontaktaufnahme war, wenn überhaupt, so im Stadium des Versuches oder gar der Vorbereitung stecken geblieben. Ausführungen, worin konkret die hohe Gesellschaftsgefährlichkeit, objektive Schädlichkeit seiner Handlungen und das Maß der Schuld gelegen haben sollen, macht der Angeklagte nicht. Hierbei ist zu berücksichtigen, daß der Grundtatbestand des § 106 Abs. 1 StGB in der Fassung von 1968 eine Höchststrafe von fünf Jahren vorsah. Absatz 2 drohte eine Freiheitsstrafe zwischen zwei und zehn Jahren an. Der Angeklagte hatte genau erkannt, daß die Auswirkungen, die von der Handlungsweise Wolfgang Wägners ausgegangen waren, vergleichsweise gering waren, die eigentliche Tathandlung viele Jahre zurücklag und die Verhängung einer so hohen Strafe keinesfalls der sozialistischen Gesetzlichkeit auch unter Berücksichtigung des immer als primär angesehenen Schutzes des sozialistischen Staates DDR gerechtfertigt sein konnten.«

Nachdem Gerd Halfar sich zu den Fällen geäußert hatte, in denen die Kammer eine Verurteilung wegen Rechtsbeugung in Tateinheit mit Freiheitsberaubung ausgesprochen hatte, wandte er sich den übrigen Sachen zu. Klaus Braune war in den restlichen 26 Anklagepunkten freigesprochen worden, was überwiegend nur kurz begründet wurde. Die verbliebenen Fälle staatsfeindlicher Hetze wurden etwas ausführlicher dargelegt, während die ansonsten überwiegend gleichgelagerten Fälle zusammenfassend abgehandelt wurden. Erkennbar war, daß den Kammermitgliedern einige Fälle menschlich doch sehr nahegegangen waren. Dazu gehörte der auch von mir so empfundene Fall Ruth Rutsch, die einen – nach dem DDR-StGB landesverräterischen – Brief ihres in Haft befindlichen Sohnes, also ein sogenanntes Kassiber – in die Bundesrepublikanische Botschaft in Warschau gebracht hatte und dafür zu einer Freiheitsstrafe von drei Jahren und drei Monaten verurteilt worden war.

Ausführlichere Begründungen zu den Freisprüchen blieben freilich die Ausnahme. In einer ganzen Reihe von Fällen wurden die Freisprüche formelhaft begründet. Das Landgericht hatte in vielen Sachen offenbar überhaupt keine Schwierigkeiten damit gehabt, Klaus Braune freizusprechen. Entsprechend knapp fielen die schriftlichen Urteilsgründe zu diesen Fällen aus. So heißt es etwa in dem Urteil zu einem Fall kurz und bündig:

»*Der Angeklagte konnte die von Monika und Wolfgang Wagner an die IGfM weitergeleiteten Informationen als Nachrichten im Sinne von § 99 Abs. 1 StGB werten.*
Die Höhe der ausgesprochenen Strafen war im Hinblick auf die Mindeststrafe von zwei Jahren und die von ihm festgestellte Gesellschaftsschädlichkeit und Intensität der Tatbegehung als mit den Strafzumessungsgrundsätzen des § 61 StGB noch vereinbar anzusehen.«

Reaktionen

Nach der Urteilsverkündung hatte sich die erste emotionale Wallung, die vermutlich jeder Verteidiger und jeder Angeklagte bei der Verkündung eines Urteilstenors empfinden, schon wieder gelegt. Wir schauten uns an und wußten nicht, ob das Urteil Grund zur Freude oder zur Trauer war, denn insgeheim hatten wir uns natürlich einen Freispruch auf der ganzen Linie erhofft. Andererseits waren wir aber froh, daß das Gericht nicht zu einer unbedingten Haftstrafe verurteilt hatte. Diese Möglichkeit hatten mein Kollege Söllner und ich zwar stets für ausgesprochen unwahrscheinlich gehalten, ausschließen hatten wir sie aber auch nicht können. Und es war schwer gewesen, Klaus Braune von der Unwahrscheinlichkeit einer unbedingten Haftstrafe zu überzeugen. Schließlich hatte er selbst staatliche Strafgewalt mit politischem Hintergrund völlig anders gelebt. Es war deshalb schon eine Erleichterung, nunmehr zumindest erstinstanzlich Gewißheit in diesem Punkt zu haben.

Die wahrnehmbaren Reaktionen bei der Staatsanwaltschaft erfreuten uns. Die Staatsanwälte Dr. Brauns und Schäfer blickten sauertöpfisch drein. Sie hatten ihr Ziel deutlich verfehlt. Auch Staatsanwalt Dr. Meinerzhagen, der sich die Urteilsverkündung im Zuschauerraum angehört hatte, schien alles andere als glücklich. Das war verständlich, denn er hatte sich mit seiner Einschätzung der Rechtslage alles andere als durchsetzen können. Seiner These, sämtliche von Klaus Braune angewandten Gesetze seien per se Unrecht gewesen, war das Gericht ausdrücklich nicht gefolgt. Nach meinem Empfinden nahm sie inzwischen auch keiner mehr ernst. Entsprechend fiel die Urteilsbegründung aus. Es fand sich in der Folgezeit niemand mehr, der den Versuch unternahm, auf dieser gedanklichen Basis aufzubauen. Das war schon eine herbe Niederlage.

Unser »Solidaritätskommando Klaus Braune« war in erster Linie erleichtert. Alle waren froh, daß Klaus Braune nicht ins Gefängnis mußte. Als ehemalige Angehörige der DDR-Justiz hatten sie mit diesem Ergebnis vermutlich nicht ernsthaft gerechnet. Die DDR-Justiz hätte in vergleichbarer Situation wohl auch anders reagiert. Mit erleichtertem Blick wurden wir aufgefordert, weiterzukämpfen. Der an manchen Hauptverhandlungstagen anwesende frühere Bezirksstaatsanwalt Lindner meinte beispielsweise, wir sollten der zu erwartenden Revision der Staatsanwaltschaft unbedingt zuvorkommen. Das wollten wir im Gerichtssaal freilich nicht entscheiden. Gemeinsam mit meinem Kollegen Söllner beschloß ich vielmehr, noch einmal mit Klaus Braune essen zu gehen. Unser Mandant war damit einverstanden. Gemeinsam mit dem treuesten Prozeßbeobachter, Dr. Tilo Fischer, zu DDR-Zeiten ein leitender Mitarbeiter im Büro des Politbüros der SED, begaben wir uns in den Ratskeller des Dresdener Rathauses.

Gemeinsam mit unserem Mandanten und dem in der Sache gut informierten Dr. Fischer reflektierten wir das soeben gehörte Urteil. Wir stimmten schnell darin überein, daß es ein Urteilsspruch sei, mit dem man – bei ausschließlich ergebnisorientiertierter Betrachtung – leben könne. 26 Freisprüche bei 28 angeklagten Fällen seien natürlich ein großer Erfolg. Im Vergleich zur Anklageschrift bedeutete das Urteil einen ganz wesentlichen Schritt nach vorne. Hätte sich nicht schon während des Verfahrens abgezeichnet, daß die pauschale Betrachtungsweise der Staatsanwaltschaft nicht Urteilsgrundlage werden würde, hätten wir nach übereinstimmender Einschätzung allen Anlaß zum Feiern gehabt. Der Kammer gebührte auch unter Berücksichtigung des öffentlichen Drucks, der durch blutrünstige Medien hatte aufgebaut werden sollen, großer Respekt für die durchaus mutige Entscheidung. Die positiven Seiten waren damit schnell abgehandelt.

Die Verurteilungen hatten uns hingegen alle überrascht. Das galt besonders in bezug auf die mitgeteilten Urteilsgründe. Sie waren Beleg für unsere schlimmsten Befürchtungen. Denn weder in der Anklage noch in der Verhandlung war Klaus Braune der nunmehr festgestellte Tathergang in dieser Form vorgehalten wurde. Das galt in kaum zu überbietendem Maße hinsichtlich des Verfahrens Wolfgang Wägner, aber auch in bezug auf den Fall Dr. Wilhelm Koch.

Die Verurteilung in der Sache Wolfgang Wägner gründete zusammengefaßt auf der angeblich bewußt umgangenen Verjährungsproblematik. So habe Wolfgang Wägner zwar eine staatsfeindliche Hetze begangen, diese sei aber verjährt gewesen. Um den danach erforderlichen Freispruch zu umgehen, habe Klaus Braune ohne hinreichende Grundlage einen besonders schweren Fall konstruiert.

Wir waren unmittelbar nach der Urteilsverkündung in der Gaststätte sitzend weder willens noch in der Lage, die Berechtigung dieses Vorwurfs sorgfältig zu analysieren. Allerdings stellten wir fest, daß diese angebliche Konstruktion unseres Mandanten zu keiner Zeit im Verfahren thematisiert worden war. Der einzige Hinweis auf die Bedeutung der Zeitspanne zwischen Tatbegehung und Hauptverhandlung ergab sich aus dem protokollierten Schlußvortrag des damaligen Verteidigers von Wolfgang Wägner.

Er hatte eingewandt, die abgelaufene Zeit seit Begehung der Tat müsse bei der Strafbemessung berücksichtigt werden. Auch er hatte indes nicht behauptet, die Tat sei verjährt. Er hatte daraus vielmehr einen zu Gunsten seines Mandanten sprechenden Umstand bei der Strafbemessung abgeleitet. Das hatte keine Veranlassung gegeben, Verjährungsprobleme zu sehen. Es ist auch heute ein gewöhnliches Verteidigungsvorbringen im Rahmen der Strafzumessung, sich auf den Zeitablauf seit Begehung der Tat zu berufen, ohne an das Verfahrenshindernis Verjährung auch nur zu denken. Und ansonsten enthielt die Akte keinen einzigen Anhaltspunkt dafür, daß die Frage der Verjährung im Fall Wolfgang Wägner irgendeine Rolle hätte spielen müssen. Selbst die beiden Staatsanwälte waren in ihren Schlußvorträgen nicht auf die – durchaus überlegenswerte – Idee gekommen, diesen Vorwurf zu erheben. Damit war genau das geschehen, was wir von Anfang an befürchtet hatten. Das Verfahren hatte die Kammer und uns überrollt. Die präzise Formulierung des Tatvorwurfs war von der Anklageschrift nicht geleistet worden. Sie erfolgte erst in der Urteilsberatung. Und die angesichts des Gesamtergebnisses gewiß nicht im Verdacht der Befangenheit stehende Kammer hatte es – aus welchen Gründen auch immer – unterlassen, Klaus Braune nochmals eingehend zu diesem Komplex zu befragen. Das war für unseren gerade wegen Rechtsbeugung verurteilten Mandanten nur schwer zu verkraften.

Nicht wesentlich anders verhielt es sich bei Dr. Koch. Die Anklageschrift hatte dazu zwar allgemein behauptet, sein Verhalten habe nicht gegen § 106 StGB/DDR verstoßen. Mit der vom Gericht nunmehr getroffenen – durchaus überlegenswerten – Kernaussage, ein Angriff auf die Pressefreiheit sei von § 106 StGB gar nicht umfaßt, sah sich Klaus Braune indes erstmals durch das Urteil konfrontiert. Daneben machte das Urteil offenbar, daß das Gericht einen Begriff von Pressefreiheit zugrundelegte, der in der Bundesrepublik sicher Geltung beanspruchen kann, während es für die Beurteilung des Verhaltens unseres Mandanten jedoch darauf angekommen wäre, was in der DDR unter Pressefreiheit verstanden wurde. Das hätten wir dem Gericht gern mitgeteilt, wenn wir die Bedeutung dieses Umstandes auch nur erahnt hätten. Und wir hätten die Beweisaufnahme auch sehr gern auf Feststellungen zum Charakter der Solidarnosc und der damaligen Einschätzung der DDR zu dieser Form gesellschaftlicher Aktivität in einem sozialistischen Land erstreckt. Wir hatten allerdings keine Veranlassung gehabt, das für entscheidungserheblich zu halten. Weder aus der Anklage noch aus der Hauptverhandlung hatten sich Anhaltspunkte dafür ergeben.

Unsere Feststellungen gaben dem im Ergebnis erträglichen Urteil gegen Klaus Braune einen faden Geschmack. Wir beschlossen, der von der Staatsanwaltschaft sicher zu erwartenden Revision zuvorzukommen und schon am nächsten oder übernächsten Tag das Rechtsmittel einzulegen. Bei meinem Kollegen Söllner und mir überwog trotz der Verurteilung die Freude über die 26 Freisprüche. Klaus Braune fühlte sich nicht so wohl. Er war zwar froh, nicht ins Gefängnis zu müssen. Keinesfalls wollte er sich aber mit der Verurteilung wegen Rechtsbeugung abfinden. Dieses Verdikt beleidigte ihn, der nach tiefer innerer Überzeugung stets dem Staat gedient hatte, dem er sich verpflichtet gefühlt hatte. Und darüberhinaus drückte ihn noch eine ganz andere Sorge, die ihm schon lange zu schaffen machte: Das waren die Kosten des Verfahrens, die ihm im Umfang der Verurteilung aufgebürdet worden waren und voraussichtlich ganz erheblich sein würden.

Die nicht abwegige Vorstellung, durch das Verfahren wirtschaftlich ruiniert zu werden, ließ bei ihm auch nach dem Urteil keine Gelassenheit aufkommen.

4. Kapitel: Das Revisionsverfahren

Auftragsgemäß legte ich zwei Tage nach Verkündung des Urteils Revision ein. Mit meinem Kollegen Söllner hatte ich dazu besprochen, daß ich das weitere Verfahren vorerst allein fortführe. Damit war Klaus Braune zur Vermeidung weiterer Kosten einverstanden. Die Revision der Staatsanwaltschaft ging nur kurz darauf bei Gericht ein. Damit war klar, daß das Verfahren selbst bei Rücknahme der eigenen Revision noch lange nicht zu Ende sein würde. Es galt nun, die schriftliche Urteilsbegründung abzuwarten, um es auf seine Revisibilität zu überprüfen. Bis dahin würde noch einige Zeit vergehen. Denn die Strafprozeßordnung gewährte dem Gericht aufgrund der Länge des Verfahrens eine Frist von nahezu drei Monaten, um das Urteil fertigzustellen.

Das am 28. Februar verkündete Urteil wurde mir fast taggenau drei Monate später, am 27. Mai 1994, zugestellt. Es hatte einen Umfang von 273 Seiten. Nach den Regeln der StPO blieb mir ein Monat Zeit, um die Revision zu begründen.

Analyse

Die schriftlichen Urteilsgründe gaben erstmals Gelegenheit, die Erwägungen des Gerichts sorgfältig zu analysieren. Sowohl im Fall Dr. Koch als auch im Fall Wolfgang Wägner kam ich dabei zu dem Ergebnis, daß der Nachweis der Rechtsbeugung entgegen den Darlegungen des Gerichts nicht geführt war.

Wolfgang Wägner hatte ohne Frage den Tatbestand der staatsfeindlichen Hetze erfüllt. Daran hatte auch das Landgericht nicht den geringsten Zweifel geäußert. Entscheidend war also allein, ob die Staatsanwaltschaft in der Anklage und Klaus Braune im Urteil in bewußter Verkennung der Rechtslage das erschwerende Tatbestandsmerkmal »planmäßig« angenommen hatten. Das erst hatte eine Verurteilung ermöglicht. Ansonsten wäre Wolfgang Wägner zwar nicht – wie die Kammer rechtsfehlerhaft meinte – freizusprechen gewesen. Braune hätte aber wegen des Verfolgungshindernisses der Verjährung das Hauptverfahren nicht eröffnen dürfen (§ 192 Abs. 1 StPO/DDR) oder das Verfahren einstellen müssen (§ 248 Abs. 1 Ziff. 1 StPO/DDR), was im wesentlichen allerdings die selben Konsequenzen wie der von der Kammer für erforderlich gehaltene Freispruch nach sich gezogen hätte.

Klaus Braune hatte feststellen können, daß Wolfgang Wägner ein 169 Schreibmaschinenseiten umfassendes Werk erstellt hatte. Er hatte nicht nur einige staatsfeindliche Gedanken aneinandergereiht, sondern versucht, mit Hilfe eines Dialoges zwischen Vater und Sohn die Geschichte der DDR aufzuarbeiten und eine Parallele zur Entwicklung Deutschlands zwischen 1933 und 1945 herzustellen. Während er die Schrift erstellte, hatte er die Absicht gehabt, sie in der Bundesrepublik zu veröffentlichen. Ob er zum Zeitpunkt des Verfassens der Schrift dazu schon konkrete Überlegungen angestellt oder später taugliche Versuche unternommen hatte, um das Ziel zu erreichen, war nach meinem Verständnis unerheblich, um das Tatbestandsmerkmal »planmäßig« bejahren zu können. Dafür reichte es – ausgehend von der maßgeblichen Kommentierung zum StGB/DDR – aus, »wenn der Täter Methoden ausgewählt und angewandt hat, die deutlich ein systematisches und zielgerichtetes Vorgehen und das Erreichen einer der staatsfeindlichen Zielstellung entsprechenden Wirkung anstreben«.

Das Schreiben eines Buches mit derart komplexem Inhalt in der Absicht, es in der Bundesrepublik zu veröffentlichen, ließ sich nach meinem Verständnis ohne weiteres als »planmäßig« in diesem Sinne einordnen. Und es war gänzlich unerheblich, daß es zu erfolgversprechenden Versuchen einer Veröffentlichung nicht mehr gekommen war. Das hätte allenfalls unter dem Gesichtspunkt eines Rücktritts vom Versuch gewürdigt werden können. Angesichts der Tatsache, daß das Delikt spätestens mit Fertigstellung des Buches schon vollendet war, kam es darauf aber nicht mehr an.

Klaus Braune hatte das in seinem Urteil auch so begründet. Anders als das Landgericht Dresden im Verfahren gegen ihn hatte er allerdings keine drei Monate Zeit gehabt, um die schriftlichen Urteilsgründe abzufassen. Er mußte das Urteil unmittelbar im Anschluß an die Verhandlung vor der Verkündung vollständig niederschreiben. Und dennoch hatte er das Tatbestandsmerkmal »planmäßig« nach meiner Auffassung zutreffend herausgearbeitet.

Problematischer war da schon der Fall Wilhelm Koch, jedenfalls in Bezug auf den Tatvorwurf der staatsfeindlichen Hetze. Denn es bedurfte in der Tat einiger juristischer Phantasie, um in den offenbar bewußt sibyllinisch gehaltenen Andeutungen des Dr. Koch eine Straftat zu sehen. Klaus Braune hatte das für den Satz bejaht: »Wenn bei den hinreichend bekannten Informationspraktiken über lange Zeit nur von Arbeitsunterbrechungen die Rede sein durfte.« Die Verwirklichung des § 106 StGB/DDR hatte Klaus Braune damit begründet, Dr. Koch habe damit zum Ausdruck gebracht, »daß unsere Presse falsch, unvollständig informiere und der Zensur unterworfen sei«.

Die Interpretation des Satzes war aus meiner Sicht nicht zu beanstanden. Die diesbezüglichen Schlußfolgerungen waren leicht nachzuvollziehen.

Schwieriger zu ergründen war allerdings, inwieweit Koch dadurch die gesellschaftlichen Verhältnisse der Deutschen Demokratischen Republik diskriminiert und damit deren verfassungsmäßige Grundlagen angegriffen haben könnte. Die Behauptung, es gäbe in der DDR keine Pressefreiheit, enthielt sicherlich eine Diskriminierung der gesellschaftlichen Verhältnisse, wenn man davon ausging, in der DDR herrsche Pressefreiheit. Davon war Klaus Braune unwiderlegt ausgegangen. Es fehlten in dem Urteil aber Ausführungen dazu, inwieweit sich daraus ein Angriff auf die verfassungsmäßigen Grundlagen der sozialistischen Staats- und Gesellschaftsordnung der Deutschen Demokratischen Republik ergab. Denn die Pressefreiheit, daran war dem Landgericht Recht zu geben, war gar nicht Teil der verfassungsmäßigen Grundlagen.

Zweifel daran, auf das Verhalten § 106 StGB/DDR anzuwenden, waren also durchaus berechtigt. Den Tatbestand einer Rechtsbeugung hatte Klaus Braune nach meinem Verständnis dennoch nicht erfüllt. Denn Dr. Kochs Äußerung zur fehlenden Pressefreiheit war jedenfalls gemäß § 220 StGB/DDR strafbar. Danach wurde »Öffentliche Herabwürdigung« mit Freiheitsstrafe bis zu drei Jahren geahndet. Der Tatbestand verlangte die Verbreitung einer Schrift, die geeignet war, die gesellschaftliche Ordnung verächtlich zu machen. Teil der gesellschaftlichen Ordnung war die in der Verfassung – wenn auch nicht als Teil der verfassungsmäßigen Grundlagen – verankerte Pressefreiheit allemal. Und die Behauptung, es gäbe in der DDR keine Pressefreiheit, würdigte die gesellschaftliche Ordnung herab. Die in Rede stehende Passage in Kochs Brief war also durchaus strafbar, wenn auch unter einem anderen Gesichtspunkt.

Die Ausführungen der Kammer, Dr. Koch habe die Pressefreiheit nicht diskriminiert, sondern eingefordert, vermochten daran nichts zu ändern. Die Kammer setzte den heute gebräuchlichen Begriff der Pressefreiheit rechtsfehlerhaft gleich mit dem in der DDR geltenden. Ausgehend vom Begriff der Pressefreiheit in der Bundesrepublik gab es in der DDR natürlich keine Pressefreiheit. Darauf kam es aber nicht an. Denn wer in der DDR staatskonform dachte – und dazu gehörte Klaus Braune ganz gewiß –, begriff Pressefreiheit als Freiheit zur Berichterstattung im Sinne eines Instruments zur Erreichung des sozialistischen Staatszieles.

Alles, was diesem Ziel zuwiderlief, war von der Pressefreiheit nicht umfaßt. Der Rahmen zulässiger Berichterstattung war also ganz anders abgesteckt. Das prägte zugleich den Begriff von Pressefreiheit. Ausgehend davon gab es in der DDR also durchaus Pressefreiheit, hingegen keine falsche und unvollständige Information und schon gar keine Zensur. § 220 StGB/DDR hätte danach eine hinreichende Grundlage für eine Verurteilung der in Rede stehenden Äußerung gebildet. Mit dieser Möglichkeit hatte sich das Urteil des Landgericht Dresden nicht auseinandergesetzt.

Die ebenfalls abgeurteilten Verstöße gegen § 219 Abs. 2 Ziff. 1 StGB/DDR hatte Klaus Braune ebenfalls feststellen können. Die diesbezüglichen Zweifel der Kammer waren nach meiner Auffassung unberechtigt. Denn nach § 219 Abs. 2 Ziff. 1 StGB/DDR machte sich ein Bürger der DDR bereits strafbar, wenn er Nachrichten, die geeignet waren, den Interessen der Deutschen Demokratischen Republik zu schaden, im Ausland verbreitete oder zu diesem Zweck Aufzeichnungen herstellte. Das hatte Dr. Koch getan.

Die Ausführungen im Urteil des Landgericht Dresden offenbarten das anders gelagerte Gesamtverständnis der DDR. Die Kammer hatte nicht nachvollziehen können, inwieweit eine Kontaktaufnahme zur Solidarnosc den Interessen der DDR schadensgeneigt war. Daß es diese Organisation war, die den Untergang der sozialistischen Welt einleitete, war für die Kammer nicht wichtig. Statt dessen kritisierte sie, daß Feststellungen zum antisozialistischen Charakter der Solidarnosc fehlten. Das schien mir abwegig. Jeder, der sich an die Anfänge der Solidarnosc erinnert, weiß, daß sie im Bereich des Warschauer Paktes von Beginn an als Gefahr für die sozialistische Welt angesehen wurde.

Die Verstöße gegen § 220 Abs. 2 StGB/DDR und § 219 Abs. 2 Ziff. 1 StGB/DDR rechtfertigten also nach meinem Verständnis sehr wohl die Verurteilung Kochs. Nach dem StGB der DDR wäre die Verhängung einer unbedingten Freiheitsstrafe auch auf dieser Basis mit an Sicherheit grenzender Wahrscheinlichkeit erfolgt. Die Subsumtion unter § 106 StGB/DDR mochte danach zwar rechtsfehlerhaft gewesen sein. Von entscheidender Bedeutung für die In-

247

haftierung und Verurteilung von Dr. Wilhelm Koch war das aber nicht gewesen.

Insgesamt kam ich zu der Überzeugung, daß das Gericht zu dem Ergebnis gekommen war, ohne Rechtsanwendungsfehler nicht verurteilen zu können, weil die Strafen sich im gesetzlich vorgegebenen Rahmen gehalten hatten. Die – nach meinem Verständnis unwesentlichen – Fehler in der Sache Dr. Koch und die angenommene Konstruktion im Verfahren Wolfgang Wägner lieferten das Einfallstor, um zu den beiden Verfahren das auszusprechen, was die Kammer auch von den übrigen Urteilen dachte. Das erklärte für mich die überaus deutliche Sprache, mit der das Landgericht Dresden in den schriftlichen Urteilsgründen mit Klaus Braune ins Gericht ging. Menschlich hatten die Richter offenbar nur wenig Verständnis.

Es stand zu befürchten, daß es uns beim BGH im fernen Karlsruhe nicht viel anders ergehen würde.

Strategie

Die Urteilsgründe hatten offenkundig gemacht, daß es ausreichte, Klaus Braune Rechtsanwendungsfehler nachzuweisen, um ihn wegen Rechtsbeugung zu verurteilen. Das Landgericht hatte die sich daraus ergebende Gelegenheit genutzt, vermeintliche oder tatsächliche Rechtsanwendungsfehler zum Anlaß zu nehmen, den Stab über den Angeklagten zu brechen. Es lag also nahe, die Revision in erster Linie darauf zu stützen, die Nachweisführung insoweit anzugreifen.

Gleichwohl war ich mir nicht sicher, ob es sinnvoll sein würde, so zu argumentieren. Denn trotz aller juristischen Ansätze, die es zur Rechtfertigung der Verurteilungen von Dr. Wilhelm Koch und Wolfgang Wägner gab, blieben die gegen sie verhängten Freiheitsstrafen Musterbeispiele für die Grausamkeit des DDR-Strafrechts. Klaus Braune hatte inzwischen ja selbst Schwierigkeiten, sich in die Zeit der DDR zurückzuversetzen, das war auch für ihn alles kaum noch nachvollziehbar. Seine Urteile standen zwar im Einklang mit dem Recht der DDR. Dennoch hatten wir es stets vermieden, sie offensiv zu rechtfertigen. Keinesfalls wollten wir den Eindruck vermitteln, wir seien unbelehrbar und ewiggestrig. Das war eine schwierige Gratwanderung gewesen, die sich nun fortzusetzen schien.

Auch und gerade gegenüber dem Bundesgerichtshof wollte ich diesen Eindruck vermeiden. Dabei ergab sich eine zusätzliche Gefahr daraus, daß es zu einem schriftlich ausgetragenen Disput mit der Staatsanwaltschaft kommen würde, den man nach meiner damaligen Einschätzung nur verlieren konnte. Sämtliche von Klaus Braune Verurteilten, und besonders Dr. Wilhelm Koch und Wolfgang Wägner, waren nach dem Rechtsverständnis der Bundesrepublik Opfer. Eine offensive Rechtfertigung ihrer Verurteilungen hätte – vor allem im Fall Dr. Koch – den Eindruck erweckt, man wolle aus Opfern Täter machen. Das wollten wir auf keinen Fall, nachdem die Urteilsbegründung eindrucksvoll gezeigt hatte, welche innere Einstellung aus der Bundesrepublik stammende Richter zu den Verfahren unseres Mandanten hatten.

Ich kam nach langer Überlegung zu dem Ergebnis, daß es das Beste sein würde, erst in der Verhandlung vor dem BGH nähere Ausführungen zu den Tatbestandsmerkmalen zu machen. Die Erwägungen, die die Verurteilungen von Dr. Wilhelm Koch und Wolfgang Wägner ermöglichten, waren den Urteilen und der Kommentierung zum StGB/DDR im übrigen zu entnehmen. Das ließ mich hoffen, daß die mit der Sache befaßten Richter von sich aus zu dem Ergebnis kommen würden, Klaus Braune habe sich im Rahmen des damals gesetzlich möglichen bewegt. Das Landgericht war schließlich in 26 von 28 Fällen ebenfalls von sich aus zu diesem Resultat gelangt. Überzeugen würde ich die Richter beim Bundesgerichtshof ohnehin nicht können. Klaus Braune hatte nur dann eine Chance, wenn die Richter bei der Subsumtion unter die Rechtsvorschriften des DDR/StGB von selbst zu einem ihm günstigen Ergebnis gelangen würden.

Revisionsbegründung

Angesichts des Verzichts auf eine intensive materiellrechtliche Auseinandersetzung mit den Urteilsgründen in der schriftlichen Revisionsbegründung lag der Schwerpunkt meiner Darlegungen in der Rüge von Verfahrensfehlern. Erfolgversprechend schien mir vor allem die Rüge gegen die fehlende Bestimmtheit des Anklagesatzes. Unsere Befürchtungen zu Beginn des Verfahrens, den Anklagevorwurf gar nicht zu kennen, hatten sich schließlich mehr als bestätigt. Also führte ich – abgekürzt – aus:

»*Aus den dargelegten Urteilsgründen des Landgerichts Dresden ergibt sich detailliert, welche gedanklichen Schritte Herrn Braune als rechts-*

beugend vorgeworfen werden. Zu verschiedenen Tatbestandsmerkmalen und den der Urteilsfindung vorausgehenden Gedankengängen bezieht das Landgericht Positionen, um daraus den Vorwurf ableiten zu können, Herr Braune habe das Recht der DDR gebeugt.
Die Argumentation des Landgerichts nehmen Herr Braune und die Verteidigung mit großem Interesse zur Kenntnis. Herr Braune hätte dazu viel zu sagen, wurde jedoch erst in der mündlichen Urteilsbegründung bzw. in den schriftlichen Urteilsgründen mit den Vorwürfen konfrontiert. Bis dahin verfügte er lediglich über die Anklageschrift, in der sich die Schlußfolgerungen des Landgerichts nicht einmal ansatzweise wiederfinden. Das gilt für das Verfahren Wägner uneingeschränkt, während die Anklage in der Sache Dr. Koch lediglich Andeutungen macht (vgl. Blatt 153 f. der Anklageschrift).
Die Verteidigung hatte auf diesen Mangel der Anklageschrift bereits im Zwischenverfahren hingewiesen.
Herr Braune wurde gleichwohl nicht darüber in Kenntnis gesetzt, welche konkrete gedankliche Konstruktion ihm zum Vorwurf gemacht wurde. Demgemäß enthält auch das Hauptverhandlungsprotokoll keinen richterlichen Hinweis, worauf der Anklagevorwurf konkret gestützt wird. Herr Braune hatte damit nicht die Möglichkeit, sich zu dem vorgeworfenen Geschehen sachgerecht einzulassen. Aus diesem Grunde ist das Landgericht übrigens auch nicht in der Lage, die heutige Einlassung des Herrn Braune zu den konkreten Vorwürfen wiederzugeben. Herr Braune konnte keine Einlassung abgeben, da ihm der Inhalt des Vorwurfs in konkretisierter Form nie mitgeteilt wurde.
Der im Urteil niedergelegte Vorwurf wurde Herrn Braune mithin trotz mehrfachen Verlangens erst in den mündlichen Urteilsgründen bzw. in dem schriftlich abgefaßten Urteil mitgeteilt. Wegen der Unvollständigkeit der zugelassenen Anklage bzw. der unterbliebenen Konkretisierung war eine sachgerechte Verteidigung nicht möglich. Daraus ergibt sich ein Verstoß gegen § 243 III StPO, da dem Angeklagten vor seiner Vernehmung zur Sache nicht deutlich gemacht wurde, was ihm tatsächlich und rechtlich zur Last gelegt wurde. Der Mangel wurde auch nicht durch eine Klarstellung geheilt. Das Urteil ist deshalb aufzuheben (vgl. BGH NStZ 1984, S. 133).«

Die »Merkwürdigkeitenlisten« der Staatsanwaltschaft ließ ich unerwähnt. In ihr waren die Vorwürfe, die zur Verurteilung führten, ebenfalls nicht enthalten gewesen.

Die Revision der Staatsanwaltschaft

Die Staatsanwaltschaft begründete ihre Revision etwa zeitgleich. Sie legte dar, sämtliche Freisprüche seien zu Unrecht ergangen, weil bei der nach Auffassung der Staatsanwaltschaft gebotenen »menschenrechtsfreundlichen Auslegung« der Tatbestände diese größtenteils keinen Anwendungsbereich gehabt hätten oder die Verurteilungen sich im Lichte dieses Gebots als Strafmaßexzesse darstellen würden.

Hinsichtlich der nicht verurteilten Fälle, in denen Klaus Braune den Tatbestand der staatsfeindlichen Hetze angewandt hatte, argumentierte Staatsanwalt Brauns, die Bestrafungen hätten allein dem Zweck gedient, den politischen Gegner auszuschalten. Die Strafen seien deshalb grob ungerecht und ein schwerer Menschenrechtsverstoß gewesen. In den übrigen Sachen hätte die Kammer verkannt, daß Tatbestände wie die landesverräterische Nachrichtenübermittlung (§ 99 StGB), die landesverräterische Agententätigkeit (§ 100 StGB) oder der unerlaubte Grenzübertritt (§ 213 StGB) im Lichte einer menschenrechtsfreundlichen Auslegung – wenn überhaupt – nur einen ganz engen Anwendungsbereich hätten haben können. Die Verbindungsaufnahme zu Helfern bei der Ausreise und die Übermittlung von Nachrichten an diese seien deshalb nicht gesetzwidrig gewesen. Die Tatbestände seien vielmehr überdehnt worden und bei den ausgeurteilten harten Strafen hätte es sich um Exzesse gehandelt. Um das näher zu begründen, schilderte Dr. Brauns jeweils kurz den damaligen Geschehensablauf. Im Anschluß daran qualifizierte er den Urteilsspruch als rechtsbeugerisch. Das las sich so:

»Nach den Feststellungen der Kammer verurteilte der Angeklagte Hans-Jürgen Brinkmann wegen landesverräterischer Agententätigkeit und öffentlicher Herabwürdigung zu einer Freiheitsstrafe von 1 Jahr und 10 Monaten. Hans-Jürgen Brinkmann hatte nach den Feststellungen der Kammer an seinen Vetter in der Bundesrepublik Deutschland ein Doppel seines Ausreiseantrages geschickt, damit dieser das Schreiben an das Bundesministerium für innerdeutsche Beziehungen weiterleiten sollte. Hans-Jürgen Brinkmann hatte die Vorstellung, in der Bundesrepublik Deutschland registriert zu sein, ›damit er nicht irgendwo verschwinde‹ und daß gegebenenfalls auf diplomatischem Wege eine Unterstützung für sein Ersuchen erfolgen könne. Eine weitere Abschrift seines Ausreiseersuchens schickte er Anfang 1982 an Freunde in der Bundes-

republik Deutschland ebenfalls zur Weiterleitung an das Bundesministerium. Diese ›Tat‹ mit einer Freiheitsstrafe von 1 Jahr und 10 Monaten zu belegen, ist grob unverhältnismäßig und diente in keiner Weise der Herstellung materieller Gerechtigkeit (Artikel 86 der DDR-Verfassung). In der Verurteilung wegen öffentlicher Herabwürdigung (§ 220 Abs. 1 StGB/DDR) stellt die Kammer fest, daß sich Hans-Jürgen Brinkmann sinngemäß so äußerte, ›daß er der erste Arbeitslose der Ostblockstaaten‹ sei, ›Berufsverbot‹ habe, ein solcher ›radikaler Erlaß‹ und eine solche ›Sauerei‹ nur in diesem ›Scheiß-Staat‹ möglich seien. Diese Tatsachenbehauptungen und Wertungen mit einer wenigstens mehrmonatigen Freiheitsstrafe zu belegen, ist unerträglich und stellt einen groben Verstoß gegen die Meinungsfreiheit dar.«

Ich sah davon ab, dazu eine Stellungnahme abzugeben. Die Staatsanwaltschaft Dresden hatte sich offenbar dahin festgelegt, ihre ursprüngliche Linie nicht aufzugeben. Dr. Brauns hätte vermutlich gar nicht anders gekonnt, selbst wenn er gewollt hätte. Tatbestandsüberdehnungen und Strafmaßexzesse mußten danach nicht begründet werden, weil sie von vornherein feststanden. Das neu entdeckte Zauberwort »menschenrechtsfreundliche Auslegung« ersetzte jede Begründung. Eine Prüfung der Ereignisse auf eine Verletzung der Normen des StGB/DDR war danach nicht mehr notwendig. Ebenso entbehrlich war es im Zusammenhang mit der Behauptung unverhältnismäßiger Bestrafung, welche Strafen denn verhältnismäßig gewesen wären. Die Revisionsbegründung der Staatsanwaltschaft unterschied sich insoweit nicht von der Anklageschrift. Damit wollte ich mich nicht noch einmal befassen.

Die Stellungnahme des Generalbundesanwalts

Der Aufbau der Staatsanwaltschaft in der Bundesrepublik ist für einen Laien nur schwer verständlich. Es handelt sich nicht etwa um eine einheitliche Behörde mit dem Generalbundesanwalt an der Spitze. Staatsanwaltschaften sind vielmehr – entsprechend dem Aufbau der Justiz insgesamt – in erster Linie Ländersache. Sie werden bei den jeweiligen Landgerichten gebildet. Und so existiert zunächst die dem jeweiligen Landgericht zugeordnete Staatsanwaltschaft, alsdann die dem jeweiligen Oberlandesgerichtsbezirk zugeordnete Generalstaatsanwaltschaft als dienstvorgesetzte Behörde. Unabhängig davon gibt es die zum

Bundesgerichtshof gehörige Generalbundesanwaltschaft. Die beiden zuletzt genannten Behörden werden als Generalstaatsanwalt bzw. Generalbundesanwalt bezeichnet.

An einem Revisionsverfahren werden die Staatsanwaltschaften auf allen Ebenen beteiligt. Rechtsmittelführer in dem Verfahren gegen Braune war die Staatsanwaltschaft Dresden. Der Generalstaatsanwalt des Freistaats Sachsen konnte der Revision beitreten, was er auch tat, ohne das allerdings zu begründen. Mit großer Spannung erwarteten wir nun die Stellungnahme des Generalbundesanwalts zur Revision der Staatsanwaltschaft Dresden und der des Angeklagten. Zuständig im Hause des Generalbundesanwalts war Bundesanwalt Hecking.

Da es sich bei der Revision der Staatsanwaltschaft und der des Angeklagten um jeweils selbständige Rechtsmittel handelt, erklärt sich der Generalbundesanwalt gesondert. Demgemäß erhielt ich am 8. März 1995 zunächst die Stellungnahme zur Revision der Staatsanwaltschaft Dresden. Mit großer Erleichterung nahm ich zur Kenntnis, daß der Generalbundesanwalt die Revision der Staatsanwaltschaft Dresden nicht vertreten wollte. Er hielt sie für unbegründet. Und die Begründung dieser Entscheidung stimmte mit dem überein, was es auch nach meiner Auffassung zur Revision der Staatsanwaltschaft Dresden zu sagen gab.

Der Generalbundesanwalt verteidigte das freisprechende Urteil der 5. Strafkammer des Landgerichts Dresden mit deutlichen Worten. Dabei führte er zunächst zur Verbindlichkeit der angewandten Normen für Klaus Braune aus:

»Sie (die Kammer – d. Verf.) hat in jedem Einzelfall eingehend begründet, weshalb die von ihm (Klaus Braune – d. Verf.) vorgenommenen Verurteilungen – unter Berücksichtigung der für den Angeklagten verbindlichen Gesetzesauslegung des Obersten Gerichts – der seinerzeitigen Rechtslage entsprachen. Es hat nicht übersehen, daß eine Vielzahl der vom Angeklagten getroffenen Entscheidungen Sachverhalte betraf, die nach rechtsstaatlichen Prinzipien vor allem mit dem Recht auf Meinungsfreiheit nicht zu vereinbaren sind und deren strafrechtliche Verfolgung infolgedessen aus der Sicht einer freiheitlichen, demokratischen und rechtsstaatlichen Ordnung der Sache nach darauf hinausläuft, politisch mißliebige Personen mundtot zu machen. Indessen mußte auch in diesem Zusammenhang berücksichtigt werden, daß der Angeklagte bei der Urteilsfindung von dem Verständnis der

Grundrechte (einschließlich des Rechts auf Meinungsfreiheit) auszugehen hatte, das nach Rechtsprechung und Rechtslehre in der DDR galt (UA S. 34-36, 185-188). Hätte er sich hieran nicht gehalten, wären nicht nur seine Entscheidungen auf Rechtsmittel hin aufgehoben worden, vielmehr hätte er dann, wenn er seiner Rechtsprechung konsequent die in der Bundesrepublik Deutschland geltenden rechtlichen Prinzipien zugrundegelegt hätte, selbst mit einer Verfolgung wegen Rechtsbeugung rechnen müssen. Entsprach aber seine Rechtsprechung, ohne willkürlich zu sein, damals der in der DDR herrschenden Rechtslage, so kann sie nicht ohne Verstoß gegen das Rückwirkungsverbot (Art. 103 Abs. 22 GG) heute als wissentlich gesetzwidrige Entscheidungspraxis im Sinn des zur Tatzeit geltenden § 244 StGB/DDR qualifiziert werden.«

Den Angriff der Staatsanwaltschaft Dresden, § 99 StGB – landesverräterische Nachrichtenübermittlung habe »im Lichte menschenrechtsfreundlicher Auslegung« überhaupt keinen Anwendungsbereich gehabt, konnte der Generalbundesanwalt nicht nachvollziehen. Dazu führte er aus:

»Soweit die Staatsanwaltschaft auf S. 6 ihrer Rechtsmittelrechtfertigung in Zweifel zieht, ob § 99 StGB/DDR ›im Lichte menschenrechtsfreundlicher Auslegung überhaupt ein Anwendungsgebiet haben konnte‹, ist dem entgegenzuhalten, daß einer Vielzahl nach dem Recht der DDR gesetzmäßiger Entscheidungen nachträglich die Grundlage entzogen würde, wollte man die Geltungskraft und Reichweite von Strafvorschriften der DDR an Maßstäbe eines freiheitlich-demokratischen Rechtsstaats anknüpfen. Entscheidungserhebliches Kriterium bei der Prüfung der (früheren) Anwendbarkeit einer durch die Wiedervereinigung hinfällig gewordenen Strafbestimmung ist vielmehr ausschließlich das Vorliegen einer offensichtlichen schweren Menschenrechtsverletzung (BGB, Urteil vom 6. Oktober 1994 – 4 StR 23/94 – S. 12). Eine solche stellen die Pönalisierung* der Sammlung einem Staat nachteiliger Informationen für und die Bestrafung von deren Weitergabe an eine fremde Macht, an einen fremden Geheimdienst oder an ausländische Organisationen nicht dar. Das gilt um so mehr, wenn man berücksichtigt, in welchem (nahezu hysterischen) Ausmaß die DDR gerade Kontakte Übersiedlungswilliger (und daher durch die Einschränkungen des § 99 StGB/ DDR besonders betroffener) Bürger zu ›nichtsozialistischen‹ Staaten, internationalen Institutionen usw. für existenzgefährdend angesehen hat

(vgl. Nr. 7 – 9 der Verfügung Nr. 143/83 des Vorsitzenden des Ministerrats vom 27. September 1983, UA S. 21).«
(* lat. poena = Strafe. Poenalisierung heißt, ein bestimmtes Verhalten unter Strafe zu stellen – d. Verf.)

Dem sonstigen Revisionsvorbringen der Staatsanwaltschaft Dresden vermochte der Generalbundesanwalt nur wenig, um nicht zu sagen gar nichts, abzugewinnen. Dazu hieß es:

»*Durchgehend stuft die Revision die vom Angeklagten verhängten Strafen als ›grob ungerecht‹, als ›schwere Menschenrechtsverletzung‹, als ›exzessiv‹, als ›grob unverhältnismäßig‹, als in ›unerträglichem Mißverhältnis‹ zur ›Tat‹ stehend usw. ein. Sie vertritt deswegen die Auffassung, daß es sich bei den angeklagten Verurteilungen ausnahmslos um als Rechtsbeugung zu bewertende Willkürakte handle. […] Da die Beschwerdeführerin die sich hierauf beziehenden Urteilsausführungen regelmäßig ohne nähere Substantiierung angreift, ist eine detaillierte Erwiderung nicht möglich.*
Unabhängig davon erscheint ein Hinweis darauf angezeigt, daß auch Gerichte der Bundesrepublik Deutschland gelegentlich auf Strafen erkennen, die der Bundesgerichtshof als ›unvertretbar hoch‹, als den Anforderungen eines gerechten Schuldausgleichs widersprechend und infolgedessen nicht mehr innerhalb des dem Tatrichter eingeräumten Spielraums liegend beurteilt (vgl. BGHR § 46 Abs. 1 Beurteilungsrahmen 11, 12 und Strafhöhe 1, 5, 6). Obwohl durch solche Erkenntnisse höchstrichterlich dokumentiert wird, daß zwischen Tat und Rechtsfolge ein deren Rechtswidrigkeit begründendes Mißverhältnis besteht, käme keine deutsche Staatsanwaltschaft auf den Gedanken, nunmehr gegen den derart gerügten Tatrichter ein Ermittlungsverfahren wegen Verdachts der Rechtsbeugung einzuleiten. Warum die Sachlage hier, obwohl der Angeklagte das Strafmaß jedesmal auf der Grundlage des für ihn maßgebenden Rechts vertretbar und nicht etwa mit sachfremden Erwägungen oder unter Vertuschung von die Menschenrechte schwerwiegend und willkürlich verletzenden Zielvorstellungen begründet hat, eine andere Bewertung erfordern sollte, ist nicht erkennbar.«

Dem war aus meiner Sicht nichts hinzuzufügen. Angesichts der Deutlichkeit der Darlegung ging ich sicher davon aus, daß der Bundesgerichtshof zu keinem anderen Ergebnis mehr würde kommen können. Mit der Stellungnahme des Generalbundesanwalts war die Sache zwar nicht erledigt, weil seine ablehnende Haltung keine Rücknahme der Revision der Staatsanwaltschaft Dresden bedeutete. Der Bundesgerichtshof mußte also auf jeden Fall noch eine eigene Entscheidung treffen. An eine weitergehende Verurteilung im Sinne der Staatsanwaltschaft Dresden glaubte ich indes nicht mehr. Dazu würde es schließlich der Feststellung bedürfen, daß die Urteile von Klaus Braune offensichtlich, also für jeden vernünftig denkenden Juristen auf Anhieb erkennbar, rechtswidrig waren. Das erschien mir nicht mehr möglich. Ich vermochte mir nicht vorzustellen, wie man noch zu einem offensichtlichen Rechtsbruch kommen wollte, nachdem selbst der Generalbundesanwalt in derart deutlichen Worten zu dem Ergebnis gelangt war, daß die Urteile *mit* dem Gesetz der DDR in Einklang standen. Die ohnehin nicht beabsichtigte eigene Erwiderung auf das Vorbringen der Staatsanwaltschaft Dresden hatte sich damit vollends erübrigt.

Meine Revision hielt der Generalbundesanwalt leider ebenfalls für unbegründet.

Der Rüge mangelnder Bestimmtheit der Anklageschrift hielt Bundesanwalt Hecking entgegen, dem wesentlichen Ergebnis der Ermittlungen hätten die erhobenen Vorwürfe ohne weiteres entnommen werden können. Dazu hieß es:

»Berücksichtigt man das, so erweisen sich die erhobenen Beanstandungen als gegenstandslos, weil in der Anklageschrift
– die Sachverhalte, welche die Staatsanwaltschaft dem Angeklagten insoweit zur Last legt, auf den Seiten 97 und 105 (betreffend den Fall Dr. Koch) sowie auf S. 98 (betreffend den Fall Wägner) unmißverständlich konkretisiert sind und
– die rechtliche Würdigung, aufgrund deren die Staatsanwaltschaft die vom Beschwerdeführer getroffenen Entscheidungen für gesetzwidrig erachtet, auf den Seiten 143-151 (hinsichtlich § 219 StGB/DDR), 152-154 (hinsichtlich § 106 StGB/DDR) und 154/155 (hinsichtlich des Verbots übermäßig hoher Strafen) ausdrücklich dargelegt ist.«

Ich versäumte es, noch vor der Hauptverhandlung darauf zu erwidern. Anlaß dazu hätte in doppelter Hinsicht bestanden. Denn zum einen wurde offenkundig, daß sich die Beteiligten im Revisionsverfahren ohne Anstoß nicht mehr mit den von der Kammer festgestellten Rechtsanwendungsfehlern von Klaus Braune befassen würden. Und auch hinsichtlich der Behandlung der Verfahrensrüge boten die Ausführungen von Bundesanwalt Hecking Angriffsfläche. Die Ausführungen zur Bestimmtheit der Anklage entsprachen ganz einfach nicht den Tatsachen. Die Anklage hatte sich nur ganz allgemein dazu geäußert, daß Klaus Braunes Urteile rechtsbeugerisch gewesen seien, weil die angewandten Vorschriften überdehnt worden seien. Am deutlichsten war das bei der Behandlung des Falles Wolfgang Wägner geworden. Die das Urteil des Landgerichts Dresden insoweit entscheidende Feststellung, Staatsanwaltschaft und Klaus Braune hätten die Planmäßigkeit erfunden, um die Verjährung auszuhebeln, war in der Anklage – anders als von Bundesanwalt Hecking behauptet – an keiner Stelle als Vorwurf erhoben worden.

Bundesanwalt Hecking war darauf leider nicht eingegangen. Er hatte sicher seine Gründe. Und ich weiß nicht mehr, aus welchem Grund ich die Stellungnahme des Bundesanwalts Hecking nicht mehr erwiderte.

Hauptverhandlung vor dem BGH

Es kommt in strafrechtlichen Revisionsverfahren nur selten zu einer Hauptverhandlung vor dem Bundesgerichtshof. Überwiegend werden Revisionen im Beschlußwege ohne Hauptverhandlung beschieden. Entscheidungen zu Revisionen von Angeklagten ergehen sogar meist ohne jede Begründung. Auf entsprechenden Antrag des Generalbundesanwalts, der nicht selten auf dem kurzen Dienstweg von dem Berichterstatter beim Bundesgerichtshof durch einen Telefonanruf bei dem zuständigen Dezernenten des Generalbundesanwalts »bestellt« wird, kann die Revision ohne weitere Darlegung als »offensichtlich unbegründet« zurückgewiesen werden. Das ist für den Verurteilten natürlich besonders bitter. Er erfährt nicht einmal, warum sein Rechtsmittel zurückgewiesen wurde. Andererseits ist das durchaus nachvollziehbar, weil jedes Wort des BGH auf die »Goldwaage« gelegt wird und eine veröffentlichungsfähige Entscheidung des BGH bei einem Begründungszwang erheblich erschwert würde.

Meiner Revision war dieses Schicksal zum Glück erspart geblieben. Bundesanwalt Hecking hatte zwar den insoweit erforderlichen Antrag nach § 349 Abs. 2 StPO gestellt. Der Bundesgerichtshof hatte aber davon abgesehen, sie im Beschlußwege zu verwerfen. Stattdessen erhielt ich die Ladung zur Hauptverhandlung vor dem 3. Strafsenat beim Bundesgerichtshof in Karlsruhe. Sie sollte am 8. November 1995 durchgeführt werden.

Klaus Braune hatte beschlossen, an der Verhandlung nicht teilzunehmen, was ihm nach dem Gesetz erlaubt und sicher auch das Beste war. Nur wenige Tage vor meiner Abreise nach Karlsruhe erfuhr ich dann noch, daß der für das Landgericht Berlin zuständige 5. Senat des Bundesgerichtshofes im September 1995 einige Entscheidungen gefällt hatte, die die Schwelle zur Rechtsbeugung präzisierten. Ich konnte mir die noch nicht veröffentlichten Entscheidungen gerade noch rechtzeitig beschaffen. Das Studium gab Veranlassung zur Besorgnis.

Der 5. Strafsenat hatte entschieden, daß in Fällen, in denen selbst bei großzügiger Würdigung der staatlichen Interessen der DDR ein Gesetzesverstoß Bagatellcharakter haben könne, so daß ein unerträglicher und offensichtlicher Menschenrechtsverstoß wegen des Bagatellcharakters vorliegee, eine Verurteilung des damaligen Richters wegen Rechtsbeugung gerechtfertigt sein *könne.*

Ich konnte zwar nicht erkennen, inwieweit dieser Rechtssatz auf das Verfahren gegen Klaus Braune übertragbar sein könnte; auch war der Generalbundesanwalt bei seiner Entscheidung geblieben, die Revision der Staatsanwaltschaft Dresden nicht zu vertreten. Gefährlich waren die Entscheidungen des 5. Senats jedoch allemal. Denn es würde im alleinigen Ermessen des Bundesgerichtshofs liegen, die Schwelle zum »Bagatellcharakter« festzulegen. Damit war zwar ein ähnlich unbestimmter und beinah willkürlich zu definierender Rechtsbegriff im Raum, wie ihn die Tatbestände der von Klaus Braune angewandten Gesetze enthielten, aber was hilft einem das schon?

Die Hauptverhandlung in der Sache gegen Klaus Braune war meine erste Verhandlung vor dem Bundesgerichtshof in einer Strafsache. Von Kollegen und im Rahmen meiner Ausbildung hatte ich vom Ablauf schon einiges gehört. Es war nichts dabei, was freudige Erwartung aufkommen ließ. Der Ablauf bestätigte die Befürchtungen. Die ohnehin vorhandene Nervosität vor dem ersten Auftritt im Hohen Haus wird durch den äußerlichen Rahmen noch verstärkt. Sicherheitsmaßnahmen beim Betreten des Gebäudes geben einen ersten Eindruck von der Bedeutung des Ortes.

Beim BGH gibt es im Unterschied zu den Land- und Oberlandesgerichten auch noch einen Gerichtsdiener, der die Sachen laut und deutlich aufruft sowie das Erscheinen des Hohen Senats ankündigt. Sobald der Vertreter des Generalbundesanwalts, der Verteidiger und etwaige Besucher ihre Plätze eingenommen haben, erscheint der Senat mit dem Vorsitzenden an der Spitze. Das war im 3. Strafsenat zum damaligen Zeitpunkt der Vorsitzende Richter am Bundesgerichtshof Kutzer. Der Senat sitzt auf einer Ebene mit dem Bundesanwalt und deutlich höher als die Verteidigung. Die Vorstellung, daß bei dieser Atmosphäre eine Verhandlung stattfinden könnte, in der die Beteiligten »auf Augenhöhe« miteinander streiten, fiel mir nicht leicht.

Der Vorsitzende Richter Kutzer eröffnete die Verhandlung und führte kurz in den Sachstand ein. Daraufhin verfügte er, daß zunächst die Revision des Angeklagten verhandelt werden sollte. Dazu erteilte er mir das Wort, verbunden mit dem freundlichen, aber bestimmten Hinweis, ich möge es dem Senat ersparen, schriftsätzlich Vorgetragenes zu wiederholen. Ich könne davon ausgehen, daß die Mitglieder des Senats das Urteil des Landesgerichts, meine Revisionsbegründung und die Stellungnahmen der übrigen Beteiligten kennen würden. Wiederholungen seien zeitraubend und deshalb überflüssig.

Glücklicherweise hatte ich schon davon gehört, daß es sich bei diesen Worten um die übliche Einleitung einer Hauptverhandlung vor dem Bundesgerichtshof handelt. Die Worte schüchterten mich deshalb nur wenig ein. Ich war plötzlich auch froh, zu den Verurteilungen von Dr. Wilhelm Koch und Wolfgang Wägner noch nichts geschrieben zu haben. Sonst hätte ich nichts mehr zu sagen gehabt.

Also erhob ich mich, um mit meinem Vortrag zu beginnen. Meine Erinnerung an den weiteren Ablauf ist leider nur noch schwach, aber jedenfalls ging alles sehr schnell. Ich weiß noch, daß ich schon kurze Zeit nach Beginn meiner Ausführungen von einem Senatsmitglied unterbrochen wurde. Von dieser Praxis hatte ich zwar auch schon gehört. Dennoch brachte mich die Unterbrechung völlig aus dem Konzept, zumal ich aufgrund der Gestik und des Gesichtsausdrucks der Senatsmitglieder zu spüren glaubte, daß im Senat offenbar auch menschlich sehr wenig Verständnis für Klaus Braune vorhanden war. Meine Überlegungen zu den Verurteilungen von Dr. Koch und Wolfgang Wägner wurden jedenfalls nicht Gegenstand weiterer Erörterung. Gleiches galt für meinen Vortrag, die Anklage sei nicht hinreichend bestimmt gewesen. Offenbar hatte sich der Senat damit schon befaßt und war zu anderen Ergebnissen gekommen. Eine wirkliche Diskussion kam also gar nicht zustande. Das machte mir schnell klar, daß meine Revision keinerlei Aussicht auf Erfolg hatte, zumal der Senat auch die schriftsätzlich vorgetragenen Rügen nicht aufgriff, um sie mit dem Bundesanwalt oder mir zu erörtern. Daß meine Revision nicht ohne Hauptverhandlung als offensichtlich unbegründet zurückgewiesen worden war, muß allein der Tatsache zugerechnet werden, daß sich durch Vorgehen der Staatsanwaltschaft Dresden ohnehin eine Hauptverhandlung erforderlich gemacht hatte.

Alsdann wandte sich der Vorsitzende Bundesanwalt Hecking zu, der die ablehnende Stellungnahme zur Revision der Staatsanwaltschaft Dresden verfaßt hatte. Von der Staatsanwaltschaft Dresden war niemand erschienen. Also erteilte der Vorsitzende Bundesanwalt Hecking das Wort, um die Revision der Staatsanwaltschaft zu begründen. Und zu meiner größten Überraschung erklärte Bundesanwalt Hecking plötzlich, die Revision der Staatsanwaltschaft Dresden nun doch zu vertreten. Das würde zwar nicht für die Revision insgesamt gelten. Angesichts der unlängst ergangenen Entscheidungen des 5. Senats habe er seine Meinung aber hinsichtlich einiger Fälle geändert.

Der selbe Bundesanwalt, der die Revision der Staatsanwaltschaft Dresden noch vor wenigen Monaten »zerfetzt« hatte und die Übereinstimmung der Urteile meines Mandanten mit dem StGB/DDR mit sehr deutlichen Worten hervorgehoben hatte, äußerte sich nun plötzlich dahingehend, die Entscheidungen von Klaus Braune seien in vier Fällen offensichtlich rechtswidrig und damit rechtsbeugerisch gewesen. Betroffen wären die Fälle 10 und 11 der Anklage. Dazu machte Bundesanwalt Hecking noch ergänzende Ausführungen. Es handele sich jeweils um *Bagatellfälle*, in denen die Verurteilungen zu mehrjährigen Haftstrafen offensichtlich rechtswidrig gewesen seien. Klaus Braune habe sich deshalb in beiden Sachen wegen Rechtsbeugung strafbar gemacht.

Ich beeilte mich, während des Vortrags nach den Fällen 10 und 11 zu suchen. Anklageschrift und Urteil war zu entnehmen, daß es sich um Fälle handelte, in denen Klaus Braune wegen landesverräterischer Nachrichtenübermittlung, öffentlicher Herabwürdigung und Beeinträchtigung staatlicher Tätigkeit bzw. mehrfacher landesverräterischer Nachrichtenübermittlung verurteilt hatte. Im Verfahren vor dem Landgericht waren es gewöhnliche Sachen gewesen. Sie wiesen zu den übrigen Verfahren, in denen landesverräterische Nachrichtenübermittlung geahndet worden war, keine Besonderheiten auf, jedenfalls waren mir keine aufgefallen.

In seiner Stellungnahme zur Revision der Staatsanwaltschaft Dresden hatte Bundesanwalt Hecking noch beinahe mißbilligend ausgeführt:

»Zu dem für Fall 10 von der Beschwerdeführerin geltend gemachten Einwand, bei menschenrechtsfreundlicher Betrachtung gebe es gegen das festgestellte Verhalten der Eheleute Hannelore und Günter Schopies ›insbesondere strafrechtlich nichts zu erinnern‹, ist mangels Konkretisierung dieser Wertung eine Erwiderung nicht möglich.«

Das hatte ich genauso gesehen. Plötzlich war nun alles anders.

Doch bevor ich dazu übergehen konnte, mich auf eine Erwiderung vorzubereiten, stellte ich fest, daß die Mitglieder des 3. Strafsenats von den Ausführungen des Bundesanwalts noch überraschter waren als ich. Im Gegensatz zu mir wurde er bei seinen Ausführungen allerdings nicht unterbrochen.

Nachdem er mit dem Antrag geendet hatte, die Freisprüche in den Fällen 10 und 11 aufzuheben und die Sache zur nochmaligen Verhandlung zurückzuverweisen, ergriff der Vorsitzende das Wort. Er fragte, ob Bundesanwalt Hecking sicher sei, die Fälle 10 und 11 zu meinen. Der Senat sei nach der Vorberatung der Meinung, die Freisprüche seien in diesen beiden Sachen nicht zu beanstanden; stattdessen erwäge der Senat, die Freisprüche zu den Fällen 7, 8, 17 und 18 aufzuheben.

Bundesanwalt Hecking blieb jedoch bei seiner Meinung. Bundesanwaltschaft und Bundesgerichtshof konnten sich also nicht darüber einigen, was wegen Bagatellcharakters *offensichtlich* rechtswidrig war.

Der kurze Disput zwischen Gericht und Bundesanwalt beendete meine Überlegungen zur Erwiderung auf die Ausführungen des Bundesanwalts Hecking zu den Fällen 10 und 11. Der Senat hatte hinreichend deutlich mitgeteilt, die Auffassung des Bundesanwalts nicht zu teilen. Also mußte ich mich damit nicht mehr befassen, zumal ein Rüffel wegen überflüssiger Wiederholung gedroht hätte.

Stattdessen suchte ich nach Besonderheiten in den Fällen 7, 8, 17 und 18. Dazu hatte ich nur wenige Minuten Zeit. Das war sehr wenig, zumal die besondere Bedeutung dieser Sachen erstmals in der Hauptverhandlung vor dem Bundesgerichtshof zu Tage trat. Auch der Bundesanwalt hatte Besonderheiten dieser Fälle nicht gesehen. In der kurzen, mir zur Verfügung stehenden Zeit fiel mir mit Ausnahme des tragischen Schicksals von Ruth Rutsch, das den Fall 7 bildete, ebenfalls nichts auf, was den Verfahren den Charakter des Außergewöhnlichen hätte verleihen können. Fall 8 war sogar eines der Verfahren, in denen das Landgericht den Freispruch besonders kurz begründet hatte. Dazu hatte es lapidar ausgeführt:

»Der Angeklagte konnte die von Monika und Wolfgang Wagner (nicht zu verwechseln mit Wolfgang Wägner – d. Verf.) an die IGfM weitergeleiteten Informationen als Nachrichten im Sinne von § 99 Abs. 1 StGB werten. Die Höhe der ausgesprochenen Strafe war im Hinblick auf die Mindeststrafe von zwei Jahren und die von ihm festgestellte Gesellschaftsschädlichkeit und Intensität der Tatbegehung als mit den Strafzumessungsgrundsätzen des § 61 StGB noch vereinbar anzusehen.«

Ähnlich knapp waren die Urteilsgründe zu den Fällen 17 und 18 ausgefallen. Klaus Braune hatte zwei Ehepaare verurteilt, die sich mit der IGfM in Verbindung gesetzt hatten, um ihrem Ausreisewunsch Nachdruck zu verleihen. Das Landgericht hatte in beiden Fällen jeweils nicht einmal eine Seite gebraucht, um die Verurteilung zu rechtfertigen.

Es fiel mir schwer, überhaupt noch irgend etwas zu erwidern. Weitere Ausführungen meinerseits wären wohl auch überflüssig gewesen. Den Darlegungen des Senats war zu entnehmen, daß sich das Gericht längst festgelegt hatte. Dabei war das Pendel in dem auch schon vom Landgericht kritisch beäugten Fall Ruth Rutsch zu ungunsten des Angeklagten ausgeschlagen. Und daneben wollte der 3. Strafsenat – wie der Vorsitzende erläuterte – eine vom 5. Senat bereits gezogene Linie zwischen »offensichtlich rechtsbeugerisch« und »gerade noch vertretbar« übernehmen. Sie verlief in Abhängigkeit vom Gegenstand der damaligen Anklagen. Bildete »lediglich« eine Kontaktaufnahme zur IGfM oder einer ähnlichen Organisation den Gegenstand der Anklage, hätte Klaus Braune nicht wegen landesverräterischer Nachrichtenübermittlung, sondern allenfalls wegen ungesetzlicher Verbindungsaufnahme verurteilen dürfen. Die gleichwohl erfolgte Verurteilung wegen landesverräterischer Nachrichtenübermittlung verwirklichte nach Auffassung des Gerichts also den Tatbestand der Rechtsbeugung.

Das Ergebnis der Verhandlung hatte danach festgestanden, bevor sie überhaupt begonnen hatte. Der Senat hatte weder meine Überlegungen zu den Fällen Dr. Wilhelm Koch und Wolfgang Wägner noch die Überlegungen des Bundesanwalts Hecking zu den Fällen 10 und 11 zum Anlaß genommen, eine offene Diskussion zu führen. Mich hatte man nicht einmal ausreden lassen, und über die Ausführungen des Bundesanwalts hatte sich der Senat nur gewundert, ohne sich damit auseinanderzusetzen.

Der 5. Senat in Berlin hatte die Linie vorgegeben, und der 3. Senat in Karlsruhe schloß sich dem an. Damit stand fest, was zu DDR-Zeiten wegen Bagatellcharakters »*offensichtlich rechtswidrig*« war. Daran war nun nichts mehr zu ändern. Das war alles in allem ein überaus frustrierendes Erlebnis, das sich glücklicherweise in späteren Verhandlungen vor dem BGH nie mehr wiederholte.

Nachdem ich den Gerichtssaal verlassen hatte, rief ich Klaus Braune an. Ich berichtete ihm von der Verhandlung, versuchte aber, ihm ein wenig Mut zu machen. Seinen Reaktionen entnahm ich, daß er sich ohnehin nicht viel Hoffnung gemacht hatte.

Das Urteil des BGH

Eine Woche nach der Verhandlung verkündete der 3. Strafsenat seine angekündigte Entscheidung. Die Revision des Angeklagten wurde verworfen; auf die – insoweit nicht vom Generalbundesanwalt vertretene – Revision der Staatsanwaltschaft wurde das Urteil aufgehoben, soweit der Angeklagte in den Fällen 7, 8, 17 und 18 freigesprochen worden war. Die weitergehende Revision der Staatsanwaltschaft wurde verworfen.

Das Urteil befaßte sich immerhin mit meiner Verfahrensrüge. Das war nicht selbstverständlich. Es führte dazu aus:

»*Erfolglos rügt der Angeklagte die Tatschilderung in der Anklage als unzulänglich. Das ihm als Rechtsbeugung und Freiheitsberaubung zur Last gelegte Verhalten ist bei zulässiger Berücksichtigung der den Anklagesatz ergänzenden Darlegungen im wesentlichen Ergebnis der Ermittlungen auch in dem Sinne ausreichend gekennzeichnet, daß der Angeklagte in die Lage versetzt war, sich sachgerecht zu verteidigen. Im Abschnitt D des wesentlichen Ergebnisses der Ermittlungen ist unter II (›Verstoß gegen §§ 244, 131 StGB/DDR – objektiver Tatbestand‹) in zusammenfassender Darstellung näher ausgeführt, worin der Vorwurf gesetzeswidriger Entscheidung nach Auffassung der Anklagebehörde begründet ist. Dabei werden die Fälle Dr. Koch und Wägner – wenn auch nur kurz – ausdrücklich erwähnt (Seiten 152 ff. der Anklageschrift vom 21. August 1992). Daß die zum Schuldspruch führenden Erwägungen des Landgerichts detaillierter sind als die Ausführungen der Anklage und damit auch nicht voll übereinstimmen, stellt die Wahrung der Informationsfunktion durch die Anklage nicht in Frage. Eine zulässige Verfahrensrüge nach § 265 Abs. 4 StPO hat der Beschwerdeführer nicht erhoben. Er verkennt ohnehin, daß eine Belehrung in Form eines Rechtsgesprächs nicht erforderlich ist und das Gericht deshalb, zumal bei einem rechtskundigen Angeklagten, auch nicht bekanntzugeben braucht, auf welche Erwägungen es die Anwendung der Strafnorm im einzelnen stützen will (vgl. BGHR StPO § 265 I Hinweispflicht 2).«*

Diese Darlegungen waren in tatsächlicher Hinsicht falsch. Sie wurden auch nicht deshalb richtig, weil der Bundesgerichtshof die diesbezüglichen Behauptungen des Bundesanwalts übernahm. Entgegen der Darstellung fand sich in der Anklage nicht der geringste Hinweis darauf, Klaus Braune würde im Verfahren Wolfgang Wägner eine Umgehung der Verjährung vorgeworfen bzw. dessen Verhalten sei nicht planmäßig im Sinne des Gesetzes gewesen. Das Zugeständnis, die Ausführungen in der Anklage würden mit dem Gegenstand der Verurteilung nicht voll übereinstimmen, war deshalb viel zu kurz gegriffen. Und Veranlassung zu einem Aussetzungsantrag (§ 265 IV StPO) hatte – bezogen auf die Fälle Wägner und Koch – nicht bestanden, weil die zur Verurteilung führenden Gesichtspunkte während der Hauptverhandlung überhaupt nicht mitgeteilt worden waren.

Es dürfte entgegen den Ausführungen des BGH wohl auch eine Selbstverständlichkeit sein, einem wegen Rechtsbeugung vor Gericht stehenden Richter zu erklären, welche gedanklichen Schritte rechtsbeugerischen Charakter gehabt haben sollen, damit er sich dazu erklären kann. Die Argumentation des Bundesgerichtshofs dazu war geradezu hilflos.

Mit Überlegungen zur Tatbestandsmäßigkeit des Verhaltens von Wilhelm Koch und Wolfgang Wägner hielt sich das Gericht erst gar nicht lange auf. Meine in der Verhandlung vor dem BGH geäußerten Erwägungen, Wilhelm Koch hätte möglicherweise keine staatsfeindliche Hetze, immerhin aber eine ungesetzliche Verbindungsaufnahme

begangen, als er sich mit der Solidarnosc in Verbindung gesetzt hätte, fanden im Urteil keine Erwähnung. Statt dessen hieß es: »Zutreffend hat das Landgericht zum Fall Dr. Wilhelm Koch dargelegt, daß die Anwendung des § 106 StGB/DDR (staatsfeindliche Hetze) und des § 219 Abs. 1 Nr. 1 StGB/DDR (ungesetzliche Verbindungsaufnahme) von dem im Urteil des Angeklagten festgestellten Sachverhalt offensichtlich nicht getragen wurde. Aus der vom Angeklagten als staatsfeindliche Hetze gewerteten, auf Streikaktionen anspielenden Äußerung in den Briefen von Dr. Koch, daß ›bei hinreichend bekannten Informationspraktiken über lange Zeit nur von ›Arbeitsunterbrechungen‹ die Rede sein durfte‹, konnte ein zur Tatbestandserfüllung notwendiger Angriff auf die verfassungsmäßigen Grundlagen der sozialistischen Staats- und Gesellschaftsordnung der DDR nicht abgeleitet werden. Auch fehlte es in den Briefen von Dr. Koch an jedem Anhalt, daß er aus einer nach damaliger Rechtsauffassung zur Erfüllung des subjektiven Tatbestandes vorausgesetzten staatsfeindlichen Gesinnung heraus gehandelt hatte.
Schließlich ist es selbst bei Berücksichtigung der damals herrschenden Rechtsvorstellungen nicht erkennbar, daß die in den Briefen enthaltenen Informationen über die Einstellung gegenüber der Gewerkschaft Solidarnosc, wie zur Verwirklichung des Tatbestandes nach § 219 Abs. 2 Nr. 1 StGB/DDR notwendig, geeignet waren, den Interessen der DDR zu schaden. Vielmehr bedeutet die Anwendung beider Strafvorschriften eine Überdehnung der Tatbestände, die angesichts der verhängten Freiheitsstrafe von einem Jahr und vier Monaten wegen der Unerträglichkeit des Gerechtigkeitsverstoßes selbst dann nicht mehr hinnehmbar wäre, wenn sich die Rechtsanwendung auf eine damals herrschende Rechtsprechungspraxis hätte stützen können. Es geht in Wahrheit um die Unterdrückung des politisch Andersdenkenden unter Mißbrauch des politischen Strafrechts in einem Fall, in dem die durch §§ 106, 219 StGB/DDR geschützten Interessen auch nach damaliger Sicht nicht gefährdet sein konnten. Die Schlußfolgerung des Landgerichts, daß der Angeklagte bei der objektiv gesetzwidrigen Entscheidung auch wissentlich im Sinne von § 244 StGB/DDR handelte, ist bei dem festgestellten Sachverhalt nicht nur möglich, sondern liegt angesichts der Offensichtlichkeit der Gesetzwidrigkeit und der in Auswertung seiner Urteile festgestellten Rechtskenntnisse des Angeklagten nahe.«
Der BGH argumentierte nicht, der Senat behauptete lediglich,

das Landgericht habe richtig entschieden. Mehr muß ein Gericht, dessen Entscheidungen unanfechtbar sind, offenbar nicht tun. Auch im Fall Wolfgang Wägner war das nicht wesentlich anders, zu dem das Urteil zur »Planmäßigkeit« ausführte:

»Gleichfalls nicht mehr hinnehmbar ist die zur Anwendung einer Tatbestandsqualifikation mit höherer Strafe führende Annahme, Wolfgang Wägner habe bei der Abfassung und im Hinblick auf die Verbreitung des Manuskripts mit einer gegenüber der bloßen Tatbestandserfüllung deutlich erhöhten Intensität und damit ›planmäßig‹ im Sinne von § 106 Abs. 2 Alt. 2 StGB/DDR gehandelt. Wie das Landgericht ohne Rechtsfehler dargelegt hat, fehlte es bei den vorhandenen Beweisen, selbst bei Zugrundelegung der damals herrschenden Auslegungsgrundsätze, offensichtlich an einer ausreichenden Grundlage für eine solche straferschwerende Beurteilung.«

Das Urteil wandte sich alsdann den »Bagatellfällen« zu. Dazu hieß es:

»Die Verhängung längerer Freiheitsstrafen in solchen Fällen, denen selbst bei denkbar großzügiger Würdigung der staatlichen Interessen der DDR und der damals herrschenden Rechtsvorstellungen geringe Bedeutung oder gar schon Bagatellcharakter zukam, stellt in der Regel einen unerträglichen und offensichtlichen Verstoß gegen die auch in der DDR gültigen Elementargebote der Gerechtigkeit und des völkerrechtlich anerkannten Menschenrechtsschutzes dar. Das hat der 5. Strafsenat des Bundesgerichtshofs in seinem Urteil vom 15. September 1995 – 5 StR 642/94, unter C III 2 b – für einen ähnlichen Fall der Anwendung des § 99 StGB/DDR mit zutreffenden, in ihrer Bedeutung über den konkreten Sachverhalt hinausgehenden Gründen näher dargelegt. Der Senat schließt sich dieser Beurteilung, die auch für § 100 StGB/DDR gelten muß, in den maßgeblichen Erwägungen an.

aa) Für die Festlegung der äußersten Grenzen zulässiger Auslegung von Strafgesetzen ist im Falle von Strafbestimmungen, bei denen sich eine durch unbestimmte Rechtsbegriffe bedingte Weite des Anwendungsbereichs auf der Tatbestandsseite mit einer extrem hohen Strafdrohung auf der Rechtsfolgeseite verbindet, ein Mindestmaß auf Bemühung um einschränkende Anwendung unverzichtbar. Ein solches Minimum an Restriktionsbemühung war auch im Falle der §§ 99, 100 StGB/DDR offensichtlich geboten. Sollten die Grenzen zur willkürlichen, elementaren Gerechtigkeitsgebote mißachtenden Anwendung der §§ 99, 100 StGB/DDR nicht überschritten werden, durften zumindest die unbestimmten Rechtsbegriffe des ›Interessennachteils‹ und der ›Interessenschädigung‹ nur zurückhaltend bejaht werden (vgl. BGH, Urteil vom 15. September 1995 – 5 StR 642/94 – unter C III 2 b).

Aus der systematischen Stellung des § 99 StGB/DDR, aber auch aus der Rechtsnatur des mit hoher Strafe bedrohten Verhaltens eines Nachrichtenübermittlungsdelikts folgt für eine am Sinn und Zweck der Norm ausgerichtete, den Vorwurf der Willkür vermeidende Auslegung des § 99 StGB/DDR, daß die Interessenverletzung gerade aus dem durch die Informationsweitergabe bedingten Wissenszuwachs auf der Empfängerseite folgen und ein gewisses Gewicht aufweisen mußte (BGH a.a.O.).

In aller Regel fehlte es nach Auffassung des Senats daran offensichtlich in den Fällen, in denen die übermittelten Informationen sich auf die Schilderung der eigenen persönlichen Verhältnisse und der Ausreisebemühungen beschränkten oder darüber nur unwesentlich hinausgingen. Der aus solchen ›Nachrichten‹ folgende Informationszuwachs auf der Empfängerseite war regelmäßig denkbar gering. Daß das DDR-Regime seinen Bürgern grundsätzlich keine Ausreisefreiheit zubilligte, war – auch aus der Sicht der DDR – weitgehend bekannt. Der Informationswert der übermittelten Schilderungen beschränkte sich daher in der Regel darauf, daß die Betroffenen lediglich einen nicht besonders gelagerten Einzelfall aus einer Vielzahl gleichartiger Fälle repräsentierten (BGH a.a.O.).

Gemessen am Schutzgut des § 100 StGB/DDR waren von ähnlich minderem Gewicht die Fälle bloßer hilfesuchender Kontaktaufnahme von ausreisewilligen DDR-Bürgern zu amtlichen Stellen der Bundesrepublik Deutschland oder Hilfsorganisationen, wenn es zu weiterem nicht kam. Dazu stand die hohe Strafdrohung des § 100 StGB/DDR außer Verhältnis.

bb) Allerdings wird auch in solchen Fällen minderer Bedeutung ein Strafbedürfnis aus der von Furcht vor Ansehensverlusten des SED-Regimes geprägten Sicht der DDR-Justiz nicht völlig zu bestreiten und noch nicht als willkürlich zu bezeichnen sein. Um diesem Strafbedürfnis unter dem Gesichtspunkt eines ›Ansehensschadens‹ der DDR zu genügen, gleichzeitig aber auch grob ungerechte, menschenrechtswidrige Ergebnisse zu vermeiden, kam jedoch die Anwendung des § 219 StGB/DDR mit seiner minderen Strafdrohung von Freiheitsstrafe bis zu fünf Jahren, Verurteilung auf

Bewährung oder Geldstrafe in Betracht (vgl. BGH a.a.O. und BGH, Urteil vom 15. September 1995 – 5 StR 168/95 – unter C I 2).

In Teilbereichen hat die Rechtsprechung der DDR dem Gebot restriktiver Anwendung der §§ 99, 100 StGB/DDR selbst schon Rechnung getragen. Nach den Feststellungen des Landgerichts ergaben sich nämlich einschränkende Tendenzen in der Anwendung von § 99 StGB/DDR insofern, als das Oberste Gericht der DDR zu einem nicht näher festzulegenden Zeitpunkt, etwa Anfang 1982, seine Rechtsprechung dahin änderte, daß die Mitteilung der sogenannten kleinen Personalien des Ausreisewilligen und der Tatsache, daß ein Ausreiseantrag gestellt wurde, nicht mehr als die Übermittlung von Nachrichten und offizielle Stellen der Bundesrepubklik Deutschland nicht mehr als Einrichtunen oder Vertreter einer fremden Macht im Sinne des § 99 StGB/DDR angesehen wurden (UA S. 223). Die Folge war, daß die Mitteilung von Informationen, die über die sogenannten kleinen Personalien und die Tatsache des Ausreiseantrags hinausgingen, als ungesetzliche Verbindungsaufnahme nach § 219 Abs. 2 Nr. 1 StGB/DDR gewertet wurde, wenn sie an offizielle Stellen der Bundesrepublik Deutschland gerichtet war, dagegen nach wie vor als landesverräterische Nachrichtenübermittlung nach § 99 StGB/DDR, wenn diese ›Nachrichten‹ für ›feindliche‹ Organisationen in der Bundesrepublik Deutschland bestimmt waren. Für den Bereich des § 100 StGB/DDR wirkte sich die Rechtsprechungsänderung insofern aus, als die Verbindungsaufnahme zu offiziellen Stellen der Bundesrepublik Deutschland nicht mehr erfaßt wurde.

cc) Diese einschränkenden Tendenzen in der DDR-Rechtsprechung reichten zur Vermeidung unerträglicher Ergebnisse jedoch nicht aus. In den Fällen minderen Gewichts, in denen es allein um die bloße hilfesuchende Kontaktaufnahme oder doch nur um die Weitergabe von Informationen über das persönliche Schicksal des Ausreisewilligen und seine Ausreisebemühungen ging, bedeutete die Verhängung längerer Freiheitsstrafe einen groben, unerträglichen Verstoß gegen das auch die Strafzumessung nach dem Strafrecht der DDR bindende Verhältnismäßigkeitsprinzip und zugleich eine gesetzwidrige Entscheidung nach § 244 StGB/DDR. Dies gilt allerdings nur als ein allgemeiner, richtungsweisender Grundsatz, der auch Ausnahmen erfährt. In diesem Sinne versteht der Senat auch die Ausführungen des 5. Strafsenats (in seinen Urteilen vom 15. September 1995 – 5 StR 642/94 – unter C III 2 b und 5 StR 68/95 – unter C II

2 b), wonach im Fall bloßer Kontaktaufnahme zu offiziellen Stellen der Bundesrepublik Deutschland und der Mitteilung von Kopien des Ausreiseantrags regelmäßig nicht mit vollstreckbarer Freiheitsstrafe reagiert werden durfte, sofern nicht erschwerende Umstände vorlagen. Entscheidend für die Feststellung unerträglicher und offensichtlicher Menschenrechtswidrigkeit kann nur eine Gesamtwürdigung aller dafür aussagekräftigen Gesichtspunkte des Einzelfalls sein, insbesondere die Prüfung, ob – nach damaliger Rechtsvorstellung – erschwerende Umstände hinzutraten, welche die Verhängung einer sonst nicht vertretbaren längeren Freiheitsstrafe in solchen Fällen als noch hinnehmbar erscheinen lassen.«

Damit wußten endlich alle, was offensichtlich rechtsbeugerisch war. Es war nicht mehr wichtig, daß weder die Staatsanwaltschaft Dresden noch das Landgericht Dresden noch der Generalbundesanwalt an die dargelegten Kriterien zur Differenzierung zwischen gesetzmäßigem und rechtsbeugerischen Verhalten auch nur gedacht hatten, sondern im Gegenteil jedenfalls das Landgericht Dresden und der Bundesanwalt Hecking zu einem ausdrücklich anderen Ergebnis gekommen waren. Bundesanwalt Hecking hatte sogar darauf hingewiesen, Klaus Braune wäre von der DDR-Justiz wegen Rechtsbeugung verfolgt worden, wenn er nicht wie erkannt entschieden hätte.

Unwichtig war auch geworden, daß sich der aus der Kontaktaufnahme mit der IGfM und ähnlichen Organisationen ergebende Informationsfluß in den Westen zu Anzahl und Identität der Ausreisewilligen nebst der Behandlung von deren Ausreiseanträgen der Bundesrepublik erhebliche Propagandamöglichkeiten eröffnete, die auch genutzt worden waren. Eine nicht unerhebliche Beeinträchtigung der staatlichen Interessen der DDR lag also auch in den Fällen auf der Hand, in denen es nach der Analyse des BGH zu offensichtlich rechtswidrigen Verurteilungen gekommen war. Der BGH mußte sich mit all dem jedoch nicht auseinandersetzen. Der Senat mußte die gewonnenen Erkenntnisse nur noch auf die Einzelfälle übertragen. Das tat er.

Erschüttert – und das blieb bei allem Ärger über das Urteil für mich nachvollziehbar – war der Senat offenbar auch über das Schicksal von Ruth Rutsch. Ihr Fall stellte selbst unter Zugrundelegung der soeben gewonnenen Erkenntnisse von der Offensichtlichkeit rechtsbeugerischen Verhaltens eine Besonderheit dar. Dazu hielt das Urteil fest:

»*Verletzt ist das Verbot grausamen, übermäßig harten Strafens auch im Fall Ruth Rutsch, der sich allerdings von den übrigen Fällen der Verurteilung nach § 99 oder § 100 StGB/DDR insofern unterscheidet, als kein Zusammenhang mit Ausreisebemühungen besteht. Ruth Rutsch, die im Zeitpunkt ihrer Verurteilung bereits im Rentenalter stand, war von ihrem aus politischen Gründen inhaftierten Sohn wiederholt bedrängt worden, einen ihr zugesteckten Kassiber in Abschriften an Personen in der Bundesrepublik Deutschland zum Zweck der Veröffentlichung weiterzuleiten. Erst als ihre Bemühungen, ihren Sohn bei mehreren Haftbesuchen von seinem Verlangen abzubringen, gescheitert waren, er vielmehr für den Fall weiterer Weigerung mit Selbstmord gedroht hatte, gab sie nach und sandte von ihr gefertigte Abschriften während eines Besuchs in Polen an drei unbekannt gebliebene Personen in der Bundesrepublik. [...]*
Die Anwendung des § 99 Abs. 1 StGB/DDR auf das Verhalten der Verfolgten mit dem dadurch eröffneten Strafrahmen von zwei bis zwölf Jahren Freiheitsstrafe überschreitet die Grenze hinnehmbarer Gesetzesinterpretation. Daß durch die Äußerungen eines im Gewahrsam des SED-Regimes befindlichen Strafgefangenen, deren Weiterleitung die ›Einrichtung‹ der ›fremden Macht‹, die deutsche Botschaft in Warschau, ja gerade abgelehnt hatte und die zudem einen objektiv nicht eingetretenen Fall betrafen, die Interessen der DDR beeinträchtigt werden konnten, lag fern. Der Nachteil für die DDR wird daher auch in den Gründen des Urteils gegen Ruth Rutsch bezeichnenderweise wesentlich aus der ›Zielstellung‹ des Sohnes abgeleitet. Um einem insoweit aus der Sicht der DDR-Justiz bestehenden Strafbedürfnis zu genügen, hätte aber die bei der Weite des Tatbestandes auch hinsichtlich des Kontakts zur Botschaft in Warschau alternativ in Betracht kommende Anwendung des § 219 Abs. 1 Nr. 2 StGB/DDR ausgereicht. Selbst unter dem Gesichtspunkt dieser Strafvorschrift liegen Unrecht und Schuld der Verfolgten am unteren Rand. Um die – offensichtlich nicht gegebene – ›hohe Gesellschaftsgefährlichkeit‹ des Verhaltens von Ruth Rutsch in den Urteilsgründen zu belegen, griff der Angeklagte denn auch zum Mittel der Vermutung. Obwohl die drei Personen, denen Abschriften des Kassibers übersandt wurden, nach dem vom Landgericht mitgeteilten Sachverhalt nicht bekannt waren, nahm der Angeklagte ohne erkennbare Beweisgrundlage an, daß sie mit ›verschiedenen‹ als feindlich eingeschätzten Organisationen ›in Verbindung‹ standen. Die auf das Beispiel der Internationalen Gesellschaft für Menschenrechte bezogenen Ausführungen blie-

ben ohne konkreten Bezug zum Fall. Die Deutung des Landgerichts, der Angeklagte habe mit diesen Erwägungen zur Strafzumessung (möglicherweise) lediglich die Gefahr dartun wollen, daß die übermittelten ›Nachrichten‹ an feindliche Organisationen gelangen konnten, steht im Gegensatz zur ausdrücklichen Annahme einer ›Verbindung‹ der unbekannten Adressaten zu ›verschiedenen‹ Organisationen.

Klaus Braune erfuhr nun erstmals im Urteil des Revisionsgerichts, weshalb er sich bei der Verurteilung von Ruth Rutsch strafbar gemacht hatte. Das Landgericht hatte bei der Einordnung des Verhaltens von Ruth Rutsch unter § 99 StGB/DDR keinerlei Probleme gehabt. Dazu hatte es geheißen: »Der Angeklagte konnte die Verurteilung von Ruth Rutsch auf einen Verstoß gegen § 99 StGB stützen. Die Informationen, die Ruth Rutsch an die Botschaft der Bundesrepublik weitergegeben hatte, konnten als Nachrichten im Sinne dieses Straftatbestandes gesehen werden. Aus der Sichtweise des Angeklagten konnten die darin enthaltenen Informationen, in denen letztlich ein politischer Widerstand innerhalb der DDR gegen Maßnahmen anderer Staaten angekündigt wurde, als für die DDR nachteilig gewertet werden.«

Weder in der Revisionsbegründung der Staatsanwaltschaft Dresden noch in der Stellungnahme der Generalbundesanwaltschaft war in Zweifel gezogen worden, daß die von Ruth Rutsch übermittelten Nachrichten die für § 99 StGB/DDR erforderliche Qualität hatten. Erstmals der Bundesgerichtshof stellte das jetzt in Abrede, ohne sich damit zu befassen, daß die Weiterleitung von Informationen zur Widerstandsbereitschaft von Insassen in einem Gefängnis der DDR im Falle einer Eskalation der Entwicklung in Polen durchaus geeignet gewesen wären, den Interessen der DDR zu schaden. Entgegen den Annahmen des BGH hatte Klaus Braune die Beeinträchtigung dieser Interessen auch nicht vornehmlich aus einer abstrakten Zielstellung des Sohnes von Ruth Rutsch abgeleitet. Das Urteil von Klaus Braune hatte dazu vielmehr ausgeführt: »Die Übergabe erfolgte zum Nachteil der Interessen der Deutschen Demokratischen Republik. Dieser Interessennachteil ergibt sich bereits aus dem Inhalt, aber auch aus der Zielstellung, die damit verfolgt wurde [...] Er erwartete zum Zeitpunkt, da er in einen Hungerstreik tritt, eine öffentliche Bekanntmachung desselben in der Bundesrepublik und damit Ausüben von Druck auf die staatlichen Organe der Deutschen Demokratischen Republik von außerhalb der Grenzen der DDR.«

Weiterhin nutzte der BGH die verkürzten Darlegungen des Landgerichts Dresden, um einen Tatnachweis zu Lasten des Angeklagten zu führen. Denn das Landgericht hatte zwar in der Tat nicht wiedergegeben, an wen Ruth Rutsch die Briefe versandt hatte. Dennoch war es falsch, Klaus Braune habe keine Feststellungen zur Identität dieser Personen getroffen. In seinem Urteil hatte er die Personen vielmehr namentlich benannt. Und er hatte festgestellt, daß sie Verbindungen zu Organisationen ähnlich der IGfM hätten. Die Darlegung des Senats, Klaus Braune habe mit Vermutungen gearbeitet, war also eine leicht zu widerlegende Unterstellung.

Die ausführlichen Erwägungen von Klaus Braune zur Strafzumessung, die ihn beim Landgericht noch gerettet hatten, wertete der BGH als Indiz für ein erhöhtes Schuldgefühl. Und vollkommen unberücksichtigt blieb ein weiterer Aspekt, der für mich bis heute die Grundlage meiner Überzeugung bildet, daß Ruth Rutsch nicht Opfer einer Rechtsbeugung wurde, sondern wegen einer Tat verfolgt wurde, die von Braune nun einmal als gesetzwidrig und ahndungswürdig angesehen wurde. Bis heute habe ich jedenfalls keine andere Antwort auf die Frage: Warum nutzt ein Justizapparat eigens zur willkürlichen Verfolgung politisch Andersdenkender geschaffene Gesetze ausgerechnet dazu, um eine 61jährige, politisch gänzlich unverdächtige, selbst nicht einmal ausreisewillige und angesichts der Selbstmorddrohung ihres Sohnes erkennbar verzweifelte Frau zu einer Freiheitsstrafe von drei Jahren und drei Monaten zu verurteilen und diese Frau auch tatsächlich einzusperren? Das hätte doch überhaupt keinen Sinn gemacht.

Leider sollte es nach dem Urteil des Bundesgerichtshofs keine Gelegenheit mehr geben, diese und andere Fragen vor Gericht zu erörtern. Das Urteil hatte sämtliche diesbezüglichen Diskussionen erledigt. Es hatte Fakten geschaffen, mit denen wir uns abfinden mußten, so bitter das auch war. Zwar waren 22 der 26 Freisprüche rechtskräftig geworden; über die sechs verbliebenen Fälle würde aber niemand mehr mit uns diskutieren.

Insoweit stand unumstößlich fest, daß Klaus Braune verurteilt werden würde. Maximal 2 Jahre Freiheitsstrafe konnten von Rechts wegen überhaupt zur Bewährung ausgesetzt werden. Eine nunmehr rechtskräftige Verurteilung wegen der Fälle Dr. Wilhelm Koch und Wolfgang Wägner brachten wir bereits mit. Die hatten beim ersten Mal für eine Freiheitsstrafe von einem Jahr und sechs Monaten gereicht. Jetzt kamen noch vier weitere Verurteilungen hinzu.

5. Kapitel: Zurück zum Landgericht

Die Akten wurden noch im Dezember 1995 zurück nach Dresden gesandt. Zuständig war zunächst die 1. Strafkammer, deren Vorsitzender damals der Vorsitzende Richter am Landgericht Dr. Scholl war.

Die 1. Kammer war zugleich die Schwurgerichtskammer, also zuständig für schwere Kapitalverbrechen. Unter dem Vorsitz von Dr. Scholl hatte ich schon einige Male verhandelt. Er war ein aus Baden-Württemberg abgeordneter Richter, an den ich menschlich und fachlich sehr angenehme Erinnerungen habe. Seine Verhandlungen leitete er überaus souverän, und ich freute mich schon darauf, die Sache Braune bei ihm zu verhandeln.

Dr. Scholl mußte sich zunächst in die inzwischen noch umfangreicher gewordene Sache einarbeiten. Währenddessen gingen die Akten mehrfach zum Oberlandesgericht und zurück, um kostenrechtliche Entscheidungen zu treffen. Das alles dauerte einige Zeit, und so kam es 1996 nicht mehr zu einer Hauptverhandlung. Anfang 1997 sprachen wir dann erstmals über die Sache. Er deutete mit der gebotenen Vorsicht an, sich vorbehaltlich weiterer Beratungen innerhalb der Kammer und in Abhängigkeit vom Verlauf der Hauptverhandlung eine zur Bewährung auszusetzende Freiheitsstrafe von insgesamt 2 Jahren vorstellen zu können. Er meine, daß auch die zusätzlichen vier Fälle, wegen derer nochmals verhandelt werden müsse, keine unbedingte Freiheitsstrafe notwendig machen würden.

Das war natürlich ganz in meinem Sinne. Nach der Entscheidung des BGH stand ohnehin fest, daß es zu Verurteilungen wegen insgesamt sechsfacher Rechtsbeugung kommen würde. Eine Freiheitsstrafe von 1 Jahr und 6 Monaten brachten wir bereits mit. Also waren 2 Jahre auf Bewährung das bestmögliche Ergebnis. Ich signalisierte sofort das Einverständnis der Verteidigung. Mit Dr. Scholl verblieb ich, daß das Verfahren schnellstmöglich zum Abschluß gebracht werden sollte. Die Hauptverhandlung dazu sollte am 17. März 1997 beginnen.

Wenige Tage nach dieser Unterredung sprach ich erneut mit ihm. Scholl teilte mir mit, es gäbe Schwierigkeiten mit der Staatsanwaltschaft. Ein Gespräch mit dem neuen Leiter der Abteilung 8 der Staatsanwaltschaft Dresden habe ergeben, daß man dort mit der von ihm angedachten Lösung nicht einverstanden sei. Es sei wohl das Beste, wenn ich mich mit der Staatsanwaltschaft einmal in Verbindung setzte.

Oberstaatsanwalt Uebele

Wenige Tage später begab ich mich in die Räume der Staatsanwaltschaft, um Oberstaatsanwalt Uebele aufzusuchen. Nachdem Staatsanwalt Dr. Meinerzhagen die Staatsanwaltschaft Dresden verlassen hatte, um den Vorsitz einer großen Strafkammer in Görlitz zu übernehmen, war er der Leiter der Abteilung 8 geworden. Er stammte ebenfalls aus den alten Bundesländern, war aber schon seit mehreren Jahren im Osten tätig. Letzteres ließ mich hoffen, er begegne der DDR-Justiz mit etwas mehr Verständnis.

Oberstaatsanwalt Uebele holte mich in unserem kurzen Gespräch sofort auf den Boden der Realität zurück. Er erklärte mir, man habe – ausgehend vom Urteil des BGH – geforscht, ob Klaus Braune weitere Rechtsbeugungen nachzuweisen seien. Das habe zur Notwendigkeit einer weiteren Anklage geführt. Diese sei beinah fertig. Sie werde demnächst beim Landgericht erhoben. Anklagegegenstand seien vier weitere Urteile, die Klaus Braune 1983 und 1984 gefällt habe.

Eine Ausdehnung der Anklage auf vier weitere Fälle ließ es noch schwieriger erscheinen, eine Bewährungsstrafe zu erreichen. Immerhin wuchs die Zahl der Fälle, in denen das Landgericht wohl eine Rechtsbeugung annehmen würde, auf insgesamt zehn.

Das Vorgehen der Staatsanwaltschaft war nach meinem Empfinden natürlich unfair. Es war von Anfang an, also schon 1992, klar gewesen, daß Klaus Braune wesentlich mehr Sachen verhandelt hatte als die ursprünglich angeklagten 28 Fälle. Seit der ersten Anklage waren immerhin einige Jahre vergangen, ohne daß wegen der anderen Urteile irgend etwas passiert wäre. Klaus Braune mußte nach all dem nicht mehr damit rechnen, daß die Staatsanwaltschaft nun noch irgendwelche Sachen förmlich aus dem Hut zaubert. Das versuchte ich Oberstaatsanwalt Uebele verständlich zu machen, um ihn von seinem Plan vielleicht doch noch abzubringen.

Er ließ sich auf diese Diskussion freilich nur kurz ein. Er meinte – und das war nach meinem Eindruck seine durch und durch ehrliche Überzeugung –, Klaus Braune habe in den Jahren seiner Tätigkeit eine Lebensschuld auf sich genommen, die mit einer unbedingten Haftstrafe gesühnt werden müsse. Die Staatsanwaltschaft halte an den erstinstanzlich beantragten drei Jahren und sechs Monaten fest. Das sei nach wie vor das Ziel, und man werde alles dafür tun, um es zu erreichen.

Meine Frage, ob weitere Anklagen beabsichtigt seien, wenn die nunmehr in Aussicht stehende Anklageschrift nicht ausreiche, um Klaus Braune hinter Gitter zu bringen, beantwortete Oberstaatsanwalt Uebele ohne zu Zögern mit einem deutlichen Ja.

Salamitaktik

Einige Wochen später lag die angekündigte Anklage auf dem Tisch. Darin wurde Klaus Braune gemeinsam mit einer ehemaligen Staatsanwältin der Rechtsbeugung in Tateinheit mit Freiheitsberaubung in vier Fällen bezichtigt. Die Anklage ging am 27. Mai 1997 beim Landgericht Dresden ein.

Klaus Braune war über die zusätzliche Anklage zwar beunruhigt, aber zugleich sehr gefaßt. Bereits nachdem ich ihm von meinem nicht sonderlich erbaulichen Gespräch mit Oberstaatsanwalt Uebele berichtet hatte, hatte er gesagt, er werde ins Gefängnis zu gehen, wenn es denn so sein solle. Und auch nach Kenntnisnahme der weiteren Anklageschrift geriet er nicht aus dem Gleichgewicht. Irgendwie hatte er sich wohl auch an den Zustand der Ungewißheit mit möglicher Inhaftierung gewöhnt. Die Staatsanwaltschaft hatte ihn jetzt schon sieben Jahre im Visier. Da war einiges zur Routine geworden.

Ich muß gestehen, mich mit dem Inhalt der Anklage allenfalls oberflächlich befaßt zu haben. Es war nicht wirklich wichtig, ob Klaus Braune in den angeklagten Sachen das Recht der DDR gebeugt hatte. Selbst wenn das in den nunmehr zur Anklage gebrachten Sachen nicht der Fall gewesen sein sollte, war davon auszugehen, daß die Staatsanwaltschaft bei hinreichend intensiver Suche mindestens weitere zehn Fälle finden würde, auf die eine Anklage würde gestützt werden können.

Wichtig war jetzt nur noch eines: nämlich die Antwort auf die Frage, bei welchem Richter wir landen würden. Eine Chance, daß die gegen Klaus Braune zu verhängende Strafe zur Bewährung ausgesetzt wird, bestand angesichts der Entschlossenheit der Staatsanwaltschaft nur noch dann, wenn die zur Entscheidung berufenen Richter unabhängig von der Zahl der angeklagten Sachen die nach Ansicht der bundesrepublikanischen Strafjustiz vorhandene Lebensschuld des Klaus Braune anders beurteilen würden als Oberstaatsanwalt Uebele.

Der Vorsitzende Richter am Landgericht Dr. Scholl hatte das offenbar so gesehen. Trotz der weiteren Anklage hätte Klaus Braune bei seiner Kammer gute Aussichten gehabt, noch zu einer Bewährungsstrafe verurteilt zu werden. Das sagte er mir auch, als wir uns nach meinem Gespräch mit Oberstaatsanwalt Uebele noch einmal über die Sache unterhielten. Geholfen hat das aber leider nicht mehr. Denn Dr. Scholl verließ Dresden nur wenig späte Richtung Baden-Württemberg. Er übernahm eine Große Strafkammer beim Landgericht Karlsruhe.

Danach blieb die Sache erst einmal unbearbeitet. Mir war längere Zeit nicht klar, ob noch dieselbe Kammer zuständig geblieben war und mit wem wir es nun zu tun haben würden. Dafür wurde Klaus Braune und mir im Herbst 1997 eine weitere Anklage vom 18. August 1997 zugestellt. Ihr war zu entnehmen, daß Oberstaatsanwalt Uebele seine Ankündigung sehr ernst gemeint hatte. Angeklagt waren weitere neun Fälle. Das erhöhte die Zahl der Sachen, in denen von einer Verurteilung auszugehen war, auf insgesamt 19.

Zwei Verurteilungen und eine zur Bewährung ausgesetzte Freiheitsstrafe von einem Jahr und sechs Monaten hatten wir sozusagen im Gepäck, vier Sachen waren vom BGH zurückverwiesen worden, vier Fälle bildeten den Gegenstand der Anklage vom Mai 1997, und neun Urteile von Klaus Braune hatten zu der Anklage im August 1997 geführt.

Langes Warten

Bei Gericht war offenbar niemand so recht glücklich über die Salamitaktik der Staatsanwaltschaft. Das hatte seine Ursache zum Teil sicher darin, daß die Staatsanwaltschaft mit ihrer Methode sukzessiver Anklagen den Versuch unternahm, das Gericht zu instrumentalisieren und die Arbeit der Kammer damit auch noch erschwerte. Denn üblicherweise ermittelt die Staatsanwaltschaft in einem ersten Schritt natürlich das gesamte bekannte strafrechtlich relevante Verhalten. Daß zum selben Ermittlungsgegenstand mehrere Verfahren eingeleitet werden, ist bereits ungewöhnlich. Die Bildung derartiger »stiller Reserven« sieht die Strafprozeßordnung auch nicht vor.

Die Staatsanwaltschaft hatte sich mit dieser Verfahrensweise eine Hintertür geöffnet. Das war aus der Perspektive der Staatsanwaltschaft ein durchaus geschickter Schachzug. Denn während es bei einheitlichem Verfahren im Zuge der Anklageerhebung entweder zur Aufnahme in die Anklage oder zur Einstellung gekommen wäre, verfügte die

Staatsanwaltschaft nun über ein schier unerschöpfliches Reservoir weiterer Sachen, die sie noch zum Gegenstand weiterer Anklagen machen konnte. Damit hatte sich die Staatsanwaltschaft ein Instrument geschaffen, um im Falle einer mißliebigen Entscheidung jederzeit nachlegen zu können. Die Vorgehensweise von Oberstaatsanwalt Uebele erregte zwar mein Mißfallen, dumm aber war sie nicht.

Fraglich war nur, ob sich das Gericht auf diese Weise instrumentalisieren lassen würde. Die Strategie erweckte schließlich den Verdacht fehlenden Respekts vor richterlichen Entscheidungen. Denn sie zielte darauf ab, auch dann noch Anklagen erheben zu können, wenn das Bewährungspotenzial ausgereizt sein würde. Das wäre bei einer Gesamtstrafe von 2 Jahren der Fall gewesen. Eine höhere Freiheitsstrafe kann nach dem StGB nicht mehr zur Bewährung ausgesetzt werden. Von diesen 2 Jahren waren wir nicht weit entfernt. Also drohte das Szenario, daß Klaus Braune schon bald die 2 Jahre erreicht haben würde und die Staatsanwaltschaft nochmals nachlegt. Das Gericht hätte dann kaum noch eine andere Möglichkeit gehabt, als die 2 Jahre zu überschreiten und damit zwingend eine nicht mehr zur Bewährung auszusetzende Freiheitsstrafe auszuurteilen. Darin lag der Versuch einer Instrumentalisierung. Und das haben deutsche Gerichte zum Glück gar nicht gern. Da ließ man die Sache einfach liegen. So stellte es sich damals jedenfalls für mich dar.

Die Methodik der Staatsanwaltschaft führte auch nicht gerade zu einer Arbeitserleichterung für das Gericht. Denn es war im Interesse des Angeklagten natürlich geboten, die vom BGH zurück verwiesenen Fälle und die neuen Anklagen miteinander zu verbinden. Das Gericht mußte sich also in einem Verfahren mit den Problemen befassen, die die zurückverwiesenen Sachen in sich bargen, und zeitgleich einen völlig neuen Prozeß gegen Klaus Braune führen. Der Umgang mit zurückverwiesenen Sachen folgt indes gänzlich anderen Regeln als die Behandlung der zusätzlichen Anklagen. Das ist zwar alles beherrschbar, erleichtert aber nicht gerade die Arbeit.

Alles in allem führte die von Oberstaatsanwalt Uebele eingeschlagene Taktik also – jedenfalls vorerst – nicht zum erstrebten Erfolg. Bis zu seinem Ausscheiden aus der Staatsanwaltschaft im Jahre 1998 sollte es nicht mehr zu einer Entscheidung in der Sache kommen. Oberstaatsanwalt Uebele wurde zunächst Vorsitzender der Schwurgerichtskammer in Bautzen, später dann Vizepräsident des Amtsgerichts Dresden. Persönlich sollte er sich später übrigens als überaus sympathischer und humorvoller Mensch erweisen. Das spielte in dem Verfahren aber keine Rolle mehr.

Die letzte Hauptverhandlung

Nachfolger von Oberstaatsanwalt Uebele wurde Staatsanwalt Viehoff. Er stammte ebenfalls aus den alten Bundesländern, war im Unterschied zu den übrigen bis dahin mit der Sache befaßten Staatsanwälten jedoch erst nach 1990 in den Justizdienst eingetreten, hatte also noch keine Behördenerfahrung in den alten Bundesländern gesammelt. Begonnen hatte er als Familienrichter, einige Jahre später war er zur Staatsanwaltschaft gewechselt. Nach dem Weggang von Oberstaatsanwalt Uebele hatte er kommissarisch die Leitung der Abteilung 8 der Staatsanwaltschaft Dresden übernommen, um die letzten dort anhängigen Verfahren abzuwickeln.

Vorsitzender der zuständigen 1. Strafkammer war inzwischen der Vorsitzende Richter am Landgericht Werner Stotz. Er stammte aus Baden-Württemberg und war vor seinem Wechsel nach Dresden zuletzt als Vorsitzender einer Großen Strafkammer in Görlitz tätig gewesen. Ich kannte ihn als bedächtigen und überaus sorgfältig die Entscheidungen der Kammer herbeiführenden Vorsitzenden aus einem Brandstiftungsprozeß in Görlitz. Das Verfahren hatte mit einem Freispruch geendet. Das sah ich als gutes Omen an.

Werner Stotz kam Mitte des Jahres 1999 auf mich zu und stellte eine Hauptverhandlung noch im Jahr 1999 in Aussicht. Er erweckte nicht den Eindruck, Klaus Braune 10 Jahre nach dem Fall der Mauer noch zu einer unbedingten Freiheitsstrafe verurteilen zu wollen. Er empfahl mir, mich mit Staatsanwalt Viehoff in Verbindung zu setzen.

Anläßlich eines Besuchs in der Staatsanwaltschaft suchte ich Staatsanwalt Viehoff auf, der gerade in einem Gespräch mit anderen Staatsanwälten seiner Abteilung war. Er hatte nichts dagegen, den Fall kurz zu besprechen, zumal die neue Sachbearbeiterin in der Sache Braune, Staatsanwältin Nora von Müffling, ebenfalls anwesend war. Es dauerte auch nicht lange, bis er mir offenbarte, die Staatsanwaltschaft habe zwar immer noch die Absicht, in der Hauptverhandlung eine unbedingte Freiheitsstrafe zu beantragen. Sollte das Gericht Klaus Braune aber zu einer Freiheitsstrafe von bis zu 2 Jahren verurteilen und diese zur Bewährung aussetzen, würde die Staatsanwaltschaft sich damit abfinden. Darüber hatte er offenbar auch schon mit dem Vorsitzenden der 1. Strafkammer gesprochen.

Mir war das natürlich sehr recht.

Ich setzte mich mit Klaus Braune in Verbindung, um die weitere Verfahrensweise zu besprechen. Er war ebenfalls damit einverstanden, die Sache nunmehr kurzfristig auf der besprochenen Basis zu Ende zu bringen.

Das Verfahren wurde dann sehr unspektakulär zum Abschluß gebracht. Die Hauptverhandlung fand statt am 23. August 1999. Sie dauerte gerade einmal drei Stunden. Die Staatsanwaltschaft beantragte erwartungsgemäß eine unbedingte Freiheitsstrafe, allerdings nur noch von 2 Jahren und 3 Monaten statt der 3 Jahre und 6 Monate, die noch von Oberstaatsanwalt Uebele in den Raum gestellt worden waren.

Das Gericht verkündete sein Urteil am 30. August 1999. Es lautete auf eine Freiheitsstrafe von 2 Jahren, die zur Bewährung ausgesetzt wurden. Außerdem wurde Klaus Braune zur Auflage gemacht, DM 2.000,00 an das CCF Kinderhilfswerk Nürtingen e.V. zu zahlen.

Es ist mir zwar bis heute nicht ganz klar, welchen Sinn das haben sollte. Klaus Braune wollte sich dagegen aber nicht mehr wehren. Es wäre wohl auch sinnlos gewesen.

Die Begründung des Urteils durch den Vorsitzenden Werner Stotz war trotz des mehr oder weniger abgesprochenen Verfahrensablaufs und -ausgangs bemerkenswert. Erstmals ging ein Gericht auf die politischen Hintergründe ein und zeigte sich in der mündlichen Urteilsbegründung auch offen für Kritik an der bundesrepublikanischen Rechtsprechung, etwa im Zusammenhang mit dem Radikalenerlaß. Das sei jedoch »nicht Gegenstand des Verfahrens«, was leider richtig war. Auch zeigte die Kammer menschlich Verständnis, indem der Vorsitzende an Klaus Braune gewandt sagte, er sei »froh, nicht in Ihrer Situation gewesen zu sein und an Ihrer Stelle urteilen zu müssen«. Unbeschadet dessen sei man allerdings zu dem Ergebnis gekommen, daß Klaus Braune in den verbliebenen Fällen »nicht für Recht, sondern für Disziplinierung gesorgt« habe.

Im Rahmen der Strafzumessung würdigte das Gericht in besonderem Maße, welche Folgen das Verfahren für Klaus Braune außerhalb der Strafe hatte. Er sei dauerhaft an der Ausübung seines Berufes gehindert und »sieht sich bereits seit Beginn der 90er Jahre mit dem gegen ihn eingeleiteten Ermittlungsverfahren konfrontiert. Das Verfahren beschränkte sich nicht nur auf die 1992 angeklagten und dann in die Revisionsinstanz gelangten Taten, sondern zwischenzeitlich kamen neue Tatvorwürfe hinzu, so daß für den Angeklagten ein Ende strafrechtlicher Verfolgung nicht absehbar war. Die erhobenen Vorwürfe und deren strafrechtliche Verfolgung haben sein Leben in den letzten Jahren so geprägt, daß er sich veranlaßt sah, seine 1993 aufgenommene Dozententätigkeit aufzugeben.«

Letztlich habe die von ihm nicht verschuldete Länge des Verfahrens von acht Jahren das Gericht maßgeblich dazu bewogen, die verhängte Freiheistrafe auszuurteilen und zur Bewährung auszusetzen.

Das Landgericht verurteilte Klaus Braune in sämtlichen noch anklagegegenständlichen Fällen, natürlich auch in denen, hinsichtlich derer der BGH die erstinstanzlichen Freisprüche zurückverwiesen hatte. Es war ja jetzt klar, was *offensichtlich* rechtswidrig war, wenngleich das unter dem Vorsitz von Gerd Halfar verkündete Urteil bei böswilliger Betrachtungsweise plötzlich selbst nicht mehr frei war von dem Verdacht, rechtsbeugerisch zu sein. Seine Kammer hatte schließlich auch in Fällen, in denen Klaus Braune nach Auffassung des BGH offensichtlich gegen das Recht der DDR verstoßen hatte, die Vereinbarkeit der Urteile mit dem Recht der DDR ausdrücklich festgestellt. Den – ausgehend von der Revisionsentscheidung des BGH – für jeden geübten Juristen auf den ersten Blick erkennbaren rechtsbeugerischen Charakter zum Beispiel des Urteils gegen das Ehepaar Wagner hatte die Kammer von Gerd Halfar jedenfalls nicht gesehen. Erstinstanzlich war Klaus Braune insoweit vielmehr freigesprochen worden, und das auch noch mit lapidar anmutender Begründung:

»*Der Angeklagte konnte die von Monika und Wolfgang Wagner an die IGfM weitergeleiteten Informationen als Nachrichten im Sinne von § 99 Abs. 1 StGB werten.*
Die Höhe der ausgesprochenen Strafen war im Hinblick auf die Mindeststrafe von zwei Jahren und die von ihm festgestellte Gesellschaftsschädlichkeit und Intensität der Tatbegehung als mit den Strafzumessungsgrundsätzen des § 61 StGB noch vereinbar anzusehen.«

Nach der Entscheidung des BGH war dem erneut darüber befindenden Landgericht natürlich gar keine andere Wahl geblieben, als das Urteil gegen Monika und Wolfgang Wagner zum Gegenstand der Verurteilung zu machen. Dazu mußten deutliche Worte fallen. Also hieß es jetzt dazu:

»*Auch im Falle des Ehepaares Wagner überdehnte der Angeklagte bewußt den Tatbestand des § 99 StGB/DDR. Ihre Schreiben an den Vater bzw. Schwiegervater und an die Internationale Gesellschaft für Menschenrechte, die der Angeklagte in den Urteilsfeststellungen inhaltlich wiedergab, beschränkten sich auf Angaben zu den persönlichen Verhältnissen und die Schilderung der Ausreisebemühungen. Dem Angeklagten war klar, daß er bei Beachtung der gebotenen restriktiven Auslegung § 99 StGB/DDR nur hätte anwenden dürfen, wenn die Übermittlung dieser ›Nachrichten‹ zu einem erheblichen Informationszuwachs auf seiten des Empfängers geführt hätte, den dieser zum Nachteil der DDR hätte verwenden können. Dies war bei den Mitteilungen der beiden damaligen Angeklagten erkennbar nicht der Fall.*
Allenfalls wäre hier die Anwendung des § 219 Abs. 2 Ziff. 1 StGB/DDR in Betracht gekommen, zumal zu berücksichtigen ist, daß ein Teil der Briefe für die Internationale Gesellschaft für Menschenrechte bestimmt waren, von deren aus Sicht der DDR staatsfeindlicher und antisozialistischer Haltung nach damaligem Verständnis eine große Gefahr ausging.
Aber auch bei Annahme dieser Vorschrift durfte in Fällen minderen Gewichts, in denen sich die den damaligen Beschuldigten vorgeworfenen ›Verfehlungen‹ für die Weitergabe von Informationen über die persönlichen Verhältnisse beschränkten und keine wesentlichen, erschwerenden Umstände hinzutraten, nicht mit der Verhängung einer vollstreckbaren Freiheitsstrafe reagiert werden, sollten elementarste Menschenrechte und das auch für die Justiz der DDR bindende Verhältnismäßigkeitsprinzip gewahrt bleiben.«

Selbstverständlich kam niemand mehr auf die Idee, das erstinstanzliche Urteil des Landgerichts Dresden an diesen Feststellungen zu messen. Nahegelegen hätte es allemal. Denn wenn sogar Klaus Braune die Rechtswidrigkeit des Urteils erkannt hatte – was nach den Darlegungen des Landgerichts Dresden der Fall war –, dann mußten das Gerd Halfar und seine Kammer doch eigentlich gesehen haben. Aber erst recht damit hielt sich natürlich keiner auf. Es war ja auch niemand auf den Gedanken gekommen, eine derartige Kontrollüberlegung bei der Bewertung des Verhaltens von Klaus Braune anzustellen.

Als Verteidiger verliert man in solchen Situationen den Respekt vor dem Verfahren, was ich in meinem Schlußvortrag mit den sicher überzogenen Worten, das ganze Verfahren sei für mich zu einer »nicht mehr nachvollziehbare Groteske« geworden, auch zum Ausdruck brachte. Nach allem waren wir nur noch froh, das verbliebene Ziel dank einer sehr umsichtig agierenden Kammer erreicht zu haben.

Das Verfahren war damit scheinbar zu einem für Klaus Braune erträglichen Ende gekommen. Das betraf jedenfalls den Schuldspruch und dessen unmittelbare Folgen.

Schlimm sollte es aber noch kommen, als im Oktober 2000 die Verfahrenskosten abgerechnet wurden. Klaus Braune hatte danach DM 63.692,32 zu zahlen, von denen allein DM 44.074,72 auf die Kosten der Verteidigung durch meinen Kollegen Söllner und mich entfielen.

Wenngleich der überaus große Aufwand die festgesetzten Pflichtverteidigergebühren mehr als rechtfertigten, bestätigte sich damit die von Klaus Braune zu Beginn des Verfahrens gehegte Befürchtung, die Verteidigerkosten würden ihn ruinieren. Das ist auch für mich ein nicht gerade angenehmes Gefühl.

Er war natürlich nicht in der Lage, das zu bezahlen. Meinen Rat, die eidesstattliche Versicherung abzulegen, um seine nur knapp über der Pfändungsfreigrenze liegende Rente nicht für die Verfahrenskosten zu opfern, lehnte er trotzdem ab.

Er bezahlt bis heute monatliche Raten in Höhe von 200 Euro, um die Kosten des gegen ihn geführten Strafprozesses auszugleichen. Die Strafe wurde nach überstandener Bewährungszeit mit Beschluß vom 6. September 2001 erlassen.

Nachwort

Neben Klaus Braune und Georg Hartlieb verteidigte ich zwischen 1992 und 2001 noch eine Vielzahl anderer Juristen und Verantwortungsträger der untergegangenen DDR. Sie alle wurden von der bundesdeutschen Justiz langwierigen Verfahren unterzogen, an deren Ende viele Verurteilungen, aber auch viele Freisprüche standen. So sehr die Durchführung der Verfahren und deren Folgen die Betroffenen belasteten – die bundesdeutsche Justiz hat Maß gehalten. Es hätte alles noch viel schlimmer kommen können für meine Mandanten. Die meisten von ihnen hatten damit auch gerechnet.

Unsicher bin ich gleichwohl bis heute bei der Beantwortung Frage, ob es dem Recht diente, die Verfahren durchzuführen. Ausgehend von dem Grundgedanken, daß für jedermann greifbares Unrecht bestrafbar sein muß, liegt es sicher nahe, diese Frage zu bejahen. Es ist gewiß richtig, daß es eine Grenze im Sinne der aus dem Jahre 1946 stammenden Radbruch'schen Formel gibt, wonach die Gerechtigkeit über die Gesetzlichkeit siegen muß, wenn die Gesetzlichkeit unerträglich wird. Es kann auch sein, daß Juristen der DDR dieses Maß überschritten haben. Objektiv halte ich es also für durchaus denkbar, daß in der DDR Recht gebeugt wurde, wenngleich ich das in keinem mir bekanntgewordenen Verfahren so empfunden habe. Letzteres kann aber auch an meiner Rolle als Verteidiger gelegen haben.

Eine mindestens ebenso schwer zu beantwortende Frage ist es allerdings, ob die bundesrepublikanische Justiz legitimiert war, die zur Ahndung derartigen Unrechts erforderliche Strafgewalt auszuüben. Meine Mandanten waren insoweit stets der Meinung, unabhängig von allen diesbezüglichen rechtstheoretischen Überlegungen würde das voraussetzen, daß die Bundesrepublik den damit postulierten Anspruch, Gerechtigkeit stets vor das Gesetz zu stellen, selbst konsequent lebt.

Ob diese moralische Kategorie von der Bundesrepublik in der notwendigen Konsequenz erfüllt wird, bezweifelten sie nachhaltig.

Denn mit Ausnahme der Ahndung des in der DDR begangenen Unrechts ende der Verfolgungswille der bundesdeutschen Justiz ansonsten stets dort, wo die uneingeschränkte Macht aufhöre und das politische Interesse anfinge. Weder im Umgang mit fremden Staaten noch beim Umgang mit der eigenen Vergangenheit vermochten sie etwas anderes zu erkennen.

Ich konnte mich dem nicht gänzlich verschließen. Es ist nun einmal nicht zu bestreiten, daß bislang niemand auf die Idee gekommen ist, die nach den Kriterien des BGH ganz sicher das Übermaßverbot verletzenden Todesstrafen gegen Geisteskranke oder Jugendliche in den USA als strafbare Handlungen zu verfolgen, Ermittlungsverfahren wegen der Folter in China oder in anderen Ländern einzuleiten oder die Prügel und Körperstrafen in islamischen Ländern auf den juristischen Prüfstand zu stellen. Niemand, der in den USA an Todesstrafen mitwirkt, in China foltert oder in Saudi-Arabien Hände abschlägt, muß in der Bundesrepublik Strafverfolgung fürchten. Im Gegenteil, die Repräsentanten dieser Staaten werden – wie Erich Honecker bis 1989 auch – als Staatsgäste mit allen Ehren empfangen, auch wenn sie selbst an der Verhängung derartiger Strafen mitgewirkt haben. Das ist beispielsweise bei dem amerikanischen Präsidenten George W. Bush der Fall, der in seiner Zeit als Gouverneur von Texas zahlreiche Todesurteile – auch gegen Jugendliche und Geisteskranke – als Gerichtsherr bestätigte.

Es gab auch zu keiner Zeit Ansätze, das selbst begangene Unrecht bei der Verfolgung von Kommunisten in den 50er Jahren oder der unterbliebenen Verfolgung von Nationalsozialisten aufzuarbeiten. Und ich kenne genügend Fälle, in denen ich noch heute als Verteidiger mit ehrlicher Überzeugung eine Unerträglichkeit der Rechtsprechung in der Bundesrepublik behaupten würde. Das gilt – um nur ein Beispiel zu nennen – etwa bei der Behandlung illegal in der Bundesrepublik aufhältiger Ausländer. Ihre Straftat besteht darin, sich auf dem Staatsgebiet der Bundesrepublik aufzuhalten. Werden sie aufgegriffen, kommen sie wegen Fluchtgefahr in Untersuchungshaft. Die Inhaftierung dauert an bis zur Hauptverhandlung, die nicht selten erst nach sechs bis acht Monaten stattfindet und in deren Ergebnis unbedingte Freiheitsstrafen ausgesprochen werden, die exakt der erlittenen Untersuchungshaft entsprechen. Bis zu acht Monate Haft für die bloße Anwesenheit auf einem fremden Staatsgebiet empfinde ich durchaus als völlig unverhältnismäßig.

Der Wille, die Radbruch'sche Formel mit Leben zu erfüllen, beschränkt sich damit ausschließlich auf in der DDR begangenes Unrecht. Eine selbstkritische Überprüfung eigenen Verhaltens fand und findet hingegen nicht statt. Der Wille entstand auch erst mit Erlangung der Macht über das Territorium und ging einher mit dem erklärten politischen Ziel, die DDR und deren Repräsentanten zu kriminalisieren. Und die Entscheidung, wer nach 1990 von dem Bannstrahl getroffen wurde und auf der Anklagebank statt hinterm Richtertisch zu sitzen kam, fiel noch dazu maßgeblich unter dem Einfluß arbeitsmarktpolitischer Erwägungen. Es fällt schwer, die gebotene moralische Qualität dieses selbsternannten Trägers supranationaler Strafgewalt anzuerkennen. Bei der Selbstverständlichkeit, mit der die bundesdeutsche Justiz vergleichbare oder noch viel schlimmere Rechtsbrüche ungerührt hinnimmt, erscheint es darüberhinaus auch zweifelhaft, ob sie überhaupt befähigt ist, eine Linie im Sinne der Radbruch'schen Formel zu ziehen.

Dem wird man entgegenhalten, es sei bei der Aufarbeitung des Unrechts in der DDR nie darum gegangen, die Gesetzlichkeit eines fremden Staates auf den Prüfstand zu stellen. Man habe nichts anderes getan, als die Vereinbarkeit getroffener Entscheidungen mit den Gesetzen der DDR zu überprüfen. Aber das ist allenfalls formal die Wahrheit. Unabhängig von allen in der Bundesrepublik dazu aufgestellten Theorien war die DDR bis 1990 in der Realität ein souveräner und fremder Staat. Die 40 Jahre ihrer Existenz wurden nach ihrem Untergang durch die bundesdeutsche Justiz neu bewertet. Es war ein Blick auf die Justiz der DDR durch die Brille der Bundesrepublik. Die daraus resultierende Rechtsprechung hatte mit der Rechtswirklichkeit der DDR nicht mehr das geringste zu tun. Wer auf dieser Grundlage zu dem Ergebnis kommt, die bundesrepublikanische Justiz habe kein Recht gehabt, über die DDR-Justiz zu richten, der vertritt zumindest einen nachvollziehbaren Standpunkt.

**Drei Jahrzehnte verdrängt – aber nie vergessen.
Das Buch über die Nazis, die an der Wiege
der Bundesrepublik standen.
Reprint der dritten, erweiterten Auflage**

Das »Braunbuch« ist ein Standardwerk. Die DDR zog es Ende
der 60er Jahre aus dem Verkehr, um die sich anbahnende
Normalisierung der Beziehungen zwischen Bonn und Berlin
nicht zu gefährden. Das Buch galt als Einmischung in die inneren
Angelegenheiten der Bundesrepublik, weil es deren Führungspersonal
denunzierte. Doch die Fakten stimmen.
Mit einem Vorwort von Norbert Podewin (damals Mitarbeiter) und
einem Gespräch mit Professor Gerhard Dengler (damals Leiter der
Redaktion) über Entstehung und Bedeutung des »Braunbuchs«.

446 S., XVIII S. und 48 Tafeln, geb., 22,50 Euro, ISBN 3-360-01033-7
www.edition-ost.de

edition ost

Die DDR ist Geschichte. Das Wissen darüber bei den Nachgeborenen gering. Erstmals werden sachlich in Frage und Antwort Grundkenntnisse über dieses Land vermittelt.

Die Autoren besuchten Bildungseinrichtungen in diesem Land. Sie notierten die Fragen der Schüler und die Klagen der Lehrer. Sie folgten Hinweisen von Studenten und anderen jungen Menschen, die diese DDR nur noch aus den Medien kennen. Kompetent und kurzweilig antworten hier Fachleute auf die Fragen. Sie wollen Wissenslücken füllen und Vorurteile und falsche Darstellungen korrigieren, die im Umlauf sind. Kurz: Hier wird ein Kompendium vorgelegt, an dem nicht vorbeikommt, wer sich über die DDR als Ganzes kundig machen möchte. Und das gilt nicht nur für Gymnasiasten.

192 S., brosch., 9,90 Euro, ISBN 3-360-01045-0
www.edition-ost.de

edition ost

ISBN 3-360-01051-5

© 2003 Das Neue Berlin Verlagsgesellschaft mbH,
Rosa-Luxemburg-Straße 39, 10178 Berlin
eMail: verlag@edition-ost.de
Alle Nachdrucke sowie Verwertung in Film, Funk und Fernsehen
und auf jeder Art von Bild-, Wort- und Tonträgern sind honorar-
und genehmigungspflichtig. Alle Rechte vorbehalten
Titel: Peperoni Werbeagentur, Berlin
Cover: 1963 findet vor dem Obersten Gericht der DDR das
Verfahren gegen den KZ-Arzt Horst Fischer statt. Generalstaats-
anwalt Josef Streit fordert die Todesstrafe, 21. März 1963
Printed in Germany

Die Bücher der edition ost und des Verlags Das Neue Berlin
erscheinen in der Eulenspiegel Verlagsgruppe.

www.edition-ost.de